# DIE
# LEGIONEN ROMS

NIGEL POLLARD UND JOANNE BERRY

# DIE LEGIONEN ROMS

AUS DEM ENGLISCHEN ÜBERSETZT VON
CORNELIUS HARTZ

*Für Maria und Livia Pollard*

*Vorsatz:* Römischer Helm des Typs „Kaiserlich-Italisch G“, gefunden in der Nähe von Hebron im Westjordanland. 2. Jh. n. Chr., eventuell aus der Zeit des Bar-Kochba-Aufstands (132–35 n. Chr.).

*Titelseite:* Relieffragment von einer Säulenbasis (links), aus dem Hauptquartier des Legionslagers bei Moguntiacum (Mainz). Es zeigt zwei Legionäre mit Helm und Schild. Einer trägt ein *pilum*, der andere hat ein Schwert (*gladius*) im Anschlag. Detail (rechts) des Grabmonuments von Titus Calidius Severus, Zenturio der XV Apollinaris, mit dem Querkamm des Zenturionenhelms, Beinschienen und einem Ketten- oder Schuppenbrustpanzer; Mitte 1. Jh. n. Chr.; aus der Nähe des Legionslagers bei Carnuntum (Wien, Kunsthistorisches Museum).

*Rechts:* Bronzestatuette eines Legionärs mit *lorica segmentata*-Rüstung und Helm mit Kamm, wahrscheinlich 2. Jh. n. Chr. (London, Britisches Museum).

**Bibliografische Information der Deutschen Nationalbibliothek**
Die Deutsche Nationalbibliothek verzeichnet diese Publikation in der Deutschen Nationalbibliografie; detaillierte bibliografische Daten sind im Internet über http://dnb.d-nb.de abrufbar.

Englische Originalausgabe:
The Complete Roman Legions

First published by Thames & Hudson Ltd, London


Deutschsprachige Ausgabe:

Die Herausgabe wurde durch die Vereinsmitglieder der WBG ermöglicht.

Übersetzung aus dem Englischen: Cornelius Hartz
Lektorat und Produktion: Verlagsbüro Wais & Partner, Stuttgart
Druck und Bindung: Toppan Leefung Printing Limited, China

ISBN 978-3-8062-2633-1

Besuchen Sie uns im Internet: www.theiss.de

Lizenzausgabe für die WBG
(Wissenschaftliche Buchgesellschaft), Darmstadt

ISBN 978-3-534-25482-8

www.wbg-wissenverbindet.de

# INHALT

# Die Legionen Roms

In seiner Beschreibung der Armee zur Zeit des zweiten römischen Kaisers Tiberius 23 n. Chr. listet der Historiker Tacitus 25 Legionen auf, die den Kern des Heers bildeten, und die Provinzen, in denen sie standen. Außerdem nennt er alliierte Marineeinheiten und Auxiliartruppen, Kavallerie und Infanterie, die „in ihrer Zahl nicht wesentlich unterlegen" waren. Die Legionen machten also nur etwa die Hälfte der militärischen Stärke des Reichs aus.

Allerdings konzentriert sich Tacitus auf die Legionen und beschreibt ihren Einsatz, Provinz für Provinz; den Rest der Streitkräfte handelt er in ein paar Sätzen ab. Und auch uns kommen eben jene Legionen in den Sinn, wenn wir an die Armee des alten Rom denken. In vielen modernen Sprachen ist das Wort „Legion" zu einem Synonym für das römische Militär geworden bzw. allgemeiner für „militärische Eliteeinheit" (man denke nur an die Fremdenlegion) oder „Streitmacht". Man verwendet es sogar in einer Bedeutung, die über das rein Militärische hinausgeht – um eine Vielzahl oder Masse zu benennen und ein Bild von überwältigender Stärke zu zeichnen.

Warum also denken wir beim römischen Heer an die Legionen und nicht an die „andere Hälfte"? Für Tacitus standen die Legionen im Vordergrund, weil sie die Heereseinheiten mit dem höchsten Status waren. Sie bestanden aus römischen Bürgern mit vollen bürgerlichen und politischen Rechten, und zu seiner Zeit waren sie noch Vertreter des römischen Volks unter Waffen. Auxiliartruppen dagegen wurden aus verbündeten und unterworfenen Völkern rekrutiert – Männer von niedrigerem Status, denen nach einem Leben in der Armee das römische Bürgerrecht winkte. Außerdem blickten die Legionen 14 n. Chr. bereits auf eine 300-jährige Erfolgsgeschichte zurück. Sie waren das Kernstück eines Heers, das Rom von einem unbedeutenden mittelitalischen Stadtstaat zur Herrscherin über das Mittelmeer gemacht hatte. Sie hatten Hannibal besiegt, die Makedonier, die Gallier und viele andere mehr.

Auch Niederlagen hatte es gegeben; aber etwas, das die Römer auszeichnete, war, dass sie Verluste hinnehmen und schnell zu alter Stärke finden konnten. So lebten die Legionen fort – und sie kämpften, auch lange nach Augustus. Noch im 5. Jahrhundert n. Chr. waren die Legionen wichtige Kampfeinheiten beim militärischen und politischen Niedergang des westlichen Reichs. Und sie überlebten sogar die Armeen von Roms östlichem Nachfolger, dem Byzantinischen Reich. Ein byzantinischer Historiker des frühen 7. Jahrhunderts

*Gegenüber*
Detail des Ludovisi-Sarkophags mit einem römischen Offizier und einem germanischen Kriegsgefangenen, Mitte des 3. Jhs. n. Chr. Rom, Palazzo Altemps

n.Chr. beschreibt einen Soldaten einer Einheit, die (auf Griechisch) *Kouartoparthoi* (*Quartoparthoi*) hieß, eindeutig der Nachfolger der zwei Jahrhunderte früher in derselben Region stationierten *legio IV* (*quarta*) *Parthica,* der *vierten Legion Parthica*. Somit existierten die römischen Legionen als Eliteeinheiten an die tausend Jahre – das ist wohl beispiellos.

Dieses Buch bietet eine Geschichte der römischen Legionen vom 4. Jahrhundert v.Chr. bis zur Spätantike. Teil I untersucht die Ursprünge der Legionen und ihre Eigenschaften und Aktionen während der Expansion des Imperiums in der Zeit der Republik bis ca. 31 v.Chr.

Doch diese Legionen waren lediglich für bestimmte Feldzüge ausgehobene Einheiten innerhalb einer Bürgerarmee und besaßen keine dauerhafte Identität, die man über einen Zeitraum von Jahrhunderten beschreiben könnte. Die Geschichte der Legionen als stabile Einheiten beginnt Mitte/Ende des 1. Jahrhunderts v.Chr. mit den Armeen von Caesar in Gallien und von Octavian und Marcus Antonius in den Bürgerkriegen. Die Identität dieser

Relief mit der Darstellung von Angehörigen der römischen Armee (rechts ein Offizier mit Muskelbrustpanzer). Vielleicht spätes 1. bis 2. Jh. n.Chr. Rom, Kapitolinische Museen.

Legionen gewann an Kontur mit der Schaffung eines professionellen stehenden Heers durch Roms ersten Kaiser, Augustus (zuvor Octavian). Dieses Heer war Teil seines neuen Regierungssystems, das die Republik ersetzte.

Teil II dieses Buches besteht aus „Biographien" von 45 Legionen, die wir anhand von Name und Nummer oder nur der Nummer identifizieren und drei Jahrhunderte hindurch, in der frühen und mittleren Kaiserzeit (der „Prinzipatszeit"), verfolgen können. Viele existierten selbst in der Spätantike noch, neben zahlreichen neu geschaffenen Legionen.

Die oft unzureichenden Zeugnisse über die Legionen der Spätantike machen es schwierig, den „biographischen" Ansatz in Teil III fortzuführen, daher wird dort die Perspektive erweitert, um die als „Legion" bezeichneten Truppen der Spätzeit des alten Rom zu betrachten.

Blick auf das Forum Romanum mit dem Triumphbogen des Septimius Severus (rechts) und dem Tempel des Saturn (links). Die Route der Triumphzüge verlief entlang der Via sacra unter dem Bogen hindurch, bog am Saturntempel nach links ab und führte dann bis hoch zum Tempel des Jupiter auf dem Kapitol.

### Hinweis für den Leser

Wie allgemein üblich bezeichnen römische Ziffern die Nummern der einzelnen Legionen, doch entsprechend der inschriftlichen Überlieferung wird mitunter IIII statt IV verwendet. Quellenangaben für antike Werke, auf die der Text Bezug nimmt, sowie ein Glossar der Begriffe finden sich im Anhang.

BRITANNIA
Colonia Claudia Ara Agrippinensis
GERMANIA
GERMANIA INFERIOR
ATLANTIK
BELGICA
LUGDUNENSIS
Rhein
Donau
Carnuntum
RAETIA
NORICUM
AQUITANIA
GERMANIA SUPERIOR
Lugdunum (Lyon)
ALPES POENINAE
PANNONIA
Sirmium
ALPES COTTIAE
ALPES MARITIMAE
NARBONENSIS
Bononia (Bologna)
DALMATIA
Massilia (Marseille)
Salonae
ITALIA
LUSITANIA
TARRACONENSIS
Tarraco
CORSICA
Rom
BALEARES
Neapolis (Neapel)
Pompeji
Corduba
SARDINIA
BAETICA
Carthago Nova
Karthago
SICILIA
Syracus
MAURETANIA TINGITANA
MAURETANIA CAESARIENSIS
AFRICA PROCONSULARIS
NUMIDIA
AFRICA PROCONSULARIS (TRIPOLITANIEN)
Italien
Römische Eroberungen bis 201 v. Chr.
bis 100 v. Chr.
bis 44 v. Chr.
bis 14 n. Chr.
bis 96 n. Chr.
bis 106 n. Chr.
bis 200 n. Chr.
Grenzen des Römischen Reiches
Provinzgrenzen
Provinzhauptstadt
0 100 200 300 400 km

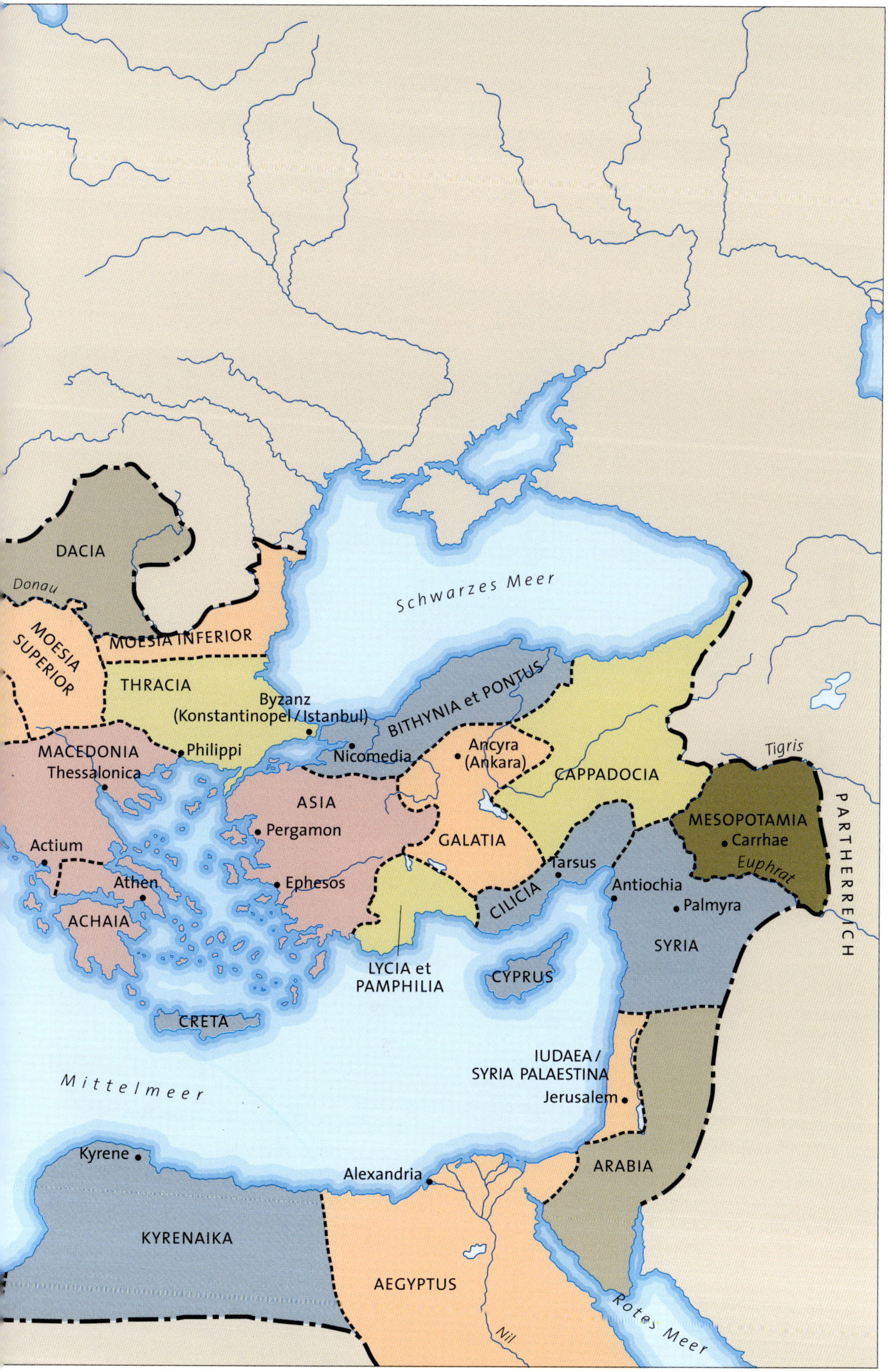


Karte des Römischen Reichs und seiner Expansion zwischen 201 v. Chr. und 200 n. Chr.

TEIL I

# Die Legionen in der Zeit der Republik

# Die römischen Legionen von Romulus bis Marius

Der Begriff „Legion“ stammt von einem lateinischen Verb ab, das „auswählen“ bedeutet, was darauf hindeutet, dass die Armee ursprünglich gezielt aus bestimmten, nach Alter, sozialem und politischem Status definierten Gruppen der Gesellschaft rekrutiert wurde. Beim Rückblick auf die Frühzeit Roms, wo Geschichte und Mythos ineinander übergehen, glaubten antike Historiker, dass es schon seit Gründung der Stadt Legionen gab. Plutarch (1./2. Jh. n. Chr.) behauptete, dass Roms Gründer Romulus Männer, die Waffen tragen konnten, in „Legionen“ von 3000 Fußsoldaten und 300 Reitern einteilte; so sei der Begriff entstanden, als er die Männer dafür „auswählte“, nach ihrem kriegerischen Charakter (*Rom.* 13,1). Diese Erzählung ist wohl eher anachronistisch. Nach anderen Autoren wie Livius und Dionysios Halikarnassos gingen die frühesten römischen Armeen des 6.–5. Jh. v. Chr. zumindest teilweise auf die damalige griechische Hoplitenphalanx zurück.

## Polybios und die Manipel-Legionen

Die früheste zeitgenössische Beschreibung einer römischen Legion wurde ca. 150–120 v. Chr. von dem Griechen Polybios verfasst. Er beschreibt eine militärische Organisation, die unverwechselbar römisch ist, und bezeichnet sie als „Legion“. Sie bestand aus 4200 Infanteristen (5000, wenn nötig), eingeteilt in „Manipel“ („Hand voll“) von 120 oder 60 Mann. Deshalb bezeichnet die moderne Forschung sie oft als „Manipel-Legion“, zur Abgrenzung gegenüber späteren Legionen, die in größeren Untereinheiten organisiert waren, den Kohorten.

Diese Manipel-Legion betonte die Rolle kleiner, flexibler Untereinheiten der schweren Infanterie und die Fähigkeiten des einzelnen Soldaten, im Gegensatz zur massiven Phalanx und der Taktik der griechischen und makedonischen Armee. Sie entstand (so Livius) im 4. Jh. v. Chr. als spezifisch römischer Verband, weil Rom sich vor Problemen sah, wenn es Feinden gegenüberstand, die in lockerer Formation und auf unwegsamem Gelände kämpften, das für eine Phalanx ungeeignet war. Dazu gehörten die Gallier, die Rom 390 v. Chr. plünderten, und mittelitalische Völker wie die Samniten, gegen die die Römer sich zwischen 343 und 290 v. Chr. schwertaten. Als Rom seine Feinde besiegte und seine Macht ausweitete, wuchs auch die Größe seiner Armee. Livius sagt, ab 362 v. Chr. hätten die Römer zwei und ab 311 v. Chr. vier Legionen im Feld gehabt. Zur Zeit des Polybios war diese Zahl deutlich gestiegen.

Die Manipel-Legion bildete den Kern der republikanischen römischen Armeen, die im Zweiten Punischen Krieg (218–202 v. Chr.) Hannibal besiegten und Griechenland sowie die Königreiche von Alexanders Nachfolgern im östlichen Mittelmeer eroberten. Damals war die römische Armee eine Bürgerarmee; die Soldaten wurden für bestimmte Feldzüge einberufen und verfolgten keine langfristige Karriere. Doch die langwierigen Kriege zur Verteidigung Italiens und später zur Kontrolle des Mittelmeerraums bedeuteten, dass selbst temporärer Wehrdienst eine ernste Verpflichtung darstellte. Nach Polybios mussten Männer im Laufe ihres Lebens insgesamt 10 bis 20 Jahre beim Militär verbringen. Den einzelnen Legionen fehlte eine langfristige Identität; sie existierten nur, solange sie für einen bestimmten Feldzug benötigt wurden.

Normalerweise dienten nicht alle römischen Bürger in den Legionen, nur diejenigen, die reich genug waren, Waffen und Ausrüstung selbst zu stellen. Wer nicht so reich war, wurde Ruderer in der Flotte. In Notfällen jedoch, wie nach der Niederlage gegen Hannibal bei Cannae 216 v. Chr., konnten auch diese ärmeren Bürger in die Armee eingezogen werden.

## Die Organisation der Manipel-Legionen

Polybios (6,22–23; 25) beschreibt, dass die Legion zu dieser Zeit in vier Arten Infanterie eingeteilt war. Es gab drei Gruppen schwerer Infanterie: 1200 *hastati* („Lanzenträger“), 1200 *principes* („erste Männer“) und 600 *triarii* („Männer der dritte Reihe“). Sie waren in etwa gleich ausgerüstet, mit bronzenen Helmen und Beinschienen und entweder einem einfachen viereckigen Bronze-

*Vorherige Seiten*
Detail vom östlichen Relief des Julier-Mausoleums in Glanum (St. Rémy de Provence, ca. 30–20 v. Chr.), wohl zum Gedenken an die militärischen Leistungen des Gaius Julius in der Armee von Julius Caesar oder Augustus, im Gewand einer mythischen Szene.

Detail der Certosa-Situla. Das bronzene Gefäß zeigt Kavallerie und unterschiedlich ausgerüstete Infanterietruppen – eventuell ein Hinweis auf eine frühe (6./5. Jh. v. Chr.) italische Vorliebe für heterogene Armee-Organisation. Hier deutet sich bereits die römische Manipel-Legion an. Bologna, Museo Civico.

brustpanzer oder aufwendigeren Rüstungen wie einer Kettentunika, entsprechend den materiellen Möglichkeiten des Einzelnen.

Legionäre trugen den markanten römischen Schild, das 4 römische Fuß (ca. 1,17 m) hohe, ovale *scutum* aus laminiertem Holz und Leinwand mit einem eisernen Rahmen und Schildbuckel. Zum Angriff benutzten sie ein als Stichwaffe optimiertes, „spanisches" Schwert. *Hastati* und *principes* führten zudem ein Paar *pila* (Sing. *pilum*), schwere, Rüstungen durchbrechende Wurfspeere mit hölzernem Schaft und langer Eisenspitze. *Pila* wurden auf kurze Distanz geworfen, bevor die Legionäre zum Schwert griffen. Diese Kombination von Angriffswaffen war fast ein halbes Jahrtausend charakteristisch für die römischen Legionäre, denn auch in der Kaiserzeit verwendeten sie ähnliche Waffen. *Triarii* waren wie die übrige schwere Infanterie ausgerüstet, trugen aber einen Stoßspeer anstatt des *pilum*. Die vierte Gruppe bestand aus 1200 *velites* genannten Plänklern. Polybios beschreibt sie als jüngere Rekruten, ausgestattet mit Rundschild von 3 römischen Fuß (88 cm) Durchmesser, Schwert und leichtem Speer, manchmal mit einem Wolfspelz über dem Helm zur Identifikation.

Zu jeder Legion gehörten zudem 300 Mann Kavallerie. Obwohl sie sich aus den reichsten Mitgliedern der Gesellschaft rekrutierte und die soziale Elite bildete, war die Kavallerie nie die große Stärke der römischen Armeen. Polybios gibt an, sie sei vor seiner Zeit leicht gepanzert und schlecht ausgestattet gewesen, nun jedoch gemäß zeitgenössischer makedonischer Praxis mit Lanze und Schild im griechischen Stil bewaffnet.

Die *hastati* und *principes* waren in zehn Manipel von je 120 Mann eingeteilt, die *triarii* in zehn von je 60 Mann. Die *velites* waren ebenfalls in zehn Untereinheiten organisiert und der schweren Infanterie zugeteilt. Die Kommandostruktur der Legion betonte Alter und Erfahrung: Jeder standen sechs Tribunen vor, die mindestens fünf oder zehn Jahre Wehrdienst geleistet hatten. Die Offiziere, die den Manipeln vorstanden (zwei pro Manipel), waren die Zenturionen. Sie wurden von den Soldaten selbst gewählt. Über diese schreibt Polybios:

> Sie wollen keine kühnen und rücksichtslosen Männer als Zenturionen, sondern Individuen, die natürliche Anführer sind, mit ausgeglichenem Geist, und die auch einstecken können. Sie wollen keine Männer, die vorpreschen und den Kampf provozieren, bevor er eigentlich beginnt, sondern solche, die ihre Position halten, auch wenn ihre Kameraden stark bedrängt werden oder sogar sterben.
>
> Polybios, *hist.* 6,24,8–9

Diese Zähigkeit charakterisiert das römische Militär in seiner gesamten Geschichte. Die Fähigkeit, Rückschläge zu ertragen und die Stellung zu halten, auf strategischer wie auf taktischer Ebene, war ein wichtiger Faktor beim Sieg über Hannibal im Zweiten Punischen Krieg. Polybios beschreibt auch die grausame Disziplin der Legionen – wie Männer für Verfehlungen bei der Wache von den Kameraden totgeprügelt und ganze Einheiten für Feigheit in der Schlacht „dezimiert" (Hinrichtung jedes zehnten Soldaten) wurden. Die Bedeutung der Zenturionen bei der Bereitstellung eines erfahrenen Kaders in jeder Legion ist ein weiteres wiederkehrendes Element in der Armee der späten Republik und des Prinzipats.

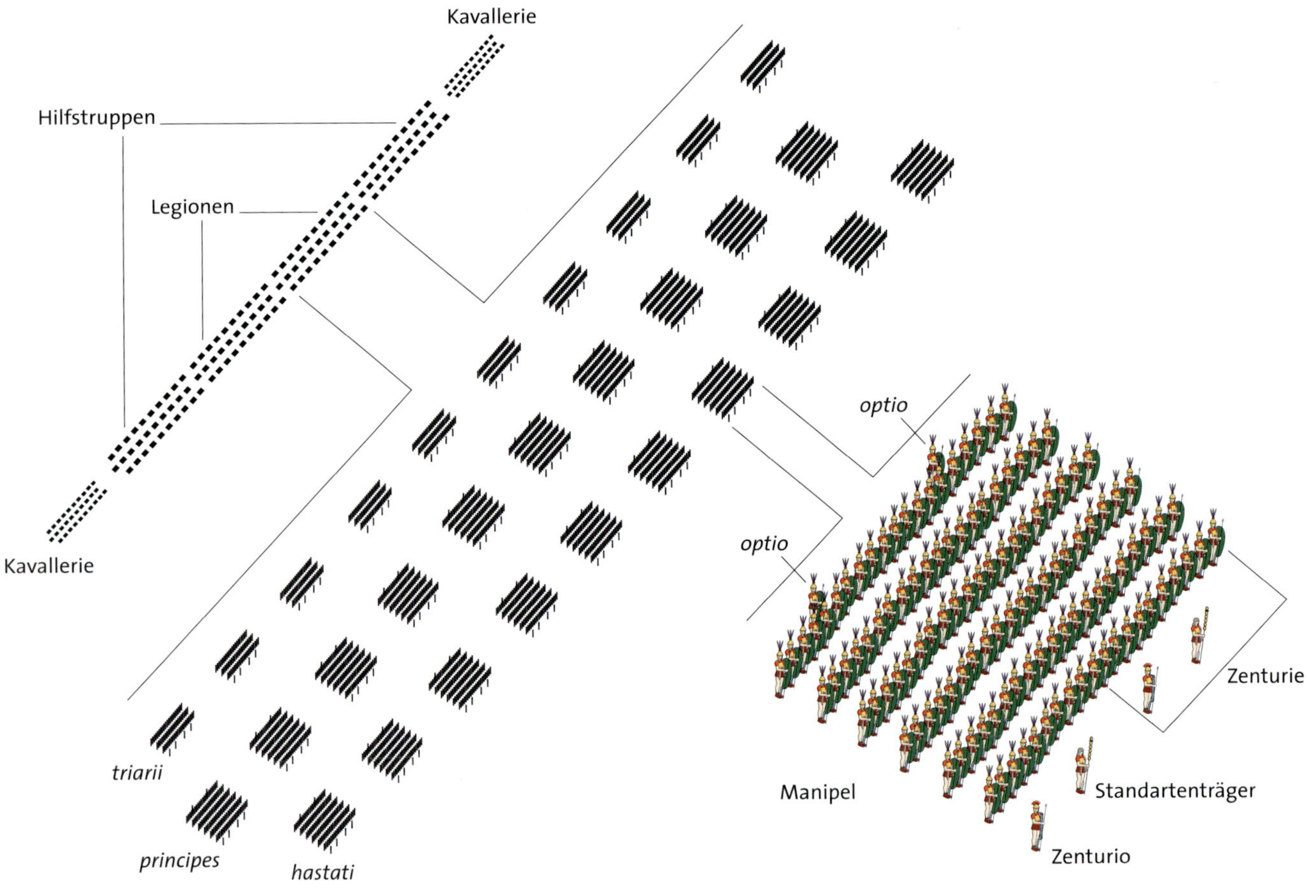


Aufmarsch einer Manipel-Legion: vollständige römische Armee mit Legionen in der Mitte, *auxilia* an den Flanken und Kavallerie ganz außen. Das Detail zeigt eine Legion mit drei Reihen von je zehn Manipeln. Ein Manipel mit *hastati* oder *principes* bestand aus zwei Zenturien zu je 60 Mann, Zenturio und Standartenträger vor ihren Einheiten und *optio* dahinter.

Nach Polybios kämpften die Legionen nicht allein: Als die Römer ihre politische Kontrolle über Italien ausbauten, wurden Verbündete und Unterworfene gezwungen, Rom mit eigenen militärischen Kontingenten zu unterstützen. Polybios schreibt (6,26,7), die Verbündeten hätten der Armee „Infanterietruppen in gleicher Zahl wie die römischen" stellen müssen und etwa drei Mal so viel Kavallerie. Die größere Zahl alliierter Kavallerie zeigt, dass Roms Reiterei traditionell schwach aufgestellt war, während einige Alliierte (vor allem die Kampaner) Gegenden bewohnten, die besser zur Haltung von Pferden geeignet waren. Die Verwendung von Auxiliartruppen („Hilfstruppen") durchzieht die gesamte römische Geschichte. Während die Legionen mit ihrem hohen Status den Kern der römischen Armeen bildeten, kämpften sie doch immer an der Seite von Infanterie und Kavallerie mit niedrigerem Status und oft schlechterer Ausrüstung.

## Die Manipel-Legionen in der Schlacht

Zeitgenössische Berichte antiker Schlachten sind selten klar und detailliert. Antike Schriftsteller (außer vielleicht Julius Caesar) ließen viele Details aus, entweder weil sie davon ausgingen, dass ihr Publikum damit vertraut war, oder weil sie nicht zu der gehobenen Sprache passten, in der ihre Werke verfasst waren. Wie die Manipel-Legion in der Schlacht funktionierte, müssen wir aus verstreuten Informationen Stück für Stück zusammensetzen – mit einer Menge Rätselraten.

Klar ist, dass die *hastati*, *principes* und *triarii* normalerweise in drei Reihen kämpften, in dieser Reihenfolge, jeweils zehn Manipel mit Lücken dazwischen. Die Manipel der *hastati* bildeten die Front und die *triarii* (wie der Name schon sagt) die dritte Reihe. In jedem Manipel stellten sich die einzelnen Soldaten im Kampf in der Regel in drei oder vier Reihen auf. Römische Autoren beschreiben, dass die Manipel innerhalb der Legion ein *quincunx* („Dominostein")-Muster bildeten. Die Stärke der Manipel-Legion war ihre Flexibilität (s. S. 18 f.): Einheiten aus der zweiten und dritten Reihe konnten die der ersten Reihe unterstützen oder an die Flanke wechseln, um den Feind zu überflügeln, wie bei Zama (202 v. Chr.) und Kynoskephalai (197 v. Chr.). Auch hier sind die praktischen Details nicht ganz klar. Es ist unwahrscheinlich, dass die Lücken zwischen den Manipeln bestehen blieben, wenn die erste Reihe Feindkontakt hatte, sonst wären einzelne Einheiten überflügelt worden. Vermutlich gab es ein Standardmanöver für die Manipel, um ihre Front zu vergrößern, bevor der Kampf begann, aber wir kennen keine Details dazu. Auch ist unklar, wie genau eine Schlachtreihe, die bereits im Gefecht stand, durch neue Kämpfer entlastet werden konnte. Um genügend Raum für *pilum* und Schwert zu haben, kämpften die einzelnen Legionäre in relativ loser Formation – verglichen mit den Soldaten der makedonischen Phalanx.

Was passierte, wenn zwei Formationen von Legionären (oder anderen Soldaten der Antike) im Nahkampf aufeinandertrafen, ist ein häufig diskutiertes Problem, da die antiken Autoren keine näheren Angaben machen. Einige moderne Historiker bezeichnen den Nahkampf in der Antike (vor allem in Griechenland) als Hin- und Hergeschubse sehr eng stehender Männer. Dies passt jedoch kaum dazu, dass römische Legionäre in recht loser Formation standen und Platz brauchten, um ihre Waffen effektiv zu nutzen. Vielleicht kam der Nahkampf eher einer Reihe von Duellen zwischen den Männern gleich, die jeweils vorne standen. Dies entspricht eher dem, was wir über die Legionen und die römische Infanterieausbildung wissen, auch wenn antike Autoren implizieren, dass einige Schlachten, an der römische Armeen beteiligt waren, mehrere Stunden dauer-

## Legion gegen Phalanx: Römer treffen auf makedonisches Militär

Das wichtigste militärische System im Mittelmeerraum des 3./2. Jh. v. Chr. neben Rom und Karthago war das der Nachfolger Philipps II. von Makedonien und Alexanders des Großen. Sie entwickelten eine Strategie, bei der schwere Kavallerie und schwere und leichte Infanterie zusammenwirkten. Die Kavalleristen, „Gefährten" des Königs, griffen einen Schwachpunkt der feindlichen Linie an. Inzwischen bildete die schwere Infanterie, deren Aufgabe es war, die feindliche Schlachtlinie zu binden, eine Phalanx, die mit der *sarissa* bewaffnet war, einem beidhändig geführten, ca. 6 m langen Spieß. Spätere Befehlshaber verfügten in der Regel über weniger Reiterei und legten den Schwerpunkt auf die Phalanx. Sie setzten auch Elefanten ein, auf die Alexander erstmals in Indien traf. Elefanten konnten feindliche Truppen effektiv einschüchtern und verwirren, gerieten jedoch oft selbst in Panik, was zu Unfällen auf der eigenen Seite führte.

Polybios (18,29–30) verglich am Beispiel der Schlacht von Kynoskephalai 197 v. Chr. Legion und Phalanx. Er wies darauf hin, dass eine makedonische Phalanx nur die Hälfte der Vorderfront einer römischen Legion einnahm und dass die Sarissen der nachfolgenden vier Reihen noch vor die erste hinausragten, sodass jeder römische Soldat effektiv gegen zehn Lanzenträger kämpfen musste. Dies machte die Phalanx im frontalen Kampf nahezu unschlagbar. Andererseits hatten die lockereren und flexiblen römischen Manipel einen Vorteil in unebenem Gelände, wo die Phalanx in Unordnung geraten konnte und die Legionäre die entstehenden Lücken attackieren konnten. Die Länge der Sarissa machte es der auf den frontalen Kampf ausgelegten Phalanx schwierig, auf Angriffe an der Flanke oder im Rücken zu reagieren; so konnten die Römer Reserven aus zweiter und dritter Reihe gegen die verletzlichen Flanken des Gegners einsetzen.

Detail eines Tellers aus Capena, Italien, 3. Jh. v. Chr. Elefanten waren schwierige Gegner, doch die Römer wussten damit umzugehen, z. B. 202 v. Chr. bei Zama, wo Scipio zwischen Manipel-Legionen *velites* einsetzte, um karthagische Elefanten anzugreifen und zwischen die Untereinheiten der schweren Infanterie zu dirigieren. Rom, Museum Villa Giulia.

## Der Aufstieg der Manipel-Legionen: von der Niederlage zum Sieg

Schlachten zeigen beispielhaft, wie römische Feldherren lernten, die Flexibilität der Manipelarmee und die Schwächen ihrer Feinde zu nutzen.

**Asculum (Italien), 279 v.Chr.**: König Pyrrhus von Epiros siegte knapp gegen eine römische Armee, die seinen Elefanten und dem Frontalangriff seiner Phalanx nicht standhielt.
**Cannae (Italien), 216 v.Chr.**: Eine karthagische Armee in Unterzahl errang unter Hannibal einen entscheidenden Sieg gegen die Römer, deren ungewöhnlich dichte Formation zu schweren Verlusten bei der Infanterie führte, als sie in eine Falle gelockt und umzingelt wurde.
**Ilipa (Spanien), 206 v.Chr.**: Publius Cornelius Scipio nutzte Disziplin und Flexibilität der Manipel zu einer komplexen Neugruppierung während der Schlacht gegen die Karthager. Er stellte seine besten Truppen an den Flanken der Infanterielinien auf, um so die schwächeren Truppen des Feindes anzugreifen und zu besiegen.
**Zama (Tunesien), 202 v.Chr.**: Scipio errang den entscheidenden Sieg des Zweiten Punischen Kriegs (und damit den Titel *Africanus*), indem er eine neue Manipel-Formation und *velites* einsetzte, um Hannibals Elefantenangriff abzuwehren. Er nutzte die Flexibilität der Manipel, um seine erste Infanteriereihe zu unterstützen.

Goldstater mit T. Quinctius Flamininus, Sieger der Schlacht von Kynoskephalai gegen Philipp V. von Makedonien 197 v.Chr., eventuell geprägt, um der Schlacht zu gedenken. Der Name des Feldherrn steht auf der Rückseite.

**Kynoskephalai (Griechenland), 197 v.Chr.**: T. Quinctius Flamininus besiegte Philipp V. von Makedonien, indem er seine Manipel so lenkte, dass sie der feindlichen Phalanx in den Rücken fielen.
**Magnesia (Lydia, Türkei), 190 v.Chr.**: Die Römer besiegten Seleukidenkönig Antiochos III., als dessen Phalanx von den eigenen Elefanten gestört wurde und die flexibleren Manipel in die entstehenden Lücken hineinstießen.
**Pydna (Griechenland), 168 v.Chr.**: Aemilius Paullus besiegte eine makedonische Armee unter König Perseus, als die Phalanx in unebenem Gelände durcheinander geriet und die Manipel die entstehenden Lücken nutzten.

*Unten*
Büste wohl des Scipio Africanus, Sieger der Schlacht von Zama. Rom, Kapitolinische Museen.

*Links*
Porträt wohl des Königs Pyrrhus von Epiros (Nordwestgriechenland) aus der Villa dei Papiri in Herculaneum. Neapel, Archäologisches Nationalmuseum.

ten – sehr lange für brutale Nahkämpfe zwischen einzelnen Soldaten.

Der Militärhistoriker Philip Sabin schlug vor, dass die einzelnen Einheiten bei so langen Schlachten nicht kontinuierlich kämpften. Wenn nach dem ersten Feindkontakt noch keine Seite einbrach, könnte gekämpft worden sein, bis die Verluste einer oder beider Seiten zur vorübergehenden Unterbrechung zwangen. Nach einer Zeit der Erholung könnten die Kämpfe dann wieder aufgeflammt sein, um bald darauf wieder unterbrochen zu werden. Dies wiederholte sich, bis eine Seite entscheidende Verluste hinnehmen musste. Dass der Nahkampf auf diese Weise immer wieder unterbrochen wurde, lässt leichter nachvollziehen, wie frische Truppen aus der zweiten und dritten Reihe einer Manipel-Legion die erste Reihe entlasten konnten.

Normalerweise kämpften die *velites* als Plänkler vor der schweren Infanterie, um mit ihren Speeren Unordnung in die feindlichen Reihen zu bringen, bevor sie die Hauptschlachtreihe angriffen, und feindliche Plänkler daran zu hindern, das Gleiche zu tun.

In seinem Bericht über die Organisation der Legionen erwähnt Polybios (6,24,6), dass jedes Manipel zwei Standartenträger hatte und damit vermutlich zwei Standarten. Wir wissen nichts über ihre Form zu dieser Zeit, obwohl sie eventuell den bekannten Stangen mit Scheiben und Halbmonden ähnelten, die die Legionsuntereinheiten der späten Republik (oder *vexilla*) trugen, mit einer Fahne an einem Querstab. Doch der römische Enzyklopädist Plinius d. Ä. (*nat.* 10,16) schreibt im 1. Jh. n. Chr. rückblickend, die frühen Legionen hätten jede fünf Tierstandarten gehabt: Adler (laut Plinius die „erste" der Standarten), Wolf, Minotaurus, Pferd und Wildschwein. Nach Plinius trug jede Unterabteilung (*ordo*) der Legion eine andere Standarte. Diese müssen sich von denen der Manipel unterschieden haben, und falls es die Tierstandarten zu Polybios' Zeit gab, gehörten sie vielleicht zu wichtigen Einheiten der Manipel-Legion (*hastati*, *principes*, *triarii* und vielleicht auch *velites* und der Kavallerie der Legion) und/oder zur Legion insgesamt.

Daneben beschreibt Polybios die technischen Fähigkeiten der römischen Armee und den Aufwand bei der Errichtung von temporären Lagern in feindlichem Gebiet. Die Planung und der Bau solcher Lager blieben noch in der anschließenden Kaiserzeit ein wichtiger Schwerpunkt und charakteristisch für das römische Militär.

Bronzestatuette eines Fahnenträgers mit Adlerstandarte aus der römischen Stadt Alba Fucens (Abruzzen, Italien). Vielleicht 1. Jh. v. Chr.

# Die Reformen des Marius

Das 2. Jh. v. Chr. war eine Zeit der Expansion. Römische Legionen besiegten im Osten die Armeen der Makedonen und Seleukiden; sie eroberten und erweiterten ehemalige karthagische Gebiete in Nordafrika, Spanien und im südlichen Gallien. Einige Legionäre könnten bereits zu dieser Zeit de facto Berufssoldaten gewesen sein, nahmen sie doch an einem Feldzug nach dem anderen teil. In den ersten Jahrzehnten des 1. Jh. v. Chr. blieb die römische Legion eine Einheit von ca. 5000 Infanteristen, alles römische Bürger, doch erfuhr sie eine Vielzahl von Änderungen in Organisation, Ausrüstung und Rekrutierung. Der Adler wurde zum Hauptsymbol, das Manipel als wichtigste Untereinheit wich der 500 Mann starken Kohorte, darüber hinaus vereinheitlichte man die Truppengattungen und ihre Ausrüstung. Die Soldaten wurden aus breiteren gesellschaftlichen Schichten und in der Folge schließlich aus ganz Italien rekrutiert.

Traditionell sieht man den großen republikanischen General Gaius Marius (156–86 v. Chr.) als treibende Kraft hinter vielen dieser Innovationen. Marius stammte aus Arpinum südlich von Rom und war ein politischer Außenseiter, ein *homo novus*, der seine militärischen Erfolge als General nutzte, um mit Unterstützung der Bevölkerung politischen Einfluss zu gewinnen. Er mag ein militärischer Reformer gewesen sein, aber einige Veränderungen begannen vermutlich schon in den Jahrzehnten zuvor und fanden in ihm nur ein renommiertes Aushängeschild.

Eine wichtige symbolische Reform, die Plinius d. Ä. Marius zuspricht, war

Denar des Münzmeisters Lucius Sentius, geprägt 101 v. Chr., im Jahr von Marius' Sieg über die germanischen Cimbern (Vercellae, Nordwestitalien). Marius erwarb seinen Ruf durch Siege über den numidischen König Jugurtha (107–6 v. Chr.) und die Teutonen, die er 102 v. Chr. bei Aquae Sextiae (Aix-en-Provence) schlug.

die Einführung des Adlers als wichtigste Standarte jeder Legion. Wie erwähnt, war laut Plinius der Adler vor Marius' zweitem Konsulat 104 v. Chr. eine von fünf Standarten. Marius schaffte die anderen vier ab. Allerdings berichtet Plinius auch, es sei bereits „ein paar Jahre zuvor" üblich geworden, die anderen vier Standarten im Lager zu lassen und in der Schlacht lediglich den Adler zu tragen. Somit war auch dies lediglich der Abschluss eines Prozesses, der schon vor Marius begonnen hatte.

## Die Vereinheitlichung der Legionen

Eine wichtige Veränderung der ersten Jahrzehnte des 1. Jh. v. Chr. war die Vereinheitlichung der Legionen zu schwerer Infanterie ohne unterschiedliche Ausrüstung und Truppengattungen, wie es sie in der Manipel-Legion gab. Während die Bezeichnungen *hastati*, *principes* und *triarii* in den Titeln der Zenturionen erhalten blieb, hatten diese Begriffe zur Zeit des Marius keinen Bezug mehr dazu, wie Legionäre ausgestattet waren und kämpften. Die unverwechselbare Ausstattung der

*triarii* verschwand Anfang des 1. Jh. v. Chr., als sie begannen, an Stelle des Speers das *pilum* zu verwenden. Ebenso verschwand die leichte Infanterie der *velites*. Zum letzten Mal werden sie von Sallust in seinem Bericht über den Krieg gegen Jugurtha (*Iug.* 46,7) erwähnt, kurz bevor Marius das Oberkommando erhielt. Fortan bestanden die römischen Legionen ausschließlich aus schwerer Infanterie.

Eine Tendenz zur Vereinheitlichung war bereits durch ein Gesetz des Volkstribuns Gaius Gracchus 123 v. Chr. in die Wege geleitet worden, das die Bereitstellung der Ausrüstung für die Soldaten durch den Staat regelte (Plutarch, *C. Gracchus* 5,1). Die Ausrüstung der Legionäre des 1. Jh. v. Chr. ähnelte der der früheren *hastati* und *principes*. Wichtigste Angriffswaffen blieben das *pilum* und das Kurzschwert. Legionäre dieser Zeit verwendeten weiterhin die länglichovalen *scutum*-Schilde. Die berühmte Opferszene vom Relief des so genannten Altars des Domitius Ahenobarbus (s. u.) bietet eine frühe Darstellung eines *scutum*. Es zeigt auch Legionäre in Ringpanzertuniken, einem Typ Rüstung, von der der römische Schriftsteller Varro schreibt, sie sei von den Galliern übernommen worden, und Helme des Typs „Montefortino", benannt nach einem Ort, an dem man solche Helme gefunden hat.

Auch die Legionsreiterei war bereits vor dem späten 2. Jh. v. Chr. verschwunden; der letzte Hinweis auf italische alliierte Kavallerie stammt etwa aus der gleichen Zeit wie die letzte Erwähnung der *velites*. Die Funktionen der leichten Infanterie und Kavallerie, einst Spezialisten innerhalb der Legionen, wurden von Hilfstruppen übernommen, die aus nicht-italischen Alliierten, unterworfenen Völkern und Söldnern bestanden. Berichte über Kriege des 1. Jh. v. Chr. erwähnen Kontingente, die

Das Relief vom „Altar des Domitius Ahenobarbus" (Rom, Ende 2. / Anfang 1. Jh. v. Chr.) bietet ein seltenes zeitgenössisches Zeugnis für republikanische Legionäre. Es zeigt *lorica-hamata*-Kettenhemden, Montefortino-Helme, den rechts getragenen *gladius* und Details der Schildaußenseite (*scutum*) sowie des -handgriffs. Louvre, Paris.

bereits aus den Punischen Kriegen und dem hellenistischen Militär bekannt sind, wie Schleuderer von den Balearen, Bogenschützen von Kreta und Kavallerie aus Numidien und Gallien.

## Die Kohorte

Die primären taktischen Untereinheiten der Legion, Manipel von 120 oder 60 Mann, wurden durch größere Untereinheiten ersetzt: Kohorten. In der Kaiserzeit waren diese Kohorten nominell 480 Mann stark und in sechs Zenturien von je 80 Mann eingeteilt. Dies trifft wohl auch auf die Kohorten der späten Republik zu. Es gab zehn Kohorten in jeder Legion, sodass eine spätrepublikanische Legion mit voller Stärke über etwa 5000 Mann schwerer Infanterie verfügte. Wann genau sich dieser Wandel vollzog, ist unklar, aber spätes-

Montefortino-Helme fand man bei Ausgrabungen in Italien und Spanien. Sie sind halbkugelförmig aus Bronze getrieben mit kurzem Nackenschutz und Knopf (auf dem Domitius-Ahenobarbus-Relief als die Basis eines Helmbuschs dargestellt) sowie separaten Wangenstücken.

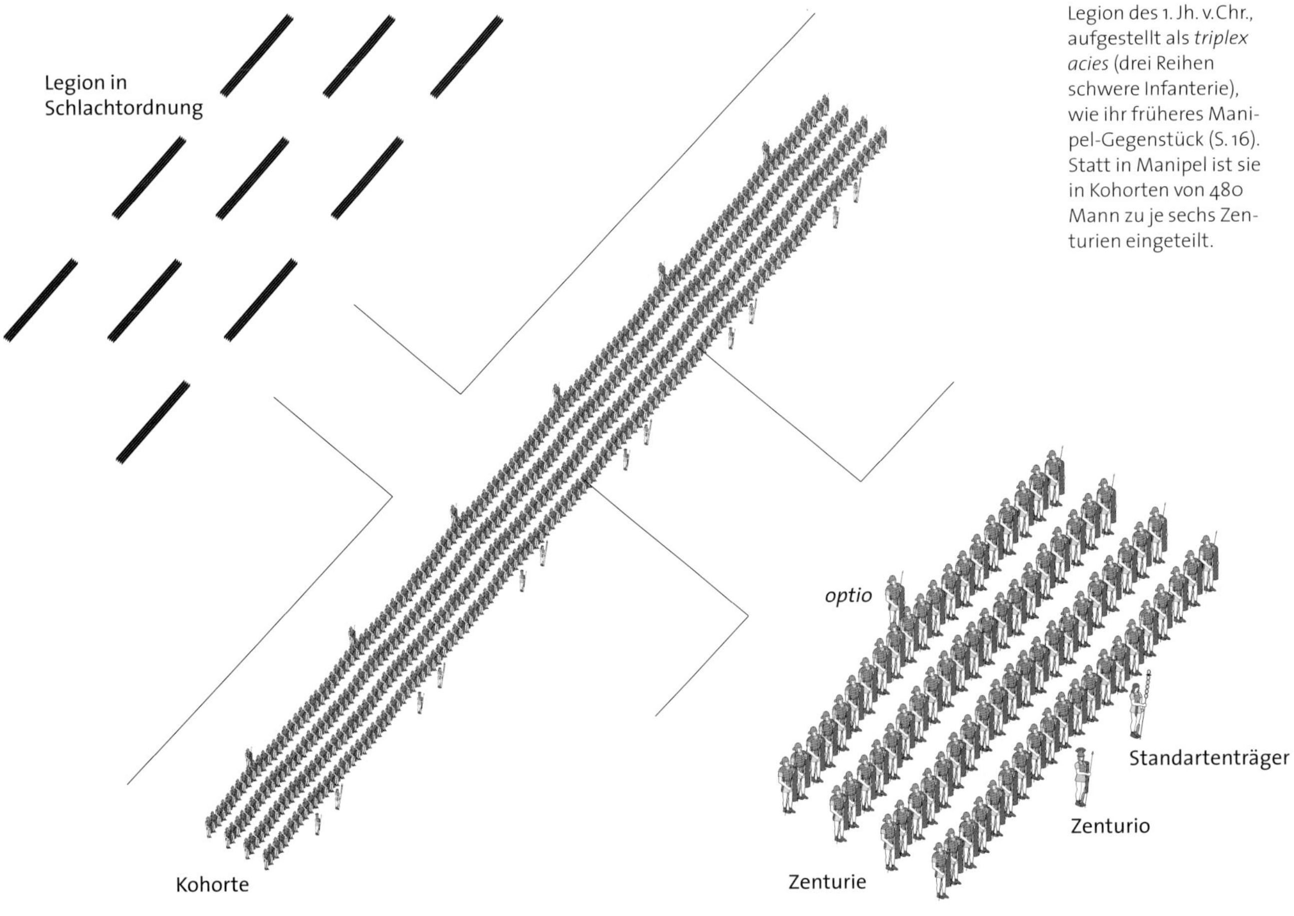


Legion des 1. Jh. v. Chr., aufgestellt als *triplex acies* (drei Reihen schwere Infanterie), wie ihr früheres Manipel-Gegenstück (S. 16). Statt in Manipel ist sie in Kohorten von 480 Mann zu je sechs Zenturien eingeteilt.

Silberdenar, ausgegeben von italischen antirömischen Rebellen während des „Bundesgenossenkriegs" (91–88 v. Chr.). Die Vorderseite zeigt einen weiblichen Kopf, „Italia" als Personifikation Italiens. Die Rückseite stellt Männer dar, die einen Eid ablegen und dazu Schwerter gegen eine kniende Figur richten, die ein Schwein hält.

tens zur Zeit des Gallischen Kriegs Caesars existierten die Kohorten als Unterabteilung. Von diesem Zeitpunkt an erschienen Manipel nur noch in den Titeln der Zenturionen.

Man sollte wohl nicht davon ausgehen, dass die Legionen plötzlich, evtl. sogar von einem einzigen Heerführer wie Marius, auf das Kohortensystem umgestellt wurden. Alte und neue Formationen könnten eine Weile nebeneinander existiert haben, bis die Kohorte Standard wurde. Warum es überhaupt dazu kam, ist eine wichtige, wenn auch schwierige Frage. Einige Forscher argumentieren, dass dies taktische Gründe hatte – die größeren Kohorten waren leichter zu kontrollieren und konnten großen Formationen irregulärer feindlicher Truppen wie der Cimbern und Teutonen (Marius' Gegnern) besser Widerstand leisten. Andere stellen die Neuerung in Zusammenhang mit der Expansion des Reichs – Kohorten waren vielseitiger als Manipel und besser geeignet für den Dienst in der Fremde, wo die Legionen große Gebiete erobern sollten.

## Rekrutierung der Legionen

Um die Wende vom 2. zum 1. Jh. v. Chr. wurde die Rekrutierung auf eine breitere Basis gestellt. Man griff zunehmend auf ärmere römische Bürger sowie Italiker zurück, die zuvor nur in den alliierten Truppen gedient hatten. Wie gezeigt, war der Dienst in der republikanischen Armee Privileg und Pflicht für römische Bürger, die reich genug waren, um sich die Ausrüstung zu leisten.

Doch als Marius 107 v. Chr. zum Konsul gewählt wurde und einen endgültigen Sieg gegen den Numiderkönig Jugurtha versprach, rekrutierte er lieber Freiwillige aus der ärmsten Gesellschaftsschicht (den landlosen *proletarii*) als Männer, die die formale Qualifikation erfüllten. Der Historiker Sallust (*Iug.* 86,3) stellt die Professionalisierung der Armee als Wendepunkt in der römischen Politik dar; er behauptet, die Armen seien durch die Aussicht auf Kriegsbeute angelockt worden und für politische Emporkömmlinge wie Marius leichter zu lenken gewesen, weil sie am Staat nicht wirtschaftlich beteiligt waren und für ihren Sold alles taten.

Marius gilt als Wegbereiter der Auflösung des politischen Systems der Republik, da im Laufe des 1. Jh. v. Chr. Befehlshaber wie er selbst, Sulla, Pompeius oder Caesar die persönliche Loyalität ihrer Truppen dazu nutzten, sich durch Androhung oder sogar Anwendung von Gewalt außerkonstitutionelle Macht zu verschaffen. Allerdings ist Marius kein Revolutionär, er hat vielmehr fortgesetzt, was Andere vor ihm ohnehin schon begonnen hatten.

Die materiellen Anforderungen für den Dienst in der Legion waren im Laufe des 2. Jh. v. Chr. schrittweise verringert worden, und im Notfall (wie nach Cannae) wurden sogar die ärmsten Bürger rekrutiert. Darüber hinaus gibt es keinen Beweis, dass Marius' Rekrutierung der *proletarii* eine dauerhafte Reform sein sollte, und bis Augustus bestanden die Legionen wahrscheinlich zugleich aus Freiwilligen (einschließlich *proletarii*, von denen einige effektiv Berufssoldaten waren) und begüterten Wehrpflichtigen. Auch in diesem Punkt sind Marius' Neuerungen nicht so sehr der radikale Wandel, als den man sie oft darstellt.

Eine weitere Veränderung in der Legionärsrekrutierung ergab sich aus dem „Bundesgenossenkrieg" (91–88 v. Chr.), einem Aufstand italischer Verbündeter Roms. Er hatte zum Ergebnis, dass Rom denjenigen, die loyal blieben oder ihre Waffen niederlegten, sein Bürgerrecht anbot. Diese Maßnahme beendete die politische und juristische Unterscheidung zwischen Römern und den meisten Italikern. Da das Bürgerrecht die wichtigste Voraussetzung für den Dienst als Legionär darstellte, traten Italiker nun den Legionen bei, anstatt als separate alliierte Truppen zu fungieren. Wie gezeigt, wurden die Hilfstruppen, die leichte Infanterie und Kavallerie, die die Legionen unterstützten, nun von ausländischen Verbündeten und Unterworfenen gestellt.

# Caesars Legionen, 58–44 v. Chr.

Julius Caesars Feldzüge liefern den Hintergrund für die Kenntnis der späteren kaiserzeitlichen Legionen, nicht weil er ein großer militärischer Neuerer war, sondern weil viele Legionen, die unter ihm in Gallien (58–51 v. Chr.) und im anschließenden Bürgerkrieg gegen Pompeius dienten, bis in die Kaiserzeit hinein bestanden.

## Caesar in Gallien

In republikanischer Zeit verließen Konsuln oder Prätoren nach ihrem Amtsjahr in der Regel Italien für eine gewisse Zeit, um eine Provinz zu regieren oder neue Gebiete zu erobern. Sie trugen den Titel Prokonsul („mit Macht entsprechend eines Konsuls") bzw. Proprätor. Nach seinem Konsulat 59 v. Chr. erhielt Caesar ein Prokonsulat, das ihm erlaubte, seine Aktivitäten auf die Gallia transalpina, das Gebiet nördlich der Alpen (größtenteils im heutigen Frankreich), zu konzentrieren. Zu dieser Zeit beherrschte Rom nur die Gallia cisalpina (südlich der Alpen, heute Norditalien) und Provincia, einen schmalen Küstenstreifen zwischen Italien und Spanien (die heutige Provence). Dahinter lag die Gallia comata, das „haarige Gallien", mit Völkern, die wenig oder gar nicht von Rom kontrolliert wurden. Weiter östlich mit dem Rhein als nominaler Grenze lag Germanien, dessen Völker sich kulturell zumeist stark von den Galliern abhoben, und im Nordwesten Britannien, mit intensiven Beziehungen zu Gallien.

Caesar hatte anfangs vier Legionen unter seinem Kommando, die *VII*, *VIII*, *IX* und *X*. Zuerst wurden sie im Nordosten Italiens defensiv eingesetzt, aber Caesars militärische Aktivitäten 58–50 v. Chr. fanden nördlich der Alpen statt.

Im Laufe der gallischen Feldzüge hob Caesar neue Legionen aus und fügte sie den bestehenden vier hinzu. Die meisten neuen Legionäre waren römische Bürger, die er im Winter in der Gallia cisalpina und der Provincia (Provence) rekrutierte, nachdem die Feldzugsaison vorüber war. Die Nummerierung der neuen Legionen schloss an die bestehende (*VII–X*) an, 52–50 v. Chr. gab es zwölf Legionen.

**58 v. Chr.:** *XI*, *XII* aufgestellt
**57 v. Chr.:** *XIII*, *XIV* aufgestellt
**54–53 v. Chr. (Winter):** *XIV* aufgelöst (später neu aufgestellt)
**53 v. Chr.:** *XV* aufgestellt und eine weitere Legion von Pompeius geborgt
**Bis 52 v. Chr.:** *V* und *VI* aufgestellt
**50 v. Chr.:** Pompeius' Legion zurückgesandt für einen (nicht durchgeführten) Partherkrieg, zusammen mit Caesars *XV*

Statue von Julius Caesar. Rom, Kapitolinische Museen.

## Wichtige Ereignisse während Julius Caesars Feldzügen in Gallien

**58 v.Chr.**

- Feldzug gegen die Helvetier; römischer Sieg bei Bibracte (Mont Beuvray).
- Feldzug gegen Ariovist und die Sueben.

**57 v.Chr.**

- Feldzug gegen die Belger; Caesars Heer entgeht knapp einer Niederlage, als es an der Sambre von belgischen Nerviern angegriffen wird.

**56 v.Chr.**

- Caesars Mandat um weitere fünf Jahre verlängert (bis 50 v.Chr.), nach Absprache mit Pompeius und Crassus.
- Feldzüge an der Westküste von Gallien, gegen die Veneter und andere.

**55 v.Chr.**

- Feldzüge im Nordosten Galliens und gegen die Germanen, westlich und östlich des Rheins.
- (Herbst) Erste Expedition nach Britannien; Rückzug nach Gallien.

**54 v.Chr.**

- (Juli) Zweite Expedition nach Britannien.

**53 v.Chr.**

- (Winter 54/53 v.Chr.) *Legio XIV* im Lager angegriffen und aufgerieben durch Eburonen von der Maas; eine weitere Legion unter Quintus Cicero (dem Bruder des Redners) überlebt einen ähnlichen Angriff durch die Nervier und wird von Caesar befreit.
- Zweite Überquerung des Rheins.

**52 v.Chr.**

- Niederschlagung des Biturigenaufstands im mittleren Gallien.
- Ausbruch des Vercingetorix-Aufstands.
- Schlacht von Gergovia.
- Belagerung von Alesia.

Caesars Bericht über den Gallischen Krieg betont die Bedeutung der Legionen. Feldzüge und Schlachten beschreibt er im Hinblick auf Bewegungen und Aktionen der Legionen; Auxiliareinheiten (Numider, kretische Bogenschützen, balearische Schleuderer [*Gall.* 2,7], gallische und germanische Kavallerie) werden kaum erwähnt. Manchmal vereinte er alle Legionen für einen Feldzug oder eine Schlacht zu einer einzigen Streitmacht. Als Caesar 58 v. Chr. in der Nähe von Bibracte (Mont Beuvray) gegen die Helvetier kämpfte, zog er die vier altgedienten Legionen (*VII–X*) zusammen und setzte ihre Kohorten in drei Linien ein, mit der kürzlich rekrutierten 11. und 12. Legion und Auxiliartruppen als Reserve. Im folgenden Jahr zog die Armee gegen die belgischen Nervier, und als sie in der Nähe der Sambre angegriffen wurde (*Gall.* 2,19), bestand sie aus allen acht zu diesem Zeitpunkt rekrutierten Legionen (*VII–XIV*) mit Hilfstruppen.

Doch auch Caesar teilte seine Armee, falls notwendig. So nahm er nur zwei (*VII* und *X*) seiner acht Legionen 56 v. Chr. nach Britannien mit, der Rest blieb in Gallien (*Gall.* 4,22), im Jahr darauf folgten ihm fünf Legionen auf die zweite britannische Expedition (*Gall.* 5,8); Labienus, einen Legaten (Untergebener mit delegierten Befugnissen; 56 v. Chr. hatte Caesar zehn Stück), ließ er mit drei Legionen in Gallien, um ihm den Rücken zu decken. Mitunter wurde die Armee auch geteilt und er sandte Legaten mit ein bis drei Legionen auf einen eigenen Feldzug.

Meist entließ Caesar bei Einbruch des Winters die Legionen in die Winterquartiere, meist in *oppida* – stadtartige Siedlungen, die über ganz Gallien verteilt waren. So konnten sie sich leichter mit den relativ bescheidenen Vorräten, die lokal verfügbar waren, versorgen. Doch die Verteilung in einem kaum befriedeten Land machte sie anfällig für Überraschungsangriffe. Ende 54 v. Chr. überwinterte die kürzlich ausgehobene *XIV* unter den Legaten Q. Titurius Sabinus und L. Aurunculeius Cotta im Gebiet der Eburonen an der Maas. Ihr Lager wurde angegriffen, und als sie ausbrechen wollten, gerieten sie in einen Hinterhalt. Die abgeschnittenen Truppen versuchten, sich Ambiorix, dem feindlichen Anführer, zu ergeben, doch dieser tötete Sabinus und startete einen Generalangriff. Cotta wurde ebenfalls getötet wie auch der Standartenträger der *XIV*, dem es noch gelang, den Legionsadler ins Lager zurückzuwerfen, bevor er starb. Einige Männer schafften es zurück ins Lager, begingen aber Selbstmord. Nur wenige entkamen (*Gall.* 5,37).

Im Gegensatz dazu trafen die Nervier, als sie das Winterquartier der *XI* unter dem Kommando von

Quintus Cicero angriffen, auf heftigen Widerstand, bis Caesar das Lager befreite. Caesar berichtet (*Gall.* 5,44), wie zwei ältere Zenturionen, Lucius und Titus Varenus Pullio, einander an Tapferkeit zu übertreffen suchten und das sichere Lager verließen. Nachdem sie, obgleich weit unterlegen, zahlreiche Feinde getötet hatten, halfen sie einander, sich wieder ins Lager zurückzuziehen – unter dem Jubel ihrer Kameraden.

**Zwei Brüder in Caesars Legionen**

„Gaius Canuleius, Sohn des Quintus, *evocatus* (Reservist) der *legio VII*, mit Ketten, Armbändern, Scheiben und einer Krone ausgezeichnet, starb im Alter von 35 Jahren. Quintus Canuleius, Sohn des Quintus, von der *legio VII*, wurde in Gallien mit 18 Jahren getötet. Ihr Vater errichtete dies Denkmal für die beiden Brüder." (*ILS* 2225)

Quintus, wahrscheinlich der ältere Bruder, kam in Gallien um. Gaius kämpfte ebenfalls in Gallien und wurde als Veteran Octavians in den Bürgerkrieg gerufen, bevor er sich nach Capua (dem Fundort dieser Inschrift) zurückzog, wo er starb.

## Caesars Legionen während des Bürgerkriegs

Am 10. Januar 49 v. Chr. brach der Bürgerkrieg aus, als Caesar die *XIII* von der Gallia cisalpina aus über den Rubikon nach Italien führte und behauptete, er müsse sich gegen Pompeius und seine Feinde im Senat verteidigen. Die Geschwindigkeit seines Vormarsches (wenn auch mit wenigen Soldaten) verunsicherte Pompeius, der schließlich nach Griechenland floh. Caesar hatte nun vollen Zugriff auf die Legionsrekrutierung, und so begann eine große Mobilmachung, wie sie für die Zeit bis 30 v. Chr. typisch sein sollte. Als Konsul von 48 v. Chr. fügte Caesar seinen bisherigen Legionen *V–XV* die Verbände *I–IV* hinzu und erweiterte sie bald bis *XXX* (wohl durchgehend nummeriert). Er ging 49 v. Chr. nach Spanien, wobei er sowohl Legionen seiner gallischen Armee wie auch neue einsetzte, um Pompeius' Verbündete zu besiegen. Er kehrte zurück und überquerte die Adria, um Pompeius selbst anzugreifen. Nach der Schlacht von Dyrrhachium (Durrës, Albanien), wo sich eine Kohorte der 6. Legion auszeichnete (s. S. 151),

### Caesars zehnte Legion

Die 10. Legion, die sich bereits in der Cisalpina befand, als Caesar seine Herrschaft über die Provinz antrat, wurde zu seiner Eliteeinheit, auf die er sich immer verlassen konnte.

Bereits 58 v. Chr., als Teile der Armee zögerten, ihm gegen Ariovists Sueben in den Kampf zu folgen, rief Caesar aus (*Gall.* 1,40–41), er werde ohne sie kämpfen, nur mit der 10. Legion an seiner Seite als seiner „Prätorianerkohorte". Diese gab das Kompliment zurück, indem sie begeistert in den Kampf zog, was die anderen Legionen wieder motivierte. Eine Prätorianerkohorte bestand aus handverlesenen Legionären, die als Leibgarde eines republikanischen Generals fungierten; später entwickelte sich daraus die ständige Prätorianergarde der Kaiser.

Als Caesar mit Ariovist verhandelte, brachte jeder eine Leibgarde aus Kavalleristen mit. Caesar misstraute seinen eigenen gallischen Reitern und setzte einige Männer der 10. Legion auf Pferde. Er scherzte (*Gall.* 1,43), dass er sie erst zu Prätorianern gemacht habe und nun zu „Rittern". *Equites* bedeutet „Reiter", aber impliziert auch einen sozialen Status, denn *equites* waren mit die reichsten Bürger Roms. Später nannte man die Legion manchmal *X Equestris* („Berittene" oder „Ritter").

Die 10. Legion verhinderte eine römische Niederlage gegen die Nervier an der Sambre (57 v. Chr.), als ein gallischer Überraschungsangriff Anführer wie Armee zwang, schnell zu handeln. Caesars Bericht (*Gall.* 2,21; 23) beschreibt, wie er die 10. Legion anspornt, indem er sie an ihre bisherigen Erfolge erinnert: Die 10. war eine von zwei Legionen, die Caesar Ende 55 v. Chr. mit nach Britannien nahm. Es heißt, als die römischen Truppen zögerten, an der britannischen Küste von Bord zu gehen, habe der Träger des Legionsadlers sie ermuntert, indem er an Land sprang und sie aufforderte, die Adlerstandarte nicht dem Feind zu überlassen (*Gall.* 4,25).

Caesars ehemaliger Legat Labienus kämpfte im anschließenden Bürgerkrieg für Pompeius und die Senatstruppen. Im *Afrikanischen Krieg* 16 (evtl. von Aulus Hirtius, einem weiteren Legaten Caesars verfasst) wird seine Begegnung mit einem Mann der 10. Legion auf dem Thapsusfeldzug beschrieben. Caesars Heer bestand v. a. aus unerfahrenen Rekruten, verstärkt durch Legionsveteranen. Labienus verspottete einige von Caesars Männern als „Anfänger", als einer sich stolz als Veteran der 10. Legion identifizierte, sein *pilum* auf Labienus schleuderte und dessen Pferd tötete.

Caesars 10. Legion war der Vorläufer der späteren kaiserlichen Truppe *X Gemina*.

Der Rubikon bildete die Grenze zwischen Caesars Provinz Gallien und dem römischen Italien. Als Caesar den kleinen Fluss im Januar 49 v. Chr. mit der *legio XIII* überquerte, überschritt er gleichzeitig seine Befugnisse und verursachte den Bürgerkrieg.

fand die Entscheidung bei Pharsalos (Thessalien, Griechenland) statt.

### PHARSALOS (Zentralgriechenland, August 48 v. Chr.)

Caesar (*civ.* 3,89) schreibt, er habe hier über 20000 Soldaten in 80 Kohorten verfügt. Das bedeutet, dass seine Einheiten deutlich unterbesetzt waren, durchschnittlich 275 Mann pro Kohorte bzw. 2750 pro Legion. Er nennt nur drei Legionen namentlich: die 10. und die 9., die so unterbesetzt war, dass er sie mit der 8. zusammen in den Kampf warf. Zweifellos nahmen aber noch andere Legionen Caesars teil.

Pompeius' Heer umfasste 110 Kohorten (elf Legionen) mit einer Gesamtzahl von 45000 Mann plus 2000 *beneficiarii* (wieder einberufenen Veteranen). Darunter befanden sich die Legionen Nr. *I* und *XV* (zu diesem Zeitpunkt umbenannt in *III*), die Caesar 50 v. Chr. für den Partherkrieg abgegeben hatte. Caesar stellte seine Truppen wie üblich in drei Reihen auf, aber mit einer vierten als Reserve, um zu verhindern, dass er durch Pompeius' überlegene Kavallerie überflügelt wurde. Während Caesars Infanterie dem Angriff standhielt, wurde seine Kavallerie in die Flucht geschlagen. Doch Caesars vierte Schlachtreihe besiegte die feindliche Kavallerie, attackierte Pompeius an der Flanke und siegte entscheidend. Pompeius verlor 15000 Mann, Caesar (nach seinen Angaben) nur 200.

Gnaeus Pompeius Magnus, genannt „der Große", wurde im Bürgerkrieg von 49/48 v. Chr. schnell von Julius Caesar besiegt. Dabei hatte er sich in den vorangegangenen Jahrzehnten selbst als erfolgreicher General ausgezeichnet und im östlichen Mittelmeerraum große Gebiete für das Römische Reich erobert.

## Veteranen der *legio XIV* in Afrika

Vor der Schlacht von Thapsus schickte man Caesar Verstärkung nach Afrika, darunter die Veteranenlegionen *XIII* und *XIV*. Der *Afrikanische Krieg* (44–46) beschreibt, wie Männer der *XIV* von Scipios Armee gefangen genommen wurden, als ihr Schiff vom Kurs abkam. Scipio bot ihnen an, sie zu verschonen, wenn sie die Seiten wechselten. Ein Zenturio der *XIV* weigerte sich und sagte, mit nur zehn seiner Kameraden werde er es mit einer ganzen Kohorte von Scipio aufnehmen. Scipio ließ ihn auf der Stelle töten und die anderen Veteranen vor das Lager bringen, foltern und hinrichten. Einige neuere Rekruten liefen jedoch über.

24000 Gefangene wurden in vier neuen Legionen Caesars Heer eingegliedert (durchnummeriert bis *XXXVII*).

### ALEXANDRIA (Ägypten, Winter 48–47 v. Chr.)

Pompeius floh nach Alexandria und wurde auf Befehl von Beratern des minderjährigen Königs Ptolemaios Philopator ermordet. Caesar, der Pompeius mit zwei unterbesetzten Legionen, darunter die *VI*, verfolgt hatte, unterstützte Kleopatra, Ptolemaios' Konkurrentin und Schwester. Darauf wurde er von den Alexandrinern und der 20000 Mann starken Armee des Ptolemaios belagert. Die *XXXVII* (ehemalige Soldaten des Pompeius) und andere, die vom Meer her und über Land aus der Provinz Asia kamen, befreiten ihn (*bell. Alex.* 9). Die Römer gewannen trotz Verlusten (*bell. Alex.* 21). Angeblich ertrank Ptolemaios beim Überqueren des Nils auf der Flucht. Caesar ging nach Syrien (mit der 6. Legion) und ließ Kleopatra als Herrscherin in Ägypten zurück.

### ZELA (Pontus, Nordanatolien, August 47 v. Chr.)

Caesar ging nach Pontus und besiegte König Pharnakes mit den Legionen *VI* und *XXXVI* (einst von Pompeius gesandt, um Asia zu besetzen) sowie einer „einheimischen Legion" des Königs Deiotaros, vielleicht Vorgänger der kaiserlichen *XXII Deiotariana* (s. S. 123). Bei dieser Gelegenheit sprach Caesar den berühmten Satz: „Ich kam, sah und siegte."

### THAPSUS (Tunesien, April 46 v. Chr.)

Caesar kehrte kurz nach Rom zurück und unterdrückte eine Meuterei unzufriedener Veteranen (auch der 10. Legion), indem er sie *Quirites* nannte („Bürger" – also Zivilisten; Sueton, *Iul.* 70). Dann landete er mit sechs Legionen (einschließlich der kürzlich rekrutierten *XXV*, *XXVI*, *XXVIII* und *XXIX*) in Afrika, um weitere Parteigänger des Pompeius unter dessen Schwiegervater Q. Metellus Scipio anzugreifen. Die Armee wurde später verstärkt. Die entscheidende Schlacht, in der die *II*, *V*, *VIII*, *IX* und *X* eine wichtige Rolle spielten, fand bei Thapsus statt (*bell. Afr.* 81). Scipio setzte Elefanten ein, und der *Afrikanische Krieg* (84) enthält eine Anekdote, wie ein Legionär der *V Alaudae* so lange auf einen Elefant einschlug, der ihn gepackt hatte, bis er ihn fallen ließ und davonrannte. Die *V Alaudae* verwendete später ein Elefantenemblem, um an Thapsus zu erinnern.

### MUNDA (Spanien, März 45 v. Chr.)

Im März 45 v. Chr. schlug Caesar die entscheidende letzte Schlacht des Bürgerkriegs bei Munda (Spanien) gegen Pompeius' Truppen unter der Führung von dessen Söhnen Gnaeus und Sextus und Caesars ehemaligem Legaten Labienus. Zur siegreichen Armee gehörte wieder die *V Alaudae* sowie Soldaten der 10. Legion, die bereits entlassen worden waren, um Kolonien in Gallien einzurichten. Labienus fiel im Kampf. Nach Munda kehrte Caesar nach Rom zurück, wo er seit Pompeius' Flucht 49 v. Chr. die höchste politische Macht ausübte. Die Demobilisierung der Veteranen wurde intensiviert, doch für viele von ihnen war der Ruhestand von kurzer Dauer, denn Caesars Ermordung am 15. März 44 v. Chr. entfachte den Bürgerkrieg erneut.

*V Alaudae* hatte einen ungewöhnlichen, weil deutlich gallischen Charakter, einschließlich des Beinamens *Alaudae*, „die Lerchen", was wohl auf die keltische Sitte hinwies, Vogelfedern am Helm zu tragen. Sie wurde in der Gallia transalpina rekrutiert, aber anschließend in Marcus Antonius' Heer eingegliedert, wovon dieser Denar zeugt (ca. 33–31 v. Chr.). Die Münze zeigt den Legionsadler und andere Standarten sowie „LEG V".

**Kaiserliche Legionen vermutlich caesarischer Herkunft**

Aus der Zeit des Gallischen Kriegs, 58–50 v. Chr.:

| | | |
|---|---|---|
| *V Alaudae* | *IX Hispana (?)* | *XII Fulminata* |
| *VI Ferrata* | *X Gemina* | *XIII Gemina (?)* |
| *VII Claudia* | *XI Claudia (?)* | *XIV Gemina (?)* |
| *VIII Augusta* | | |

Aus der Zeit des Bürgerkriegs, 49–44 v. Chr.:

| | |
|---|---|
| *I Germania (?)* | *III Gallica* |

# Die Legionen in der Zeit des Triumvirats, 44–31 v. Chr.

Mit Julius Caesars Ermordung trat der Bürgerkrieg in eine neue Phase, die erst endete, als Octavian (der spätere Augustus) nach der Schlacht von Actium 31 v. Chr. die Macht übernahm. Man nennt diese Phase „Triumviratszeit" nach dem 43 v. Chr. entstandenen politischen Bündnis dreier Männer („Triumvirat"): Caesars Offizier Marcus Antonius, Caesars Großneffe und Erbe Octavian und Caesars patrizischer Parteigänger Marcus Aemilius Lepidus. Sie schlossen sich zusammen, um die Mörder ihres Patrons zu beseitigen. 31 v. Chr. löste sich das Triumvirat auf und es kam zur Konfrontation zwischen Octavian und Antonius. Viele alte Legionen Caesars wurden wieder aufgestellt, da die Triumvirn die Veteranen benötigten, um schnell Armeen aufzustellen. Ebenso entstanden viele neue Legionen, die Mehrheit der späteren kaiserlichen Legionen lässt sich bis in diese Zeit zurückverfolgen.

Massen von Soldaten dienten in diesem Krieg, Augustus selbst (*R. Gest. div. Aug.* 3,3) behauptete, dass eine halbe Million Männer, das Äquivalent von 100 Legionen, den Eid auf ihn schworen. Zweifellos wurden einige dieser Legionen im Laufe oder am Ende des Bürgerkriegs aufgelöst. Andere überlebten und bildeten die Grundlage des stehenden kaiserlichen Heers von Augustus nach 31 v. Chr. Die „Biographien" der kaiserlichen Legionen (Teil II) zeigen, dass viele von ihnen unter Caesar entstanden oder nach seinem Tod im Bürgerkrieg.

Büste wohl des Marcus Antonius (Kingston Lacy, Dorset). Antonius hatte seine Fähigkeiten als Kommandeur unter Caesar in Gallien bewiesen, war im Vorfeld des Bürgerkriegs dessen politischer Agent in Rom und sein Stellvertreter, als er Diktator war. Er trat Caesars politische und militärische Nachfolge an, wurde aber unerwartet vom jungen Octavian, Caesars persönlichem Erben, herausgefordert.

## Die Schlacht von Mutina und der Feldzug nach Philippi, 43–42 v. Chr.

Nach Caesars Ermordung sah sich Marcus Antonius dem feindlich gesonnenen Senat gegenüber – und Octavian, Caesars 19-jährigem Großneffen und persönlichen Erben, der von seinem Studium in Griechenland zurückgekehrt war, um nicht nur Anspruch auf das Vermögen anzumelden, sondern sich auch als Caesars politischer Nachfolger zu präsentieren. Antonius und Octavian wandten sich beide an Caesars frühere Anhänger, Octavian hob schnell ein Heer aus Caesarveteranen der 7. und 8. Legionen (später *VII Claudia* und *VIII Augusta*) aus, die sich im Ruhestand in Kampanien niedergelassen hatten, zusammen mit der 4. Legion (der späteren *IIII Macedonica*) und der *Martia*, die sich zuerst Antonius anschließen wollten. Zunächst verbündete sich Octavian mit dem Senat und den Armeen der Konsuln Hirtius und Pansa, die versuchten, Mutina (Modena) zu befreien, wo Decimus Brutus, einer der Caesarmörder, von Antonius belagert wurde. Es kam zu zwei Schlachten nahe der belagerten Stadt. Ein Offizier in der Armee berichtet in einem Brief an Cicero von der Endphase der ersten Schlacht (in Forum Gallorum, 15. April 43 v. Chr.), bei der Antonius' Legionen *II* und *XXXV* erfolgreich gegen die Legion

*Martia* und Octavians Prätorianerkohorte kämpften, nur um danach auf die Veteranen der *VII* und *VIII* zu treffen:

> Auf der Via Aemilia, wo sich Octavians Kohorte befand, wurde lange gekämpft. Am linken Flügel, der schwächer war, mit zwei Kohorten der Legion *Martia* und der Prätorianerkohorte, begann man sich zurückzuziehen, weil man von Antonius' Kavallerie überflügelt wurde … Als sich alle unsere Reihen zurückgezogen hatten, ging ich als Letzter ins Lager zurück. Antonius tat so, als habe er den Kampf gewonnen, und dachte, er könne unser Lager einnehmen: Aber er scheiterte und erlitt eine große Zahl von Opfern. Als Hirtius davon hörte, brachte er 20 Veteranen-Kohorten mit und griff Antonius an, als er sich gerade in sein Lager zurückziehen wollte, und er tötete oder vertrieb alle seine Männer. … Antonius zog sich mit seiner Kavallerie um die vierte Stunde der Nacht ins Lager zurück. … So verlor Antonius die meisten seiner Veteranen, aber es kostete uns die Prätorianerkohorte und die Legion *Martia*. Zwei Adler und 60 weitere Standarten von Antonius wurden erbeutet: Die Sache ging gut aus.
>
> Cicero, *fam.* 10,30

Pansa wurde getötet und in der zweiten Schlacht auch sein Kollege Hirtius. Zwar verlor Antonius beide Schlachten, aber politisch gingen sowohl er als auch Octavian gestärkt daraus hervor. Beide bildeten mit Lepidus ein Triumvirat. Nachdem sie sich ihrer Feinde entledigt hatten, setzten sie mit 22 Legionen nach Griechenland über, die zum Teil aus Truppen Caesars bestanden.

Die Mörder Brutus und Cassius versammelten im Osten des Reichs eine Armee. Octavian und Antonius griffen sie im Oktober 42 v. Chr. bei Philippi in Ostmakedonien an und besiegten sie nach zwei Gefechten.

### Wichtige Ereignisse der Triumviratszeit

**43 v. Chr.**

- Konflikt zwischen Marcus Antonius sowie Senatstruppen unter dem Kommando von Octavian und den Konsuln Hirtius und Pansa, die in der Schlacht von Mutina (Modena) getötet werden.
- Etablierung des Triumvirats von Antonius, Octavian und Lepidus.

**42 v. Chr.**

- Octavian und Antonius besiegen die Caesarmörder Brutus und Cassius in der Schlacht von Philippi (Griechenland).

**41 v. Chr.**

- Marcus Antonius im Osten; Octavian siedelt Veteranen in Italien um.
- Konflikt zwischen Octavian und Marcus Antonius' Bruder (Lucius) und Frau (Fulvia); Belagerung von Perusia (Perugia, „Perusinischer Krieg") endet mit Octavians Sieg.

**40 v. Chr.**

- Krieg gegen die Parther (bis 34 v. Chr.).

**38–36 v. Chr.**

- Octavians Krieg gegen den Sohn Pompeius' des Großen, Sextus Pompeius, rund um Sizilien; 36 v. Chr. siegt Octavian.

**31 v. Chr.**

- Octavian besiegt Antonius (und Kleopatra) in der Seeschlacht von Actium und beginnt mit der Errichtung eines neuen politischen Systems.

## Vom Perusinischen Krieg bis Actium, 41–31 v. Chr.

Nach Philippi blieb Antonius weiterhin im Osten, wo er gegen die Parther zog. Der erste Feldzug (40–39 v. Chr.) in Kleinasien und Syrien war von Verteidigung und Gegenangriffen geprägt, wobei die Römer gegen den Partherkönig Pokoros und seinen römischen Verbündeten Q. Labienus (den Sohn des Legaten Caesars) kämpften. 36 v. Chr. gelang es Antonius, im Partherreich einzumarschieren. Zu seiner Armee gehörten zwei Legionen, die auch später noch in der Kaiserzeit bestanden, *III Gallica* und *VI Ferrata* (s. S. 133 ff. und 151 ff.), vermutlich gab es noch weitere. Antonius drang tief ins persische Kernland vor, wurde aber zu einem verlustreichen Rückzug gezwungen.

41 v. Chr. kehrte Octavian mit einem Teil seiner Armee nach Italien zurück und stellte den Veteranen der Philippikampagne Grundbesitz in einigen ländlichen Gegenden Italiens zur Verfügung,

so in Kampanien (wie Benevent und Capua) und Norditalien (wie Rimini und Bologna). Die Konfiszierung von Land führte dort zu Unruhen. Konsul Lucius Antonius und Fulvia, des Triumvirn Antonius Bruder und Frau, schwangen sich zu Advokaten sowohl der Enteigneten als auch der unzufriedenen Veteranen auf und hoben eine Armee gegen Octavian aus. Diese wurde von Octavian in Perusia in eine Falle gelockt und belagert. Schleuderbleie mit eingestanzten Nummern beweisen die Zusammensetzung der Armeen, auf Octavians Seite die 4. (später *Macedonica*), 6. (*Victrix*), 8. (*Augusta*), 9. (*Claudia*) und 12. Legion (evtl. später *XII Fulminata*).

Nach der Niederlage des Lucius Antonius söhnten sich Octavian und Antonius vorübergehend aus, und Octavian unternahm einen Krieg zu Wasser und zu Land gegen Sextus Pompeius, den Sohn Pompeius' des Großen, der sich auf Sizilien (s. S. 146) niedergelassen hatte. Octavian und Antonius bauten ihre Armeen aus, indem sie die Legionen anderer (z. B. Caesars, ihres Kollegen Lepidus oder der Konsuln von 43 v. Chr.) übernahmen und neue Truppen aushoben. Manchmal trugen diese Legionen übereinstimmende Nummern, was dazu führte, dass in der kaiserzeitlichen Armee mehrere Legionen die gleichen Nummern trugen, da die Benennungen der Triumviratszeit erhalten blieben.

Zur abschließenden Konfrontation zwischen Octavian und Antonius kam es im September 31 v. Chr. bei Actium vor der Westküste Griechenlands. Antonius' Legionen vor Actium lassen sich bequem verfolgen, da er Silbermünzen ausgab (vermutlich um seine Armeen zu bezahlen), die auf der Rückseite einen Schiffsbug zeigen sowie auf der Vorderseite Adlerstandarten und mitunter auch Nummer und Titel der Legionen. Seine Armee bei Actium bestand aus rund 23 Legionen, dabei vermutlich Vorläufer verschiedener kaiserlicher Legionen wie *III Gallica*, *III Cyrenaica*, *V Alaudae*, *VI Ferrata*, *X Gemina* (Caesars *X Equestris*) und vielleicht *IIII Scythica* und *XII Fulminata*. Für Octavians Armee fehlt uns eine entsprechende Quelle, aber zu ihr könnten die kaiserlichen Legionen *I* (*Germanica*), *II Augusta*, *III Augusta*, *IIII Macedonica*, *IIII Scythica* (?), *V Macedonica*, *VI Victrix*, *VII Claudia*, *VIII Augusta*, *IX Hispana*, *X Fretensis*, *XI Claudia*, *XII Fulminata*, *XIII Gemina*, *XIV Gemina*, *XV Apollinaris* und vielleicht der Rest der Legionen von *XVI* (ursprünglich *Gallica*, später *Flavia Firma*) bis *XXI* (*Rapax*) gehört haben.

Entscheidend war eine Schiffsschlacht, doch auch die jeweiligen Fußtruppen waren beteiligt. Octavian siegte und kontrollierte nun beide Heere. Einige Legionen wurden aufgelöst, zahlreiche Soldaten gingen in den Ruhestand, aber viele blieben im Dienst der kaiserlichen Armee, die in den ersten Jahrzehnten der Herrschaft des Octavian (oder Augustus, wie er sich bald nennen ließ) mehr und mehr Gestalt annahm.

Jetzt entwickelte Augustus allmählich ein politisches System, das ihn selbst als Kaiser in den Mittelpunkt stellte. Und so wie er politische, administrative, soziale und moralische Reformen in die Wege leitete, so reformierte er auch das Militär und schuf ein Berufsheer, in dem die Legionen eine langfristige Identität und individuelle Geschichte hatten.

Bronzener Bug eines Boots, gefunden in Actium, vielleicht von der Schlacht 31 v. Chr. Eine weibliche Figur mit Helm stellt vermutlich die Göttin Athene/Minerva dar (1. Jh. v. Chr.? London, Britisches Museum). Die Schlacht von Actium wurde v. a. auf See ausgetragen, doch setzten beide Seiten auch Legionen ein, einige (wie *X Fretensis*) könnten auch Marineinfanteristen gewesen sein.

TEIL II

# Die Legionen in der Kaiserzeit

# Die Legionen seit Augustus

Mit Marcus Antonius' Niederlage bei Actium und seinem Selbstmord 30 v. Chr. gewann Octavian die Herrschaft über das gesamte Römische Reich. Er nannte sich nun „Augustus" (der Erhabene), machte sich damit zum ersten römischen Kaiser und schuf ein völlig neues Regierungssystem. Um weiteren Bürgerkriegen entgegenzuwirken, beanspruchte er den Oberbefehl über die gesamte Armee. Er allein hatte das Recht, Legionen aufzustellen und zu befehligen. Vorher durften dies auch Senatoren, die über einzelne Provinzen herrschten. Sie wurden nun zu kaiserlichen Beauftragten (Legaten) und waren keine unabhängigen Prokonsuln und Proprätoren mehr wie während der Republik. Dies hatte zur Folge, dass die Kaiser ihre Armeen meist nicht mehr selbst vor Ort befehligten, sich aber die Siege ihrer Feldherren als eigenes Verdienst anrechneten und für die Triumphe feiern ließen, weil die Feldzüge in ihrem Namen durchgeführt wurden.

Im Zuge der Umstellung demobilisierte Augustus die großen Armeen der Triumviratszeit und verringerte die Anzahl der Legionen auf 28. Bis in die 2. Hälfte des 3. Jh. n. Chr. existierten im Römischen Reich nie mehr als 33 Legionen mit insgesamt 150 000 Legionären und ähnlich starken Hilfstruppen. Im Laufe der Zeit wurden Legionen aufgerieben oder aufgelöst und andere wieder neu aufgestellt, doch die meisten bestanden lange Zeit, sodass wir ihre Geschichte über fast drei Jahrhunderte hinweg gut verfolgen können – vom Triumvirat bis ca. 250 n. Chr.

Augustus' militärische Reformen wandelten auch die Teilzeit-Bürgerarmee der Republik in ein stehendes Heer länger dienender Berufssoldaten um. Dadurch sollte die Loyalität der Truppen zu Staat und Kaiser gefestigt und die Gefahr verringert werden, dass sich ganze Legionen in den Dienst rebellischer Kommandeure stellten, wie es in den Bürgerkriegen des 1. Jh. v. Chr. geschehen war. Die Professionalisierung der Armee unter Augustus brachte auch geordnete, im gesamten Reich geltende Bedingungen für den Militärdienst. Generell verpflichteten sich die Soldaten auf einen bestimmten Zeitraum bei der Truppe, erhielten regelmäßigen Sold nach festgelegten Sätzen und bekamen zum Dienstende eine Abfindung.

## Modalitäten des Dienstes in den kaiserlichen Legionen

### Dauer

Ein Legionär der Kaiserzeit diente normalerweise 25 Jahre. Augustus hatte kürzere Zeiten ausprobiert, zuerst 16 Jahre (ab 13 v. Chr., s. Cassius Dio 54,25) und dann 20 Jahre (5 n. Chr., Dio 55,23), aber er oder auch erst einer seiner Nachfolger entschied sich schließlich für 25 Jahre, wohl auch, um die am Schluss fällige Zahlung der Abfindung möglichst lange hinauszuzögern.

### Bezahlung

In spätaugusteischer Zeit erhielt ein gewöhnlicher Legionär jährlich 225 Denare (Tacitus, *Annalen* 1,17), ein Sold, der vermutlich schon von Julius Caesar eingeführt wurde. Domitian erhöhte ihn

*Vorige Seiten*
Die Reliefs der Trajanssäule in Rom erinnern an die Siege des Kaisers in Dakien 101–2/105–6 n. Chr. Sie liefern wichtige Hinweise zu Ausrüstung und Aufgaben römischer Legionen.

Kaiser Augustus hatte zwar keinen guten Ruf als Heerführer im Feld, aber seine Reorganisation der römischen Armee stabilisierte diese als stehendes Heer lange dienender Berufssoldaten mit geregelten Arbeitsbedingungen.

etwa 83/84 n. Chr. auf 300 Denare, und unter Septimius Severus und Caracalla (Ende 2. bis Anfang 3. Jh. n. Chr.) gab es weitere Aufstockungen, zuerst etwa auf 450 und dann 675 Denare. Allerdings behielt die Armee stets einen großen Teil des Geldes ein für Posten wie Kleidung.

Legionäre bekamen vereinzelte, teilweise erhebliche Zusatzzahlungen, etwa beim Machtantritt eines Kaisers. So vermachte Augustus jedem seiner Legionäre testamentarisch 75 Denare (Sueton, *Augustus* 101,2), und Septimius Severus hinterließ den Soldaten, die ihn an die Macht gebracht hatten, angeblich 2500 Denare (*hist. Aug., Severus* 7,6). Darüber hinaus konnten sich Legionäre auch durch Plünderung und Erpressung bereichern.

## Ruhestand

Augustus führte eine Abfindung für Soldaten ein, die in den Ruhestand gingen, als Reaktion auf die Unruhen nach den Enteignungen zur Versorgung der Veteranen im Anschluss an den Philippifeldzug (42 v. Chr.). Nach Actium verwendete er sein Privatvermögen, um den Veteranen entweder einen Bonus auszuzahlen oder Land zu kaufen. Im Jahr 6 n. Chr. richtete er eine durch Auktions- und Erbschaftssteuern finanzierte, staatlich betriebene Militärkasse ein, die den Veteranen Abfindungen auszahlte.

Andere Veteranen wurden in so genannten *coloniae* (deutsch: Kolonien) angesiedelt, städtischen Veteranengemeinden außerhalb Italiens. Diese Verfahrensweise wurde im 1. und frühen 2. Jh. n. Chr. beibehalten, starb aber nach Hadrian weitgehend aus. Andere römische Städte erwarben den Titel *colonia* in späteren Jahrzehnten allein als ehrenvolle Auszeichnung, auch wenn es mitunter Gemeinden mit einer engen Verbindung zur Armee waren, wie Eboracum (York, Großbritannien), wo sich die Stadt neben einem Legionslager entwickelte.

Das römische Theater von Augusta Emerita (Mérida), einer von Veteranen des Augustus gegründeten Kolonie in Spanien. Das Theater wurde ursprünglich 16–15 v. Chr. von Marcus Agrippa erbaut und spiegelt die kulturelle Bedeutung der Siedlung wider. Andere kaiserliche Veteranenkolonien waren Berytus (Beirut), Glevum (Gloucester) und Aelia Capitolina (Jerusalem), von Augustus, Nerva bzw. Hadrian eingerichtet.

### Theorie und Wirklichkeit des Militärdienstes

Es gibt Hinweise, dass dieses System nicht immer funktionierte. Insbesondere hatte der Staat ein ureigenes Interesse daran, die Zahlung von Sold und Abfindungen so lange wie irgend möglich hinauszuzögern. Allerdings konnten Verzögerungen auch zu Unzufriedenheit oder gar Aufständen führen. Der Historiker Tacitus nennt eine Reihe Beschwerden von Soldaten in seinem Bericht über eine Meuterei der pannonischen Legionen 14 n. Chr. (*ann.* 1,17) – vermutlich übertreibt er zugunsten der rhetorischen Wirkung, aber die Beschreibung wird wohl an sich plausibel sein. Neben der allgemeinen Härte des Militärlebens drehten sich die Beschwerden um Soldaten, die jenseits des Rentenalters festgehalten wurden, um den Veteranen zugeteiltes Land, das in unwirtlichen Grenzregionen lag, und um die geringe Bezahlung, mit Abzügen für Kleidung und Ausrüstung. Außerdem waren Erhöhungen des Solds, wie gezeigt, sehr selten.

Dennoch bot der Dienst in der Legion für viele eine attraktive Option. Die meisten Soldaten waren zuvor arme Bauern, schon die einigermaßen gute und regelmäßige Verpflegung schlug positiv zu Buche. Und trotz Beschwerden über Sold und Altersversorgung machten Abfindung und gesammelter Sold aus 25 Dienstjahren (zusammen mit dem Prestige des Militärdienstes) einen Ex-Soldaten zu einem vergleichsweise wohlhabenden und wichtigen Mitglied der zivilen Gesellschaft.

Es gibt Anzeichen für eine Wehrpflicht in der Kaiserzeit (insbesondere während des Pannonischen Aufstands 6 n. Chr. und nach der Niederlage von Varus' Armee 9 n. Chr.), aber dies betrifft wohl mehr die Hilfstruppen als die Legionen. Im Großen und Ganzen war der Dienst in der Legion so attraktiv, dass es immer genügend Freiwillige gab und die Einrichtung einer Wehrpflicht nicht nötig war.

In der Theorie waren die Rekruten allesamt römische Bürger – im Gegensatz zu den Hilfstruppen, die sich ursprünglich aus freien Nicht-Bürgern des Reichs zusammensetzten. Das galt weitgehend auch in der Praxis, außer im östlichen Teil des Reichs, wo es nur wenige römische Bürger gab – dort wurden offenbar schon früh Nicht-Bürger rekrutiert, denen man bei der Einschreibung das Bürgerrecht verlieh (s. S. 124). Legionäre, die im Osten dienten, wurden in östlichen Provinzen rekrutiert und sprachen Griechisch, Legionäre im Westen wurden in den westlichen Provinzen rekrutiert und sprachen Latein. Latein war jedoch im gesamten Reich die offizielle Amtssprache des Heers (in Inschriften, Dokumenten und Befehlen).

Forscher wie Giovanni Forni und J. C. Mann haben gezeigt, dass bis zur Regierung des Claudius die meisten Legionäre aus Italien stammten (41–54 n. Chr.). Während der Zeit von Claudius und Nero kam etwa die Hälfte aus Italien und die andere Hälfte aus den Provinzen. Unter Trajan (98–117) gab es vier oder fünf Mal so viele Legionäre aus den Provinzen wie italisch-stämmige, wobei Erstere aus Regionen oder Gemeinden stammten, die kulturell romanisiert waren (z. B. *coloniae*). Im 2. und 3. Jh. wurde die Rekrutierung zunehmend zu einer regionalen Angelegenheit, und viele Legionäre wurden *castris*, „aus dem Lager", angeworben – meist Söhne von Soldaten.

## Organisation und Befehlsstruktur der kaiserlichen Legion

Es gibt zahlreiche Belege für die Struktur der kaiserzeitlichen Legionen, u. a. Inschriften, Papyrusdokumente und archäologische Funde aus Legionslagern und Kastellen sowie literarische Texte wie *Über die Befestigung eines Lagers* von Hyginus (bzw. Pseudo-Hyginus), dessen Datierung unsicher ist. Grob gesagt war die Organisation in der Kaiserzeit derjenigen der späten Republik sehr ähnlich, und sie blieb es bis zum 3. Jh. n. Chr. Eine Legion war immer noch in zehn Kohorten eingeteilt, diese wiederum in sechs Zenturien von 80 Mann und die Zenturien in *contubernia* (Sing. *contubernium*) von acht Mann. Dies impliziert, dass die volle Stärke 4800 Mann betrug.

Zu einer Legion gehörte auch eine Abteilung von 120 Reitern (*equites legionis*), die jedoch eher als Boten o. Ä. beschäftigt wurden anstatt als Kavallerie im Gefecht. Es ist unklar, ob sie zur theoretischen Stärke von 4800 Mann noch hinzugezählt werden müssen.

Manchmal hatte die erste Kohorte bestimmter (oder aller) Legionen die doppelte Stärke, so Pseudo-Hyginus und Vegetius (ein Autor der Spätantike, der sowohl über die Vergangenheit wie über

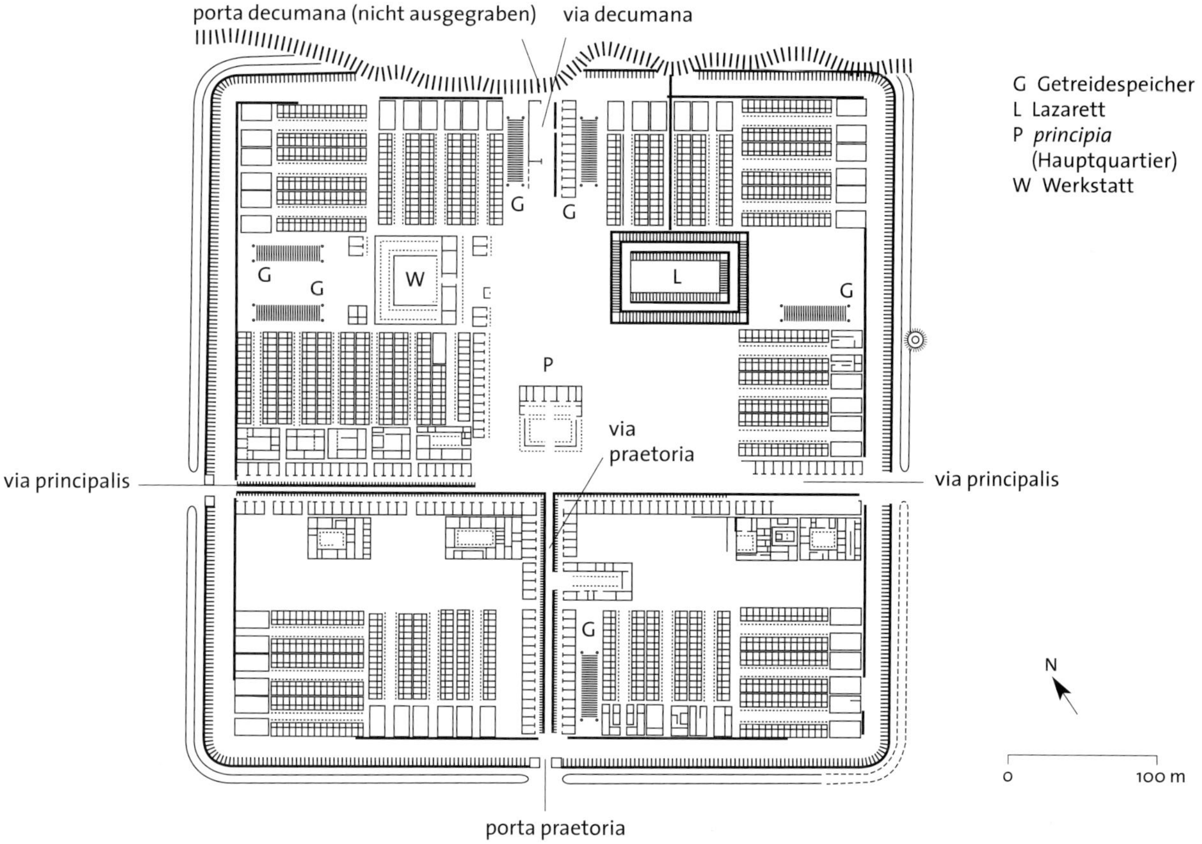


Luftaufnahmen (s. S. 46 f.) und Ausgrabungen des Kastells von Inchtuthil zeigen den Aufbau eines Legionslagers der Kaiserzeit. Die länglichen Kasernenblöcke sind meist in Gruppen angeordnet, immer sechs Zenturien einer Standardkohorte. Die größere Gruppe von Kasernen für die erste Kohorte liegt links der *principia* (Hauptquartier).

die zeitgenössische Praxis schreibt). Bestätigt wird dies durch eines der besterhaltenen Legionslager beim schottischen Inchtuthil (ca. 84–86 n. Chr.; s. o. und Bild auf S. 47). Der Plan zeigt normale Kasernen für neun Kohorten und eine größere Gruppe Kasernen westlich des Hauptquartiers für fünf (nicht sechs) Zenturien, aber von doppelter Größe. Dies deutet darauf hin, dass die erste Kohorte 800 (statt 480) Mann zählte und die nominale Legionsstärke somit 5120 betrug. Dies gilt jedoch nicht für alle Legionen zu allen Zeiten, wie andere Ausgrabungen bezeugen. Forscher meinen deshalb, die größere erste Kohorte sei entweder eine Schöpfung der flavischen Zeit (69–96 n. Chr.) oder noch davor, die nach den Flaviern wieder aufgegeben wurde.

Kohorten, Zenturien und *contubernia* bildeten die regulären Untereinheiten der Legion, aber sie konnten vorübergehend auch in Vexillationen zusammengestellt werden – benannt nach einer Standarte mit *vexillum* („Flagge"), die sie an Stelle des Legionsadlers mit sich führten. Vexillationen, ca. 1000 oder 2000 Mann, wurden entsandt, um nicht die gesamte Legion verlegen zu müssen, z. B. wenn man Truppen benötigte, um einer Krise zu begegnen, oder für Feldzüge in andere Provinzen. Dies war besonders häufig ab dem 2. Jh. n. Chr. der Fall, als die Legionen sich an bestimmten Standorten dauerhaft einzurichten begannen, aber wir wissen auch von früheren Vexillationen, so z. B. im Jüdischen Krieg (66–70 n. Chr.).

Große Vexillationen mit angeschlossenen Auxiliartruppen wurden in der Regel durch senatorische Kommandeure mit Titeln wie *dux*, *praepositus* oder Legat befehligt, manchmal durch sehr erfahrene Zenturionen, kleinere Abteilungen für Polizeiaufgaben oder Bauprojekte durch Zenturionen.

### Kaiser, Feldherren und Kommandanten

An der Spitze der Hierarchie stand der Kaiser, Oberbefehlshaber der römischen Armee kraft des *imperium maius*, das höher war als die Befehlsgewalt aller anderen. Einige Kaiser führten persönlich ihre Armeen ins Feld, andere nicht; doch in jedem Fall trug der Kaiser die Insignien militäri-

scher Macht in Form des Titels *imperator* („siegreicher Feldherr") und Beinamen wie *Germanicus*, *Dacicus*, *Parthicus* („Eroberer Germaniens, Dakiens, Persiens" – die Titel Trajans 117 n. Chr., er war ein besonders aktiver Eroberer).

Das kaiserliche Regierungssystem stellte sicher, dass Provinzen, in denen eine Legion lag, von einem *legatus Augusti pro praetore* („Legat des Kaisers mit Befugnissen gleich denen eines Prätors") verwaltet wurden. Er wurde als persönlicher Beauftragter des Kaisers aus dem Senat rekrutiert und führte die Geschäfte in dessen Namen. War in der Provinz nur eine Legion stationiert, befehligte der kaiserliche Legat die Legion selbst und hatte in der Regel *prätorischen* Status (war also in Rom Prätor gewesen). Gab es mehrere Legionen, wurden ihre Kommandanten vom Statthalter, dem kaiserlichen Legat, eingesetzt und erhielten den Titel *legatus legionis* („Legionslegat"). In diesem Fall hatte der Statthalter in der Regel *konsularischen* Status (war also in Rom Konsul gewesen). Alle dienten dem Kaiser und unternahmen ihre militärischen Aktivitäten in seinem Namen – wurde ein Sieg errungen, war der Kaiser der Sieger.

Befehlshaber der Armeen und Legionen waren normalerweise Senatoren. Es gab keine reinen Militärs in der römischen Regierung und kein kaiserliches Oberkommando. Alle Senatoren wechselten binnen kurzer Zeit zwischen militärischen und zivilen Posten (Politik, Rechtswesen). Beim Militär waren sie meist Amateure, auch wenn viele kurze Zeit als untergeordnete Offiziere (Tribune) in Legionen gedient hatten (s. u.). Um Schlachten zu gewinnen, mussten sie sich auf professionelle Tribunen und Zenturionen verlassen sowie auf die Ausbildung und Disziplin der Legionäre.

Die Statthalter einiger Provinzen (vor allem Ägypten, aber auch Mesopotamien) waren *equites* („Ritter"), Mitglieder des Ritterstands, der in der römischen Gesellschaft unmittelbar nach den Senatoren kam. In diesen Provinzen kamen nicht nur die Statthalter aus dem Ritterstand (wie der Präfekt von Ägypten, dort zugleich der wichtigste militärische Kommandant), sondern auch die Kommandanten der einzelnen Legionen.

Offiziere aus dem Ritterstand besaßen oft mehr Erfahrung als senatorische, weil sie als Kommandeure der Auxiliarinfanterie oder Kavallerie bzw. als untergeordnete Offiziere in Legionen gedient hatten, bevor ihnen ein höheres Kommando übertragen wurde.

Das Detail der Trajanssäule zeigt eine von den Legionären gebildete *testudo* (s. S. 46), um eine dakische Festung anzugreifen. Trajan (am rechten äußersten Rand des Bildes) befehligte sein Heer höchstpersönlich. In der Kaiserzeit durfte nur der Kaiser als Oberbefehlshaber (und manchmal auch ein Mitglied seiner Familie) einen kompletten Triumphzug feiern, auch wenn im Feld eigentlich ein Untergebener das Kommando innehatte.

## Offiziere innerhalb der Legion: Tribune und Zenturionen

Die Offiziere innerhalb der einzelnen Legion lassen sich in zwei Gruppen einteilen: Tribune wie der Legionslegat (Kommandant) entstammten der sozialen und politischen Elite Roms, dem Senatoren- und Ritterstand. Sie waren, wie schon erwähnt, keine professionellen Militärs und wechselten zwischen militärischen und zivilen Beschäftigungen. Andere, vor allem die Zenturionen, waren Berufssoldaten.

### Tribune

Ein Tribun pro Legion kam aus dem Senatorenstand und wurde nach seiner gestreiften Toga, dem Kennzeichen jenes Stands, *laticlavus* („mit breitem Streifen") genannt. Normalerweise ein junger Mann (in den Zwanzigern), blieb er nur ein Jahr bei der Einheit, um Einblick in die Welt des Militärs zu gewinnen. Der junge Hadrian hatte, bevor er Kaiser wurde, sogar in drei verschiedenen Legionen (*II Adiutrix*, *V Macedonica* und *XXII Primigenia*) als Tribun gedient, aber das war eher ungewöhnlich. Die meisten jungen Aristokraten dienten nur ein- oder zweimal als Tribun und besaßen somit wenig militärische Erfahrung, bevor sie später (eventuell) eine ganze Legion befehligten.

Fünf Tribune stammten aus dem Ritterstand und wurden *angusticlavi* („mit schmalem Streifen") genannt, nach der Toga der *equites*. In der Regel verfügten sie, wie gezeigt, über mehr militärische Erfahrung als ihre senatorischen Kollegen, denn bevor sie Tribun einer Legion wurden, befehligten sie verschiedene Auxiliareinheiten. Manche mochten sogar ehemalige Zenturionen sein, die man in den Ritterstand erhoben hatte. Diese fünf ritterlichen Tribune befehligten in der Schlacht wohl jeweils zwei Kohorten, denn Josephus (*bell. Iud.* 6131) erwähnt, dass bei der Schlacht in Jerusalem 70 n. Chr. jedem Tribun 1000 Mann zugewiesen waren. Josephus berichtet auch über ihre Rolle als Vermittler zwischen Zenturionen und Legionslegaten (*bell. Iud.* 3,87), was impliziert, dass jeder Tribun für einen bestimmten Teil der Legion verantwortlich war, im Kampf und im Lager.

Der *praefectus castrorum* („Lagerpräfekt"), in der Kommandostruktur an dritter Stelle (nach dem senatorischen Legaten und senatorischen Tribun), hatte die Verantwortung für Befestigung, Belagerungen und Artillerie. Auch er war Mitglied des Ritterstands und vorher z. B. *primus pilus* (ranghoher Zenturio) gewesen.

### Berufsoffiziere: Zenturionen

Jede der zehn Kohorten einer Legion, mit Ausnahme der ersten, hatte sechs Zenturionen mit Titeln, die z. T. aus der Organisation der alten Manipelarmee abgeleitet waren.

#### Kohorten II–X

| | | |
|---|---|---|
| *pilus prior* | *princeps prior* | *hastatus prior* |
| *pilus posterior* | *princeps posterior* | *hastatus posterior* |

In dieser Terminologie kommt *pilus* von einem Begriff für Speer (wie *pilum*), *prior* bedeutet „früherer" und *posterior* „späterer" – dies spiegelt die Reihenfolge wider, in der die Zenturionen in der alten Manipelarmee ausgewählt wurden. *Princeps* und *hastatus* stammen von den alten Bezeichnung *principes* und *hastati*.

Die meisten Forscher meinen, dass die Titel der Zenturionen der zweiten bis zehnten Kohorten keinen bestimmten Rang oder ein Dienstalter bezeichneten. Doch die fünf Zenturionen der ersten Kohorte besaßen als *primi ordines* („Männer ersten Ranges") einen höheren Rang als die anderen Zenturionen, und in dieser Kohorte gab es eine Rangfolge.

#### Kohorte I

| | | |
|---|---|---|
| *primus pilus* | *princeps prior* | *hastatus prior* |
| | *princeps posterior* | *hastatus posterior* |

Der *primus pilus* war der ranghöchste Zenturio der Legion, gefolgt vom *princeps prior*, *hastatus prior*, *princeps posterior* und schließlich *hastatus posterior*. Die Bezeichnung *primipilaris* (Plur. *primipilares*) galt kollektiv für Männer, die den Rang eines *primus pilus* innegehabt hatten.

Einige Zenturionen stammten aus den Reihen der Legionäre, andere begannen ihre Laufbahn schon als Zenturio. Studien über die *III Augusta* in Afrika und die *VII Gemina* in Spanien zeigen, dass dort viele Zenturionen ortsansässige Grundbesitzer waren und einige aus dem römischen Ritterstand dazukamen. Zenturionen verbrachten meist etwa drei Jahre bei einer Legion und wechselten dann zur nächsten. Ihre Karriere führte sie u.U. in verschiedene Provinzen. Die wenigen, die den Rang eines *primus pilus* erreichten, konnten auf der Karriereleiter der Ritter aufsteigen und Auxiliarkommandant, Tribun in einer Legion oder Garnison Roms werden (Prätorianer, städtische Kohorten oder *vigiles* – Nachtwächter) oder sogar ziviler Finanzbeamter (*procurator*) in der kaiserlichen Verwaltung.

### *Immunes* und *principales*

Einfache Legionäre hießen *milites* (Sing. *miles*), aber es gab auch Soldaten mit Bezeichnungen, die auf eine besondere Verantwortung oder technische Spezialisierung hinweisen. Im Laufe des 2. Jh. n. Chr. wurden ihre Status festgelegt. Grundsätzlich unterschied man zwischen *immunes*, die zwar keinen Extrasold bekamen, aber von schwerer körperlicher Arbeit ausgenommen waren, und *principales*, die zusätzlichen Sold erhielten.

*Principales* erhielten üblicherweise das Anderthalbfache (manchmal auch das Doppelte), darunter *optio* („Gehilfe“, in der Regel Adjutant eines Zenturio), *tesserarius* (Parolenträger), Standarten-

---

**Zenturionenkarrieren**

**Lateinische Inschrift *CIL* 3, 14387 aus Heliopolis (Baalbek)**

„Dem [Lucius] Antonius Naso, Sohn des Marcus, aus der Gens Fabia, [Zenturio] der *legio III Cyrenaica*, [Zenturio] der *legio XIII Gemina*, geehrt vom Kaiser bei der weißen Parade [?], aus der Gemeinde der Colaphiani, *primus pilus* der *legio XIII Gemina*, Tribun der *legio I Italica*, Tribun der vierten Kohorte der Nachtwächter, Tribun der fünfzehnten städtischen Kohorte, Tribun der elften städtischen Kohorte, Tribun der neunten Prätorianerkohorte, vom Kaiser [Nero?] ausgezeichnet mit einer Mauerkrone, einer goldenen Krone, zwei Flaggen, zwei Ehrenlanzen, [zum zweiten Mal *primus pilus*] der *legio XIV Gemina*, [Tribun] der ersten Prätorianerkohorte, zuständig für die Veteranen zahlreicher sich in Rom befindender Armeen, Statthalter des Kaisers in Bithynien und Pontus.“

Antonius Naso hatte eine außergewöhnliche Karriere als Zenturio hinter sich, und noch weit mehr. Er ging von Ägypten nach Pannonien, wo er als Zenturio, dann als *primus pilus* diente. Dann wurde er Tribun der *I Italica* (vermutlich als sie in Italien ausgehoben wurde) und mehrmals Tribun in Rom. Er wurde 69 n. Chr. durch Galba entlassen, als Tribun der neunten Prätorianerkohorte (Tacitus, *hist.* 1,20), kehrte aber zur Armee zurück, um in der *XIV Gemina* ein weiteres Mal als *primus pilus* zu dienen, war noch einmal Tribun in der Prätorianergarde und wurde schließlich *procurator* (Finanzbeamter) in der heutigen Türkei. Die „weiße Parade“ ist anderswo nicht belegt, ihre Bedeutung unbekannt.

**Lateinische Inschrift *CIL* 8, 2877 aus Lambaesis, Numidien (Afrika)**

„Den Geistern der Verstorbenen. Titus Flavius Virilis, Zenturio der *legio II Augusta*, Zenturio der *legio XX Valeria Victrix*, Zenturio der *legio III Augusta*, Zenturio der *legio III Parthica Severiana* als *hastatus posterior* der neunten Kohorte. Er lebte 70 Jahre und diente 45 Jahre. Lollia Bodicca, seine Frau, und Victor und Victorinus, seine Söhne und Erben, haben dieses [Grabmal] zu einem Preis von 1200 Sesterzen errichten lassen.“

Dies ist eine gewöhnlichere, wenn auch lange Karriere, was vermuten lässt, dass Flavius Virilis zunächst Legionär war und dann befördert wurde. Nach seinen ersten beiden Posten in Britannien ging er nach Afrika und schließlich nach Mesopotamien. Der Titel der *III Parthica* datiert diese Inschrift ins 3. Jh. n. Chr. Vermutlich kehrte er nach dem Ausscheiden aus dem Dienst zu seinem früheren Aufenthaltsort Lambaesis in Afrika zurück, wo er starb. Der Name seiner Frau, Bodicca (wie Boudicca), lässt vermuten, dass sie Britin war.

---

*Ganz links*
Grabstein des Cn. Petronius Asellio (*CIL* 13, 6816, Moguntiacum), Offizier aus dem Ritterstand, der unter Tiberius als Legionstribun, Kavallerie-Offizier und *praefectus fabrum* (Oberingenieur) diente.

*Links*
Relieffragment aus dem Legionslager Moguntiacum (Mainz) mit Legionär und *signifer* auf dem Marsch (Ende 1. Jh. n. Chr., Mainz, Landesmuseum).

träger (*aquilifer*, *signifer*, *imaginifer*) und höhere klerikale Beamte. Einen Eindruck von der Bandbreite der Aktivitäten der *immunes* bietet ein Jurist des 2. Jh. n. Chr., der in der juristischen Sammlung *Digesten* (50,6–7) überliefert ist. Sie umfassten Sanitäter, Vermesser, Schmiede, Schreiber, Musiker u.v.m. Einige dieser Titel (und andere mehr) sind auch durch Inschriften und Papyrusdokumente belegt.

## Die Ausrüstung der kaiserzeitlichen Legionen

Kaiserzeitliche Legionen bestanden überwiegend aus schwerer Infanterie und bildeten den Kern des römischen Heers. Leichtere Infanterie und Spezialisten wie Bogenschützen und Kavallerie stellten die Hilfstruppen – Kohorten mit Infanterie, Alen (*alae*) mit Kavallerie. Hilfstruppen hatten einen niederen Status und wurden, zumindest anfangs, aus *peregrini* rekrutiert, freien Einwohnern des Römischen Reichs ohne Bürgerrecht.

### Angriffswaffen

Die Angriffswaffen der Legionäre aus den ersten beiden Jahrhunderten n. Chr. waren denen zur Zeit des Marius sehr ähnlich und können bis zu den Punischen Kriegen und Polybios' Bericht über die Ausrüstung des 2. Jh. v. Chr. zurückverfolgt werden.

Die Legionäre waren Schwertkämpfer, die einen schweren Wurfspeer (*pilum*) trugen, den sie auf den Gegner schleuderten, bevor es zum Nahkampf kam. Berichte über Schlachten dieser Zeit sind eher vage, aber die Kombination *pilum* und Schwert wird anschaulich bei Caesars Darstellung der Schlacht von Bibracte 58 v. Chr. beschrieben und lässt sich durchaus übertragen:

> Von einem höher gelegenen Punkt aus warfen Caesars Soldaten ihre *pila* und zerschlugen so die feindliche Phalanx. Dann griffen sie mit gezücktem Schwert an. Die Gallier waren stark im Nachteil, viele ihrer Schilde waren durch ein einziges *pilum* durchbohrt und aneinandergeheftet worden. Die eisernen Spitzen verbogen sich, sodass sie sie nicht mehr hinausziehen konnten … Viele Gallier warfen deshalb ihren Schild weg und kämpften ungeschützt. Schließlich waren sie durch ihre Wunden so angeschlagen, dass sie sich zurückzuziehen begannen.
>
> Caesar, *Gall.* 1,25

Moderne Inszenierung: Zenturio mit charakteristischem quer sitzenden Helmbusch und Rebstock. Er trägt militärische Auszeichnungen: *phalerae* (Scheiben auf der Brust), *torques* (auf den Schultern) und *armillae* (Armbänder).

Die Bedeutung des Schwertes ersieht man aus Polybios' Bericht über den *gladius hispaniensis* („spanisches Schwert") der Legionäre. Frühkaiserzeitliche Schwerter des Typs Mainz, benannt nach Exemplaren aus dem Rhein bei Mainz, waren denen der Republik recht ähnlich. Es handelt sich um ein Kurzschwert, das eher, aber nicht ausschließlich, als Stich- denn als Hiebwaffe geeignet war. Etwa ab den 60er-Jahren n. Chr. wurde es zunehmend durch den Typ Pompeji ersetzt, benannt nach Funden, die beim Ausbruch des Vesuvs 79 n. Chr. in Pompeji und Herculaneum verschüttet wurden. Letzterer hatte eine kürzere Spitze, war ebenfalls eine Stichwaffe, aber eventuell vielseitiger als Hiebwaffe zu verwenden.

Im späten 2. oder frühen 3. Jh. n. Chr. wurde das Kurzschwert weitgehend durch die längere *spatha* ersetzt, die zuvor schon von der Kavallerie verwendet wurde (die eine Hiebwaffe benötigte, um ihre Gegner niederzuhauen), ursprünglich wohl eine Waffe von Roms Feinden, den Kelten. Legionäre trugen die *spatha* eher auf der linken Seite, um sie leicht über den Körper ziehen zu können; rechts trugen sie das Kurzschwert, das man direkt nach vorne aus der Scheide ziehen konnte.

Die Bedeutung der Fechtkunst in der Kaiserzeit verdeutlichen literarische und künstlerische Darstellungen wie ein Relief aus Mainz, das einen Legionär zeigt, der mit einem kurzen Stichschwert den charakteristischen Unterarmstoß ausführt.

Vegetius' Militärhandbuch beschreibt (1,1), wie Rekruten der Schwertkampf beigebracht wurde – sie kämpften mit einem Holzschwert, das doppelt so viel wog wie ein echtes, damit sie Geschick und Ausdauer entwickelten. Legionäre trugen als Zweitwaffe einen Dolch.

Brutalität und physisch-psychische Belastung des Nahkampfs mit dem Schwert zwischen zwei römischen Heeren beschreibt sehr anschaulich der Schriftsteller Appian:

> Beide Seiten fielen übereinander her, von Wut und Ruhmsucht angetrieben, als wäre die Schlacht eine Angelegenheit zwischen den Soldaten und nicht zwischen ihren Generälen. Beide Seiten waren erfahren, und kein Schlachtruf ertönte, denn sie wussten, das würde dem Gegner keine Angst einjagen. Auch beim Kämpfen gaben sie keinen Laut von sich, ob sie gewannen oder verloren. Es gab keinen Platz zum Überflügeln oder zum Vorpreschen in den

Scheiden für Schwerter vom Typ Mainz mit den typischen, spitz zulaufenden Klingen (manchmal mit „tailliertem" Profil). Der spätere Pompejityp hatte Klingen mit parallelen Schneiden. Handschutz, Griff und Knauf wurden an den Griffzapfen des Schwertes genietet.

Dieser Legionär trägt *manicae* (Armschutz) gegen die sichelartige *falx* seines dakischen Gegners. Relief vom Tropaeum Traiani von 108 n. Chr., in Adamklissi (Rumänien), das an Trajans Eroberung von Dakien erinnert.

Sümpfen und Gräben, also trafen die Armeen in dichter Formation aufeinander. Keine Seite konnte die andere verdrängen, denn sie bekämpften einander aus nächster Nähe mit dem Schwert, als wäre es ein Ringkampf. Kein Schlag war ungezielt, und Männer wurden verwundet und getötet, schrien aber nicht, sondern stöhnten nur. Wenn einer fiel, trug man ihn sofort weg und ein anderer rückte nach. Diese Veteranen brauchten keine Anweisungen oder Ermutigung – jeder war sozusagen sein eigener General. Wenn sie müde wurden, traten beide Seiten ein Stück zurück, als ob sie bei einem sportlichen Wettbewerb Atem holten, dann nahmen sie den Nahkampf wieder auf. Neue Rekruten, die mitgekommen waren, wurden von Ehrfurcht ergriffen, als sie sahen, wie dies so diszipliniert und in aller Stille vor sich ging.

Appian, *civ.* 3,68

Die Legionäre auf dem Tropaeum Traiani bei Adamklissi marschieren barhäuptig und offenbar ohne Rüstung, vielleicht tragen sie *subarmales*, gepolsterte Kleidungsstücke aus Filz oder ähnlichen Materialien, die i.d.R. unter die Rüstung gehörten.

Der Bericht Caesars über die Schlacht von Bibracte (s. S. 41) zeigt, dass man das Schwert für den Nahkampf benutzte, nachdem die *pila* geworfen worden waren, schwere Speere mit kurzer Reichweite von vermutlich maximal 30 m und einer effektiven, panzerbrechenden Wirkung wohl eher auf noch kürzere Distanz. Während Polybios schreibt, die Legionäre seiner Zeit trügen zwei *pila* von unterschiedlichem Gewicht, berichtet Josephus (*bell. Iud.* 3,95) im späten 1. Jh. n. Chr. nur von einem *pilum* – und dies bestätigen auch die meisten bildlichen Darstellungen.

Beispiele aus augusteischen Legionslagern am Rhein zeigen, dass *pila* typischerweise eine eiserne, pyramidal geformte Spitze besaßen (zum Eindringen in die Rüstung), deren Schaft an das Holz genietet war. Darstellungen und Funde zeigen oft eine pyramidale Verlängerung des Schafts, wo er am Holzstab befestigt ist, und manchmal Gewichte, um die Durchschlagskraft zu erhöhen. Das Gewicht des hölzernen Stabs und der dünne eiserne Schaft führten dazu, dass sich der Schaft oft verbog, wenn er auftraf, sodass der Feind das *pilum* nicht zurückschleudern konnte und es (wie Caesar beschreibt) im Schild stecken blieb. Das *pilum* war in den Punischen Kriegen und in den östlichen Expansionskriegen eingesetzt worden. Es war eine der wichtigsten Waffen der Legionäre in der späten Republik und frühen Kaiserzeit und wurde bis ins 3. Jh. n. Chr. verwendet. Doch da war es schon nicht mehr die einzige Art Speer, die Legionäre verwendeten – das *pilum* wurde u. a. ersetzt von der *lancea*, einer leichteren Waffe, die zum Werfen geeignet war.

## Schilde und Rüstung

Der große, *scutum* genannte Schild war schon vor Polybios' Zeit für römische Legionäre charakteristisch. Die Schilde der republikanischen Zeit waren länglichoval, etwa 3 × 4 römische Fuß (88 × 117 cm) groß und sollten die linke Seite des Trägers schützen. Das charakteristische, von vorne rechteckige *scutum* der kaiserzeitlichen Legionäre kennen wir von der Trajanssäule. Zur Zeit des Augustus kamen sie auf, vielleicht zunächst noch neben den alten, ovalen der Republik. Sie bestanden zum größten Teil aus vergänglichen Materialien, weshalb Funde selten sind. Ein in Ägypten gefundenes Exemplar aus republikanischer Zeit zeigt, dass sie aus mit Leder und Leinwand laminiertem Sperrholz hergestellt wurden, an den Rändern mit

Eisen oder Bronze verbunden. Der Schild hatte zudem in der Mitte einen Buckel aus Eisen oder einer Kupferlegierung. Künstlerische Darstellungen wie die Reliefs der Trajanssäule legen nahe, dass Schilde mit Blitz-, Flügel-, Stern- und Halbmondmotiven verziert wurden, wahrscheinlich auf die Leinwand gemalt.

Spätrepublikanische Legionäre trugen in der Regel eiserne Kettenhemden (*lorica hamata*), die sie zu Polybios' Zeit von den Galliern übernahmen. In der Kaiserzeit verwendete man sie weiterhin; wie man auf Legionärsgrabsteinen und dem trajanischen Siegesdenkmal in Adamklissi (Dakien, heute Rumänien) sieht. Man hat sie an zahlreichen Militärstützpunkten gefunden. Auf dem Adamklissi-Relief sieht man auch einen Schuppenpanzer; dieser bestand aus kleinen Metallschuppen, miteinander verdrahtet und auf eine Textiloberfläche genäht. Die Rüstung, die man aber in erster Linie mit den kaiserlichen Legionären verbindet, dank der Trajanssäule und vieler

moderner Nachahmungen, ist die *lorica segmentata*: Hier wurden Eisenstreifen von Lederriemen und Passstücken aus Kupfer zusammengehalten. Dies schützte vor allem die Schultern sehr gut und konnte um *manicae* („Ärmel“), einen Armschutz, erweitert werden. Diese sieht man auf dem Adamklissi-Denkmal und auf dem Grabstein des Sextus Valerius Severus der *XXII Primigenia* in Mainz.

Helme waren ein weiteres wichtiges Element der Schutzausrüstung. Während die seit republikanischer Zeit existierenden Typen „Coolus“ und „Montefortino“ auch in der frühen Kaiserzeit verwendet wurden, waren die wichtigsten Merkmale der so genannten „kaiserlich-gallischen“ und „kaiserlich-italischen“ Typen eine Halbkugel mit breitem, geripptem Nackenschutz, geschmiedet aus einem einzigen Stück Eisen. Sie besaßen einen ausgeprägten Stirnbügel und große Wangenklappen.

Römische Soldaten, auch die Legionäre, trugen weitere charakteristische Ausrüstungsgegenstände. Beinschienen assoziiert man meist mit Zenturionen, aber es gibt auch Darstellungen einfacher Legionäre mit Unterschenkelschutz. Legionäre trugen außerdem einen schweren Gürtel, den *balteus*, mit einer Gürtelschnalle aus Metall, und zumindest in der frühen Kaiserzeit genagelte, offene Lederstiefel, die *caligae*.

**Artillerie**

Neben den oben beschriebenen Waffen verwendete die römische Legion auch Artillerie, zumeist Nachfolger der Torsionskatapulte, die erstmals in hellenistischer Zeit (4.–1. Jh. v. Chr.) weite Verbreitung fanden. Vegetius berichtet (2,25), dass jede kaiserzeitliche Legion über 55 *carroballistae* (Bolzenschusswaffen) und zehn Onager (Steinwerfer) verfügte. Antike Autoren beschreiben ihren Einsatz im offenen Kampf und bei Belagerungen. In seinem Bericht über die Belagerung von Jerusalem stellt Josephus (*bell. Iud.* 5,269–70) die Artillerie der *X Fretensis*, Bolzen- wie Steinwurfgeräte, als besonders leistungsfähig heraus; er merkt an, sie seien besonders geeignet Ausfälle zurückzuwerfen und Verteidiger von den Mauern zu fegen, weniger jedoch, die Mauern selbst anzugreifen. Tacitus (*hist.* 3,23) beschreibt die vitellische Artillerie in der zweiten Schlacht von Bedriacum 69 n. Chr., darunter einen besonders großen Steinwerfer der *XV Primigenia*.

Es gibt zahlreiche archäologische Zeugnisse solcher Maschinen, obwohl ihre Interpretation oft schwierig ist. Meistens sind es Metallscheiben und Vierkantbolzenköpfe, hin und wieder findet man jedoch auch Substanzielleres. Von besonderem Interesse, auch hinsichtlich Tacitus' Bericht, sind Funde in der Nähe von Cremona: Teile einer Bol-

Rekonstruktion des Bolzenschussgeräts aus Xanten, vorgeführt in einer Inszenierung.

*Gegenüber oben*
*Lorica segmentata.* Teile einer Rüstung dieses Typs wurden im Kastell Coria (Corbridge, südlich des Hadrianswalls) geborgen und datieren ins 2. Jh. n. Chr. Doch Funde in Deutschland zeigen, dass man die *lorica segmentata* bereits in der Regierungszeit des Augustus verwendete.

*Gegenüber unten links*
Ein Legionär auf dem Tropaeum Traiani bei Adamklissi trägt *lorica squamata* (Schuppenpanzer) und korrigiert den Eindruck, den die Trajanssäule vermittelt, dass alle Legionäre in den Dakerkriegen *lorica segmentata* trugen.

*Gegenüber unten rechts*
Dieses Bild aus einer modernen Inszenierung zeigt sehr schön den breiten Nackenschutz, wie er für kaiserzeitliche Legionärshelme typisch ist, sowie den Schulterschutz der *lorica segmentata*.

zenschusswaffe und ein Steinwerfer; bei Ersterem fand man eine beschriftete Metallplatte der vitellischen *IIII Macedonica* mit dem mutmaßlichen Herstellungsjahr 45 n.Chr. (s. S. 62). Solche Maschinen hatten einen Holzrahmen mit Schutzplatten (wie auf dem Grabmal des Vedennius Moderatus in Rom), aber auf der Trajanssäule sieht man einen neuen Typ mit eisernem Rahmen und offener Blende auf Karren montiert (wahrscheinlich die u.a. von Vegetius erwähnte *carroballista*); dies dürfte eine flavische Neuerung gewesen sein. Ein kürzlich in der Nähe des Legionslagers von Xanten gefundener kleiner Torsionsrahmen weist auf eine Handwaffe hin, die vielleicht weiter verbreitet war als bisher angenommen.

## Die Legionen im Einsatz

### Taktik

Wir wissen nicht viel darüber, wie römische Armeen der Kaiserzeit ihre Schlachten schlugen. Historiker wie Tacitus liefern einige Informationen, lassen jedoch technische Details meist aus, da sie schlecht zum Stil ihrer gehobenen Prosa passen – anders als Caesar in seinen *Kommentaren* zum Gallischen Krieg und zum Bürgerkrieg. Letztere liefern viele brauchbare Einzelheiten, die mitunter auch für die Kaiserzeit gelten. Militärische Handbücher und andere technische Abhandlungen, wie von Vegetius, Arrian u.a., sind auch nicht so nützlich, wie man annehmen könnte, da sie wiederum oft zu theoretisch und manchmal auch anachronistisch sind. Einige allgemeine Bemerkungen zur Taktik der römischen Legionen sind jedoch möglich.

Im Zentrum der römischen Kampflinie stand die schwere Infanterie, die Legionäre, flankiert von leichter Auxiliarinfanterie und Kavallerie an den äußersten Flügeln. Diese Aufstellung beschreibt Tacitus anlässlich einer Schlacht gegen britannische Rebellen beim Boudicca-Aufstand 60/61 n.Chr. in Britannien (*ann.* 14,34). In seiner Darstellung der Schlacht am Mons Graupius in Schottland 84 n.Chr. (*Agr.* 35) stehen die Legionäre ebenfalls im Zentrum, aber in einer zweiten Reihe, als Reserve hinter der Auxiliarinfanterie. Tacitus behauptet, so sollte verhindert werden, dass römisches Blut vergossen wurde. Aber eventuell war die Reservelinie auch zur Abwehr einer Überflügelung gedacht.

Wie die Manipel-Legion marschierte die Legion der Kaiserzeit regelmäßig in mehreren Reihen auf, mit Kohorten als *triplex acies* bzw. *duplex acies*, d.h. dreifache bzw. doppelte Schlachtreihe. Hier wie dort konnten Untereinheiten aus einer hinteren Reihe die Kämpfenden entlasten und eine Überflügelung durch den Feind verhindern oder, umgekehrt, den Feind überflügeln. Einzelne Kohorten marschierten in der Regel in drei oder vier Reihen auf, die verdoppelt werden konnten, um Kavallerie abzuwehren oder besonders effektiv anzugreifen.

Caesar erwähnt regelmäßig die *triplex acies*. 58 v.Chr. stellt er bei Bibracte (*Gall.* 1,24) seine vier Veteranenlegionen am Hang eines Hügels als *triplex acies* auf. In der anschließenden Schlacht gegen Ariovist (*Gall.* 1,51–53) wurde die Armee wieder in einer *triplex acies* eingesetzt, und als die rechte Flanke der Römer von den Germanen bedrängt wurde, ließ Publius Crassus die dritte Reihe einspringen, um sie zu unterstützen. 48 v.Chr. bei Pharsalos stellte Caesar sein Heer in drei Reihen auf (*civ.* 3,89), und die Stoßkraft der dritten Reihe, die auf den Plan trat, als der Rest der Armee bereits kämpfte, war ausschlaggebend für den Ausgang (3,94). Caesar hatte zudem aus Kohorten der dritten Reihe eine vierte formiert, die eine entscheidende Rolle bei der Abwehr von Pompeius' überlegener Kavallerie spielte.

Es ist sehr wahrscheinlich, dass die *triplex acies* die ganze Kaiserzeit hindurch verwendet wurde, aber die Beschreibungen aus dieser Zeit sind sehr vage und gehen wenig ins Detail. So wird auch die *duplex acies* selten erwähnt. Bei Vegetius (2,6) jedoch, einem Autor der Spätantike, ist die *duplex acies* die übliche Schlachtformation der, wie er es nennt, „alten Legion", mit der ersten Kohorte, der stärksten, auf dem rechten Flügel der ersten Reihe.

Gelegentlich bildeten Legionseinheiten spezielle Formationen. Die berühmte *testudo* („Schildkröte"), bei der Legionäre ihre Schilde zum gegenseitigen Schutz vor Geschossen über, vor und neben sich ineinanderschoben, war sehr gut für Belagerungen wie für Angriffe geeignet. Gelegentlich wird auch der *cuneus* („Keil") erwähnt, vermutlich eine tiefe Formation mit schmaler Spitze, z.B. beim oben erwähnten Bericht über den Boudicca-Aufstand (Tacitus, *ann.* 14,37).

Mitunter wird angenommen, dass die Legionärsinfanterie im 2./3. Jh. gelegentlich eine mit

Bei vielen Legionslagern entstanden zivile Siedlungen, aus denen sich Städte entwickelten (z. B. Bonn, Mainz, Budapest, York), unter denen heute die Überreste des Kastells liegen. Komplette Lager sehen wir nur in ländlichen Gegenden – wie hier Inchtuthil, Schottland, das in den 80er-Jahren n. Chr. kurz besetzt war und in den 1950er/60er-Jahren ausgegraben wurde. Siehe auch die Umzeichnung S. 37.

Lanzen bewaffnete Phalanx einsetzte, ähnlich der makedonischen Infanterie 500 Jahre zuvor (s. S. 168 und 206). Man kann aber davon ausgehen, dass dies nicht der Normalfall war, wenn sie überhaupt je zum Einsatz kam.

## Bautätigkeit, Technik und Belagerungen

Ein weiterer Aspekt der Kontinuität von republikanischen zu kaiserzeitlichen Legionen ist ihr Know-how in der Bau- und Ingenieurskunst. Genau wie Polybios im 2. Jh. v. Chr. beschreibt auch Josephus über zwei Jahrhunderte später den Bau eines Lagers als charakteristisch für die Legionen seiner Zeit. Legionslager (oder Kastelle; so bezeichnet man auch kleinere befestigte Lager, die von Auxiliareinheiten errichtet wurden) waren zunächst temporäre Anlagen für die Verteidigung auf Feldzügen, wichen aber später, vor allem im 2. Jh. n. Chr., dauerhaften Bauten. Die zunehmende Beständigkeit, die oft mit einem Wechsel von der Holz/Lehm- zur Steinbauweise einherging, kann man an der Entwicklung von Legionslagern am Rhein wie Vetera (Xanten), Haltern und No-

Detail der Trajanssäule mit Legionären beim Bau eines Kastells. Die beiden stehenden Figuren im Vordergrund mit ovalen Schilden sind Hilfstruppen und bewachen offenbar die mit dem Bau beschäftigten Soldaten.

viomagus (Nijmegen, Niederlande) ablesen. In den frühesten Phasen waren die Lager in Haltern und Nijmegen groß genug, um zwei oder mehr Legionen gleichzeitig unterzubringen, und Tacitus' Berichte über Feldzüge in Germanien zur Zeit des Tiberius machen deutlich, dass solche Massenunterkünfte im Feld normal waren. Später beherbergten Lager aus militärischen und politischen Gründen jedoch bestimmte einzelne Legionen.

Ingenieurleistungen der Legionäre dienten natürlich vor allem militärischen Zwecken, manchmal aber trugen sie auch zur Verbesserung der Infrastruktur bei, durch den Bau von Kanälen und Brücken oder den Betrieb von Bergwerken und Steinbrüchen. Inschriften und antike Schriften (wie die Briefe von Plinius d. J. als Statthalter von Bithynia-Pontus) zeigen, dass auch an solchen Aktivitäten militärische Spezialisten, z. B. Vermesser, beteiligt waren.

Die römische Armee tat sich besonders bei Belagerungen hervor, wobei neben den technischen Fähigkeiten auch die effektive Nutzung der Artillerie von Bedeutung war. Die Belagerungen von Jerusalem und Masada bieten hierfür anschauliche Beispiele (s. *X Fretensis*).

## Die Legionen im Kaiserreich

Es gibt drei Berichte über die Standorte der Legionen im römischen Kaiserreich:

(1) Tacitus (Ende 1./Anfang 2. Jh. n. Chr.) nennt im Rückblick auf 23 n. Chr. lediglich die Gesamtzahl ohne die Legionen im Detail aufzulisten und gibt nur allgemeine Standorte an.

(2) Cassius Dio (Ende 2./Anfang 3. Jh. n. Chr.) beschreibt die zeitgenössische Situation mit einer Liste der Legionen und gibt an, ob die Legionen bereits unter Augustus existierten.

(3) Eine Inschrift vom Forum Romanum führt

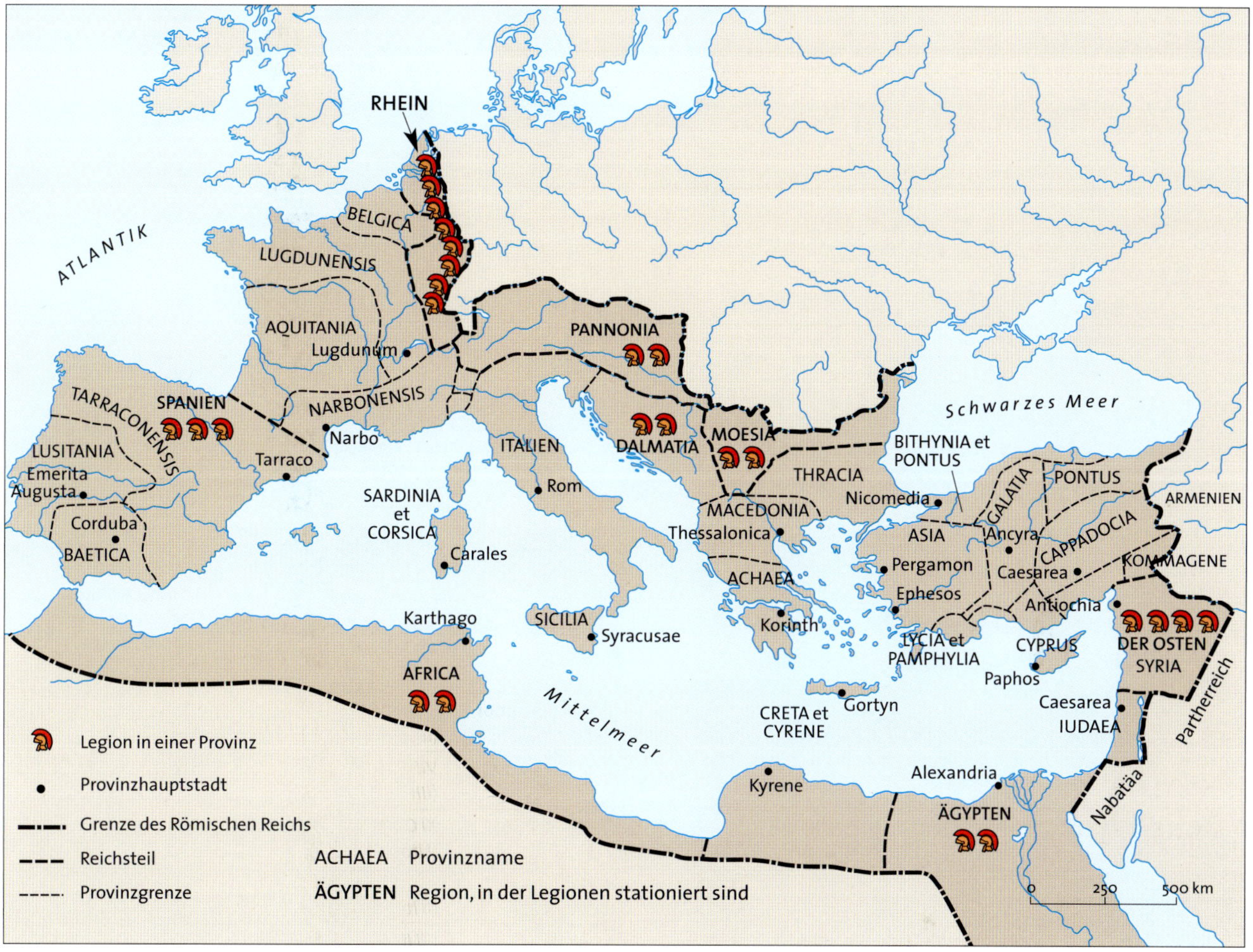


Die Standorte der Legionen 23 n. Chr., wie von Tacitus (*ann.* 4,5) überliefert.

die Namen der einzelnen Legionen auf, geordnet nach Standorten (*ILS* 2288). Sie stammt wohl ursprünglich aus der Regierungszeit von Marcus Aurelius (160er-Jahre n. Chr.), denn die Legionen *II* und *III Italica* sowie *I–III Parthica* (Ende 2. Jh. n. Chr.) wurden wohl zu einem späteren Zeitpunkt am Ende der Liste hinzugefügt.

Dies sind „Momentaufnahmen" der Legionen im gesamten Reich zu bestimmten Zeitpunkten. Das detaillierte Bild ist viel komplizierter; Legionen wurden verlegt, vernichtet oder aufgelöst, neue geschaffen. Mittels literarischen Erwähnungen, Inschriften und archäologischen Funden können wir Details ergänzen; ein Großteil davon wird in den „Biographien" der Legionen in diesem Buch dargestellt. In manchen Fällen fehlen uns jedoch genauere Hinweise.

Diese Momentaufnahmen liefern uns interessante Informationen. Wir erhalten eine Vorstellung von der Größe der römischen Armee im 1./2. Jh. n. Chr., deren Kern die 25 bis 33 Legionen ausmachten (125 000 bis 165 000 Mann), und stellen fest, dass sie eher in den Grenzprovinzen als in der Mitte des Reichs stationiert waren.

Es gibt markante Unterschiede zwischen 23 n. Chr. (Tacitus) und dem frühen 3. Jh. n. Chr. (Cassius Dio). In Provinzen, die 23 n. Chr. erst kürzlich erobert oder befriedet worden waren, oder wo es Unruhen gegeben hatte (zum Beispiel Spanien, Afrika, Ägypten), hatte man das Militär zur Zeit Dios auf eine einzige Legion reduziert. Die Rheingrenze war 23 n. Chr. stark besetzt gewesen, davon war die Hälfte der Garnisonen geblieben. Dafür standen in den Donau- und Balkanprovinzen statt sechs nun zwölf Legionen, dank Trajans Eroberung von Dakien (106 n. Chr.) und Kriegen unter Marcus Aurelius (ab den 160er-Jahren). Die Legionen an der Ostgrenze

**Die Standorte der Legionen, 1. Jh. bis frühes 3. Jh. n. Chr.**

| Region | Tacitus, *Annalen* 4,5 | *ILS* 2288 (Inschrift) | Provinz | Cassius Dio 55,23 |
|---|---|---|---|---|
| Rhein | 8 Legionen | *VIII Augusta*<br>*XXII Primigenia* | Germania superior | *VIII Augusta* [*XXII*] |
| | | *I Minervia*<br>*XXX Ulpia* | Germania inferior | (*I Minervia*)<br>[*XXX Ulpia*] |
| Spanien | 3 Legionen | *VII Gemina* | | (*VII Gemina*) |
| Afrika | 2 Legionen | *III Augusta* | Numidia | *III Augusta* |
| Ägypten | 2 Legionen | *II Traiana* | | (*II Traiana*) |
| Der Osten | 4 Legionen | *XII Fulminata*<br>*XV Apollinaris* | Cappadocia | *XII Fulminata*<br>*XV Apollinaris* |
| | | *III Gallica*<br>*IIII Scythica*<br>*XVI Flavia* | Syria | *III Gallica*<br>*IIII Scythica*<br>(*XVI Flavia*) |
| | (nicht angegliedert) | *III Cyrenaica* | Arabia | *III Cyrenaica* |
| | | *VI Ferrata*<br>*X Fretensis* | Judaea | *VI Ferrata*<br>*X Fretensis* |
| | (nicht erobert) | *I Parthica*<br>*III Parthica* | Mesopotamia | (*I Parthica*)<br>(*III Parthica*) |
| Pannonia | 2 Legionen | *I Adiutrix*<br>*X Gemina*<br>*XIV Gemina* | Pannonia superior | *X Gemina*<br>*XIV Gemina* |
| | | *II Adiutrix* | Pannonia inferior | (*I Adiutrix*)<br>(*II Adiutrix*) |
| Moesien | 2 Legionen | *IIII Flavia*<br>*VII Claudia* | Moesia superior | *VII Claudia*<br>(*IIII Flavia*) |
| | | *I Italica*<br>*V Macedonica*<br>*XI Claudia* | Moesia inferior | *XI Claudia*<br>(*I Italica*) |
| | | *II Italica* | Noricum | (*II Italica*) |
| | | *III Italica* | Raetia | (*III Italica*) |
| | 2 Legionen | | Dalmatia | |
| | (nicht erobert) | *XIII Gemina* | Dacia | *V Macedonica*<br>*XIII Gemina* |
| | (keine Legionen) | *II Parthica* | Italien | (*II Parthica*) |
| Britannien | (nicht erobert) | *II Augusta*<br>*VI Victrix*<br>*XX Victrix* | Britannia superior | *II Augusta*<br>*XX Valeria Victrix* |
| | | | Britannia inferior | *VI Victrix* |

Anmerkungen:
Tacitus beschreibt die Standorte der Legionen mit allgemeinen geographischen Begriffen („Regionen“, erste Spalte), während die Inschrift und Cassius Dio sie bestimmten Provinzen zuordnen (vierte Spalte).

Dio sagt, die 22. Legion in der Germania superior hätte es unter Augustus gegeben, aber er verwechselt die augusteische *XXII Deiotariana* (die ihre gesamte Zeit über in Ägypten war und in der ersten Hälfte des 2. Jh. n. Chr. verschwand) mit der *XXII Primigenia*, die nach dem Tod des ersten Kaisers entstand und im Westen Dienst tat. Er lässt auch die Lage der trajanischen *XXX Ulpia* aus, die andere Quellen in der Germania inferior verorten.

Eckige Klammern bezeichnen Fehler/Auslassungen, die durch andere Quellen korrigiert/eingefügt werden können.

Die runden Klammern bei Cassius Dio bezeichnen Legionen, von denen er sagt, sie seien nach der Herrschaft des Augustus entstanden.

waren nach der Besatzung von Iudaea/Syria, Palaestina und der Annexion neuer Provinzen wie Cappadocia, Arabia und Mesopotamia verstärkt worden. 43 n. Chr. marschierte Rom auch in Britannien ein und stationierte dort insgesamt drei Legionen.

## Die Funktionen der Legionen in der Kaiserzeit

Die Legionen der Grenzprovinzen sollten in der Kaiserzeit das Reich gegen feindliche Völker verteidigen, vor allem Germanen an Rhein und Donau und Perser im Osten. Darüber hinaus unternahmen sie Angriffskriege, um das Reich zu erweitern, z. B. bei der Eroberung Dakiens (heute Rumänien) durch Trajan 101/2 und 105/6 n. Chr. Die Armee einschließlich der Legionen spielte eine wichtige Rolle bei der Aufrechterhaltung der inneren Sicherheit. Dies umfasste die Niederschlagung großer Aufstände (wie derer in Iudaea 66–70 und 132–35 n. Chr.) und kleinerer Konflik-

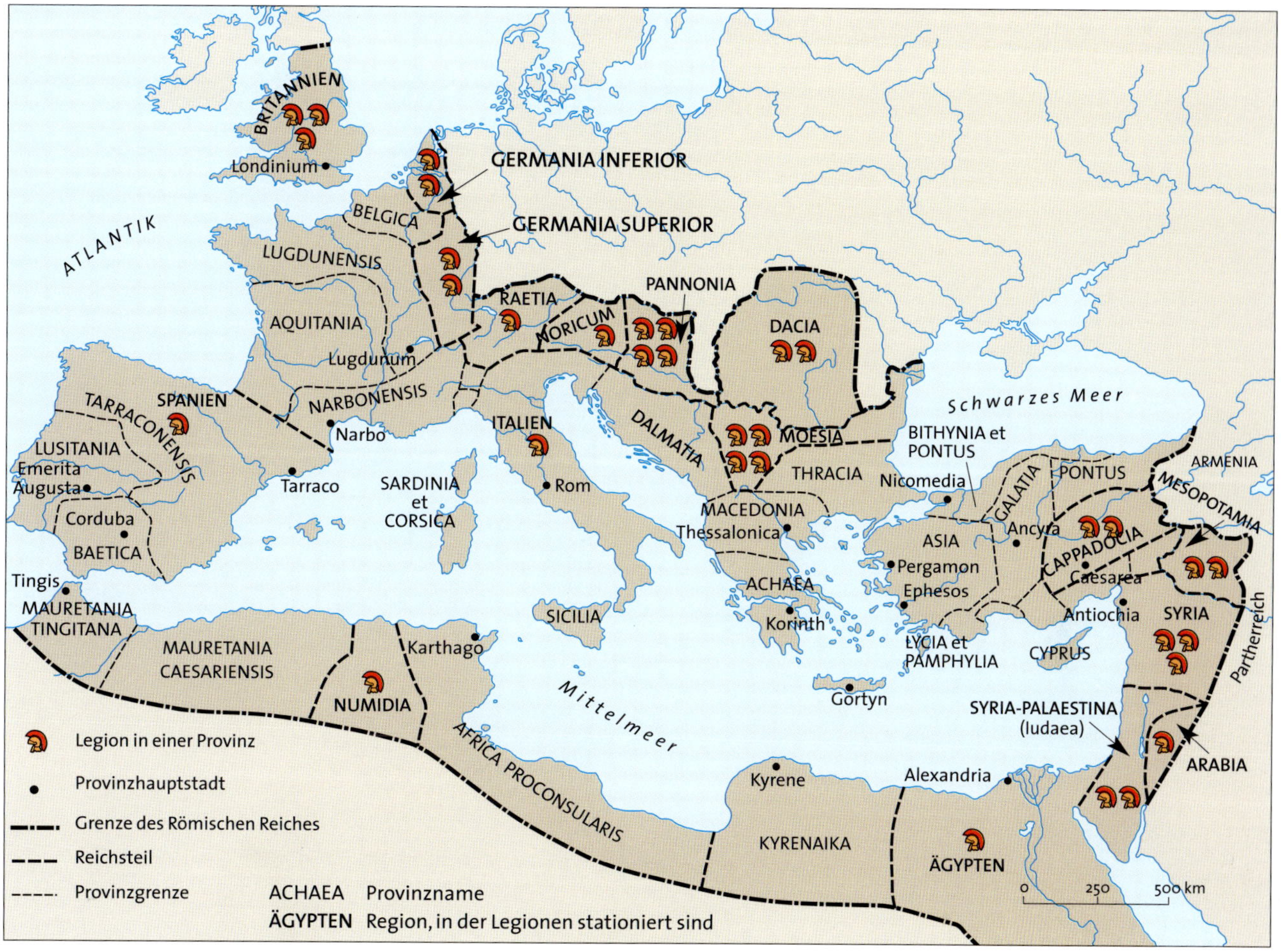


Die Standorte der Legionen im frühen 3. Jh. n. Chr., wie von Cassius Dio (55,23) überliefert.

te mit Nomaden (z. B. in Afrika) sowie polizeiliche Aufgaben in großen Städten und ländlichen Gebieten. Letzteres ist besonders gut bezeugt für Ägypten und andere Provinzen im Osten.

Die Legionen spielten manchmal eine wichtige Rolle in der Reichspolitik. In den frühen Jahrzehnten war die Prätorianergarde (in Rom und damit in der Nähe des Kaisers) die wichtigste militärische Kraft, einen Kaiser auszurufen, an der Macht zu halten oder zu stürzen. Im Bürgerkrieg 68–69 n. Chr. (dem „Vierkaiserjahr", s. S. 59) waren es Legionen dreier Grenzregionen (Rhein, Donau, Osten), die Kaiser proklamierten und sich bekämpften, um ihre Kandidaten durchzusetzen. Am Ende setzte sich Vespasian mit Hilfe der Legionen des Balkan und des Ostens durch. Tacitus (*hist.* 1,4) schreibt, hier offenbare sich ein Geheimnis – Kaiser konnten außerhalb Roms gemacht werden. Die Prätorianergarde war nun eher eine privilegierte als eine kampferprobte Truppe und unfähig, sich gegen eine erfahrenere und größere Streitmacht aus Legionären zu wehren. Deutlich wurde das im Bürgerkrieg von 193–97 n. Chr., als Septimius Severus und die Balkanlegionen zunächst die Prätorianer in Rom besiegten, dann die Legionen im Osten (von denen die meisten Pescennius Niger unterstützten, den Statthalter von Syrien) und schließlich die Legionen, die Clodius Albinus von Britannien nach Gallien führte. Zu solchen Bürgerkriegen kam es im 3. Jh. n. Chr. immer häufiger – sie zeigen, dass das Reich politisch und militärisch instabiler wurde.

# Die Legionen am Rhein und in Gallien

***Augustus' verlorene Legionen:*** *XVII, XVIII, XIX*
***Legionen im Bataveraufstand, 69/70 n. Chr.:*** *I Germanica, IIII Macedonica, XV Primigenia, XVI Gallica*
***Der exercitus Germaniae inferioris:*** *I Minervia, XXX Ulpia Victrix*
***Andere Legionen an der Rheingrenze:*** *VIII Augusta, XXII Primigenia, V Alaudae, XXI Rapax*

Gallien (heute Frankreich, Belgien und Teile Deutschlands) wurde zwischen 58 und 51 v. Chr. von Julius Caesars Legionen erobert und schnell dem Römischen Reich einverleibt (s. Teil I). Nun reichte das Imperium bis an die Ufer des Rheins, aber die neue Grenze war alles andere als stabil.

Unter Augustus wurde das Gebiet in drei Provinzen aufgeteilt: Gallia Aquitania (das heutige Südwestfrankreich), Gallia Belgica (Rheingrenze und Hinterland – Süden der Niederlande, Belgien, Luxemburg, Nordosten Frankreichs und äußerster Westen Deutschlands) und Gallia Lugdunensis (der Rest Frankreichs). Augustus' Stiefsohn Drusus teilte den Rheinkorridor in zwei militärische Zonen: Germania inferior und Germania superior. Die Rheingrenze sollte Jahrhunderte lang immer wieder zum Schauplatz von Konflikten werden. Hier begannen die Feldzüge gegen germanische Stämme, hier hatten Aufstände und Meutereien römischer Soldaten und germanischer Alliierter Roms ihren Ursprung. Die Konzentration der Legionen am Rhein machte sie zu einem wichtigen Faktor im Bürgerkrieg von 69 n. Chr., und selbst als sich der Fokus allmählich vom Rhein an die Donau verschob, blieben die Legionen am Rhein von entscheidender Bedeutung – in den Bürgerkriegen ab dem späten 2. Jahrhundert.

Rekonstruktion des römischen Kastells Saalburg, wie es im 1. Jh. n. Chr. ausgesehen haben mag. Das Kastell konnte eine Kohorte aufnehmen und stand wahrscheinlich unter dem Kommando des Legionslagers bei Moguntiacum (Mainz).

Gallien und die Rheingrenze während des Prinzipats. Die Germania inferior („Niedergermanien") erstreckte sich westlich des Rheins im heutigen Gebiet von Luxemburg, den südlichen Niederlanden, Teilen von Belgien und Nordrhein-Westfalen. Die Germania superior („Obergermanien") umfasste das heutige Gebiet der westlichen Schweiz, des französischen Jura, des Elsass und den Südwesten Deutschlands.

## Augustus' verlorene Legionen

9 n. Chr. wurden im Teutoburger Wald von den Cheruskern die 17., 18. und 19. Legion niedergemetzelt.

> Es war die tapferste Armee von allen, die besten römischen Soldaten hinsichtlich Disziplin, Geschick und Kampferfahrung. Aber wegen der Trägheit ihres Kommandanten, des Verrats ihrer Feinde und der Perfidie des Schicksals ging sie in die Falle ... Sie war zwischen Wäldern, Sümpfen und Hinterhalten eingekeilt und wurde massakriert von einem Feind, den sie in der Vergangenheit selbst wie Vieh abgeschlachtet hatte.
>
> Velleius Paterculus 2,119,2

Die Frühgeschichte der drei Legionen ist unklar. Während des Bürgerkriegs hatte Julius Caesar 49/48 v. Chr. Einheiten dieses Namens ausgehoben, doch Octavian und Antonius befehligten beide Legionen mit diesen Nummern. Da alle Informationen über die kaiserlichen Legionen *XVII* bis *XIX* aus dem Westen kommen, wurden sie wohl von Octavian rekrutiert (Marcus Antonius befand sich im Osten), vielleicht aus den Reihen von Caesarveteranen.

## *Legio XVII (Gallica oder Germanica?)*

Es gibt keinen sicheren Beweis für die Existenz der Nummer *XVII*, doch da die Legionen des Augustus von I bis XXII durchnummeriert waren, muss es sie gegeben haben. Vermutlich wurde sie von Octavian ausgehoben und schließlich am Niederrhein stationiert. Vielleicht nahm sie an den Feldzügen von Drusus (13–9 v. Chr.) und Tiberius (8 v. Chr., 4/5 n. Chr.) teil. Da wir wissen, dass im Teutoburger Wald drei Legionen vernichtet wurden – *XVIII*, *XIX* und eine weitere – und aus den Aufzeichnungen dieser Zeit keine andere Legion verschwindet, war die dritte höchstwahrscheinlich die *XVII*.

## *Legio XVIII (Gallica oder Germanica?)*

Inschriften besagen, dass Veteranen dieser Legion entweder 30 oder 14 v. Chr. in Venetien siedelten. Irgendwann muss die Einheit an den Rhein verlegt worden sein, wo sie an den Feldzügen des Drusus und Tiberius teilnahm; 6 n. Chr. bildete sie einen Teil des Heers bei Tiberius' geplantem Angriff auf die Markomannen. Vermutlich war sie in Vetera (Xanten) stationiert, wo man den Grabstein des Marcus Caelius (s. Kasten nächste Seite) fand.

## *Legio XIX (Gallica oder Germanica?)*

Veteranen der *XIX* ließen sich nach Actium in der Nähe von Pisa nieder. Eine Inschrift (*AE* 1994, 1323) auf einem in Döttenbichl gefundenen Katapultbolzen weist darauf hin, dass die Legion Teil der Armee war, die ab 15 v. Chr. Rätien eroberte.

### *Legio XVII*

| | |
|---|---|
| **Beiname** | *Gallica* oder *Germanica* (?) |
| **Emblem** | Unbekannt |
| **Basis** | Unbekannt |
| **Wichtige Feldzüge** | Rhein, 13–9 v. Chr. (?), 8 v. Chr. (?) und 4–5 n. Chr. (?) |

### *Legio XVIII*

| | |
|---|---|
| **Beiname** | *Gallica* oder *Germanica* (?) |
| **Emblem** | Unbekannt |
| **Basis** | Vetera (Xanten) |
| **Wichtige Feldzüge** | Rhein, 13–9 v. Chr., 8 v. Chr. und 4–5 n. Chr. |

### *Legio XIX*

| | |
|---|---|
| **Beiname** | *Gallica* oder *Germanica* (?) |
| **Emblem** | Unbekannt |
| **Basis** | Unbekannt |
| **Wichtige Feldzüge** | Raetia, 15 v. Chr.; Rhein, 8 v. Chr. und 4–5 n. Chr. |

### Publius Quinctilius Varus

Im Jahr 6 n. Chr. wurde Publius Quinctilius Varus, Freund von Augustus und wichtiger Senator, als kaiserlicher Legat nach Germanien gesandt. Velleius Paterculus (2,117,2, er schrieb 29 n. Chr.) nennt ihn einen „Mann von sanftem Charakter und ruhigem Gehabe, eher träge im Geist und Körper, vertrauter mit dem gemütlichen Lagerleben als mit Feldzügen". Diese Beschreibung könnte durch Velleius' Kenntnis der nachfolgenden Ereignisse verzerrt sein, immerhin war Varus ein erfahrener Kommandant und hatte als Statthalter von Syrien seine Armee bei den Unruhen in Iudaea 4 v. Chr. effektiv eingesetzt (s. S. 134).

Germanien war kurz zuvor befriedet worden, hatte sich aber nicht mit der römischen Herrschaft abgefunden. Varus' Aufgabe war es, die Region in eine friedliche Provinz zu verwandeln, römische Verwaltung und Steuern einzuführen. Die Germanen reagiert wütend auf die Steuern und nutzten ihrerseits die neuen Gesetze aus, die Varus erlassen hatte. Sie provozierten Streitigkeiten und haltlose Klagen und bedankten sich bei Varus, wenn er den Streit beilegte. So wogen sie Varus in Sicherheit; vielleicht sah er sich selbst als Statthalter einer friedlichen Provinz und nicht eines Gebiets in Feindesland.

Die Germanen witterten ihre Chance, und der Cheruskerprinz Arminius, Sohn des Sigimer, ersann einen Plan, die Römer zu vernichten. Arminius hatte auf Seiten der Römer gekämpft und war in den Ritterstand erhoben worden. Sein Plan sprach sich schnell herum und erreichte sogar Varus, doch dieser wollte nicht glauben, dass einer seiner Alliierten sich gegen ihn wenden würde. Deshalb gelang der Plan.

## Marcus Caelius

Im Jahr 1638 wurde das Grabrelief des Marcus Caelius, Zenturio der 18. Legion (geschrieben „XIIX") und im Teutoburger Wald gefallen, in Vetera, einem römischen Legionslager bei Xanten, entdeckt. Caelius und seine Legion waren vor der Katastrophe eventuell dort stationiert.

Marcus Caelius war zur Zeit der Katastrophe über 53 Jahre alt und hatte im ganzen Imperium gekämpft. Er ist mit allen seinen militärischen Auszeichnungen dargestellt – Eichenkranz, zwei goldenen *torques* und *phalerae* (goldenen Scheiben) auf dem Brustpanzer. Neben ihm sieht man Porträtbüsten seiner Freigelassenen, Privatus und Thiaminus, und alle drei werden von Giebel und Säulen eines geschmückten Tempels eingerahmt.

Die Inschrift lautet: „Dem Marcus Caelius, Sohn des Titus, vom Stamm Lemonia, [geboren in] Bologna, Zenturio der achtzehnten Legion, der 53½ Jahre lebte. Er starb im Varus-Krieg. Die Knochen seiner Freigelassenen sind [hier] begraben. Sein Bruder, Publius Caelius, Sohn des Titus, vom Stamm Lemonia, hat dies errichtet." (*CIL* 13, 8648)

Das Grabmal des Marcus Caelius wurde in Auftrag gegeben und bezahlt von seinem Bruder Publius. Es ist 1,37 m hoch, 1,08 m breit und besteht aus Lothringer Kalkstein.

Aureus (Goldmünze) mit gekreuzten Langschilden auf der Rückseite, geprägt von Kaiser Claudius zur Erinnerung an die Siege seines Vaters Drusus am Rhein während der Herrschaft des Augustus.

Im Kastell von Dangstetten am Oberrhein nördlich von Basel fand man u. a. eine kleine Bronzetafel, die sie aufführt; dies lässt vermuten, dass die Legion vor 9 v. Chr. hier stationiert war. Auch in Köln und Haltern fand man Inschriften, die sich auf diese Legion beziehen – sie muss also an den Germanenfeldzügen von Drusus und Tiberius teilgenommen haben.

### Das Massaker im Teutoburger Wald

Durch verschiedene Berichte, die wohl zumeist auf den Erinnerungen Überlebender basieren, können wir die Ereignisse im September 9 n. Chr. ziemlich gut rekonstruieren. Varus und drei Legionen (*XVIII*, *XIX* und wahrscheinlich *XVII*) befanden sich auf dem Weg ins Winterlager und zogen durch cheruskisches Gebiet. Die anderen Legionen Germaniens – *I Germanica* und *V Alaudae* – befanden sich im Süden mit Varus' Neffen Lucius Asprenas. Als er von einem Aufstand erfuhr, sammelte Varus seine Truppen und brach in Richtung Krisenherd auf.

Der Aufstand war von Arminius eingefädelt worden, um Varus und seine Armee von der Militärstraße zum Rhein wegzulocken nach Norden, durch den Teutoburger Wald. Arminius und seine Mitverschwörer begleiteten Varus auf dem Marsch, aber dann verließen sie ihn, um ihre eigene Streitmacht zu sammeln. Varus glaubte, sie würden zurückkehren, um ihn zu unterstützen. Stattdessen eilten Arminius und sein Vater Sigimer voraus, um die Römer im *saltus Teutoburgiensis*, einer sumpfigen Gegend zwischen einem Hügel und weiten Feuchtgebieten, in einen Hinterhalt zu locken. Mehrere abtrünnige Germanenstämme (v.a. Cherusker, Brukterer und Marser) halfen ihnen.

Die Römer marschierten in versprengten Gruppen, mit Wagen und Lasttieren, Frauen, Kindern und Dienern. Das Wetter verschlechterte sich, ebenso der Untergrund. Deshalb hatten sie keine Chance, ihre Truppen zusammenzuziehen und sich zu wehren, als sie plötzlich von Germanen umgeben waren. Sie waren in der Unterzahl und erlitten im Laufe der folgenden drei Tage schwere Verluste. Immer mehr Stämme schlossen sich den germanischen Streitkräften an in der Hoffnung auf Beute, und der vierte Tag brachte den überlebenden Römern noch mehr Probleme, als heftiger Regen einsetzte, der es schwerer machte, die Stellung zu halten und effektiv Waffen einzusetzen.

Die Situation war hoffnungslos. Varus und viele seiner Offiziere gaben den Widerstand auf und begingen Selbstmord. Auch viele Soldaten töteten sich selbst, andere ließen sich von ihren Kameraden töten. Ein paar Offiziere desertierten und versuchten zu fliehen. Andere wollten verhandeln, aber sie wurden germanischen Göttern geopfert oder einfach getötet.

> Einigen Soldaten stachen sie die Augen aus, anderen schnitten sie die Hände ab. Einem schnitten sie die Zunge heraus und nähten seinen Mund zu, und einer der Barbaren hielt die Zunge in der Hand und rief: „So hörst du endlich auf zu zischen, du Schlange."
>
> Florus, *epit.* 2,30,37

Einfache römische Soldaten, die man gefangen nahm, wurden entweder getötet oder versklavt. Nur wenige konnten später freigekauft werden. Das gesamte römische Heer wurde aufgerieben: 12000 bis 15000 Legionäre, sechs Kohorten Auxiliarinfanterie und drei *alae* Kavallerie. Die Germanen eroberten die römischen Standarten, darunter drei Adler. Sie gruben den (von treuen Soldaten begrabenen) Leichnam des Varus aus, hieben ihm den Kopf ab und schickten diesen an den Markomannenkönig Marbod, in der Hoffnung, er würde sich dem Aufstand anschließen. Stattdessen sandte Marbod ihn an Augustus, der ihn in seinem eigenen Familienmausoleum bestatten ließ.

### Arminius und die Folgen

Die Nachricht von der Katastrophe verbreitete sich schnell. Varus' Neffe Asprenas sandte umgehend die *V Alaudae* und *I Germanica* nach Norden, und Tiberius kam mit der *XX Valeria Victrix* und *XXI Rapax* von der Donau an den Rhein. Suetons Beschreibung der Reaktion des Augustus ist legendär:

> Er war so verärgert, dass er sich monatelang weigerte, Bart und Haare scheren zu lassen, und manchmal schlug er seinen Kopf gegen die Tür und rief: „Quinctilius Varus, gib mir meine Legionen zurück!" Zudem bestimmte er den Jahrestag der Katastrophe zum offiziellen Trauertag.
>
> Sueton, *Aug.* 23

Augustus befürchtete Ausschreitungen im Reich und ordnete verschärfte Nachtwachen in Rom an sowie Maßnahmen, um die Götter zu besänftigen. Zudem verlängerte er die Dienstzeiten der Statthalter, damit erfahrenere Männer die Provinzen kontrollierten. Tiberius führte in Germanien drei Jahre lang Krieg und feierte 12 n.Chr. einen Triumph. Acht Legionen (*I Germanica*, *II Augusta*, *V Alaudae*, *XIII Gemina*, *XIV Gemina*, *XVI Gallica*, *XX Valeria Victrix* und *XXI Rapax*) blieben vor Ort, um unter dem Kommando von Tiberius' Neffen Germanicus die germanische Grenze zu schützen. Die Gebiete östlich des Rheins zu erobern

## Kalkriese: der Ort der Schlacht

Fast 2000 Jahre blieb ungewiss, wo genau die „Schlacht im Teutoburger Wald" geschlagen wurde. Im 17. Jh. fanden Bauern in Barenau bei Kalkriese in Niedersachsen römische Münzen. 250 Jahre lang gab es Spekulationen, dass die Münzen – alle aus augusteischer Zeit und prägefrisch – auf die Varusschlacht hinwiesen: Keine war jünger als 9 n. Chr., das Jahr des Massakers. Weitere Funde führten schließlich zu systematischen Ausgrabungen. Im Jahr 1990 ergrub man die Reste eines Walls und fand noch mehr Münzen sowie Fragmente militärischer Ausrüstung aus augusteischer Zeit.

1994 wurden fünf Gruben ausgegraben, die zerstückelte Überreste von Menschen und Tieren bargen. Bis heute wurden acht solcher Gruben freigelegt. Dies waren vermutlich Massengräber, die Soldaten des Germanicus 16 n. Chr. für die Gefallenen anlegten, deren sterbliche Überreste bis dahin einfach auf dem Erdboden gelegen hatten. Die menschlichen Knochen zeigen tiefe Verletzungen.

Die Germanen plünderten zweifellos die Leichen der römischen Soldaten und nahmen Waffen, Rüstungen und andere Wertsachen mit. Dennoch fand sich hier einiges an militärischer Ausrüstung. Einige Funde waren spektakulär, darunter die versilberte Maske eines Reiterhelms. Man fand auch einen Becher und Löffel aus Silber sowie eher banale Gegenstände wie Schlüssel, Rasiermesser, Ringe, chirurgische Instrumente, einen Griffel, Töpfe, Eimer und sogar Schmuck und Haarspangen – vielleicht ein Hinweis auf Frauen, Kinder und Diener, die der Armee ins Winterlager folgten.

Seit 1987 gibt es Ausgrabungen in Kalkriese (unten). Sowohl auf dem offenen Feld als auch im umliegenden Wald hat man Funde geborgen. Die versilberte Maske eines Reiterhelms (links) ist eine der berühmtesten Entdeckungen.

versuchte, solange Augustus herrschte, niemand mehr.

Nach Augustus' Tod 14 n. Chr. marschierte Germanicus im „freien" Germanien ein, gewann zahlreiche Schlachten und nahm viele Germanen gefangen, die an der Varusschlacht teilgenommen hatten. Dann marschierte er zum Ort des Massakers, um die gefallenen Soldaten zu ehren. Tacitus beschreibt, was er dort vorfand:

> Mitten auf dem Feld lagen bleiche Knochen, dort, wo Männer geflohen waren oder sich gewehrt hatten; einige lagen verstreut, andere in Haufen. In der Nähe befanden sich zerbrochene Waffen und Beine von Pferden; Köpfe von Soldaten waren an Bäume genagelt. Im nahen Wald gab es Barbarenaltäre, dort hatten die Germanen die Tribunen und führenden Zenturionen abgeschlachtet. Und die Überlebenden der Katastrophe, die aus der Schlacht oder aus der Gefangenschaft entkommen waren, zeigten an, wo die Legaten gefallen, wo man die Adler geraubt hatte; wo Varus seine erste Wunde erlitten hatte und wo er sich mit seiner unglücklichen Hand das Leben nahm; wo Arminius sein Tribunal abgehalten hatte, wie viele Galgen und Gruben er hatte errichten lassen, und wo er die Standarten und Adler beleidigt hatte.
>
> Tacitus, *ann.* 1,61,2–4

Germanicus' Männer bestatteten die Knochen ihrer Kameraden. Die drei verlorenen Legionen wurden nie wieder aufgestellt. Der Adler der *XIX* wurde 15 n. Chr. den Brukterern abgenommen (Tacitus, *ann.* 1,61).

Im Jahr darauf verrieten die Marser die Position eines zweiten Adlers (*ann.* 2,25). Der dritte wurde unter Kaiser Claudius beim Kampf gegen die Chauken zurückerobert (Cassius Dio 60,8).

## Legionen im Bataveraufstand, 69/70 n. Chr.

Tacitus beschreibt den Bataveraufstand detailliert in den *Historien*. Die prorömischen Bataver hatten sich von den Chatten abgespalten und waren als gute Krieger bekannt. Rom siedelte sie im Rheindelta an, das so zur „Insel der Bataver" wurde. Sie waren geschickte Reiter und versorgten die römische Armee mit einer großen Zahl von Auxiliartruppen; im Gegenzug zahlten sie keine Steuern. Zusätzlich zu ihrem Ruf als beste Auxiliartruppen dienten Bataver als persönliche Leibwächter des römischen Kaisers.

Der Aufstand von 69/70 n. Chr. wurde von Julius Civilis angeführt, einem römischen Auxiliaroffizier von 25 Dienstjahren und Erbprinz seines Volkes. 66 n. Chr. wurden Civilis und sein Bruder wegen Verdachts auf Landesverrat verhaftet. Die

*Unten links*
Funde aus Kalkriese. Man hat römische Schwerter, Speere, Schleuderkugeln, Pfeilspitzen, Fragmente von Plattenrüstungen, Kettenhemden, Schuhnägel und Schnallen von Militärgürteln ausgegraben.

### Das Vierkaiserjahr

Zwischen Neros Selbstmord im Juni 68 n. Chr. und Vespasians Amtsantritt im Dezember 69 n. Chr. gab es im Römischen Reich einen weiteren Bürgerkrieg. In rascher Folge löste ein Kaiser den nächsten ab.

67/68 n. Chr. initiierte G. Julius Vindex, Statthalter der Gallia Lugdunensis, einen Aufstand gegen Nero und unterstützte den Thronanspruch des Statthalters von Spanien, Servius Sulpicius Galba. Der Aufstand wurde von den germanischen Legionen niedergeschlagen, aber der Senat erklärte Galba zum Kaiser und trieb Nero in den Selbstmord. Galba beschuldigte die germanischen Legionen, gegen ihn agitiert zu haben. Letztere verweigerten ihm am 1. Januar 69 n. Chr. den Eid und forderten den Thron für ihren eigenen Kommandanten, Aulus Vitellius.

In Rom nutzte Marcus Salvius Otho die angespannte Situation zu seinem Vorteil und bestach die Prätorianergarde. Die Garde tötete Galba und Otho wurde Kaiser. Doch die germanischen Legionen marschierten bereits gegen Rom und besiegten Othos Armee in der ersten Schlacht von Bedriacum nahe Cremona (April 69 n. Chr.). Nun rief der Senat Vitellius zum Kaiser aus.

Inzwischen hatten die Legionen in Ägypten und im Osten Titus Flavius Vespasianus zum Kaiser proklamiert. Während Vespasian im Osten blieb, setzte ein Teil seiner Armee nach Italien über unter dem Kommando des Statthalters von Syrien, Mucianus. Auch die Balkanlegionen unterstützten Vespasian, marschierten gegen Rom und besiegten Vitellius in der zweiten Schlacht von Bedriacum (Oktober 9 n. Chr.). Vitellius wurde getötet und Vespasian zum Kaiser ausgerufen.

Anschuldigungen waren falsch, aber Civilis' Bruder wurde dennoch hingerichtet. Civilis schickte man nach Rom vor Gericht. Dort blieb er bis 68 n. Chr., als Nero Selbstmord beging – der Auftakt zum „Vierkaiserjahr" (68/69 n. Chr.; s. Kasten S. 59). Galba entließ Civilis nach Hause.

Doch in Germanien wurde er durch den neuen Statthalter, Vitellius, erneut verhaftet. Die Legionen forderten seine Hinrichtung. Etwa zur selben Zeit entließ Kaiser Galba seine batavische Leibgarde – eine schwere Beleidigung für die Bataver. Die Situation wurde so angespannt, dass bald zwischen batavischen Kohorten und Soldaten der *XIV Gemina* (die seit 25 Jahren Seite an Seite gestanden hatten) offen Kämpfe ausbrachen.

Civilis wurde von Vitellius Anfang 69 n. Chr. freigelassen, weil er die Hilfe der Bataver gegen Otho benötigte. Die Bataver kämpften bei der ersten Schlacht von Bedriacum für Vitellius und wurden dann heimgeschickt. Nun trat Vespasian auf den Plan; Vitellius benötigte dringend mehr Truppen gegen seinen Rivalen und ließ in der Germania inferior mehr Bataver einberufen. Die Anzahl der Einberufenen war größer als im Vertrag mit Rom festgelegt, und dies provozierte die Bataver zum Aufstand.

*Links*
Büste von Aulus Vitellius, kurzzeitig Kaiser 69 n. Chr. Vitellius war Statthalter der Germania inferior, und sein Anspruch auf den Thron wurde von den meisten in Germanien stationierten Legionen unterstützt: *I Germanica, IIII Macedonica, V Alaudae, XVI Gallica, XX Primigenia, XXI Rapax* und *XXII Primigenia.*

### *I Germanica*

| | |
|---|---|
| **Beinamen** | *Augusta; Germanica* |
| **Emblem** | Unbekannt |
| **Basis** | Bonna (Bonn) |
| **Wichtige Feldzüge** | Octavians Feldzug gegen Sextus Pompeius (36 v. Chr.), Kantabrische Kriege (27–19 v. Chr.); Vindex-Aufstand (67 n. Chr.); Bürgerkrieg (69 n. Chr.); Bataveraufstand (69–70 n. Chr.) |

## *I Germanica*

Die 1. Legion (später *Germanica*) wurde entweder 48 v. Chr. von Caesar als Konsul ausgehoben oder durch Pansa 43 v. Chr. für den Feldzug Octavians gegen Antonius. Sie könnte Octavian in den Schlachten von Mutina (43 v. Chr.) und Philippi (42 v. Chr.) begleitet haben, aber hier fehlen uns eindeutige Beweise. Allerdings erwähnt Appian (*civ.* 5,112) die Legion bei Octavians Feldzug gegen Sextus Pompeius auf Sizilien 36 v. Chr.

In spanischen *coloniae* geprägte Münzen legen nahe, dass eine „erste" Legion an Augustus' Kantabrischen Kriegen teilnahm, hier könnte sie sich den Beinamen *Augusta* verdient haben. Die Legion verschwindet dann wieder aus den Quellen, eventuell wurde sie aufgelöst. Cassius Dio (54,11,5) beschreibt, dass Augustus' General Agrippa Disziplinarprobleme bemängelte und „befahl, dass die gesamte so genannte ‚augusteische' Legion diesen Namen nicht mehr tragen durfte". Der Historiker Ronald Syme merkt an, dass die 1. Legion aufgrund von Meutereien ihren Beinamen verlor, sie selbst aber bestehen blieb oder von Tiberius als Statthalter Galliens 19/18 v. Chr. neu formiert wurde. 6 n. Chr. war die *I* an der Rheingrenze stationiert, als Teil der Armee des Sentius Saturninus für den später abgebrochenen Feldzug des Tiberius gegen die Markomannen. 9 n. Chr., zur Zeit der Varusschlacht, stand sie unter Lucius Asprenas. Er verwendete die Legion (und die *V Alaudae*), um die Kastelle in der Germania inferior zu bemannen.

Den ersten klaren Beweis für Aktivitäten der *I* gibt es im Rahmen der Meutereien am Rhein

*Rechts*
As (Kupfermünze) der Kolonie Acci (Guadix, Spanien), das die Standarten der *I Germanica* und *II Augusta* zu beiden Seiten zweier Legionsadler zeigt. Beide Legionen scheinen in frühaugusteischen Zeit zusammen am Bau von Acci beteiligt gewesen zu sein.

14 n. Chr. nach dem Tod des Augustus (und der Inthronisierung des Tiberius). Tacitus (*ann.* 1,42,6) berichtet, wie Germanicus die rebellischen Legionen *I* und *XX* als „Männer, die ihre Standarten von Tiberius erhielten", ansprach. Dies unterstützt die These, dass die Legion von Tiberius wiederhergestellt wurde – aber das Datum hierfür ist letztlich ungewiss, und es kann sehr viel später als 19/18 v. Chr. geschehen sein.

### Umzug nach Germanien

Spätestens ab 6 n. Chr. war die 1. Legion an der Rheingrenze stationiert. Dort blieb sie bis 69 n. Chr. und erwarb den Beinamen *Germanica*. Dieser Titel wird auf zwei Inschriften bestätigt, eine eventuell augusteischen Datums (*AE* 1976, 169), die andeutet, sie könnte den Beinamen für ihre Taten nach der Varusschlacht erhalten haben, die andere claudisch (*ILS* 2342). Nach der Varusschlacht war die Legion im Oppidum Ubiorum (Köln) stationiert, der Hauptstadt der Germania inferior, bevor sie nach Bonna (Bonn) verlegt wurde.

21 n. Chr. gab es einen Aufstand der gallischen Treverer und Turonen gegen die Besteuerung, angeführt von Julius Florus und Julius Sacrovir. Die germanischen Legionen sollten den Aufstand niederschlagen. Eine Inschrift (*CIL* 14, 3602) zeigt, dass zu den Truppen eine gemischte Vexillation der *I Germanica*, *V Alaudae*, *XX Valeria Victrix* und *XXI Rapax* gehörte, unter dem Kommando eines Offiziers der *I Germanica*.

67 n. Chr. bekämpfte sie zusammen mit den anderen Legionen der Germania inferior den gallischen Statthalter Gaius Julius Vindex, der sich gegen Nero erhoben hatte und den Thronanspruch Galbas, des spanischen Statthalters, unterstützte. Die Legionen besiegten Vindex, aber im Jahr darauf wurde Galba mit Hilfe der neu aufgestellten 7. Legion aus Spanien dennoch Kaiser. Die Legionen der Germania inferior versagten Galba weiterhin ihre Zustimmung und wurden vom Kommandanten der *I Germanica*, Fabius Valens, überredet, sich Vitellius, dem Statthalter der Germania inferior, anzuschließen. In Italien half die *I* Valens in der ersten Schlacht von Bedriacum Otho zu besiegen. In der zweiten Schlacht wurde sie jedoch von Vespasian geschlagen (s. S. 134 f.) und nach dem Bataveraufstand aufgelöst.

Grabstein des Publius Clodius der *I Germanica*, gefunden in Bonn. Er stammte aus Alba Helvia (Viviers, Provence) in der Gallia Narbonensis, diente 25 Jahre und starb mit 48.

## *IIII Macedonica*

Das Emblem der 4. Legion war der Stier, was darauf hinweist, dass Julius Caesar sie ausgehoben hatte, vermutlich als er 48 v. Chr. Konsul war. Sie war zum Zeitpunkt seiner Ermordung 44 v. Chr. in Makedonien stationiert und muss ihren Titel dort erlangt haben, auch wenn der Beiname erst in viel späteren Inschriften auftaucht, als die Legion schon in Germanien war. Im Sommer 44 v. Chr. wurde sie zurück nach Brundisium eingeschifft, zusammen mit drei anderen Legionen, da Marcus Antonius sie in die Gallia cisalpina senden wollte, wo er zum Statthalter ernannt worden war. Aber auf dem Weg nach Norden erklärten sich die *IIII Macedonica* und *Martia* zu Anhängern Octavians und zogen nach Alba Fucens, 100 km östlich von Rom (Cicero, *Phil.* 3,6–7). Octavian war 45/44 v. Chr. in Apollonia/Makedonien, vielleicht hat er zu dieser Zeit Anhänger in der Legion gewonnen.

Die *IIII Macedonica* war Teil der Armee, die ihren ehemaligen Kommandanten Marcus Antonius bei Mutina besiegte und später in Philippi gegen Brutus und Cassius kämpfte. Nach Philippi kehrte Octavian mit der *IIII* und zwei anderen Legionen nach Italien zurück. Aufschriften auf Schleudergeschossen zeigen, dass die Legion 41 v. Chr. bei der Belagerung von Perusia (Perugia) dabei war. Wahrscheinlich wirkte sie auch an der endgültigen Niederlage des Antonius bei Actium mit (31 v. Chr.).

Die *IIII Macedonica* muss eine der acht Legionen gewesen sein, die an den Kantabrischen Kriegen (27–19 v. Chr.) des Augustus teilnahm, auch wenn sie erst 9/8 v. Chr. inschriftlich erwähnt wird. In Aguilar de Campóo am Pisuerga hat man steinerne Markierungen der *prata legionis*, des Weidelands der Legion, gefunden (Aguilar kommt vom lateinischen *aquila*, „Adler“). Die Einheit war im nahe gelegenen Herrera de Pisuerga stationiert, wie Ziegelstempel bestätigen, die ihre Anwesenheit von 15 v. Chr. bis zur Mitte des 1. Jh. n. Chr. bezeugen. Die *IIII Macedonica* stand also lange Zeit in dieser Region und wurde in ganz Spanien eingesetzt.

### *IIII Macedonica*

| | |
|---|---|
| **Beiname** | *Macedonica* |
| **Emblem** | Stier |
| **Basis** | Moguntiacum (Mainz) |
| **Wichtige Feldzüge** | Mutina (43 v. Chr.); Philippi (42 v. Chr.); Perusia (41 v. Chr.); Kantabrische Kriege (27–19 v. Chr.); Rheingrenze (43 n. Chr.–69); Bürgerkrieg (69 n. Chr.) |

### Die Rheingrenze

Die *IIII Macedonica* blieb bis mindestens 43 n. Chr. in Spanien, als die Legionen zur Vorbereitung der Invasion Britanniens neu organisiert wurden. Sie kam nach Moguntiacum (Mainz) in der Germania superior, ersetzte die *XIV Gemina* und teilte das Lager mit der neu gegründeten *XXII Primigenia*. Hier blieb sie bis 70 n. Chr., wovon Ziegel- und Keramikstempel aus Moguntiacum Zeugnis ablegen. Andere Inschriften belegen ihre Soldaten an weiteren Orten in Germanien, u. a. ein Grabstein in Bingium (Bingen) in der Nähe von Mainz (*CIL* 13, 7506) und ein Altar in Marienhausen bei Bonn (*CIL* 13, 7610).

*IIII* und *XXII* waren die ersten Legionen auf Seiten des Vitellius, eine große gemischte Vexillation beider Einheiten marschierte unter ihm nach Italien und kämpfte in der ersten Schlacht von Bedriacum. Die Truppen rückten vor nach Rom, wo einige Soldaten zur Belohnung in die Prätorianergarde aufgenommen wurden. Nach ihrer Beteiligung am Bataveraufstand wurde die *IIII Macedonica* von Vespasian (s. S. 66) aufgelöst.

Gestanztes Katapultschild, in Bedriacum gefunden und heute im Museo Civico di Cremona. Die Inschrift lautet: „Gehört der *IIII Macedonica*, (gebaut) in dem Jahr, als Marcus Vinicius zum zweiten Mal und Taurus Statilius Corvinus Konsuln waren (45 n. Chr.), Gaius Vibius Rufinus war Legat und Gaius Horatius war Zenturio mit Aufsicht über das Hauptquartier“ (*ILS* 2283).

## *XV Primigenia*

Die 15. Legion bestand nur kurz, Hinweise auf ihre Aktivitäten sind selten. Sie wurde wahrscheinlich zusammen mit der *XXII Primigenia* 39 n. Chr. von Caligula aufgestellt (oder evtl. 42 n. Chr. von Claudius), im Vorfeld der Invasion Britanniens. Vier Inschriften (*AE* 1911, 234; *CIL* 13, 11853, 11855, 11856) aus Moguntiacum (Mainz) von Soldaten, die in ihrem ersten Dienstjahr starben, legen nahe, dass die Legion zuerst dort, in der Germania superior, stationiert war und dann nach Bonna (Bonn) in die Germania inferior verlegt wurde, wie ein dort gefundener Stempel mit der Nummer der Legion beweist, schließlich nach Vetera (Xanten), wo man zahlreiche weitere Ziegelstempel fand.

Ziegelstempel weisen auch darauf hin, dass eine Abteilung ins belgische Toul geschickt wurde. Ein Denkmal, das der Legionslegat Publius Sulpicius Scribonius Rufus 66 n. Chr. in Colonia Claudia Ara Agrippinensis (Köln) Kaiser Nero widmete, zeigt, dass Soldaten der Legion dort stationiert waren, aber nicht die ganze Legion (*CIL* 13, 11806). Die *XV* wurde im Bataveraufstand vernichtet und nicht wieder aufgestellt (s. S. 66).

### *XV Primigenia*

| | |
|---|---|
| **Beiname** | *Primigenia* |
| **Emblem** | Unbekannt |
| **Basis** | Vetera I (Xanten) |
| **Wichtige Feldzüge** | Bataveraufstand (69–70 n. Chr.) |

## *XVI Gallica*

Eine kleine in Nordafrika gefundene Silbermünze mit dem Kopf des jungen Octavian auf der einen und einem Löwen sowie der Beschriftung LEG XVI auf der anderen Seite gilt als Nachweis, dass die *XVI Gallica* im Vorfeld der Schlacht von Actium 31 v. Chr. von Octavian ausgehoben wurde und ihr Emblem der Löwe war. Die Münze könnte auch bedeuten, dass sie einige Zeit in Afrika verbrachte, aber dafür gibt es sonst keine Beweise.

Dieser Grabstein in Köln erinnert an Quintus Pompeius von der *XV Primigenia*, der im Alter von 50 Jahren starb. Er kam aus Forum Iulii (Fréjus) und diente 20 Jahre in der römischen Armee (*CIL* 13, 8284).

Der Titel *Gallica* impliziert, dass die Legion in Gallien stationiert war, möglicherweise während der Feldzüge des Drusus (13–9 v. Chr.). Man glaubt, dass die Legion dann an der Donau eingesetzt wurde. Wenn dies stimmt, dann bildete sie zusammen mit der *XXI* die erste Garnison der Raetia (der neuen Provinz an der oberen Donau, die Tiberius 16–14 v. Chr. schuf) und wurde erst später an den Rhein verlegt, wo sie vermutlich in Moguntiacum (Mainz) stationiert war. Dort fand man zahlreiche Inschriften mit Bezug zur 16. Legion, keine älter als ein paar Jahre vor der Varusschlacht 9 n. Chr.

### Am Rhein

Im Jahr 6 n. Chr. war die *XVI Gallica* eine der Legionen, die mit Tiberius gegen den König der Markomannen Marbod ziehen sollte, aber der Feldzug wurde aufgegeben, als der Pannonische Aufstand ausbrach. Nach der Varusschlacht 9 n. Chr. war die *XVI* eventuell in Oppidum Ubiorum (Köln) stationiert, ab 14 n. Chr. aber auf jeden Fall in Moguntiacum (Mainz). Tacitus berichtet, dass sie hier dem neuen Kaiser Tiberius (im Gegensatz zu vielen anderen Legionen) „uneingeschränkte Treue" schwor.

Vor Claudius' Tod im Jahr 54 ging die *XVI Gallica* von Moguntiacum nach Novaesium (Neuss) in der Germania inferior, was mit dem Krieg gegen die Chauken und Friesen 47 n. Chr. in Verbindung stehen mag oder mit der Umverteilung von Legionen vor der Invasion Britanniens 43 n. Chr. Die *XVI Gallica* ersetzte die *XX Valeria Victrix*, die mit weiteren Truppen von Novaesium nach Britannien zog. Die meisten Beweise für die Anwesenheit der Legion in Novaesium sind Ziegelstempel, von denen einige das Löwenemblem zeigen.

Als Nächstes hören wir von ihr während des Bürgerkriegs 68/69 n. Chr.: Tacitus (*hist.* 1,55) berichtet, dass sie zögerte, mit den anderen germanischen Legionen den Eid auf Galba zu leisten. Abteilungen der Legion kämpften später in Italien für Vitellius und zogen mit ihm in Rom ein, wo (wie eine Inschrift zeigt) einige ihrer Soldaten Mitglieder der Prätorianergarde wurden. Tacitus beschreibt die niedrige Moral der Truppe, als sie von Rom aus nach Cremona geschickt wurde, um im Oktober 69 n. Chr. gegen Vespasian zu kämpfen:

### *XVI Gallica*

| | |
|---|---|
| **Beiname** | *Gallica* |
| **Emblem** | Löwe |
| **Basis** | Novaesium (Neuss) |
| **Wichtige Feldzüge** | Drusus' Germanenfeldzüge (13–9 v. Chr.)? Bürgerkrieg (Vexillation, 69 n. Chr.) |

> Die Soldaten hatten keine Energie und zeigten keine Begeisterung. Sie marschierten lustlos in einer langgestreckten Reihe, zogen ihre Waffen hinter sich her, ihre Pferde waren erschöpft. Sie konnten die Sonne, den Staub und die Stürme nicht ertragen und waren nicht bereit, sich anzustrengen, aber umso mehr, sich zu streiten.
>
> Tacitus, *hist.* 2,99

Wie zu erwarten, wurde Vitellius' Armee besiegt (s. S. 134 f.) und die Vexillation der *XVI Gallica* wahrscheinlich aufgerieben. Ein Rest der Legion

Büste des Vespasian (Kapitolinische Museen, Rom). Tacitus (*hist.* 4,13) behauptet, er habe zunächst den Bataveraufstand befürwortet, um zu verhindern, dass die germanischen Legionen seinen Rivalen Vitellius unterstützten, aber der Bataverführer Civilis habe nur so getan, als helfe er ihm.

stand noch in Novaesium und wurde bald in den Bataveraufstand verwickelt.

### Der Bataveraufstand: die Rolle der *I Germanica, IIII Macedonica; XV* und *XVI Gallica Primigenia*

Im Sommer 69 n. Chr. hatte Julius Civilis das Oberkommando über die batavischen Auxiliartruppen am Rhein. Ermutigt durch Vespasian, der die germanischen Legionen von Vitellius fernhalten wollte, überredete Civilis den Stamm der Cananefaten, in ihrem Stammesgebiet (Niederlande) gelegene römische Kastelle anzugreifen. Wie Civilis gehofft hatte, schickte der Kommandant der Legionen am Rhein, Marcus Hordeonius Flaccus, zur Niederschlagung des Aufstands Auxiliartruppen, die Civilis nun selbst befehligte. Er wurde zum Anführer des Aufstands, zog weitere Auxiliartruppen auf seine Seite und besiegte das römische Heer in der Nähe des heutigen Arnhem (Niederlande).

Flaccus befahl der *V Alaudae* und *XV Primigenia*, die Situation zu klären. Die Legionen wurden von Auxiliartruppen aus Ubiern und Treverern begleitet und einer batavischen Kavallerieeinheit, deren Kommandant als Feind des Civilis galt. Dennoch liefen die Bataver zu ihren Landsleuten über; die übrigen germanischen Auxiliartruppen desertierten, und die Legionen zogen sich in ihr Lager Vetera (Xanten) zurück (Tacitus, *hist.* 4,18). Immer mehr batavische Auxiliartruppen schlossen sich den Rebellen an und marschierten nach Norden zu Civilis, vorbei an den Legionen in Moguntiacum (Mainz) und Bonna (Bonn).

Nun ließ Civilis seine Truppen Vespasian Treue schwören und schickte eine Delegation nach Vetera, um die dortigen Legionen davon zu überzeugen, seinem Beispiel zu folgen. Sie weigerten sich, versicherten erneut Vitellius ihre Treue, und Civilis beschloss eine Belagerung des Legionslagers (Tacitus, *hist.* 4,21).

Flaccus befahl der *IIII Macedonica*, Moguntiacum zu halten, und forderte Verstärkung aus Gallien, Spanien und Britannien an. Danach schickte er Gaius Dillius Vocula, den Kommandanten der *XXII Primigenia*, mit seiner Legion und Teilen der *IIII Macedonica* nach Novaesium. Von dort aus zogen sie zusammen mit Flaccus, der *I Germanica* (aus Bonna) und der *XVI Gallica* (aus Novaesium) nach Vetera, um es zu befreien.

Die Armee machte jedoch Halt in Gelduba (Krefeld), wo man erfuhr, dass Vespasians Legionen Italien erreicht hatten. Dort sollten angeblich militärische Übungen abgehalten werden – in Wirklichkeit ging es darum, wer den Bürgerkrieg in Italien gewinnen würde.

Vespasian besiegte Vitellius. Civilis ergriff die Initiative und beschloss, die römischen Legionen in Gelduba anzugreifen, um zu verhindern, dass sie Vetera erreichten. Der Angriff schlug fehl, doch die römischen Verluste waren schwer, wie ein in Krefeld entdecktes Massengrab zeigt. Flaccus konnte schließlich die Belagerung von Vetera aufheben.

Doch schon bald erreichte ihn die Nachricht, dass Moguntiacum bedroht wurde. Die Truppen machten sich sofort auf den Weg und ließen Vetera völlig unterbesetzt zurück. Unterwegs erreichten sie Novaesium, und Flaccus beschloss, Vespasians Inthronisierung zu feiern, indem er Geld an die Legionäre verteilte; leider waren diese Anhänger von Vitellius, und sie brachten Flaccus erbost um.

Vocula bereute die Tat seiner Männer; er nahm Legionäre der *I*, *IIII* und *XXII* mit nach Moguntiacum und beendete die Belagerung. Dann ließ er die *IIII Macedonica* und *XXII Primigenia* zurück und ging nach Vetera, das erneut von Civilis belagert wurde. Als Vocula jedoch von einem neuen Aufstand hörte (die Treverer und Lingonen hatten sich gegen Rom erhoben), zog er sich nach Novaesium zurück. Aufgestachelt von Gesandten der Rebellen desertierten Voculas Legionäre und ermordeten ihren Kommandanten.

Der Anführer der Trevererkavallerie, Julius Classicus, ritt als römischer General verkleidet in das römische Lager und nahm den Legionären den Treueeid auf ein neues gallisches Reich ab. Ohne Hoffnung auf Befreiung ergaben sich die belagerten Legionen in Vetera. Doch trotz der Kapitulation wurden sie auf dem Marsch durch Civilis' Truppen überfallen und getötet (Tacitus, *hist.* 4,60). Es gibt Münzen, auf denen des Untergangs der Legionen *V Alaudae* und *XV Primigenia* gedacht wird. Obgleich sie dem gallischen Reich Treue geschworen hatten, schickte Civilis die Legionen *I* und *XVI* von Novaesium nach Augusta Treverorum (Trier), was sie sehr beschämte (Tacitus, *hist.* 4,62).

Allerdings sah sich Rom nun in der Lage, eine Armee auszuheben, die groß genug war, den Aufstand zu unterdrücken, und schickte Truppen unter dem Kommando von Petillius Cerialis. Die Treverer wurden schnell besiegt und Augusta Treverorum eingenommen. Hier fand Cerialis die Legionen *I* und *XVI* vor (Tacitus, *hist.* 4,72). Sie wurden amnestiert und schlossen sich Cerialis gegen die Rebellen an, aber sie kämpften schlecht. Tacitus beschreibt, wie sie schwer bedrängt wurden; dennoch gelang es Cerialis, die Brücke über die Mosel zurückzuerobern.

> Zurück im Lager sah er die Legionen, die bei Novaesium und Bonna gefangen genommen worden waren, zusammensitzen und kaum einen Soldaten bei den Standarten … Wütend rief er: „Hier gibt es keinen Verrat … und ich muss mich allein dafür entschuldigen, dass ich geglaubt hatte, ihr hättet euren Pakt mit Gallien vergessen und euch an eure Verpflichtung gegenüber Rom erinnert."
>
> Tacitus, *hist.* 4,77

Civilis zog sich mit seinen Rebellen nach Vetera zurück, und Cerialis bot eine riesige Armee gegen ihn auf – die Legionen *XXI Rapax*, *II Adiutrix*, *VI Victrix* und *XIV Gemina*. Civilis floh und war schließlich gezwungen, mit den Römern zu verhandeln. Was aus ihm wurde, ist nicht bekannt.

Dann befasste sich Vespasian mit den entehrten Rheinlegionen. Er löste die *IIII Macedonica* und *XVI Gallica* auf, gründete sie neu als *IIII Flavia Felix* und *XVI Flavia Firma* und schickte sie nach Dalmatien bzw. Syrien. Er löste auch die *I Germanica* auf; die Soldaten könnten der 7. Legion beigetreten sein, die fortan *VII Gemina* („doppelt") hieß. Die *XV Primigenia* wurde bei Vetera vernichtet und nie wieder aufgestellt. Das Schicksal der *V Alaudae* bleibt ungewiss.

## Der *exercitus Germaniae inferioris*

*I Minervia* und *XXX Ulpia Victrix* werden in Inschriften als *exercitus Germaniae inferioris* bezeichnet (EXGERINF), also als „das Heer von Niedergermanien".

EXGERINF – Fliesenstempel aus Vetera (Xanten). Solche Stempel hat man in der ganzen Germania inferior gefunden, u.a. in Köln, Laurum (Woerden), Novaesium (Neuss) und Traiectum (Utrecht).

### *I Minervia*

| | |
|---|---|
| **Beinamen** | *Flavia; Minervia; Pia Fidelis Domitiana* |
| **Embleme** | Minerva; Wildschwein |
| **Basis** | Bonna (Bonn) |
| **Wichtige Feldzüge** | Domitians Krieg gegen die Chatten (83 n.Chr.); Saturninus-Aufstand (89 n.Chr.); Trajans Dakerkriege (101–6); Lucius Verus' Partherkrieg (161–66); Marcus Aurelius' Markomannenkriege (166–80); Severus' zweiter Partherkrieg (197); Severus Alexanders Germanenkriege (235); gegen die Franken (256–58) |

### *I Minervia*

Wir wissen von Cassius Dio (55,24,3), dass Domitian während seiner Regierungszeit eine neue Legion aushob. Das genaue Datum ist unklar, aber vermutlich wurde sie für seine Feldzüge gegen die Chatten 83 n.Chr. gebildet. Ihr voller Name zu dieser Zeit lautete wahrscheinlich *I Flavia Minervia*, nach Domitians Familienname, Flavia, und seiner Schutzgöttin, Minerva.

89 n.Chr. war die *I Minervia* eine der Legionen der Germania inferior (zusammen mit *VI Victrix*, *X Gemina* und *XXII Primigenia*), die nach Moguntiacum (Mainz) geschickt wurden, um Saturninus, den rebellischen Statthalter der Germania superior, zu besiegen (s. S. 80). Als Belohnung erhielten alle vier Legionen die Beinamen *Pia Fidelis Domitiana* („pflichtbewusst, loyal, domitianisch"). Nach Domitians Ermordung 96 n.Chr. hieß die Legion nur noch *I Minervia Pia Fidelis*, der Hinweis auf den unpopulären Kaiser verschwand.

### Die Legion in Bonna

Hauptstützpunkt der *I Minervia* war das Lager in Bonna (Bonn). Es wurde nach der Varusschlacht 9 n. Chr. errichtet, in der Nähe eines früheren Auxiliarkastells, das 16–13 v. Chr. unter Drusus entstand; ursprünglich war dort die *I Germanica* stationiert. Nach dem Bataveraufstand (69/70 n. Chr.) baute man es neu in Stein, und es wurde zur Basis der *XXI Rapax*. Ein paar Jahre später, nach 83 n. Chr., wurde die *XXI Rapax* in die Germania superior verlegt und die *I Minervia* nach Bonna geschickt. Sie blieb dort bis zum 4. Jh. n. Chr. Das Kastell liegt unter der modernen Stadt Bonn, aber Ausgrabungen haben *principia* (Verwaltungs-

Grabmal von Gaius Julius Maternus, Veteran der *I Minervia*, und seiner Frau Maria Marcellina, bei Colonia Claudia Ara Agrippinensium (Köln) gefunden (*CIL* 13, 8267a) und heute im Römisch-Germanischen Museum, Köln. Das Relief zeigt Maternus und Maria bei einem Bankett. An den Seiten stehen Sklaven.

gebäude), *valetudinarium* (Lazarett), *horrea* (Lager) und Kasernen freigelegt. Viele Inschriften der *I Minervia* wurden hier gefunden.

Andere Inschriften fand man in der Nähe von Colonia Claudia Ara Agrippinensium (Köln), Provinzhauptstadt der Germania inferior, und Soldaten aus Bonna gehörten wahrscheinlich dort zum Stab des Statthalters. Inschriften belegen Soldaten der Legion in der ganzen Germania inferior, u.a. in Iversheim (*CIL* 13, 7943), Mannaricium (Maurik, *AE* 1975, 639d), Lottum (*AE* 1987, 778) und Rigomagus (Remagen, *CIL* 13, 7795).

**Feldzüge in die Germania und darüber hinaus**

Die Legion zog mit Trajan gegen die Daker (101–6). Gegen Ende der Dakerkriege wurde sie von Kaiser Hadrian befehligt, denn auf der Trajanssäule, dem Monument in Rom, das an Trajans großen Sieg über Dakien erinnert, sind Wildschweinembleme auf Standarten erkennbar. Nach den Dakerkriegen kehrte die Legion nach Bonna zurück. Ab diesem Zeitpunkt operierte sie regelmäßig zusammen mit Trajans neuer Legion, der *XXX Ulpia Victrix*, die bei Vetera (Xanten) stationiert war.

Bis zum 3. Jh. n.Chr. blieb die *I Minervia* meistens in Bonn, aber Soldaten taten gelegentlich Dienst in anderen Teilen des Reichs. Grabsteine (*CIL* 8, 9654 und 9662) von zwei Soldaten der Legion hat man in Cartenna (Tenes, Algerien) gefunden, was darauf hindeutet, dass eine Vexillation in die Mauretania geschickt wurde. Eine Inschrift (*CIL* 6, 41142) vom Trajansforum in Rom lässt vermuten, dass die gesamte Legion unter M. Claudius Fronto an Lucius Verus' Partherfeldzügen (162–66) teilnahm. Die Legion (oder ein Teil von ihr) nahm wohl auch an Marcus Aurelius' Krieg gegen die Markomannen 166–80 teil.

**Das 3. Jahrhundert n.Chr.**

Als 193 n.Chr. der Bürgerkrieg ausbrach, unterstützte die *I Minervia* Septimius Severus, später kämpfte sie mit ihm gegen Clodius Albinus. Inschriften zeigen, dass Untereinheiten der Armee der Germania inferior und die beiden Legionen der Germania superior (*VIII Augusta* und *XXII Primigenia*) während Severus' Regierungszeit (198–211) die gallische Hauptstadt Lugdunum (Lyon) einnahmen. Laut einer Inschrift (*AE* 1957, 123) befehligte Claudius Gallus eine Vexillation von vier germanischen Legionen in Severus' zweitem Partherkrieg (197).

In der ersten Hälfte des 3. Jh. änderte sich der Titel der Legion mehrmals, beim Dienst unter verschiedenen Kaisern. 211–222 hieß sie *Antoniniana*, nach dem Familiennamen von Caracalla (211–17) bzw. Elagabal (218–22). Sie erhielt diesen Namen vermutlich unter Elagabal, da er nach dessen Ermordung nicht mehr auftaucht. Die Legion scheint unter Kaiser Severus Alexander (222–35) gekämpft zu haben, denn ein Altar in Bonn, 231 geweiht, nennt sie *I Minervia Pia Fidelis Severiana Alexandriana* (*CIL* 13, 8017).

Nachdem Severus Alexander 235 ermordet worden war, wurde die *I Minervia* zur *I Minervia Maximiniana Pia Fidelis Antoniniana* (*AE* 1939, 11, ebenfalls in Bonn), was auf den nächsten Kaiser, Maximinus Thrax (235–38), hinweist. Als Maximinus ermordet wurde, verschwand das *Maximiniana* wieder, und die Legion hieß *Gordiana*, nach dem nächsten Kaiser, Gordian III. (*CIL* 13, 6763). Von Gallienus (253–68) geprägte Münzen zeigen, dass er die Legion mit dem Beinamen *VI Pia VI Fidelis* („sechsmal pflichtbewusst und loyal") auszeichnete. Die Legion muss während Invasionen der Franken in die Germania inferior 256–58 für ihn gekämpft haben. Dennoch unterstützte die Legion das abtrünnige Gallische Sonderreich des Postumus (260–274).

Bonna wurde in 353 bei einer weiteren Invasion der Franken zerstört, das Schicksal der Legion ist unklar; wir wissen nicht, ob sie nach Bonna zurückkehrte, als die Stadt ein paar Jahre später von Kaiser Julian zurückerobert wurde.

Ursprünglich war auf dieser in Bonn gefundenen Inschrift (AE 1931, 11) zu lesen: *„Legio I Minervia Maximiniana Pia Fidelis Antoniniana"*, aber *„Maximiniana"* wurde nach dem Mord an Kaiser Maximinius 238 n.Chr. entfernt.

## *XXX Ulpia Victrix*

Laut Cassius Dio (55,24,3) wurde die *XXX Germanica* von Kaiser Trajan gegründet, mit dem Beinamen *Ulpia* nach Trajans Familiennamen. Die Legion entstand vermutlich im Vorfeld der Dakerkriege (101–6 n. Chr.), und der dritte Beiname *Victrix* wird eine Auszeichnung für ihre Tapferkeit während dieser Kriege gewesen sein. Münzen aus der Regierungszeit des Gallienus (253–68) und Carausius (286–93) zeigen, dass die Legionsembleme Neptun und Steinbock waren.

### *XXX Ulpia Victrix*

| | |
|---|---|
| **Beinamen** | *Germanica; Ulpia Victrix* |
| **Embleme** | Neptun; Steinbock |
| **Basis** | Vetera (Xanten) |
| **Wichtige Feldzüge** | Trajans Dakerkriege (101–6 n. Chr.); Antoninus Pius' Krieg gegen die Mauren (ca. 150); Lucius Verus' Perserkrieg (162–66); Severus' Kaledonienfeldzug (208); Severus Alexanders Perserkrieg (235); gegen die Franken (240 und später) |

### Pannonia und Germania inferior

Die Rolle der 30. Legion in den Dakerkriegen ist unklar, aber danach wurde sie offenbar in die Pannonia superior geschickt, um die *XI Claudia* zu ersetzen. Ziegelstempel der *XXX* wurden im Kastell Brigetio (Komárom-Szőny, Ungarn) gefunden, wo zuvor die *XI Claudia* saß, sowie in Carnuntum (Petronell-Carnuntum, Österreich) und Vindobona (Wien). Sie legen nahe, dass die Legion am Wiederaufbau der Kastelle in Pannonien beteiligt war. Nach Trajans Partherkrieg 118 wurden die Legionen von Pannonien und Dakien durch Quintus Marcius Turbo befehligt, einen Freund des späteren Kaisers Hadrian, der die nördlichen Provinzen neu organisieren sollte. Kurz darauf wurde sie in die Germania inferior versetzt.

Hier übernahm die 30. Legion das Kastell in Vetera (Xanten), das früher der *VI Victrix* als Winterlager gedient hatte. Die nächsten 200 Jahre blieb sie dort.

Soldaten der 30. Legion waren überall in Niedergermanien tätig. Aus einer Widmung an Jupiter Optimus Maximus in Colonia Claudia Ara Agrippinensium (Köln; *CIL* 13, 8197) und einer späteren Inschrift in Rom (*CIL* 6, 1333) wissen wir, dass Lucius Aemilius Karus vor 142 n. Chr. die Legion befehligte; aus anderen Inschriften kennen wir die Namen von Zenturionen, die dem Stab des Provinzstatthalters angehörten (in Colonia Claudia Ara Agrippinensium), wie Priscus, der im Auftrag des Statthalters 211 ein Heiligtum des Jupiter Dolichenus restaurierte (*CIL* 13, 8201). Weitere Mitglieder der Legion dienten in Rigomagus (Remagen; *AE* 1995, 1110 und *CIL* 13, 7789), Erkelenz (*CIL* 13, 7896), Merten (*CIL* 13, 8156) und Noviomagus (Nijmegen, z. B. *CIL* 13, 8719), aber auch in der Germania superior, z. B. in Moguntia-

Weihgeschenk an den Gott Silvanus von Cessorinus Ammausius, einem Bärendompteur oder -halter in der *XXX Ulpia Victrix*, aus Xanten (*CIL* 13, 8639, 3. Jh. n. Chr.; LVR-RömerMuseum, Xanten).

## Die Legionslager von Vetera

Es gab zwei befestigte Legionslager in Xanten: Vetera I und Vetera II. Vetera I wurde 12 v.Chr. gegenüber der Lippemündung errichtet; während der Herrschaft Neros baute man es für zwei Legionen in Stein wieder auf. Das Kastell wurde zum Basislager der *V Alaudae* und *XV Primigenia*.

Dieses Lager wurde während des Bataveraufstands 69/70 n.Chr. zerstört (s. S. 65 f.). Danach erbaute man näher am Rhein Vetera II; ab ca. 120 n.Chr. diente es als Basislager der *XXX Ulpia Victrix*. Rund um das Kastell wuchs eine Stadt, die zur Zeit Trajans schließlich zur Kolonie erhoben wurde.

Von Vetera I sind nur Teile ausgegraben worden, darunter die *via principalis*, die zwischen den beiden Hälften des Doppellagers verlief, und Gebäude wie die beiden *principia* (Hauptquartier) sowie einige Peristylhäuser. Vetera II wurde im frühen Mittelalter zerstört, als ein Nebenarm des Rheins seinen Lauf änderte. Die Überreste des Kastells und der Stadt verschwanden in den Fluten.

Rekonstruierter Abschnitt der Stadtmauer in Xanten (Archäologischer Park). Ausgrabungen haben gezeigt, dass die ursprüngliche Mauer 105/6 n.Chr. gebaut wurde und die ganze Stadt umgab, die sich rund um das Legionslager entwickelt hatte.

cum (Mainz; z.B. *CIL* 13, 6763), Kruft (z.B. *AE* 1926, 21) und Vinxtbach (*CIL* 13, 7732). Einige Inschriften nennen die *XXX Ulpia Victrix* neben ihrer Schwesterlegion, *I Minervia*, und zeigen, dass sie zusammen an Bauprojekten in Bonna (Kastell der *I Minervia*) und den heutigen Niederlanden arbeiteten.

## Nachweise der Legion außerhalb Germaniens

Erst für die Regierungszeit des Antoninus Pius (138–61) gibt es Beweise, dass Soldaten der 30. Legion außerhalb Germaniens Dienst taten. Ein Legionärsgrabstein in Caesarea (Cherchell, Algerien; *CIL* 8, 21053) bezieht sich vermutlich auf einen Feldzug gegen die Mauren zur Zeit des Antoninus. Eine weitere Vexillation könnte 162 die *I Minervia* im Partherkrieg des Lucius Verus unterstützt haben, und wie ihre Schwesterlegion muss sie Vexillationen für den Markomannenkrieg (166–80) gestellt haben.

Während des Bürgerkriegs, der Septimius Severus die Alleinherrschaft brachte, unterstützte die *XXX* Severus und kämpfte mit ihm 196/97 n.Chr. gegen Clodius Albinus. Die *I Minervia* besetzte zu dieser Zeit Lugdunum (Lyon). Als Belohnung erhielt sie die Beinamen *Pia Fidelis* („pflichtbewusst, loyal"), den man auf severischen Münzen sehen kann und gelegentlich auf späteren Monumenten.

## Das 3. Jahrhundert n.Chr.

Etwa zwischen 206 und 208 schloss sich eine Vexillation der Legion der Armee des Julius Castinus an, die Unruhen in Gallien und Spanien unterdrückte (*CIL* 3, 10471–73). Der Grabstein eines Legionärs in Ancyra unterstützt die These, dass die Legion 235 am Persischen Krieg des Severus Alexander teilnahm (*CIL* 3, 6764).

Nur wenige Jahre später, 240 n.Chr., wurde die Rheingrenze von den Franken überrannt. Man konnte sie schließlich wieder zurückdrängen, aber 16 Jahre später fielen die Franken wieder in Gallien ein. Sie wurden von Gallienus vertrieben, vermutlich mit Hilfe der „Armee der Germania inferior", da von Gallienus geprägte Münzen als Beinamen der Legionen *VI Pia Fidelis* und *VII Pia Fidelis* aufführen. 260 gab es wieder eine Invasion der Franken, und dieses Mal war es am Statthalter der Germania inferior, Postumus, sie zurückzuschlagen. Die *XXX Ulpia Victrix* und *I Minervia* unterstützten ihn, als er sich danach selbst zum Kaiser eines abtrünnigen gallischen Reichs erklärte. Dieses „Gallische Sonderreich" existierte bis 274, als Aurelian Gallien für Rom zurückeroberte. Dies führte zu einer weiteren fränkischen Invasion. Erst um 300 war Constantius Chlorus in der Lage, den Frieden in der Region wiederherzustellen.

Viel mehr weiß man nicht von der Legion. Zuletzt taucht sie auf Münzen auf, die von Carausius im späten 3. Jh. n.Chr. geprägt wurden. Sie blieb wahrscheinlich bis zum Zusammenbruch der Rheingrenze 407 in Vetera. Eine 30. Legion taucht in Ammianus Marcellinus' Bericht über die Belagerung von Amida in Mesopotamien (Mitte 4. Jh.) auf. Wahrscheinlich bezieht er sich auf eine Vexillation der Legion, die vor dem Verlust der Germania inferior Teil des mobilen Feldheers (*comitatus*) wurde.

Mitglieder der Gruppe „*XXX Ulpia Victrix*" in ihrem Sommerlager in Tillsonberg, Süd-Ontario, Kanada.

# Andere Legionen an der Rheingrenze

## VIII Augusta

Die *VIII Augusta* ging aus einer Legion Caesars mit dieser Nummer hervor; ihr Emblem war der Stier, das Sternzeichen der Venus, die mythische Gründerin der Familie der Julier. Als Gegenleistung für ihre Dienste während der Bürgerkriege 58–46 v. Chr. erhielten Veteranen der Legion vermutlich Land bei Casilinum in Kampanien (Appian, *civ.* 3,40; Cicero, *Phil.* 2,102).

Nach Caesars Ermordung 44 v. Chr. wurden diese Veteranen von Octavian wieder einberufen, um seine Position gegen Marcus Antonius zu festigen. 43 v. Chr. kämpfte die *VIII* bei Mutina (Modena) gegen Marcus Antonius. Eine Inschrift aus Teano (Süditalien) gibt der Legion den Beinamen *Mutinensis* („aus Mutina", *CIL* 10, 4786). Vielleicht wurde Veteranen nach Philippi 42 v. Chr., einer Schlacht, an der die Legion sicherlich teilnahm, dort Land zugeteilt. Die Legion nahm wohl auch an Octavians Belagerung von Perusia 41 v. Chr. teil – ein paar Schleudergeschosse tragen dort die Ziffer VIII.

### Die augusteische Zeit

Es gibt keine konkreten Beweise dafür, dass die Legion in der Schlacht von Actium 31 v. Chr. kämpfte, aber es ist wahrscheinlich. Münzen mit ihrer Nummer und Inschriften von Veteranen zeigen, dass die *VIII Augusta* an Agrippas Koloniegründung in Berytus (Beirut) teilnahm, vermutlich 15–14 v. Chr. Eine Inschrift dort (*CIL* 3, 14165) erwähnt den alten Beinamen *Gallica*.

Wann die Legion nach Illyricum versetzt wurde, ist unklar, aber spätestens 6 n. Chr. ging sie nach Pannonien oder Noricum. Der Beiname *Augusta* ist zuerst in Noricum bezeugt, auf dem Grabmal eines Veteranen in Virunum (*ILS* 2466).

Wahrscheinlich war die *VIII Augusta* Teil der Armee, die Tiberius 6 n. Chr. in Carnuntum für den Feldzug gegen Markomannenkönig Marbod versammelte. Der Feldzug wurde abgesagt, als der Pannonische Aufstand ausbrach, und die *VIII Augusta* kämpfte in den folgenden drei Jahren gegen aufständische pannonische Stämme. Nach dem Aufstand blieb sie in Pannonien, in Poetovio (Ptuj) teilte sie sich ein Lager mit der *XV Apollinaris* und *IX Hispana*. Tacitus (*ann.* 1,23) schreibt, dass die *VIII* eine der Legionen war, die nach dem Tod des Augustus 14 n. Chr. meuterten (s. S. 78).

| | *VIII Augusta* |
|---|---|
| **Beinamen** | *Gallica; Mutinensis; Augusta; Bis Augusta; Pia Fidelis Constans Commoda* |
| **Emblem** | Stier |
| **Basis** | Argentoratum (Straßburg) |
| **Wichtige Feldzüge** | Caesars Gallischer Krieg und Bürgerkrieg (58–46 v. Chr.); Mutina (43 v. Chr.); Philippi (42 v. Chr.); Perusia (41 v. Chr.); Actium (31 v. Chr.)? Pannonischer Aufstand (6–9 n. Chr.), Britannien (43 n. Chr.)? Vindex-Aufstand (68 n. Chr.); Bürgerkrieg (69 n. Chr.); Marcus Aurelius' Markomannenkriege (166–80); Severus' Bürgerkrieg gegen Clodius Albinus (196–97); Caracallas Krieg gegen die Alamannen (213); Severus Alexanders Perserkrieg (Vexillation [?], 233); Severus Alexanders Germanenkrieg (235); Feldzüge Ende 3./Anfang 4. Jh. gegen die Alamannen und andere Germanenstämme |

### Moesien und darüber hinaus

Was in den folgenden Jahrzehnten mit der *VIII Augusta* geschah, ist unklar. Aulus Plautius, der die Invasion auf Britannien 43 n. Chr. anführte, war Statthalter der Pannonia, und er könnte eine Vexillation der Legion mitgenommen haben. Aber sicher ist das nicht. Etwa zur gleichen Zeit schickte Claudius die Legion nach Moesien. Inschriften des 1. Jh. n. Chr. in Novae (Svištov, Bulgarien) nennen Soldaten der *VIII Augusta* und legen nahe, dass sie dort ein Legionslager errichteten. In Moesien könnte die Einheit an den Krimfeldzügen des Plautius Silvanus teilgenommen haben, vielleicht erhielt sie dort den Beinamen *Bis Augusta* („zweimal augusteisch"). Dieser findet sich nur in einer Inschrift in Italien (*CIL* 11, 3004), nach Neros Tod verschwand er wohl wieder.

Während des Vierkaiserjahrs (69 n. Chr.; s. S. 59) schlug sich die *VIII Augusta* zunächst auf die Seite von Otho und marschierte mit den anderen Legionen Moesiens auf den Weg nach Italien. Sie verpassten die erste Schlacht von Bedriacum; nach Othos Niederlage traten sie den Legionen bei, die Vespasian gegen Vitellius unterstützten. Unter Marcus Antonius Primus (s. S. 109 und 133 f.) besiegten sie Vitellius in der zweiten Schlacht von Bedriacum und gingen nach Rom.

*Gegenüber*
Grabmal des Gaius Valerius Crispus, Soldat der *VIII Augusta*. Die in Wiesbaden gefundene Inschrift enthüllt, dass er aus Makedonien kam, 21 Jahre diente und mit 40 Jahren starb (*CIL* 13,7,574).

Tacitus (*hist.* 4,68) schreibt, 69/70 n. Chr. sei die *VIII Augusta* nach Gallien geschickt worden, um den Bataveraufstand niederzuschlagen, aber es gibt zu dieser Zeit auch archäologische Beweise für eine Präsenz der Legion in Burnum in Dalmatien.

## Die *VIII Augusta* in der Germania superior

Nach dem Bataveraufstand organisierte Vespasian die römischen Legionen neu. Die *VIII Augusta* wurde zusammen mit der *I Adiutrix*, *XI* und *XIV Gemina Claudia* in die Germania superior verlegt. Früher dachte man, dass sie von Anfang an in Argentoratum (Straßburg) stand. Allerdings hat man in Mirebeau-sur-Bèze (Burgund) in einem Kastell, das zu Beginn der 70er-Jahre n. Chr. errichtet wurde, Ziegelstempel der *VIII Augusta* gefunden. Wahrscheinlich saß die Legion zunächst hier, um die Lingonen zu kontrollieren, die eine wichtige Rolle beim Bataveraufstand gespielt hatten. Alles deutet auf einen langen Aufenthalt in Mirebeau hin, bis zum Beginn des Kriegs gegen die Chatten 83 n. Chr. oder bis zum Saturninus-Aufstand 89 n. Chr. Danach stand die Legion in Argentoratum (Straßburg), wo sie bis zum 5. Jh. n. Chr. blieb.

Es gibt Hinweise des späten 1. Jh. n. Chr. auf die Teilnahme von Soldaten der *VIII Augusta* an Bauprojekten in ganz Germanien. So zeigt ein in der Kinzig bei Offenburg gefundener Meilenstein (*CIL* 13, 9082), dass Legionäre unter Cornelius Clemens eine Straße durch den Schwarzwald bauten, von Augusta Vindelicorum (Augsburg) nach Moguntiacum (Mainz). Einige Soldaten wurden zu militärischen Außenposten entlang des Rheins geschickt. *Beneficiarii* im Sondereinsatz weihten Altäre in Osterburken (*AE* 1985, 686, 690, 692, 695) und Obernburg (*AE* 1957, 48) sowie eine Säule und einen Altar für Jupiter in Heidelberg (*CIL* 13, 6397). Außerdem fand man in Vindonissa den Schildbuckel eines Legionärs.

Wir wissen wenig über die Legion im 2. Jh. Kaiser Hadrian schickte eine Vexillation zum Hadrianswall in Britannien, und die Legion muss an den Markomannenkriegen von Marcus Aurelius beteiligt gewesen sein. In den 180er-Jahren erhielt sie die Beinamen *Pia Fidelis Constans Commoda*. Dieser neue Titel bezieht sich eventuell auf die Unterdrückung einer Gruppe von Deserteuren, die von Maternus angeführt um 186 die Region terrorisierten (Herodian 1,10). Nach Commodus' Tod 192 verschwand das *Commoda* wieder.

Für das 3. Jh. n. Chr. wissen wir mehr. Caracalla setzte die Truppe 213 gegen die Alamannen ein, und 20 Jahre später zog eine Vexillation mit Severus Alexander gegen die Sassaniden. Als die Rheingrenze entblößt war, griffen die Alamannen das römische Territorium an, sodass Severus Alexander aus dem Osten zurückkehren musste. Die

*VIII Augusta* gehörte zur kaiserlichen Armee, die den Rhein überquerte, um die Eindringlinge zu bekämpfen, und anschließend zu Maximinus überlief (235; Herodian 6,7–9). Im 3. und 4. Jh. gab es erneut Konflikte mit den Alamannen, und nach der Aufgabe der Agri decumates (des Gebiets zwischen Rhein und Donau) im Jahr 260 blieb die *VIII Augusta* zur Sicherung der Rheingrenze in Argentoratum. Ihre Rolle im Kampf zwischen Gallienus und Postumus ist unklar. Sie wurde von Gallienus mit dem Titel *V Pia V Fidelis* geehrt („fünfmal pflichtbewusst und loyal“ – dieser Ehrentitel erscheint auch im Zusammenhang mit der *VI* und *VII* und findet sich auf Münzen), obgleich Postumus die Germania superior kontrollierte.

Die Legion war im 4. Jh. immer noch in Argentoratum stationiert, eine Vexillation befand sich mit Soldaten der *II Italica* in Divitia (Köln-Deutz) in der Germania inferior. Eine Inschrift (*AE* 2002, 1051) aus Etzgen (Schweiz) von 371 beweist, dass die Legion zu dieser Zeit immer noch in der Germania superior stationiert war, und die *VIII Augusta* könnte auch gegen die alamannische Invasion gekämpft haben, was seinen Höhepunkt in

*Oben*
Modell des Legionlager der *VIII Augusta* im Archäologischen Museum von Straßburg.

*Unten*
Eine Inschrift (*links*), die den Beginn von Bautätigkeiten durch die 8. Legion in Zugmantel (nördlich von Wiesbaden) nennt und eine Kachel (*rechts*), gestempelt mit „*Leg VIII*“, beides heute im Saalburg-Museum.

Kaiser Julians Sieg bei Straßburg 357 fand. Dennoch erscheint sie in keiner erkennbaren Form in der *Notitia dignitatum* (s. Teil III), was darauf hindeutet, dass sie im Zuge der Ereignisse des späten 4. und frühen 5. Jh. n. Chr. verschwand.

Aureus (Goldmünze), geprägt während der Regierungszeit des Septimius Severus, mit einem Adler zwischen zwei Standarten und der Beschriftung *LEG VIII AUG*. Die Legion unterstützte Severus in seinem Bürgerkrieg gegen Clodius Albinus (196/97 n. Chr.), und ein Teil von ihr wurde nach Lugdunum (Lyon) geschickt, der größten Stadt Galliens, als die städtische Kohorte dort sich auf Albinus' Seite schlug.

Schildbuckel des Junius Dubitatus, eines Soldaten der *VIII Augusta* am Hadrianswall (Anfang 2. Jh. n. Chr.), 1867 im Tyne gefunden (London, Britisches Museum). Er zeigt die vier Jahreszeiten, militärische Standarten, den Gott Mars und einen Stier (das Legionsemblem) und trägt die Inschriften *Iul Magni Iuni Dubitati* (der Besitzer und seine Zugehörigkeit zur Zenturie des Julius Magnus) und *Leg VIII Aug*.

## *XXII Primigenia*

Die *XXII Primigenia* existierte spätestens 43 n. Chr. In dieser Zeit ist sie inschriftlich mit der *IIII Macedonica* für Moguntiacum (Mainz) belegt. Vielleicht war sie eine der zwei Legionen (neben der *XV Primigenia*), die 39 Caligula für eine geplante Britannieninvasion aushob, oder (weniger wahrscheinlich) 42 Claudius, um für die Invasionsarmee vorgesehene Legionen zu ersetzen. Vor 69 n. Chr. wissen wir wenig über die Einheit.

### Unruhige Jahre am Rhein

Einer der Thronanwärter im Vierkaiserjahr 69 n. Chr. war Vitellius, Befehlshaber der Armeen der Germania inferior. Natürlich unterstützten ihn „seine" Legionen, und Tacitus (*hist.* 2,100) berichtet, eine Vexillation der *XXII Primigenia* habe in der zweiten Schlacht von Bedriacum (Oktober 69) gekämpft. Die Rheinlegionen wurden von Vespasians Armee besiegt.

Während des Bürgerkriegs brach der Bataveraufstand aus (s. S. 65 f.), und die *V Alaudae* und *XV Primigenia* wurden in Vetera (Xanten) belagert. Die *XXII Primigenia* sollte unter Gaius Dillius Vocula zusammen mit der *IIII Macedonica* Vetera befreien, doch sie blieb in Moguntiacum, um es zu bewachen, und griff die Rebellen nicht an. Im Herbst 70 n. Chr. erreichte Petillius Cerialis Moguntiacum mit einer riesigen Armee und zog weiter, um die Bataver und ihre Verbündeten zu vernichten.

Innerhalb eines Jahres zog die 22. Legion in ein neues Kastell in Vetera um (Vetera II – das alte wurde während des Aufstands zerstört). Von dort eilte sie 89 n. Chr. mit dem Rest der Armee der Germania inferior (*I Minervia*, *VI Victrix*, *X Gemina*) nach Süden gegen Lucius Antonius Satur-

### *XXII Primigenia*

| | |
|---|---|
| **Beinamen** | *Primigenia; Pia Fidelis Domitiana; Antoniana; Alexandriana; Pia VI Fidelis VI* |
| **Embleme** | Steinbock; Herkules |
| **Basis** | Moguntiacum (Mainz) |
| **Wichtige Feldzüge** | Bürgerkrieg (69 n. Chr.); Bataveraufstand (69–70 n. Chr.); Saturninus-Aufstand (89 n. Chr.); Trajans Partherkrieg (Vexillation, 115–17); Lucius Verus' Partherkrieg (Vexillation [?], 161–66); Marcus Aurelius' Markomannenkriege (Vexillation [?], 166–80); Septimius Severus' Bürgerkriege gegen Clodius Albinus (196); Septimius Severus' zweiter Partherkrieg (Vexillation, 197); Caracallas Krieg gegen die Alamannen (213); Severus Alexanders Perser- und Germanenkriege (Vexillation, 233; 235); Philippus Arabs' Dakerkrieg (246); Gallienus' Gotenkrieg (Vexillation, 267–69)? |

Überreste des Aquädukts bei Moguntiacum. Das Lager gegenüber der Mündung des Mains in den Rhein wurde während der Regierungszeit des Augustus eingerichtet und wurde schließlich zum permanenten Stützpunkt der *XXII Primigenia*.

ninus, den rebellischen Statthalter der Germania superior. In Anerkennung ihres schnellen Handelns erhielten alle vier Legionen den Beinamen *Pia Fidelis Domitiana* („pflichtbewusst, loyal, domitianisch"). Nach der Ermordung des Kaisers 192 verschwand das *Domitiana* wieder.

### Moguntiacum und Bonna

Im Jahr 97 n. Chr. war die *XXII Primigenia* nach Moguntiacum zurückgekehrt, wo sie die folgenden zwei Jahrhunderte blieb. Vexillationen dienten jedoch häufig anderswo. Inschriften zeigen eine Einheit in Bonna (Bonn), als die dort ansässige *I Minervia* an die untere Donau geschickt wurde, um an Trajans Dakerkriegen (101–6) teilzunehmen. In Bonna errichteten Spezialisten der *XXII* einen Altar für Nemesis und Diana (*AE* 1960, 160). Eine Vexillation scheint auch an Trajans Partherkrieg teilgenommen zu haben, denn ihr *primus pilus*, Marcus Julius Maximus, erhielt *dona militaria* für seinen Dienst in Armenien und Parthien (*AE* 1962, 311).

### Dienst anderswo im Reich

Inschriften zeigen, dass Legionäre der *XXII Primigenia* in Britannien am Bau des Hadrianswalls (119, unter Titus Pontius Sabinus) und des Antoninuswalls (139–42) mitwirkten, und es gibt Hinweise, dass die Legion auch am Bau neuer Kastelle am Ostufer des Rheins beteiligt war.

Vexillationen dienten auch anderswo, offenbar im Kampf gegen die Parther zur Zeit des Lucius Verus (161–66) und gegen die Markomannen zur Zeit des Marcus Aurelius (166–80). 170/71 unterstand die Legion dem späteren Kaiser Didius Julianus (*hist. Aug.; Didius Julianus* 1,6).

Die *XXII Primigenia* verteidigte Augusta Treverorum (Trier), als es 196 von Severus' Rivalen Clodius Albinus angegriffen wurde. Hier unterstand sie Claudius Gallus, der in Severus' zweitem Partherkrieg eine gemischte Vexillation der vier rheinischen Legionen befehligte.

Wahrscheinlich kämpfte sie 213 auf Caracallas Germanenfeldzug. Sicherlich war sie an den Vorbereitungen beteiligt. Sie half, die Rheinbrücke bei Mainz wieder aufzubauen. Während des Feldzugs verdiente sie sich vermutlich den Beinamen *Antoniniana*. Inschriftenfragmente aus Piercebridge legen nahe, dass Soldaten der Legion während Caracallas Regierung auch in Britannien dienten.

Eine Vexillation kämpfte 233 mit Severus Alexander gegen die Sassaniden, wobei die Legion den Titel *Alexandriana* erhielt (nach dem Kaiser). Während der Kaiser mit den Persern beschäftigt war, griffen die Alamannen an; Alexander kehrte in den Westen zurück und setzte über den Rhein, um gegen sie vorzugehen, bis seine Armee zu Maximinus überlief. Die *XXII Primigenia* muss eine der beteiligten Legionen gewesen sein. Eine Inschrift in Romula (Resca, Rumänien; *AE* 1945, 77) nennt als ihren Titel *Primigenia Pia Fidelis Philippiana*, was zeigt, dass die Legion sich an Philippus Arabs' Dakerkrieg (246) beteiligte.

Während weiterer germanischer Invasionen 260 wurde Postumus, Statthalter von Germanien, von seinen Truppen zum Kaiser ausgerufen und verkündete das unabhängige Gallische Sonderreich. Die 22. Legion unterstützte Kaiser Gallienus gegen Postumus. Eine Vexillation könnte an Gallienus' Feldzug gegen die Goten teilgenommen haben, wie eine Inschrift (*CIL* 3, 14207) in Perinthus am nördlichen Ufer des Marmarameers zeigt. Wie andere Gallienus treuen Legionen erhielt die *XXII Primigenia* Titel wie *Pia VI Fidelis VI* und *Pia VII Fidelis VII* („sechsmal/siebenmal pflichtbewusst und loyal").

Nach Gallienus' Tod wurde Moguntiacum kurzzeitig ein unabhängiger Stadtstaat unter der Leitung von Laelianus, von dem man annimmt, er könnte Kommandant der *XXII Primigenia* gewesen sein (*hist. Aug.; Die dreißig Prätendenten* 5). Nach zwei Monaten wurde die Stadt von Postumus genommen und seinem gallischen Reich einverleibt, das wiederum 274 von Kaiser Aurelian erobert wurde. Die Legion jedoch überlebte. Sie bestand noch zu Beginn des 4. Jh., verschwindet aber nach Konstantin (306–37) aus unseren Quellen.

Dolch (*pugio*) aus dem 1. Jh. n. Chr., gefunden im Rhein bei Mainz. Die Scheide trägt Intarsien aus Silber, Messing und Emaille. Mainz, Landesmuseum.

Ziegelstempel *LEG XXII PR* (Saalburg-Museum). Das Kastell war von einer Auxiliarkohorte besetzt, unterstand aber vermutlich dem Kommando der *XXII Primigenia* im Kastell bei Moguntiacum.

## *V Alaudae*

Die *V Alaudae* wurde ca. 52 v. Chr. von Julius Caesar aus gallischen Rekruten ausgehoben (s. S. 24), ihr Beiname „die Lerchen" könnte auf einen besonderen Helmschmuck hindeuten. Nach dem Gallischen Krieg kämpfte sie im Bürgerkrieg bis zur Schlacht von Munda (45 v. Chr.) und erhielt ihr Elefantenemblem nach der Schlacht gegen Kriegselefanten in Thapsus (46 v. Chr.). Sie diente unter Marcus Antonius, bis sie nach Actium Teil der kaiserlichen Armee wurde.

### Die augusteische Zeit

Münzen mit dem Namen der Legion zeigen, dass die *V Alaudae* 27–19 v. Chr. mit Augustus in Kantabrien war (s. S. 107 f.); ihre Veteranen erhielten 25 v. Chr. Land in Colonia Augusta Emerita (Mérida). Es gibt auch Hinweise auf Veteranen in Hispalis und Corduba. Die Einheit war mit der *X Gemina* in Hispania ulterior stationiert.

17 v. Chr. wurde die *V Alaudae* nach Gallien geschickt, wo sie eine herbe Niederlage erlitt. Cassius Dio (54,20) und Velleius Paterculus (2,97) be-

*V Alaudae*

| | |
|---|---|
| **Beinamen** | *Alaudae; Gallica* |
| **Emblem** | Elefant |
| **Basis** | Vetera (Xanten) |
| **Wichtige Feldzüge** | Caesars Gallischer Krieg und Bürgerkrieg (52–45 v. Chr.); Mutina (43 v. Chr.); Philippi (42 v. Chr.); Actium (31 v. Chr.)? Spanien (ab 30 v. Chr.); Gallien (17 v. Chr.); Rheingrenze (9 n. Chr.); Friesenaufstand (28 n. Chr.); Bürgerkrieg (69 n. Chr.); Domitians Daker- und/oder Sarmatenkriege (85–86, 92 n. Chr.)? Trajans Dakerkriege (101–6)? |

Denar, geprägt nach Caesars Sieg in Thapsus. Er zeigt Symbole von Caesars Stellung als Pontifex Maximus und einen Elefanten, der eine Schlange niedertrampelt. Der Elefant wurde zum Emblem der *V Alaudae*.

## Die Meutereien von 14 n. Chr.

Im Jahr 14 n. Chr. meuterten Legionen in Pannonien und der Germania inferior aufgrund des Todes von Augustus und der schlechten Dienstbedingungen (Tacitus, ann. 1,31–49). Die Meuterei in Germanien begann mit der 5. und 21. Legion und griff bald auf die 1. und 20. über, die zusammen stationiert waren. Tacitus beschreibt die Meuterei als disziplinierten Wutausbruch – es gab kein Chaos und keine Unordnung. Die Soldaten verprügelten ihre Zenturionen und warfen sie über die Lagermauern oder in den Rhein.

Der Kommandant der germanischen Legionen war Germanicus, Neffe des neuen Kaisers Tiberius. Er kam schnell aus Gallien herüber, um sich den meuternden Legionen zu widmen. Sie warteten auf ihn außerhalb des Kastells und äußerten lautstark ihre Unzufriedenheit. Germanicus schickte alle, die über 20 Jahre gedient hatten, in den Ruhestand, hielt aber ihre Abfindungszahlungen zurück, bis die Soldaten ins Winterquartier gezogen waren. Die 1. und 20. Legion wurden weggeführt, die 5. und 21. weigerten sich und wollten zuerst ihr Geld.

Nach einigen Rückschlägen waren am Ende alle meuternden Soldaten zufrieden – mit Ausnahme der 5. und 21. Legion. Germanicus versammelte ein Heer, um gegen sie zu ziehen, doch als dies bekannt wurde, gelang es loyalen Soldaten innerhalb der meuternden Legionen, die Anführer abzusetzen.

Tacitus beschreibt, wie die Kameraden gegeneinander kämpften, ohne Offiziere. Schließlich wurde die Meuterei niedergeschlagen und Germanicus zog siegreich ins Lager ein.

Anschließend durften die aufrührerischen Legionen ihre Ehre wiederherstellen – durch Feldzüge gegen germanische Stämme, die gehofft hatten, aus dem Aufstand der Legionäre Nutzen ziehen zu können.

Das so genannte „Schwert des Tiberius", in Mainz gefunden, datiert in das Jahr 15 n. Chr. und zeigt Tiberius, der Kaiser Augustus eine Statuette der Victoria präsentiert. Neben Augustus sieht man Victoria und Mars Ultor.

schreiben, wie die Römer von Sugambrern und anderen Germanen besiegt wurden und die *V Alaudae* ihren Adler verlor. Augustus reiste persönlich nach Gallien; die Germanen zogen sich zurück und zeigten sich verhandlungsbereit.

6 n. Chr. sollte die *V Alaudae* am Feldzug gegen die Markomannen teilnehmen, der aufgrund des Pannonischen Aufstands ausfiel. 9 n. Chr., zum Zeitpunkt der Varusschlacht, wurde die Legion von Varus' Neffen, Lucius Asprenas, befehligt. Er marschierte nach Norden, um die Garnison zu retten, die Varus in Aliso gelassen hatte, und marschierte am Rhein auf, um die Furten zu verteidigen und auf Unruhen in Gallien reagieren zu können.

**Das 1. Jahrhundert n. Chr.**

14 n. Chr. stand die *V Alaudae* mit der *XXI Rapax* in Vetera in der Germania inferior und meuterte, als sie vom Tod des Augustus erfuhr (s. Kasten gegenüber). 28 n. Chr. rebellierten die Friesen. In einer Schlacht des folgenden Feldzugs gerieten die Auxiliartruppen der römischen Armee in Schwierigkeiten und mussten im entscheidenden Moment durch Legionäre entlastet werden; die *V Alaudae* kämpfte mit besonderem Eifer. Tacitus (*ann.* 4,73) spricht von der wichtigen Rolle des Legaten der 5. Legion, Cethegus Labeo, in dieser Schlacht.

Unter Claudius war die Legion immer noch in der Germania inferior stationiert. Vielleicht schickte sie 43 n. Chr. eine Vexillation nach Britannien: Einer ihrer Tribune wurde von Claudius ausgezeichnet, aber es ist unklar, ob für den Dienst in Britannien oder Germanien (*ILS* 974). Es gibt noch weitere Hinweise auf Mitglieder der Legion Mitte des 1. Jh. n. Chr. – so eine Inschrift aus Tarraco in Spanien, die Aemilius Fraternus nennt, einen Tribun, der dort unter Nero eine Volkszählung durchführte (*CIL* 2, 4188).

Als Galba 68 n. Chr. Kaiser wurde, zögerten die *V* und die anderen Legionen Germaniens, ihm die Treue zu schwören, und steinigten sogar Bilder des neuen Kaisers (Tacitus, *hist.* 1,55). Sie schlossen sich schnell Vitellius an, und ein Teil der

Grabmal des Lucius Poblicius, Veteran der *V Alaudae*, rekonstruiert im Römisch-Germanischen Museum, Köln (*AE* 1979, 412).

*V Alaudae* kämpfte zusammen mit anderen Legionen Germaniens mit Vitellius in der ersten Schlacht von Bedriacum gegen Otho; gemäß Tacitus schlug sie die 13. Legion in die Flucht. Aber auch nach dem Sieg gab es Ärger für die 5. Legion: Tacitus (*hist.* 2,68) berichtet, wie aus einem Ringkampf zwischen einem betrunkenen Legionär und gallischen Auxiliarsoldaten eine richtige Schlacht wurde, bei der zwei Kohorten untergingen.

Noch im selben Jahr war die *V Alaudae* Teil der Armee, die Vitellius zurück nach Cremona schickte, um den Vormarsch von Marcus Primus und seinem provespasianischen Heer auf Rom zu verhindern. Als er hörte, dass die Flotte in Ravenna zu Vespasian übergelaufen war, beschloss Kommandant Aulus Caecina Alienus die Seiten zu wechseln. Doch die Soldaten blieben Vitellius treu; sie warfen Caecina in Ketten und ersetzten ihn durch ihren Legaten Fabius Fabullus (Tacitus, *hist.* 3,14).

Als das Heer des Vitellius schließlich besiegt war, wurde die *V Alaudae* nach Illyricum versetzt, zusammen mit den anderen besiegten Legionen, um sie aus der Schusslinie zu nehmen, bis der Bürgerkrieg vorbei war.

Ein Teil der *V Alaudae* blieb am Rhein und wurde beim Bataveraufstand 69/70 n. Chr. vom Rebellenführer Julius Civilis (s. S. 66) vernichtet. Über das Schicksal der übrigen Soldaten nach 70 n. Chr. weiß man nichts.

Früher hat man angenommen, die Legion sei zusammen mit der *I Germanica* und *XV Primigenia* nach dem Bataveraufstand aufgelöst worden. Doch eventuell wurde sie auch auf den Balkan versetzt; ein in Adamklissi in Dakien gefundener Altar trägt die Namen von 3800 Legionären, und man vermutet, dass sie alle der *V Alaudae* angehörten und in den trajanischen Dakerkriegen den Tod fanden.

Erst kürzlich entdeckte man in Scupi (Skopje) eine Inschrift, die Gaius Julius Velox', eines Veteranen der Legion mit 35 Dienstjahren, gedenkt; sie scheint in die Zeit Domitians zu datieren (*IMS* 6, 41). Somit könnte die Legion während Domitians Dakerfeldzug ihr Ende an der Donau gefunden haben, ca. 85/86 n. Chr., oder 92 während des Kriegs gegen die Sarmaten, in dem eine unbekannte Legion und ihr General massakriert wurden.

### *XXI Rapax*

| | |
|---|---|
| **Beiname** | *Rapax* |
| **Emblem** | Steinbock |
| **Basis** | Moguntiacum (Mainz) |
| **Wichtige Feldzüge** | Pannonischer Aufstand (6–9 n. Chr.); Germanicus' Krieg gegen die Chatten (9–14 n. Chr.); gegen die Turonen (21 n. Chr.); Bürgerkrieg (69 n. Chr.); Bataveraufstand (69–70 n. Chr.); Domitians Krieg gegen die Chatten (83 n. Chr.); Domitians Krieg gegen die Sarmaten (92 n. Chr.) |

## *XXI Rapax*

Die Frühgeschichte der *XXI Rapax* („räuberisch") ist unklar. Emil Ritterling glaubte, sie sei von Augustus zur Eroberung der Alpen aufgestellt worden, aber eventuell stammt sie aus der Triumviratszeit. Augustus könnte die Legion für seine Feldzüge im spanischen Kantabrien verwendet haben, aber es gibt keine sicheren Beweise. Stationiert war sie in der neu annektierten Provinz Raetia, vielleicht in Castra Regina (Regensburg), und 6 n. Chr. sollte sie an Tiberius' später aufgegebenem Krieg gegen Marbods Markomannen teilnehmen. Stattdessen muss sie an der Unterdrückung des Pannonischen Aufstands 6–9 n. Chr. beteiligt gewesen sein.

**Umzug nach Germanien**

Nach der Varusschlacht 9 n. Chr. wurde die Legion in die Germania inferior geschickt, wo sie sich mit

### Der Saturninus-Aufstand, 1. Januar 89 n. Chr.

Viel wissen wir nicht über diesen Aufstand; beteiligt waren die zwei in Moguntiacum (Mainz) stationierten Legionen *XIV Gemina* und *XXI Rapax*.

Sueton (*Dom.* 6,2) berichtet, dass „ein von Lucius Antonius, dem Statthalter der Germania superior, provozierter Bürgerkrieg in Abwesenheit des Kaisers beendet wurde, dank wundersamem Glück. Denn während der Schlacht taute der Rhein und verhinderte, dass eine Barbarenarmee übersetzte, um sich Antonius anzuschließen." Der Grund für Lucius Antonius Saturninus' Aufstand in seinem Lager in Moguntiacum ist unbekannt, und es gibt keine Beweise für Unterstützung durch Barbaren. Er wurde schnell durch die Legionen der Germania inferior unter ihrem Statthalter Lappius Maximus beendet. Domitian nutzte den Aufstand als Vorwand, um viele seiner Feinde hinzurichten.

der *V Alaudae* das Lager Vetera teilte und an Germanicus' Feldzügen gegen die Chatten teilnahm. Nach Augustus' Tod 14 n. Chr. war sie eine der Legionen, die aufgrund der schlechten Dienstbedingungen meuterten, und ergab sich am Ende Germanicus (s. S. 78).

Die Legion blieb bis ca. 43 n. Chr. in Vetera, aber eine gemischte Vexillation der *XXI Rapax*, *I Germanica* und *XX Valeria Victrix* wurde 21 n. Chr. nach Gallien geschickt, um einen Aufstand der Turonen niederzuschlagen (*CIL* 14, 3602). Die Legion scheint zudem an Caligulas germanischem Krieg teilgenommen zu haben.

Bei der Neuordnung der germanischen Legionen im Vorfeld von Claudius' Invasion in Britannien 43 n. Chr. wurde die *XXI Rapax* in die Germania superior versetzt, wo sie eventuell kurz in Argentoratum (Straßburg) stand, was durch Ziegelstempel belegt ist. Dann übernahm sie Vindonissa (Windisch) von der *XIII Gemina*.

Vielleicht war auch nur eine Vexillation in Argentoratum stationiert, während sich die Legion selbst in Vindonissa befand. Ab 47 n. Chr. war die Legion sicher in Vindonissa, wo sie für den Ausbau des Lagers in Stein verantwortlich war. Ein paar Inschriften, die in und um Vindonissa gefunden wurden, belegen dies.

Im Vierkaiserjahr schlug sich die *XXI Rapax* auf die Seite des Statthalters der Germania inferior, Vitellius. Mit ihm und anderen Legionen der Provinz marschierte sie nach Italien und siegte gegen Otho in der ersten Schlacht von Bedriacum, dann marschierte sie nach Rom. Noch vor Jahresende wurde die Armee jedoch in der zweiten Schlacht von Bedriacum von den Donaulegionen besiegt (s. S. 134 f.). Nach dieser Niederlage wurden alle besiegten Legionen, die Vitellius unterstützt hatten, nach Illyricum versetzt, kehrten aber schnell nach Germanien zurück, um den Bataveraufstand (69/70 n. Chr.) und den Aufstand in Augusta Treverorum (Trier) niederzuschlagen; außerdem war die *XXI Rapax* Teil der siegreichen Armee in Vetera.

Dann wurde sie nach Bonna (Bonn) in die Germania inferior geschickt, wo sie die *I Germanica* ersetzte und das Lager in Stein neu baute. 83 n. Chr. kam die Legion noch einmal zurück in die Germania superior, um an Domitians Krieg gegen die Chatten teilzunehmen. Ihre permanente Basis war wohl Moguntiacum (Mainz), aber man hat in kleineren Kastellen entlang der Grenze 81 Ziegelstempel mit dem Namen der Legion gefunden. 88 n. Chr. war die *XXI Rapax* auf jeden Fall in Moguntiacum, wo sie zusammen mit der *XIV Gemina* den aufständischen Statthalter Lucius Antonius Saturninus unterstützte.

Manche Forscher meinen, dass die *XXI Rapax* nach dem Aufstand des Saturninus nach Pannonien geschickt wurde, wo 92 n. Chr., so Sueton (Dom. 6), eine Legion von den Sarmaten vernichtet wurde, die oft als die *XXI* identifiziert worden ist. In letzter Zeit jedoch nimmt man eher an, dass die Legion nach dem Aufstand aufgelöst wurde.

Grabstein von Quintus Marcius Balbus und seinem Sohn Celer, Legionäre der *XXI Rapax* (*CIL* 13, 6951a). Beide starben, während die Legion ihr Lager in Moguntiacum hatte (Landesmuseum Mainz).

# Die Legionen des römischen Britannien

*II Augusta, VI Victrix, IX Hispana, XX Valeria Victrix*

Zu Beginn der Kaiserzeit lag Britannien außerhalb des Römischen Reichs – doch nach der Eroberung 43 n. Chr. wurde es zu einem wichtigen Schwerpunkt. Zahlreiche archäologische und epigraphische Belege spiegeln den Einfluss der Legionen auf die Provinz wider. Sie führten Krieg, um das römische Gebiet zu erweitern, und schützten die Grenze gegen feindliche Stämme aus dem Norden.

Über die Zusammensetzung der Invasionsarmee des Claudius 43 n. Chr. ist wenig bekannt, aber 60 n. Chr. gab es in Britannien vier Legionen: *II Augusta*, *IX Hispana*, *XIV Ge-*

*mina* und *XX Valeria Victrix*. In den 60er-Jahren ersetzte die *II Adiutrix* die *XIV Gemina*. Zwanzig Jahre später wurde die *II Adiutrix* abgezogen, und am Ende der römischen Besatzungszeit gab es nur noch eine Legion in Britannien: die *VI Victrix*.

Die Anwesenheit von vier Legionen spiegelt die unsichere Situation auf der Insel während des 1. Jahrhunderts n. Chr. wider. Aus der Invasion wurde eine permanente römische Militärpräsenz, doch viele Britannier weigerten sich, die römische Herrschaft zu akzeptieren. Dies gipfelte im Boudicca-Aufstand von 60 n. Chr., in dem die 21. Legion eine Niederlage erlitt und von der *XIV Gemina* unterstützt werden musste.

Die Legionen setzten ihre Eroberungen im heutigen Wales und im Norden von Britannien fort, marschierten in Schottland ein und errichteten Garnisonen in den Highlands, um ihre Macht zu festigen. Doch schließlich musste sich das Militär an den Hadrianswall zurückziehen, der für den Rest der römischen Zeit die Grenze bleiben sollte.

Der Hadrianswall, errichtet in den 120er-Jahren n. Chr., verlief vom Fluss Tyne im Westen zum tief eingeschnittenen Solway im Osten quer durch die britische Insel. Die nördliche Grenze blieb das ganze 2. Jh. über ein Krisenherd und wurde durch Abteilungen dreier Legionen überwacht.

Britannien mit Legionslagern und im Text erwähnten Orten.

Jede Legion hatte einen permanenten Stützpunkt; einzelne Legionäre dienten im Stab des Provinzstatthalters in Londinium (London), versahen Dienst am Hadrianswall oder kämpfen im Schottlandfeldzug des Septimius Severus. Bis ins 4. Jahrhundert n. Chr. blieben die britannischen Legionen eine starke militärische Kraft und wurden von Usurpatoren wie Clodius Albinus, Carausius und Allectus gerufen, die die Kontrolle über das Reich erringen oder eigene abtrünnige Reiche einrichten wollten.

## *II Augusta*

Die *II Augusta* geht eventuell auf die 2. Legion Caesars zurück, die 48 v. Chr. ausgehoben wurde und 43 v. Chr. mit Marcus Antonius in Mutina kämpfte, oder auf die 2. Legion der Konsuln Hirtius und Pansa in derselben Schlacht. Sie könnte aber auch später von Octavian (Augustus) rekrutiert worden sein, worauf das Steinbockemblem (Augustus' Sternzeichen) und der Beiname *Augusta* hindeuten. *Augusta* könnte aber auch auf einen Sieg unter Augustus verweisen. Zuerst bezeugt ist sie in einer Inschrift aus Spanien vor 9 n. Chr. (*ILS* 6948). Octavian siedelte Veteranen in Arausio (Orange) an, und eine Inschrift erwähnt dort eine *II Gallica* („aus Gallien"), vermutlich vor 30 v. Chr.; Kolonisten einer *II Sabina* kennt man aus Venafrum (Venafro). Bei beiden könnte es sich um die *II Augusta* handeln.

### *II Augusta*

| | |
|---|---|
| **Beiname** | *Augusta* |
| **Embleme** | Steinbock; Pegasus |
| **Basis** | Isca Silurum (Caerleon, Wales) |
| **Wichtige Feldzüge** | Kantabrische Kriege (26–19 v. Chr.); Germanicus' Germanenfeldzüge (9 n. Chr.); Invasion und Befriedung von Britannien (43 n. Chr. und später); Schottlandfeldzüge des Septimius Severus (208–11) |

**Frühgeschichte im römischen Spanien**

Das Erste, was wir sicher wissen, ist, dass die Legion nach 26 v. Chr. Teil einer Armee von mindestens sieben Legionen war, die von Augustus gegen die spanischen Kantabrer geführt wurde (vielleicht daher der Titel *Augusta*). Sie blieb nach dem Krieg in Spanien, aber ihre späteren Bewegungen sind unklar. Ein Grabstein in Barcino (Barcelona),

## Die Eroberung Britanniens

Julius Caesars Britannieninvasion endete fast in einer Katastrophe, wurde aber dennoch in Rom als großer Triumph gefeiert. Im Sommer 55 v. Chr. setzte er mit zwei Legionen über. Nach harten Kämpfen einigte sich Caesar mit den britannischen Stämmen und zog sich zurück.

Im Jahr darauf nahm er fünf Legionen mit. Diesmal marschierte er ins Landesinnere bis zur Themse, aber angesichts starken Widerstands zog er sich erneut zurück. Eine weitere Invasion wurde von Augustus und Caligula geplant und schließlich von Claudius durchgeführt. Im Spätsommer 43 n. Chr. marschierten die Römer unter Aulus Plautius noch einmal in Britannien ein. Uns fehlen genaue Angaben über Größe und Zusammensetzung der Armee, aber immerhin sind ab 60 n. Chr. vier Legionen für Britannien bezeugt. Tacitus und Sueton nennen die *II Augusta*, vom späteren Kaiser Vespasian kommandiert.

Inschriften legen nahe, dass die 19. und 20. Legionen beteiligt waren, und es ist wahrscheinlich, dass auch die *XIV Gemina* dazugehörte, sodass mindestens vier Legionen dabei waren, entweder in voller Stärke oder als Vexillationen.

Antike Schriftsteller berichten, dass die Truppen äußerst ungern den Kanal überquerten – Britannien lag am Rand des Reichs, jenseits der zivilisierten Welt. Erst als Claudius seinen Freigelassenen Narcissus eine Ansprache an die Truppen halten ließ, schämten sie sich und folgten ihm. Nach rauer Überfahrt landeten sie, ohne auf Widerstand zu treffen. Sie drangen ins Gebiet der Catuvellaunen vor und überquerten die Themse.

Claudius nahm die bedingungslose Kapitulation der Stammesführer an und errichtete eine Militärbasis in Camulodunum (Colchester). Aulus Plautius war der erste Statthalter Britanniens. In den folgenden Jahren weiteten die Römer ihre Kontrolle aus, ihre Bewegungen kann man an den Lagern ablesen.

Die Tafel zeigt die *II Augusta* mit ihren Emblemen Steinbock und Pegasus beim Bauen in Condercum (Benwall) (*RIB* 1, 1341).

das unter Augustus *colonia* wurde, legt nahe, dass sich dort Veteranen der Legion niederließen. Andere müssen im mauretanischen Cartenna (Tenes, Algerien, damals Teil des römischen Spanien) gesiedelt haben, denn nach Plinius d. Ä. war dies eine Kolonie, die „durch die zweite Legion unter Augustus gegründet" wurde (*nat.* 5,20).

### Verlegung in die Germania superior

Die Niederlage des Varus in Germanien 9 n. Chr. (s. S. 54–59) hatte große Auswirkungen. Spaniens Garnison wurde auf drei Legionen reduziert, die *II Augusta* zog in die Germania superior. Zunächst war sie in der Nähe von Moguntiacum (Mainz) stationiert, was der Grabstein eines Gaius Julius belegt (*CIL* 13, 7234).

Tacitus sagt, die Legion sei an der Meuterei der Rheinlegionen nach Augustus' Tod 14 n. Chr. beteiligt gewesen. Im folgenden Jahr war sie Teil der Armee, die Germanicus gegen die Chatten und Cherusker führte. Dabei litt die *II Augusta* (mit der *XIV Gemina*) stark unter den Unwettern und Überschwemmungen, als sie entlang der Nordseeküste zurück ins römische Gebiet zog (Tacitus, *ann.* 1,70). Germanicus' Germanenfeldzüge endeten 16 n. Chr. Die 2. Legion wurde von Moguntiacum nach Argentoratum (Straßburg) verlegt, wo Grabsteine einiger ihrer Soldaten italischer Herkunft gefunden wurden: Babuleius Garrulus aus Mediolanum (Mailand) starb mit 45, nach 22 Jahren Dienst (*CIL* 13, 5976), Titus Julius aus Alba starb mit 35, nach 16 Dienstjahren (*CIL* 13, 5977) und Gaius Largennius aus Lucca mit 37, nach 18 Jahren Dienst (*CIL* 13, 5978).

21 n. Chr. unterdrückten die germanischen Legionen unter dem Statthalter der Germania superior, Gaius Silius, einen von Julius Sacrovir und Julius Florus angeführten Aufstand in Gallien. Die 2. Legion muss Teil der römischen Armee gewesen sein, und der Triumphbogen in Orange – verziert mit dem Steinbockemblem – könnte ihrer Rolle beim Sieg gedenken.

### Invasion Britanniens

Aus literarischen Zeugnissen wissen wir, dass der spätere Kaiser Vespasian ab 42 n. Chr. die *II Augusta* befehligte; er war also dabei, als sie 43 n. Chr. in Britannien einmarschierte. Eine Ehreninschrift aus Antiochia in Pisidien wirft ein Licht auf die Rolle, die die *II Augusta* bei der Invasion innehatte:

> Dem Publius Anicius Maximus, Sohn des Publius, vom Stamm Sergia, Präfekt des Gnaeus Domitius Ahenobarbus, *primus pilus* der *legio XII Fulminata*, Lagerpräfekt der *legio II Augusta* in Britannia, Präfekt der Armee in Ägypten, vom Kaiser für einen Feldzug geehrt; mit Mauerkrone und Ehrenlanze für den britannischen Krieg geehrt. Seine Heimatstadt ist Alexandria in Ägypten. Ihm zu Ehren (wurde dies errichtet).
>
> *CIL* 3, 6809

Ursprünglich wurde man mit diesem „Orden" für die Erstürmung einer Festung bzw. das Retten des Lebens eines Bürgers geehrt, aber zu dieser Zeit war es bereits eine allgemeine Auszeichnung für Tapferkeit.

Nachdem eine Reihe Stämme vor Claudius kapitulierte, führte Vespasian seine Legion nach Westen, entlang der Südküste von Britannien, um weiteren Widerstand zu unterdrücken. Zwischen 43 und 47 n. Chr. gab es über 30 Schlachten gegen britannische Stämme, mehr als 20 Städte wurden eingenommen, darunter die Isle of Wight. Vespasian und die *II Augusta* nahmen mit Sicherheit an den Schlachten in Maiden Castle und Hod Hill in Dorset, Ham Hill in Somerset und Hembury in Devon teil. Bis 47 n. Chr. wurde ein Großteil des südlichen Britannien unterworfen, und Vespasian verließ die *II Augusta*. Sie blieb in Britannien, zunächst wohl in Isca Dumnoniorum (Exeter), dann in Glevum (Gloucester), auch wenn es wenig Beweise dafür gibt.

Die Legion spielte keine Rolle beim Boudicca-Aufstand 60/61 n. Chr. (s. S. 97), obwohl sie vom Statthalter Suetonius Paulinus gerufen wurde. Ihr Lagerpräfekt Poenius Postumus brachte sich später um, weil er „seine Legion um ihren Anteil am Ruhm betrogen und seinem Kommandanten nicht gehorcht hatte, im Gegensatz zur militärischen Tradition" (Tacitus, *ann.* 14,37).

### Bürgerkrieg

Im Vierkaiserjahr 69 n. Chr. kämpfte eine Vexillation der *II Augusta* für Otho und dann für Vitellius gegen Vespasian in Bedriacum (s. S. 59). Tacitus schreibt, die britannischen Vexillationen hätten in der Mitte der Schlachtlinie gestanden, seien aber schlecht geführt worden, sodass sie schließlich unterlagen (*hist.* 3,22). Der Großteil der Garnison blieb in Britannien, und als klar wurde, dass Vitellius nicht siegen konnte, sprach sich die *II Augusta* für ihren ehemaligen Befehlshaber Vespasian aus. Tacitus behauptet, die 2. Legion habe die anderen britannischen Legionen überzeugt, dasselbe zu tun (*hist.* 3,44).

Wir kennen aus dieser Zeit einen senatorischen Offizier der *II Augusta*, den Militärtribun Lucius Antistius Rusticus (*AE* 1925, 126 = 1926, 78). Später erhielt er Auszeichnungen, die eigentlich Legionslegaten vorbehalten waren – er muss die Legion in Abwesenheit ihres ordentlichen Legaten befehligt haben. Rusticus wurde wohl dafür geehrt, dass er mithalf, die britannischen Legionen auf Vespasian einzuschwören. Das würde auch seine steile spätere Karriere erklären, als Konsul und 90 n. Chr. als Statthalter von Kappadokien.

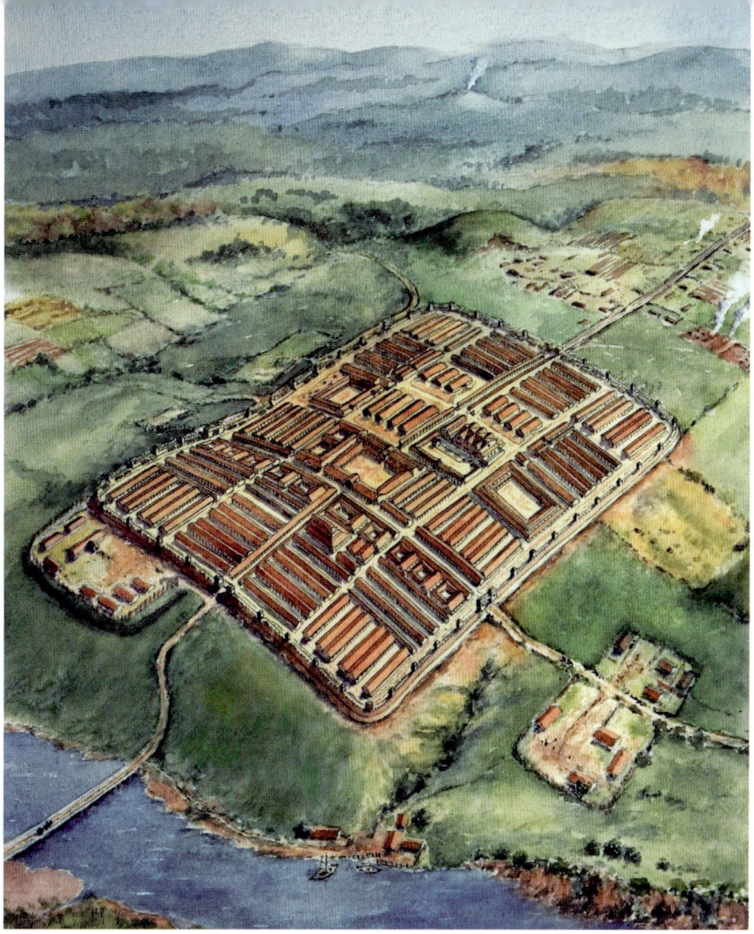

### Das Lager in Isca Silurum

Die Befriedung von Wales hatte nun Priorität, und Julius Frontinus, 74–78 n. Chr. Statthalter von Britannien, startete eine Reihe von Feldzügen gegen die Silurer. Ein neues Lager für die *II Augusta* wurde in Isca Silurum (Caerleon) errichtet, an der Mündung des Usk, wo sie gut auf dem Seeweg ver-

Spätere literarische Quellen wie die *Geographie* des Ptolemaios (2. Jh. n. Chr.) legen nahe, dass die *II Augusta* im Land der Dumnonier stationiert war. Ausgrabungen (*links*) bei Isca Dumnoniorum (Exeter) haben in der Tat die Reste eines Kastells ergeben, wenn auch vielleicht zu klein für eine ganze Legion (ca. 15 ha). Die ausgegrabenen Strukturen umfassen die *principia* (Hauptquartier) und ein Badehaus (*links*) aus der Zeit Neros. Ein gestempelter Dachziegel, ebenfalls aus der Zeit Neros, identifiziert die zweite Legion. Das Kastell wurde vermutlich Ende der 60er-Jahre n. Chr. aufgegeben. An seiner Stelle entstand der Hauptsitz der Dumnonier (*oben*).

## Ausgrabungen in Caerleon

Die offiziellen Untersuchungen in Caerleon begannen 1908, auf einem Stück Land, das ursprünglich für den Hausbau vorgesehen war und das das National Museum of Wales hatte aufkaufen können. 1926 begann man, das Amphitheater auszugraben und entdeckte dann in der Nähe mehrere Kasernen. Beides kann man noch heute zusammen mit Verteidigungsanlagen und den Thermen des Kastells besichtigen. In den letzten Jahren haben geophysikalische Untersuchungen eine nahezu vollständige Übersicht des Steinkastells ergeben, die ursprüngliche Holzkonstruktion liegt tief darunter.

Die Ausgrabungen förderten militärische Ausrüstung, Keramik, Glas, Münzen und Schmuck zutage. Zahlreiche Inschriften, Graffiti und Stempel lassen die jahrhundertelange Verbindung der *II Augusta* zu Isca Silurum und der Umgebung erkennen. Die früheste, eine Marmorplatte, stammt von 99/100 n.Chr.:

„Dem Imperator Caesar Nerva Trajan Augustus, Sohn des vergöttlichten Nerva, Sieger über die Germanen, Hohepriester, Inhaber tribunizischer Gewalt, Vater des Vaterlands, zum dritten Mal Konsul, (geweiht) von der *legio II Augusta*" (*RIB* 1, 330). Es gibt auch Hinweise auf Veteranensiedlungen nahe dem Kastell. Ein Grabstein (wohl 2./3. Jh.) wurde bei Great Bulmore gefunden, ein paar Meilen von Isca Silurum entfernt. Er hält fest, dass Julius Valens, ein Veteran, 100 Jahre alt wurde. Allerdings rundeten römische Grabinschriften das Alter oft auf oder übertrieben ein wenig.

Luftaufnahme von den Kasernen in Isca Silurum (Caerleon). Die gesamte Militärbasis umfasste ca. 20,5 ha und war ursprünglich aus Grassoden, Lehm und Holz erbaut, mit einem Graben und einem Schutzwall. Um 100 n.Chr., wurde der ursprüngliche Bau durch einen steinernen ersetzt.

sorgt werden konnte. Hier saß die Legion über 200 Jahre lang.

### Die *II Augusta* in Nordbritannien

Als die *II Augusta* in Isca Silurum stand, wurden Teile der Legion für verschiedene Aufgaben in der Provinz abkommandiert. 77–84 n. Chr. ging zumindest ein Teil mit dem neuen Statthalter Gnaeus Julius Agricola nach Norden und war bei seinem letzten Sieg am Mons Graupius dabei, griff den Feind aber nicht an. Der Kampf wurde durch die Auxiliartruppen gewonnen, und die Römer errichteten Garnisonen in den schottischen Highlands, um ihren Einfluss im Norden zu konsolidieren. Man hat Überreste von einigen Kastellen ausgegraben, z. B. in Cardean, Stracathro, Fendoch, Strageath, Dalginross und Bochastle.

### Das 2. Jahrhundert n. Chr.

Archäologische Funde aus dem 2. Jh. n. Chr. weisen auf große Truppenbewegung innerhalb Britanniens hin sowie auf die Bereitstellung von Vexillationen für den Kontinent. Während die drei britannischen Legionen dauerhaft in Isca Silurum, Eboracum (York) und Deva (Chester) stationiert waren, wurden viele Soldaten am nahen Hadrianswall eingesetzt (z. B. in Corbridge und Carlisle). Andere dienten in Londinium im Stab des Statthalters. In Krisenzeiten oder für Feldzüge wurden Legionen von außerhalb geschickt, um die britannischen Garnisonen zu unterstützen. Vexillationen der 22. und der 8. Legion kamen zur Zeit des Antoninus Pius aus der Germania superior und bauten das Kastell Blatobulgium („Birrens Fort“) im Südwesten Schottlands. Dafür dienten Vexillationen der britannischen Legionen eventuell vorübergehend in Germanien.

In den 160er-Jahren erreichte Rom die Nachricht von einem drohenden Krieg in Britannien. Kaiser Marcus Aurelius schickte einen neuen Statthalter, Sextus Calpurnius Agricola (*hist. Aug., Marcus Aurelius* 8,6–7). Später sandte Marcus Aurelius 5500 Reiter nach Britannien (Cassius Dio 72,16), aber erst für die Amtszeit des Statthalters Ulpius Marcellus (ca. 177) kennen wir einen expliziten Bericht über die dortigen Probleme:

> Der schwierigste seiner Kriege war der in Britannien. Denn als die Barbaren auf der Insel die Mauer überwunden hatten, die sie von den römischen Lagern trennte, und viel Schaden angerichtet und einen General mit seinen Truppen getötet hatten, wurde Commodus ängstlich und schickte Ulpius Marcellus dorthin.
>
> Cassius Dio 73,8

Der Statthalter Ulpius Marcellus besiegte die Stämme und startete Strafaktionen, aber nähere Details sind nicht bekannt.

### Septimius Severus

Im Jahr 192 wurde Kaiser Commodus ermordet, es kam zu einem neuen Bürgerkrieg. Einer der Thronanwärter war Clodius Albinus, Statthalter von Britannien. Er nahm einige Legionen mit auf den Kontinent, wurde aber von Septimius Severus bei Lugdunum (Lyon) besiegt. Danach teilte Severus Britannien in zwei Hälften – superior (im Süden) und inferior (im Norden). Auch das Kommando wurde geteilt. 208 traf Severus (mit Frau und Söhnen) in Britannien ein, um mit zusätzlichen Truppen aus Europa wieder in Schottland einzumarschieren.

Isca Silurum blieb die ganze severische Zeit über der Hauptstützpunkt der 2. Legion, und es gibt Beweise für einen Neubau des Kastells in dieser Zeit. Dennoch zog ein Großteil der Legion auf Severus' Feldzügen nach Schottland, und die Garnison in Isca Silurum schrumpfte beträchtlich. Soldaten der *II Augusta*, die nach Norden gingen, halfen beim Bau des Kastells in Carpow am Südufer des Tay.

Als Severus 211 in Eboracum (York) starb, gaben dessen Söhne Caracalla und Geta seine britannischen Eroberungen auf. Der Hadrianswall wurde zur endgültigen Grenze, auch wenn der Kontakt mit den schottischen Lowlands durch Außenposten gehalten wurde. Die nördliche Grenze war im 3. Jh. n. Chr. relativ friedlich.

### Das 3. und 4. Jahrhundert n. Chr.

Cassius Dio schreibt, das Winterquartier der *II Augusta* habe in Britannia superior (d. h. Isca Silurum) gelegen, aber Inschriften deuten darauf hin, dass sie auch einige Zeit in Luguvalium (Carlisle) im Norden verbrachte. Einzelne Soldaten und Vexillationen zogen häufig um und operierten zusammen. Dies mag die von zwei Legionären der *II Augusta* und *XX Valeria Victrix* gemeinsam

## Hadrianswall und Antoninuswall

Für die Zeit nach Agricolas Statthalterschaft haben wir kaum historische Quellen und müssen die Geschichte Stück für Stück zusammensetzen. Rom engagierte sich in Parthien und Dakien, und man unternahm keinen Versuch, Agricolas weit entfernte Eroberungen zu halten. Die römische Armee zog sich bis zur Tyne-Solway-Linie zurück – ein Prozess, der im Bau des Hadrianswalls gipfelte.

Der Bau begann vermutlich 122 n. Chr., als Hadrian Britannien besuchte. Der Wall war keine unüberwindbare Grenze, sondern diente der Kontrolle von Bewegungen und der Schaffung sicherer und besteuerbarer Grenzübergänge. Zur Unterstützung gab es Kastelle im Norden Englands. Legionen verblieben in Isca Silurum, Eboracum (York) und Deva (Chester). Ein paar Truppen waren in London beim Statthalter stationiert.

Warum dann eine zweite Mauer gebaut wurde, ist unklar. Vielleicht gab es zum Zeitpunkt des Amtsantritts von Antoninus Pius Unruhen. Im oder um das Jahr 139 musste Statthalter Quintus Lollius Urbicus Barbaren abwehren und ließ eine Mauer aus Stein und Grassoden errichten, den Antoninuswall, der zur Nordgrenze des römischen Gebiets wurde. Lollius Urbicus wird auf zwei Inschriften in Balmuildy genannt (*RIB* 1, 2191 und 2192). Zugleich besetzte man erneut das schottische Tiefland und

*Oben*
Platte mit Entfernungsangaben am Antoninuswall: „Die zweite augusteische Legion errichtete 4140 Fuß" (RIB 1, 2203). Hunterian Museum, Glasgow.

*Unten*
Mitte des 2. Jh. n. Chr. war der Antoninuswall rund 20 Jahre lang die Nordgrenze von Britannien.

*Gegenüber oben*
Wachtposten am Hadrianswall. Auf 119 km verteilten sich 80 solcher Kleinkastelle. In England werden sie aufgrund der geringen Abstände „milecastles" genannt.

errichtete zahlreiche Kastelle und Lager, besonders entlang der Hauptstraßen in den Norden. Dies ist durch Inschriften und archäologische Funde belegt. 161 n. Chr. mussten die Römer den Antoninuswall wieder aufgeben, der Hadrianswall blieb die endgültige Grenze.

Inschriften von Kleinkastellen zeigen, dass Kohorten der *II Augusta* in den 120er/30er-Jahren (zusammen mit *VI Victrix* und *XX Valeria Victrix*) am Bau des Hadrianswalls beteiligt waren. Die *II Augusta* baute ca. 139 n. Chr. auch am Antoninuswall mit. Schön gearbeitete Platten mit Inschrift führen die beteiligten Legionen auf und zeigen an, wo der von einer Legion errichtete Abschnitt zu Ende ist. Die *II Augusta* baute hier auch Kastelle wieder auf, u. a. Corbridge.

Rechts Inschriften vom Hadrianswall. In der großen kann man deutlich LEG(io) II AUG(usta) lesen.

geweihten Concordia-Statuen erklären, deren Überreste man 1988 im Fundament der Kathedrale von Carlisle entdeckte (*RIB* 3, 3459). Wahrscheinlich waren Soldaten beider Legionen in Carlisle stationiert, was zu Spannungen führte – *Concordia* („Eintracht") wurde bei Konflikten angerufen. Es gibt noch mehr Hinweise auf gemeinsamen Dienst der Soldaten verschiedener Legionen: In Piercebridge, Durham, nennt eine Inschrift Marcus Lollius Ventor, Zenturio der *II Augusta*, der Vexillationen der *VI Victrix* und der „Armeen der beiden Germaniae" befehligte (*RIB* 3, 3253); und die Grabinschrift des Gabinius Felix (3. Jh.), Soldat der *II Augusta*, wurde in Deva (Chester) gefunden, dem Lager der *XX Valeria Victrix* (*RIB* 1, 488).

Mitte des 3. Jh. war die ganze Legion zurück in Isca Silurum. 244 setzte ihr *primus pilus* eine Inschrift, die Augustus' Geburtstag ehrte, und255 ließ ihr Legat Titus Flavius Postumius Varus einen Tempel der Göttin Diana wiederherstellen. Für die Zeit danach wissen wir nicht mehr viel über die Legion. Die Notitia dignitatum aus dem frühen 5. Jh. verortet die II Augusta in Richborough (Südostengland) unter dem Kommando des *comes* (Titel des spätantiken Befehlshabers) der sächsischen Küste. Zu diesem Zeitpunkt war Isca Silurum aufgegeben worden.

## Offiziere der *II Augusta* im 2. Jh. n. Chr.

**Vittius Adiutor**, ein Adlerstandartenträger der *II Augusta*, wird auf einer Schreibtafel aus Vindolanda (Tafel 214) genannt, ca. 92–97 n. Chr.

**Aulus Claudius Charax** aus Pergamon (Türkei), ein Gelehrter und Historiker, befehligte die Legion zum Zeitpunkt der Errichtung des Antoninuswalls. Seine Karriere ist auf einer Inschrift in seiner Heimatstadt nachzulesen (*AE* 1961, 320).

**Marcus Cocceius Firmus** war Zenturio der *II Augusta* im 2. Jh. n. Chr. Er weihte zwölf Gottheiten insgesamt fünf Altäre. Vielleicht ist er gemeint in einem faszinierenden Text des Juristen Pomponius: Die Sklavin eines Cocceius leistet Zwangsarbeit in den Salzminen und wird von Banditen von „jenseits der Grenze" geraubt. Cocceius muss sie zurückkaufen und fordert eine Erstattung des Betrags aus der Staatskasse, vermutlich mit der Begründung, dass der Staat sein Eigentum nicht geschützt habe, während sie ihre Strafe verbüßte. Die „Grenze" könnte die nördliche britannische Grenze gewesen sein, denn an der Küste von Fife gab es Salzminen (*RIB* 1, 2174–7).

**Marcus Julius Quadratus** war ebenfalls Zenturio im 2. Jh. n. Chr. Er starb in Britannien im Alter von 38 Jahren im Kampf; man gedachte seiner in seiner Heimatstadt Castellum Arsacalitanum (Mechtet 'Ain Hallouf) in Numidien (heute Algerien):

> Den Geistern der Verstorbenen. Hier liegt Marcus Julius Quadratus, Sohn des Gaius, aus dem Stamm Quirina. Ihm wurde auf Kosten der Allgemeinheit ein Pferd gestellt, und er wurde in das Komitee der fünf Richter gewählt. Er war Zenturio der *legio XIII Gemina* in Dakien, Zenturio der *legio III Augusta* in Afrika und Zenturio der *legio II Augusta* in Britannien. Er starb in Britannien, im aktiven Dienst. Er lebte 38 Jahre (*AE* 1957, 249).

**Publius Septimius Geta**, der Bruder des späteren Kaisers Septimius Severus, war in den 170er-Jahren n. Chr. Tribun der *II Augusta*.

Einer der fünf von Marcus Cocceius Firmus gestifteten Altäre für einen Zenturio der 2. Legion. Der Altar ist Jupiter, Diana, Apollo, Mars, Minerva, den Campestern, Herkules, Epona, Victoria, Silvanus und dem Genius (göttlichen Geist) Britanniens geweiht. Er wurde 1771 bei der Arbeit am Forth and Clyde Canal direkt südlich des Kastells bei Auchendavy am Antoninuswall entdeckt.

## *VI Victrix*

Diese Legion wurde vermutlich von Octavian während des Bürgerkriegs gegründet. Schleudergeschosse aus Perusia (Perugia) legen nahe, dass sie an Octavians Belagerung der Stadt 41 v. Chr. beteiligt war. Zweifellos war sie 31 v. Chr. in Actium.

### Aktivitäten in Spanien

Nach 30 v. Chr. zog die Legion in die Hispania Tarraconensis im Nordosten Spaniens, ihr Lager war eventuell in Legio (León). Sie beteiligte sich an Augustus' Feldzügen gegen die Kantabrer (27–19 v. Chr.), zusammen mit der *I Germanica, II Augusta, IIII Macedonica, V Alaudae, IX Hispana, X Gemina* und *XX Valeria Victrix*. Die *VI Victrix* blieb bis 70 n. Chr. in Spanien. Inschriften zeigen, dass Soldaten der *VI Victrix* und *X Gemina* unter den ersten Siedlern von Colonia Patricia (Cordoba), Emerita Augusta (Mérida) und Caesaraugusta (Saragossa) waren. Die Legion erhielt den Namen *Hispaniensis* („in Spanien"). Der Name *Victrix* („siegreich") ist zuerst für die neronische Zeit belegt, könnte sich aber auf frühere Erfolge unter Augustus beziehen.

68 n. Chr. war die *VI Victrix* unter Statthalter Servius Sulpicius Galba die einzige Legion in Hispania Tarraconensis. Als die Nachricht von Vindex' Aufstand in Gallien gegen Nero eintraf, ließ sich Galba von der Legion zum „Legat des Senats und Volkes von Rom" ernennen. Dann hob er eine weitere Legion aus, mit der Nummer *VII*. Nach Neros Selbstmord ging Galba als Kaiser nach Rom, mit seiner neuen 7. Legion, die *VI Victrix* blieb in Spanien.

### Umzug nach Norden

Nach seinem Sieg und der Anerkennung als Kaiser 69 n. Chr. sandte Vespasian eine große Armee unter Quintus Petillius Cerialis (u. a. die *VI Victrix*), um den Bataveraufstand niederzuschlagen. 70 n. Chr. wurden die Rebellen in Vetera (Xanten) besiegt, und 73 n. Chr. errichtete die *VI Victrix* dem neuen Kaiser und seinem Sohn Titus ein Monument, möglicherweise am Ort des Siegs:

> [Dem Vespasian und] Titus, Sohn des Imperators Vespasian Augustus, Inhaber tribunizischer Gewalt, zum vierten Mal gefeierter Imperator, zweimal Konsul und ein drittes Mal zum Konsul ernannt, zum Zensor ernannt. Geweiht von der legio VI Victrix, als Aulus Marius Celsus proprätorischer Legat des Kaisers und Sextus Caelius Tuscus Legat des Kaisers war.
>
> *AE* 1979, 413

### *VI Victrix*

| | |
|---|---|
| **Beinamen** | *Hispaniensis; Victrix; Pia Fidelis; Fidelis Constans; Britannica* |
| **Emblem** | Wahrscheinlich ein Stier |
| **Basis** | Eboracum, York |
| **Wichtige Feldzüge** | Perusia (41 v. Chr.); Actium (31 v. Chr.); Kantabrische Kriege (27–19 v. Chr.); Bataveraufstand (69–70 n. Chr.); Saturninus-Aufstand (89 n. Chr.); Dakerkriege (101–6)? Aufstand der Britannier (155–58); gegen Septimius Severus (191); Severus' Schottlandfeldzüge (209) |

Die *VI Victrix* blieb in der Germania inferior und besetzte die ehemalige Basis der *XVI Gallica* in Novaesium (Neuss). Die Bataver hatten das Kastell zerstört. Ziegelstempel bestätigen, dass die *VI Victrix* den Wiederaufbau durchführte. 89 n. Chr. rebellierte der Statthalter der Germania superior gegen Domitian. Vier Legionen (*I Minerva, VI Victrix, X Gemina* und *XXII Primigenia*) wurden geschickt, um ihn niederzuwerfen, die alle anschließend die Beinamen *Pia Fidelis Domitiana* („pflichtbewusst, loyal, domitianisch") erhielten. Das *Domitiana* wurde nach Domitians Ermordung und *damnatio memoriae* 96 n. Chr. wieder gestrichen. Ende des 1. Jh. oder Anfang des 2. Jh. wurde Novaesium aufgegeben und die *VI Victrix* verlegt, um Vetera neu aufzubauen (nunmehr Vetera II); sie ersetzte die *XXII Primigenia*. Ein Teil der Legion könnte während Trajans Dakerkriegen (101–6) an die Donau geschickt worden sein.

Porträt-Büste des Kaisers Galba, heute in der Antikensammlung des königlichen Palasts in Stockholm. Galba war 68 n. Chr. Statthalter von Spanien und wurde durch die 6. Legion zum Kaiser ausgerufen (Cassius Dio 63,23).

### Umzug nach Britannien

Im Jahr 122 n. Chr. ging Hadrian nach Britannien. Mit ihm kamen

Bauinschrift der 6. Legion, gefunden bei Braidfield Farm nahe Duntocher Fort in Schottland im Jahr 1812. Sie lautet: „Dem Imperator Caesar Titus Aelius Hadrianus Antoninus Augustus Pius, Vater des Vaterlands, errichtete eine Abteilung der *VI Victrix Pia Fidelis* 3240 Fuß des Walls" (*RIB* 1, 2200).

der Statthalter der Germania inferior, Aulus Platorius Nepos (nun Statthalter von Britannien), und die 6. Legion. Einer ihrer Militärtribune war damals Marcus Pontius Laelianus, dessen Karriere in einer Grabinschrift in Rom festgehalten ist (*CIL* 6, 41146). Die Legion errichtete den Abschnitt des Hadrianswalls von Newcastle bis Carlisle einschließlich einer Brücke über den Tyne bei Newcastle. Die Legion ist in Britannien zuerst bezeugt durch einen Baustein aus Haltonchesters, der sie zusammen mit Platorius Nepos nennt und somit 122 bis ca. 126 datiert (*RIB* 1, 1427).

Inschriften zeigen, dass Vexillationen der *VI Victrix* ab 139 am Bau des Antoninuswalls teilnahmen. Eine Inschrift aus 158 hält fest, dass die 6. Legion Reparaturen am Hadrianswall nahe Heddon vornahm, möglicherweise nach einem Aufstands. Ein paar Jahre später, 161, mussten die Römer den Antoninuswall aufgeben und sich an den Hadrianswall zurückziehen.

Aufgrund einer Inschrift (*RIB* 1, 1137) kann man einen Teil der Legion in Corbridge lokalisieren: Während der Amtszeit des Sextus Calpurnius Agricola (162–68) weihte eine Vexillation dem Sol Invictus („unbesiegte Sonne") einen Altar. Grabsteine und Widmungen lassen vermuten, dass das Kastell in Eboracum (York) – von der *IX Hispana* gebaut – zu dieser Zeit der Hauptstützpunkt der Legion geworden war.

## Die severische Zeit

Im Jahr 191 wurde Clodius Albinus Statthalter von Britannien. Mit Beginn des Bürgerkriegs 193 nahm er die *VI Victrix* aus Britannien mit, um gegen Septimius Severus zu kämpfen. Albinus ernannte sich im Winter 195/96 selbst zum Kaiser und richtete sich in Lugdunum (Lyon) ein. Die zwei Armeen kämpften hier ein Jahr später die entscheidende Schlacht. Sie waren gleich stark, doch Albinus' Infanterie verfehlte knapp den Sieg. Cassius Dio (76,6–7) beschreibt, wie sie Severus' Männer in getarnte Gruben und Gräben lockte, was zu schweren Verlusten führte. Doch am Ende griff Severus' Kavallerie Albinus über die Flanke an – dies entschied Schlacht und Krieg.

Severus kehrte mit der *VI Victrix* nach Britannien zurück, sie wurde zur einzigen Legion in der neu geschaffenen Provinz Britannia inferior. Inzwischen hatten schottische Stämme den Hadrianswall überrannt. Der Norden blieb unruhig, und 208 n. Chr. wollte Septimius Severus persönlich Schottland erobern. Die 6. Legion ging nach

Norden und teilte sich ein neues Kastell mit der *II Augusta* in Carpow am Tay. Über 200 gestempelte Dachziegel fand man hier, die den vollständigen neuen Titel der Legion zeigen: *Victrix Britannica Pia Fidelis*. Wann und warum sie die Beinamen erhielt, ist jedoch nicht bekannt.

Nachdem die schottischen Eroberungen des Severus wieder aufgegeben wurden, blieb die Legion in Eboracum. Für die Folgezeit gibt es weniger Informationen; die Legion könnte Vexillationen an Rhein und Donau gesandt haben, um mit Gallienus gegen die Germanen zu ziehen (253–68). Eine Inschrift erwähnt eine Abteilung in Piercebridge zusammen mit Soldaten aus der Germania superior und inferior unter einem Zenturio der *II Augusta* (*AE* 1967, 259). 286 erklärte sich Carausius zum Kaiser eines eigenen Reichs mit Sitz in Britannien. Offenbar blieb die 6. Legion in Eboracum; es ist nicht bekannt, ob sie den Usurpator unterstützte (auf von Carausius geprägten Münzen findet sie sich nicht). Britannien kehrte 297 ins Römische Reich zurück. Als Constantius I. Chlorus (305/6) 306 in Eboracum starb, riefen die Soldaten der *VI Victrix* Konstantin zum Kaiser aus. Für die Zeit danach weiß man wenig über die *VI Victrix*, obwohl sie in der *Notitia dignitatum* als Teil der Armee des *dux Britanniarum* im frühen 5. Jh. n. Chr. aufgeführt wird.

## IX Hispana

Die Ursprünge der *IX Hispana* sind unklar. Um 58 v. Chr. war eine 9. Legion mit Julius Caesar in Gallien, die 46/45 v. Chr. aufgelöst wurde. Eine spätere Legion mag von Octavian in Italien aus Caesarveteranen aufgestellt worden sein. Die Titel *Triumph(alis?)* und *Macedonica* finden sich in frühen Inschriften der 9. Legion und verweisen wahrscheinlich auf die Bürgerkriege. *Macedonica* stammt vermutlich aus der Schlacht bei Philippi (42 v. Chr.).

Die Legion diente unter Augustus in Spanien während des Kantabrischen Kriegs (27–19 v. Chr.) und muss dort lange geblieben sein, denn das *Macedonica* wurde durch *Hispaniensis* („in Spanien") ersetzt, woraus später *Hispana* („spanisch" wurde), wie man an einer Inschrift aus Aquileia (Italien) sieht (*CIL* 5, 911). Hier fand man Grabsteine von Soldaten der *IX*; Aquileia diente als Basis für Operationen in Illyricum (auf dem heutigen Balkan). Es scheint, als sei die *IX Hispana* auf den Balkan geschickt worden, mit Aquileia als Stützpunkt.

### *IX Hispana*

| | |
|---|---|
| **Beinamen** | *Triumph(alis?); Macedonica; Hispana* |
| **Emblem** | Stier? |
| **Basis** | Eboracum (York) |
| **Wichtige Feldzüge** | Philippi (42 v. Chr.)? Kantabrische Kriege (27–19 v. Chr.); Numiderfeldzüge (20 n. Chr.); Britannieninvasion (43 n. Chr.); Boudicca-Aufstand (60–61 n. Chr.); erste Schlacht von Bedriacum (69 n. Chr.); gegen die Briganten (71 n. Chr.); gegen schottische Stämme (83 n. Chr.) |

Ganz sicher war die Legion 14 n. Chr., als Augustus starb, in Pannonien. Laut Tacitus (*ann.* 1,16–30) lagen alle drei pannonischen Legionen, darunter die *IX*, zusammen in einem Kastell, als sie aufgrund der schlechten Bedingungen meuterten. Tiberius' Sohn Drusus ließ die Rädelsführer hinrichten, und die Legionen zogen in verschiedene Winterlager (s. S. 166).

20 n. Chr. kam die *IX Hispana* nach Afrika, um mit der *III Augusta* gegen die numidischen Rebellen unter Tacfarinas zu kämpfen (Tacitus, *ann.* 3,8,1 und 4,23,2; s. S. 115 f.). Nach einem großen Sieg der Römer 22 n. Chr. blieb die *III Augusta* in Afrika, und die *IX Hispana* kehrte nach Pannonien zurück, wahrscheinlich Siscia (Sisak, Kroatien).

### Umzug nach Britannien

Im Jahr 42 n. Chr. war Aulus Plautius Statthalter von Pannonien, und die *IX Hispana* begleitete ihn offenbar bei der Invasion Britanniens. Vexillationen der anderen pannonischen Legionen könnten die Streitmacht verstärkt haben, die 43 n. Chr. den Ärmelkanal überquerte.

Inschriften legen nahe, dass die *IX Hispana* von Anfang an in Britannien war, zunächst in Londinium (London), dann weiter im Norden im Gebiet der Briganten. Man vermutet, dass die Legion nun in Lindum (Lincoln) stationiert wurde, aber die Grabinschriften, auf denen diese These gründet, können nicht sicher datiert werden (*CIL* 7, 183, 188, 196).

Die *IX Hispana* wird von literarischen Quellen erst 61 n. Chr. beim Boudicca-Aufstand in Britannien erwähnt: Unter Petillius Cerialis versuchte sie, Camulodunum (Colchester) zu befreien, wurde

## Das Legionslager in Eboracum

Das Legionslager in Eboracum (York) muss von Petillius Cerialis als Operationsbasis gegen die Briganten eingerichtet worden sein, auch wenn nur einige Inschriften den Platz mit der *IX Hispana* verbinden. Es wurde im Vale of York lokalisiert, am Zusammenfluss von Fosse und Ouse – einen strategisch wichtigen Punkt, der über die Nordsee versorgt werden konnte.

Die Befestigung bestand ursprünglich aus Wall und Graben mit Holzpalisade, die ca. 20 ha umschlossen. Inschriften zeigen, dass diese Anlagen im frühen 2. Jh. n. Chr. durch steinerne ersetzt wurden – der letzte Beweis für die Präsenz der *IX* in Britannien. In den 120er-Jahren n. Chr. wurde die Legion durch die *VI Victrix* in Eboracum ersetzt, obwohl dort keine Gebäudeinschriften dieser Legion gefunden wurden und wahrscheinlich die *IX Hispana* für die großen Bauprojekte verantwortlich war.

*Oben*
Inschrift von einem Tor des römischen Kastells Eboracum, die den Bau ca. 107 durch die *VIIII* (also *IX*) *Hispana* belegt (RIB 1, 665).

*Unten*
Das Kastell liegt heute größtenteils unter der Stadt York, aber ein Mauerturm ist noch sichtbar, zusammen mit einem Teil der Basilika und den Legionsthermen.

aber von den Britanniern verjagt. Die römische Infanterie wurde aufgerieben, Cerialis entkam, und die 14. und 20. Legion mussten gegen Boudiccas Heer kämpfen.

Während des Vierkaiserjahrs (s. S. 59) unterstützte eine Vexillation der *IX Hispana* Vitellius in seinem Marsch auf Rom, bis zu seiner Niederlage in Bedriacum. Ende 69 n. Chr. wurde Vespasian Kaiser; Grabinschriften in Rieti, Vespasians Geburtsstadt, lassen vermuten, dass einige Soldaten der *IX* später dort siedelten.

71 n. Chr. schickte Vespasian Petillius Cerialis als Statthalter zurück nach Britannien, um gegen die Briganten zu kämpfen. Inschriften zeigen, dass die *IX Hispana* nunmehr in Eboracum (York) stationiert war. Ihr Kommandant für die zweite Hälfte der Regierungszeit Vespasians war Gaius Caristanius Fronto, von dessen Karriere uns eine Inschrift im pisidischen Antiochia (Türkei) unterrichtet. Er war immer noch Kommandant, als Agricola Statthalter von Britannien wurde.

> Dem Gaius Caristanius Fronto, Sohn des Gaius, vom Stamm Sergia, Militärtribun, Kavalleriekommandant der *ala Bosporana*, kooptiert in den Senat unter denen mit tribunizischem Status, befördert unter denen im Rang eines Prätors, kaiserlicher Legat mit Prätorengewalt in Pontus und Bithynia, Legat der *legio IX Hispana* in Britannien für den vergöttlichten Kaiser Vespasianus Augustus, Legat des vergöttlichten Titus Caesar Augustus und des Domitian Caesar Augustus in der Provinz Pamphylia und Lycia. Titus Caristanius Calpurnianus Rufus hat dies zu Ehren des verdienten Patrons unserer *colonia* errichtet.
>
> *ILS* 9485

Später nahm Agricola die *IX Hispana* auf seinen schottischen Feldzug mit. 83/84 n. Chr. wurde sie fast durch die kaledonischen Stämme besiegt, die gezielt die Legion als schwächste Einheit Agricolas angriffen; gemäß Tacitus (*Agr.* 26) verhinderte allein das Erscheinen Agricolas eine schwere Niederlage. Vielleicht war die Legion dadurch geschwächt, dass sie eine 1000 Mann starke Vexillation unter dem senatorischen Tribun Lucius Roscius Aelianus (*CIL* 14, 3612) für Domitians Krieg gegen die Chatten abgestellt hatte. Ziegelstempel, die sich offenbar auf diese Vexillation beziehen, fand man in Mirebeau-sur-Bèze im Gebiet der Lingonen. Nach 83 n. Chr. unterstand eine Vexillation (zusammen mit anderen aus Britannien und der Germania superior) Gaius Velius Rufus (*ILS* 9100), vielleicht anlässlich Domitians Dakerkrieg.

## Der Boudicca-Aufstand, 60–61 n. Chr.

Zum Boudicca-Aufstand kam es nach dem Tod von Icener-König Prasutagus. Römische Soldaten plünderten das Königreich, versklavten Prasutagus' Untertanen und vergewaltigten seine Töchter. Cassius Dio (62,2) behauptet zudem, die Römer hätten den Britanniern zuvor Kredite aufgezwungen und sie nun eingefordert. Somit erklärt sich der Boudicca-Aufstand weitgehend durch römische Misswirtschaft. Viele Britannier hatten Rom 43 n. Chr. unterstützt, fühlten sich nun aber missbraucht. Welche Rolle die Frau des Prasutagus, Boudicca, dabei spielte, ist nicht bekannt, da wir nur Berichte römischer Autoren haben, aber sie scheint ihn zumindest inspiriert zu haben.

Der Statthalter Britanniens zur Zeit des Aufstands, Sueton Paullinus, kämpfte gegen die Druiden in Wales. Er hatte die Provinz Decianus Catus überlassen (der nach Gallien floh, als der Aufstand begann).

Camulodunum (Colchester) wurde von britannischen Rebellen zerstört; dann eroberten sie Londinium (London) und Verulamium (St. Albans) und besiegten die *IX Hispana*. Schließlich wurden sie von der 14. Legion und einer Vexillation der 20 Legion besiegt. In der gesamten Region errichtete man Kastelle. Kein Stamm Süd-, Mittel- oder Ostbritanniens wagte jemals wieder einen Aufstand.

Das berühmte Standbild des viktorianischen Bildhauers Thomas Thornycroft zeigt Boudicca mit ihren Töchtern auf dem Streitwagen. Es steht an der Westminster Bridge, nahe der Houses of Parliament in London.

### Unklares Schicksal und Verschwinden

Für die folgenden 40 Jahre wissen wir wenig über die *IX Hispana*. In Britannien wird sie zuletzt in einer Inschrift von 107/8 n. Chr. erwähnt, wonach sie ein Tor des Kastells in Eboracum errichtete (*RIB* 1, 665). Die Legion war nicht am Bau des Hadrianswalls beteiligt, was nahelegt, dass sie sich nicht mehr in Britannien befand. Historiker behaupten, die *IX Hispana* sei 119/20 oder etwas später bei einem Aufstand in Britannien vernichtet worden. Neuere Forschungen bestätigen diese Theorie jedoch nicht, da einige Offiziere der Einheit für spätere Zeitpunkte anderswo bezeugt sind. Zum Beispiel wurde Aninius Sextius Florentinus nach 127 in Petra bestattet; 121 war er Legat der *IX Hispana* und hatte danach eine steile Karriere als Prokonsul der Gallia Narbonensis und Statthalter der Arabia Petraea (*CIL* 3, 87).

Es gibt auch ein paar mögliche epigraphische Belege für einen kurzen Aufenthalt der Legion in der Germania inferior, u. a. in Noviomagus (Nijmegen). Möglicherweise wurde die Legion kurzzeitig hierher versetzt und dann weiter in den Osten. Sie könnte dann beim Bar-Kochba-Aufstand von 132–35 n. Chr. aufgerieben worden sein – oder später in Elegeia in Armenien, während Lucius Verus' Feldzug von 161–66 n. Chr. Dennoch: wie und wann die Legion verschwand, ist unklar; kürzlich erhielt die Britannientheorie wieder Auftrieb.

## *XX Valeria Victrix*

Vor 6 n. Chr. bleibt die Geschichte der *XX Valeria Victrix* unklar. Zum Zeitpunkt der Schlacht von Actium 31 v. Chr. hatten Octavian und Antonius offenbar beide eine 20. Legion in ihrem Heer.

Eine Inschrift (*AE* 1988, 396) legt nahe, dass Veteranen der *XX Siciliana* in den Jahren nach Actium in Benevent siedelten (auch wenn die Inschrift nicht sicher datiert werden kann). Veteranen einer 20. Legion sind außerdem für das späte 1. Jh. v. Chr. in anderen Teilen Italiens belegt, darunter zum Beispiel Aquileia (*CIL* 5, 939 und 948), Tergeste (Triest; *AE* 1977, 314) und Patavium (Padua; *CIL* 5, 2838). Funde in und um das spanische Emerita Augusta (Mérida, 25 v. Chr. von Augustus als *colonia* gegründet) könnten beweisen, dass Veteranen der *XX* dort unter den neuen Siedlern anzutreffen waren; vielleicht nahm die Legion also an Augustus' Spanienfeldzug von 27–19 v. Chr. teil. Es ist nicht bekannt, wann die Legion nach Norden verlegt wurde.

### Soldaten der 9. Legion

In Lincoln (Lindum) und York (Eboracum) gefundene Inschriften identifizieren einige der Legionäre der 9. Legion.

**Gaius Saufeius** aus Herakleia in Süditalien starb mit 40 nach 22 Jahren Dienst. Er wurde in Lindum begraben (*RIB* 1, 255).

**Lucius Sempronius Flavinus** aus Clunia (Spanien) starb mit 30 nach nur sieben Jahren Dienst und wurde in Lindum begraben (*RIB* 1, 256).

**Lucius Duccius Rufinus**, ein *aquilifer* (Adlerstandartenträger) aus Vindobona (Wien) in Gallia Narbonensis, starb mit 28 und wurde in Eboracum begraben (*RIB* 1, 673).

**Gaius Valerius** aus Italien starb mit 35 nach 13 Jahren Dienst und wurde in Lindum begraben (*RIB* 1, 257).

**Quintus Cornelius** starb mit 40 nach 19 Jahren Dienst und wurde in Lindum begraben (*RIB* 1, 254).

**Lucius Celerinus Vitalis**, ein *cornicularis* (Adjutant), schuf eine Widmung für Silvanus in Eboracum (*RIB* 1, 659). Er könnte Britannier gewesen sein.

Noch zwei weitere Soldaten (Namen unbekannt) kamen aus Italien. Einer war aus Novaria (Novara), sein Freigelassener errichtete in Eboracum den Grabstein (*RIB* 1, 680); der andere kam aus Pisaurum (Pesaro) und wurde in Lindum begraben (*RIB* 1, 260).

Der Grabstein von Gaius Saufeius von Lindum, heute im Britischen Museum. Er stammte aus Italien und starb in England nach 22 Jahren Dienst.

Im Jahr 6 n.Chr. wurde die *XX Valeria Victrix* aus Illyricum nach Carnuntum an der Donau verlegt, zur Vorbereitung von Tiberius' Markomannenfeldzug. Tiberius war gezwungen, seine Pläne zu ändern, als Aufstände in Pannonien und Dalmatien ausbrachen. Ein Teil der Legion wurde gegen eine Gruppe Rebellen vorausgeschickt; obgleich in der Unterzahl, war die 20. Legion siegreich, ihr Kommandant Valerius Messalinus wurde mit *ornamenta triumphalia* geehrt (Velleius Paterculus 2,112). Während des Pannonischen Aufstands war die Legion zunächst in Siscia (Sisak, Kroatien) stationiert. 9 n.Chr. erhielt Aemilius Lepidus das Kommando über die Armee in Siscia und verlegte sie nach Burnum in Dalmatien, wo sie sich Tiberius anschloss. Burnum wurde vermutlich zum neuen Lager der Legion.

### An der Rheingrenze

Nach der Varusschlacht 9 n.Chr. wurde die Legion an den Rhein verlegt, wo sie an der Sicherung vor germanischen Übergriffen beteiligt war. Literarische Quellen weisen darauf hin, dass die Legion zunächst zusammen mit der *I Germanica* in einem Doppellager im Oppidum Ubiorum (Köln) stationiert war; laut Tacitus war sie dort 14 n.Chr. (*ann.* 1,39), aber dies wird nicht durch archäologische Beweise gestützt. Vielleicht saßen die Legionen im nahen Köln-Alteburg. Es gibt Funde, die hier eine Besatzung für das frühe 1. Jh. n.Chr. belegen, darunter Grabsteine von Mitgliedern der Legion; doch Überreste eines Lagers hat man noch nicht entdeckt. Anschließend könnte die Legion nach Novaesium (Neuss) verlegt worden sein.

Die 20. Legion war wahrscheinlich Teil der Armee, die mit Tiberius und Germanicus 10/11 n.Chr. tief in germanisches Gebiet vordrang und an Strafmaßnahmen gegen die Stämme teilnahm, die Varus' Legionen vernichtet hatten. Diese Feldzüge waren kurzlebig, und anschließend nahm die römische Armee eine defensive Haltung ein, mit vier Legionen (*I*, *V*, *XX* und *XXI*) am linken Rheinufer. Als Augustus 14 n.Chr. starb, meuterten die vier rheinischen Legionen aufgrund niedrigen Solds und schlechter Behandlung und forderten u.a., dass diejenigen, die ihre Dienstzeit vollendet hatten, entlassen würden (s. S. 78). Schließlich brachte Germanicus die Soldaten dazu, ihre Rädelsführer zu verraten; sie wurden nach einem Sammelprozess hingerichtet (Tacitus, *ann.* 1,42).

**XX Valeria Victrix**

| | |
|---|---|
| **Beiname** | *Valeria Victrix* |
| **Emblem** | Wildschwein |
| **Basis** | Unbekannt |
| **Wichtige Feldzüge** | Kantabrische Kriege (27–19 v.Chr.); Pannonischer Aufstand (6–9 n.Chr.); gegen die Marser, Brukterer und Cherusker (15 n.Chr.); Britannieninvasion (43 n.Chr.)? gegen walisische Stämme (43–60 n.Chr.); Boudicca-Aufstand (60–61 n.Chr.); zweite Schlacht von Bedriacum (69 n.Chr.); gegen walisische Stämme (77); gegen nordbritannische Stämme (77–84); Schlacht von Lugdunum (196) |

15 n.Chr. führte Germanicus die Legionen erneut über den Rhein, vielleicht um sie abzulenken. Er setzte in Mainz über, mit der *II*, *XIII*, *XIV* und *XVI*, und griff die Chatten an. Gleichzeitig zog Caecina Severus mit der *I*, *V*, *XX* und *XXI* gegen die Marser. Beide römische Armeen kämpften dann zusammen gegen die Brukterer, von denen sie sich den Adler der *XIX* zurückholten, und verwickelten die Cherusker in eine Schlacht. Caecina und die *XX* sollten den Teutoburger Wald erkunden und für den Rest der Armee einen sicheren Durchgang gewährleisten. Dennoch hatten es alle Legionen schwer, in ihre Winterquartier zurückzukommen.

Die 20. Legion war Teil der Armee, die sich über die *pontes longi*, einen 16 Jahre zuvor durch die Sümpfe zwischen Ems und Rhein errichteten Damm, zurückzog; auf dem Weg wurden sie von Cheruskern angegriffen. Im folgenden Jahr über-

Stirnziegel, gefunden in Holt, Clwyd (Wales), heute im Britischen Museum. Die Inschrift und das Wildschweinemblem belegen die 20. Legion. Ein ähnlicher Stirnziegel wurde in Chester gefunden.

querte Germanicus mit seinen gesammelten Streitkräften Ems und Weser und zog erfolgreich weiter bis an die Elbe, wobei er mehrere germanische Stämme besiegte. Doch die Römer hatten herbe Verluste zu beklagen; Germanicus wurde nach Rom zurückgerufen, und die Germanenkriege endeten. Von nun an verließ Tiberius sich auf die Diplomatie, um die germanischen Stämme in Schach zu halten.

Es gibt kaum Hinweise auf Aktivitäten der 20. Legion zu dieser Zeit. Eine Inschrift verrät, dass eine Vexillation Teil eines Heers unter Tribun Torquatus Novellius Atticus war, aber das Datum ist unsicher (*CIL* 14, 3602). Die Stelle könnte sich auf die Germanenkriege des Germanicus beziehen, auf den gallischen Aufstand 21 n. Chr. oder den Friesenaufstand 28–47 n. Chr. Genauso wenig wissen wir, wo die Legion stationiert war.

Nach 16 n. Chr. wurden Legionen auf verschiedene Stützpunkte am Rhein verteilt. Von den Befestigungen, die zwischen 15 und den 30er-Jahren n. Chr. in Novaesium (Neuss) an der Stelle des späteren claudischen Lagers errichtet wurden, nimmt man zumeist an, dass sie entweder von der 1. oder 20. Legion stammen, aber der einzige echte Beweis für die Präsenz der *XX* sind ein paar Grabsteine in Neuss.

## Die 20. Legion in Britannien

40 n. Chr. versammelte Kaiser Caligula eine große Armee, angeblich für eine Invasion Britanniens, und die *XX* könnte Teil dieser Streitmacht gewesen sein. Nach Sueton (*Gaius* 48) besuchte Caligula das Lager der 20. Legion, um ihre Soldaten zu bestrafen, aus Rache für ihre Meuterei gegen seinen Vater Germanicus. Sueton behauptet, er habe vorgehabt, sie zu dezimieren (jeden zehnten Mann hinzurichten), gab die Idee aber auf, als sie etwas ahnten und sich bewaffneten.

Die 20. Legion war vermutlich 43 n. Chr. bei der Britannieninvasion dabei, aber wir wissen wenig über ihre Rolle. Man vermutet, dass sie in Camulodunum (Colchester) blieb, der damaligen Hauptstadt des römischen Britannien; die anderen drei Legionen zogen nach Südwesten, Nordwesten und Norden. Dennoch ist der einzige archäologische Beweis für die Anwesenheit der Legion zu diesem

*Gegenüber*
Grabstein des Marcus Favonius Facilis, bei Colchester gefunden. In der Inschrift (*RIB* 1, 200) fehlt der spätere Beiname der Legion *Valeria Victrix*, was darauf hindeutet, dass Facilis starb, bevor ihr dieser verliehen wurde (nach 61 n. Chr.).

*Unten*
Digitale Rekonstruktion des Balkerne Gate in Camulodunum (Colchester), wo die 20. Legion nach der ersten Britannieninvasion 43 n. Chr. ihr Basislager gehabt haben soll.

frühen Zeitpunkt der Grabstein des Marcus Favonius Facilis (*RIB* 1, 200).

Unser Wissen über die Bewegungen der 20. Legion von 49 n. Chr. bis zum Boudicca-Aufstand ist lückenhaft, die archäologischen und epigraphischen Belege sind begrenzt. Wahrscheinlich zog sie nach Westen gegen walisische Stämme, die sich nicht den Römern unterwerfen wollten. Über Details verfügen wir nicht, aber vermutlich schlugen sie 51 n. Chr. die Ordovicer unter Caratacus. Tacitus (*ann.* 12,37) beschreibt, dass die Silurer einen Guerillakrieg führten, mit schweren römischen Verlusten, bis die Legionen ernsthaft in den Konflikt einstiegen.

In den 50er-Jahren n. Chr. scheint man die Silurer besiegt zu haben, und nun könnte die *XX Valeria Victrix* ein neues Kastell in Burrium am Usk bezogen haben. Die Ordovicer in Nordwales und die Insel Mona (Anglesey), ein Außenposten der Rebellen, rückten jetzt in den militärischen Fokus. Zu dieser Zeit kam es zum Boudicca-Aufstand. Eine Vexillation der 20. Legion schloss sich der 14. an, um die Rebellen zu unterwerfen. Der Rest der Legion blieb wohl im Westen, für den Fall, dass walisische Stämmen versuchten, die Situation auszunutzen.

**Die Legionen von Glevum (Gloucester)**

Ausgrabungen 1972 und 1974 zeigten, dass ca. 49 n. Chr. in Kingsholm, Gloucester, ein Lager eingerichtet wurde.

Diese erste Basis baute eine kleine Vexillation der *XX Valeria Victrix*. Während der 60er-Jahre n. Chr. wurde südlich dieser Stätte eine Kastell errichtet, entweder von der 20. Legion oder einer Vexillation der *II Augusta*. Binnen weniger Jahre wurde die *XX* von Glevum nach Viroconium verlegt und die *II* von Isca Dumnoniorum (Exeter) nach Glevum.

Während der 70er-Jahre n. Chr. zog die 2. Legion gegen walisische Stämme ins Feld, und in Isca Silurum (Caerleon) wurde eine neue Militärbasis gegründet. Es ist unklar, ob zu dieser Zeit Truppenteile in Glevum blieben.

In den späten 80er-Jahren n. Chr. baute man das Kastell in Glevum jedoch um, welche Legion dafür verantwortlich war, ist unbekannt. Ende des 1. Jh. n. Chr., als Nerva Kaiser war (96–98 n. Chr.), wurde Glevum zur *Colonia Nervia Glevensium*.

## Die Beinamen der XX Valeria Victrix

Die Beinamen *Valeria* und *Victrix* finden sich, zusammen mit dem Wildschwein als Legionsemblem, in Aufzeichnungen über die 20. Legion aus dem späten 1. Jh. n. Chr., aber es ist nicht bekannt, wann oder warum sie diese erwarb – Valeria eventuell 6 n. Chr., als die Truppe (laut Velleius Paterculus 2,112) von Marcus Valerius Messalla Messalinus befehligt wurde.

Allerdings gibt es Einwände gegen diese Theorie. Man hat darauf hingewiesen, dass die Einheit so früh nicht als Valeria bezeugt ist, dass Legionen nicht nach Kommandanten benannt wurden und dass Valerius Messalinus ein Rivale des Augustus war. Es ist auch möglich, dass Valeria nie offizieller Beiname war. Der Name könnte auf Claudius und seine Eroberung Britanniens hinweisen, denn seine Frau hieß Valeria Messalina und war mit Valerius Messalinus verwandt. Mithin könnte Claudius den informellen Beiname von 6 n. Chr. formalisiert haben, um seine Frau und ihre Familie zu ehren.

Es könnte aber ebenso gut sein, dass die Legion beide Titel erhielt, um ihrer Rolle bei der Unterdrückung des Boudicca-Aufstands zu gedenken. *Valeria Victrix* könnte man somit als „tapfer (und) siegreich" übersetzen. Diese Theorie wird dadurch unterstützt, dass die andere an der Unterdrückung des Boudicca-Aufstands beteiligte Legion, *XIV Gemina*, als neuen Titel *Martia Victrix* erhielt; außerdem findet sich *Victrix* nur in Aufzeichnungen nach 60 n. Chr.

Jedoch trug die 20. Legion nur mit einer Vexillation zur Niederschlagung des Aufstands der Britannier 61 n. Chr. bei, und es ist unklar, ob eine Vexillation einen solchen Ehrentitel hätte erringen können. Darüber hinaus ist es die *XIV Gemina*, welche die literarischen Quellen mit diesem großen Sieg verbinden, nicht die *XX*. Eine alternative Theorie besagt, dass sich der Beiname *Victrix* auf die führende Rolle der Legion bei Agricolas Feldzügen in den Norden bezieht.

Wahrscheinlich waren Vexillationen der *XX* an verschiedenen Orten stationiert. Zahlreiche Kastelle in ganz Britannien könnten von Legionsvexillationen oder Auxiliartruppen bemannt gewesen sein – oder einer Kombination aus beidem.

### Das Vierkaiserjahr

Bei Neros Tod 68 n. Chr. und im anschließenden Bürgerkrieg unterstand die 20. Legion Marcus Roscius Coelius. Es gab Spannungen zwischen ihm und dem Statthalter von Britannien, Trebellius Maximus, und in der ungeklärten Situation des Bürgerkriegs schlug sich die Armee auf Coelius' Seite, was darin gipfelte, dass Trebellius aus seiner Provinz floh und sie den Legionslegaten überließ (Tacitus, *hist.* 1,60). Die Legionen Britanniens erklärten Vitellius ihre Loyalität, und alle schickten Vexillationen, um für ihn zu kämpfen. In der zweiten Schlacht von Bedriacum (nahe Cremona) wurden sie im Oktober 69 n. Chr. besiegt.

### Agricola als Kommandant

70 n. Chr. schickte Vespasian Gnaeus Julius Agricola, um Coelius als Kommandant der 20. Legion zu ersetzen. Er brachte neue Rekruten mit. Tacitus (*Agr.* 7) behauptet, die Legion sei illoyal und aufständisch gewesen, und Agricola habe dies mit seinen scharfen Disziplinarmaßnahmen behoben.

Agricola ging 73/74 n. Chr. zurück nach Rom, und manche Forscher glauben – auch wenn archäologische Zeugnisse fehlen – dass nun Viroconium (Wroxeter) zum neuen Stützpunkt der Legion wurde. Sie könnte zu diesem Zeitpunkt oder kurz danach auch in Deva (Chester) stationiert gewesen sein. Bleirohre von 79 n. Chr. mit Vespasians Titeln und den Namen Agricolas und Vespasians zeigen, dass das Lager in diesem Jahr gebaut wurde.

Als Agricola 77 n. Chr. als Statthalter nach Britannien zurückkehrte, nahm er Anglesey ein und konsolidierte die Eroberung von Wales. Dann startete er einen neuen Feldzug, wahrscheinlich zumindest mit einem Teil der 20. Legion. Agricolas Armee zog nach Norden und verwendete vermutlich Corstopidum (Corbridge) und Luguvalium (Carlisle) als Basis für Vormärsche nach Osten und Westen. Wie gut die Armee vorankam, lässt sich an den Lagern und Kastellen ablesen, die in den nächsten Jahren in Richtung Norden errichtet wurden. Nach fünf Jahren entstanden Kastelle am Forth-Clyde-Isthmus; im siebten Jahr kam es zur Schlacht am Mons Graupius in Kaledonien (84 n. Chr.).

Dass die 20. Legion an Agricolas Feldzügen in den Norden beteiligt war, nimmt man aufgrund seiner vorherigen Verbindung zu dieser Legion an – in den Quellen wird sie nicht aufgeführt. Wir wissen auch nicht, ob Agricola die gesamte Legion oder nur einen Teil mitnahm oder ob sie am Ende jeder Feldzugsaison ins Winterlager zurückging. Ein Vorschlag ist, dass sich zumindest ein Teil der *XX* in Luguvalium befand, wo es Hinweise auf Abriss und Neubau im Winter 83/84 n. Chr. gibt. Eine Holztafel von dort (*AE* 1992, 1139) hält fest, dass C. Geminius Mansuetus aus der Zenturie des Vettius Proculus dem Q. Cassius Secundus aus der Zenturie des Calvius Priscus am 7. November 83 n. Chr. 100 Denare (ein Drittel Jahressold) lieh.

Möglicherweise war der Hauptteil der Legion in Luguvalium stationiert, während Viroconium (Wroxeter) Verwaltungs-, Trainings- und Handelszentrum war. Es gibt Funde in Wroxeter, die dafür sprechen, dass Kasernen abgerissen wurden, um in der Endphase Platz für ein großes Gebäude zu schaffen. Es könnte auch eine Verbindung zu Trimontium (Newstead) geben. Eine weitere Tafel (*AE* 1988, 843), gefunden in Carlisle, nennt einen M. Julius Martialis „in Trimontium oder Luguvalium", was bedeuten könnte, dass der Hauptteil der Legion auf diese beiden Kastelle verteilt war.

83–86 n. Chr. entstand eine Reihe von Kastellen entlang der Gebirgsfront der südöstlichen Highlands, darunter ein neues Legionslager in Inchtuthil, von dem man i. d.R. annimmt, dass es von der *XX* errichtet wurde. Es wurde ca. 88 n. Chr. wieder abgerissen, bevor es fertig war. Der Verzicht auf die neu eroberten Gebiete erklärt sich wahrscheinlich durch Ereignisse im Reich. Vexillationen wurden ausgesandt, um 83 n. Chr. gegen die Chatten zu kämpfen und 88 n. Chr. gegen die Daker, und schließlich zog man die *II Adiutrix* ganz aus Britannien ab. Die Römer hatten nicht mehr genügend Soldaten, um ihre neuen britannischen Eroberungen zu halten, und wurden zum Rückzug gezwungen.

### Das Kastell in Deva

Die *XX Valeria Victrix* könnte nun nach Deva (Chester) versetzt worden sein, man weiß aber nicht, wann genau. Deva war der Stützpunkt der *II Adiutrix* gewesen, die man in den 80er-Jahren von Britannien nach Sirmium verlegt hatte. So übernahm die *XX* ein etabliertes Lager, das zum Teil bereits in Stein errichtet (oder umgebaut) war.

Es scheint jedoch, als habe die Mehrheit der Legionäre der *XX* im 2. Jh. nicht in Deva gelegen, sodass ein großer Teil verfiel. Die Legion war an Feldzügen weiter im Norden beteiligt und scheint nicht in Deva überwintert zu haben, auch wenn unklar ist, wo sie ihr Winterquartier hatte. Darüber hinaus war die *XX Valeria Victrix* zu dieser Zeit vielleicht nicht vollzählig, da Vexillationen anderswo dienten und ihre Soldaten auf mehrere Stützpunkte aufgeteilt waren.

### Hadrianswall und Antoninuswall

Inschriften zeigen, dass Vexillationen der 20. Legion nach dem Besuch des Kaisers 122 n. Chr. 15–20 Jahre lang am Hadrianswall mitbauten, an seinen Kastellen und anderen Befestigungen im Norden wie Gabrosentum (Moresby). Durch acht Steinplatten wissen wir zudem, dass die Legion auch am Bau des Antoninuswalls weiter nördlich Anteil hatte. Ab ca. 161 gab es einen schrittweisen Rückzug vom Antoninus- zum Hadrianswall. Inschriften nennen Bauaktivitäten der *XX* in Corstopidum (Corbridge), und Anfang des 3. Jh. kann man die Legion wieder in Luguvalium (Carlisle) lokalisieren. Immer mehr Soldaten wurden abgezogen, um mit Marcus Aurelius an der Donau zu kämpfen (166–80), sodass keine britannische Legion ihre volle Stärke hatte.

### Das 3. und 4. Jahrhundert n. Chr.

Die *XX Valeria Victrix* war Teil der Armee von Clodius Albinus, die 196 in Lugdunum (Lyon) gegen Septimius Severus kämpfte und unterlag. Die Überreste der britannischen Legionen wurden zurück nach Britannien geschickt, und die *XX* kehrte wahrscheinlich in den Norden zurück. Nach 210 wurden die Arbeiten in Deva wieder aufgenommen, und vermutlich baute man die Legion für Severus' Feldzüge im Norden wieder zu voller Stärke auf – durch Rekrutierungen oder Ersatz aus anderen Legionen. Ziegelstempel bestätigen, dass die Legion zu dieser Zeit in Deva war. Insgesamt weiß man jedoch wenig über ihre Aktivitäten im 3. Jh. n. Chr. Im Jahr 213 wurde die Provinz zweigeteilt, und die Legion kam unter das

Kommando des Statthalters der Britannia superior in Londinium.

Anschließend wissen wir von kombinierten Vexillationen der *XX Valeria Victrix* und *II Augusta* im Norden Britanniens und möglicherweise auf dem Kontinent. Eine Vexillation der *XX* war in Moguntiacum (Mainz) im Jahr 255 (*CIL* 13, 6780), und während der Herrschaft des Gallienus 260–68 waren britannische Truppen in der Pannonia inferior stationiert (*CIL* 3, 3228).

Es gibt an diversen Orten in Großbritannien Inschriften aus dieser Zeit, die die Legion erwähnen. Der Tribun Marcus Aurelius Syrio weihte Jupiter Optimus Maximus, Juno, Mars, Minerva und Victoria im frühen 3. Jh. n. Chr. einen Altar in Carlisle (*RIB* 3, 3460). Vexillationen der Legion könnten später bei Bauvorhaben in Netherby und Maryport mitgeholfen haben (wie fragmentarische Inschriften zeigen). Eine Inschrift aus Chester (*AE* 1964, 201) gibt den Titel der Legion als *XX VV D* wieder, was *XX V(aleria) V(ictrix) D(eciana)* heißen und die Inschrift auf die Zeit des Trajan Decius (249–51) datieren könnte; *D* könnte aber auch *D(evensis)* („aus Deva“) bedeuten. Außerdem ist die *XX Valeria Victrix* eine der Truppen, die auf einer Serie von Goldmünzen des gallischen Kaisers Victorinus (268–70) auftauchen, mit der er vielleicht Legionen außerhalb seiner Einflusssphäre erreichen wollte.

Der letzte Hinweis auf die *XX Valeria Victrix* kommt von Münzen, die Carausius zwischen 286–93 prägen ließ. Danach weiß man wenig, auch nicht, wann die Legion aufhörte zu existieren. Archäologische Funde zeigen eine durchgehende Besatzung von Deva bis ins 4. Jh. n. Chr., was auf das Fortbestehen der Einheit in irgendeiner Form hindeutet. Dennoch wird sie nicht in der *Notitia dignitatum* des frühen 5. Jh. erwähnt, sodass sie eventuell im Laufe des 4. Jh. aufgelöst wurde.

*Links*
Inschriften zeugen von den Bauaktivitäten der *XX Valeria Victrix* nach ihrer Ankunft in Deva, und zahlreiche Grabsteine, wie dieser eines *optio* namens Caecilius Avitus (*RIB* 1, 492), gefunden im North Wall von Chester (hier eine Rekonstruktion), dokumentieren die Namen der Soldaten, die in der Militärbasis lebten. Avitus kam aus Emerita Augusta (Mérida) und starb mit 33 nach 15 Jahren Dienst.

*Oben*
Hypothetische Rekonstruktion von Deva. Römisches Lager und Siedlung liegen unter der heutigen Stadt Chester, aber Überreste der Lagermauern und des Amphitheaters sind noch sichtbar.

*Rechts*
Gipsabdruck einer Inschrift (das Original ist verloren), die angibt, dass eine Vexillation der 20. Legion 3000 römische Fuß des Antoninuswalls gebaut hat (*RIB* 1, 2198). Die Platte wurde 1865 bei Hutcheson Hill gefunden.

# Die Legionen des römischen Spanien

## *VII Gemina*

Im 3. Jahrhundert v. Chr. war Spanien ein Konfliktherd für Rom und Karthago unter General Hannibal. Der Ebro bildete die Grenze zwischen den Einflusssphären beider Reiche, aber die Römer hatten ein Bündnis mit Saguntum (Sagunt) südlich des Flusses. Als die Karthager die Stadt 219 v. Chr. attackierten, löste dies den Zweiten Punischen Krieg aus, bei dem Hannibal Italien angriff.

Während Hannibal in Italien war, entrissen die Römer den Karthagern Spanien. Nach dem Ende des Kriegs, 202 v. Chr., teilten sie das an Bodenschätzen reiche Land in zwei Provinzen, Hispania citerior („diesseitig“) und ulterior („jenseitig“). Dennoch gab es in beiden Provinzen fast zwei Jahrhunderte lang Unruhen und Konflikte mit der einheimischen Bevölkerung.

Im Norden lebten die als kriegerisch bekannten Kantabrer. Aggressionen gegenüber ihren Nachbarn lieferten Rom den Vorwand, 29 v. Chr. in diesen letzten freien Teil

Spaniens einzumarschieren. Zunächst wurde der Feldzug von Statilius Taurus, Gaius Carisius Sabinus und Sextus Apuleius angeführt, aber 27/26 v. Chr. übernahm Augustus persönlich das Kommando. Er setzte mindestens sechs Legionen gegen die Kantabrer und Asturer ein. Inschriften und Münzen nennen die *I Germanica*, *II Augusta*, *IIII Macedonica*, *VI Victrix*, *IX Hispana* und *X Gemina*, vermutlich waren auch die *V Alaudae* und *XX Valeria Victrix* Teil der Armee. Inklusive Auxiliartruppen muss die Zahl der römischen Soldaten 70 000 überschritten haben, was zeigt, wie wichtig Spanien für die Römer war.

Im Laufe der folgenden zwei Jahre kämpften die Römer in den Bergen zwischen Burgos und Santander (unter Augustus) und dann in Asturien. Cassius Dio (53,25) beschreibt den guerillaartigen Krieg, bei dem die Römer, in Hinterhalte gelockt, Verluste erlitten, offene Schlachten jedoch gewannen und Festungen einnahmen, wie die der Asturer in Lancia.

24. v. Chr. war Nordwestspanien befriedet und Augustus zurück in Rom, wo er einen Triumph feierte. Dennoch gab es weiterhin kleinere Aufstände, bis Augustus' General Agrippa ihnen 19 v. Chr. ein brutales Ende setzte. Danach blieb Spanien (einschließlich des heutigen Portugal) friedlich, und die Römer beuteten seine Bodenschätze und Landwirtschaft aus. Ab der Zeit der Flavier war dort nur eine einzige Legion

Das Los-Milagros-Aquädukt von Emerita Augusta (Mérida), Hauptstadt der römischen Provinz Lusitania und eine der wichtigsten römischen Städte der Hispania. Die Stadt wurde gegen Ende von Augustus' Kantabrischen Kriegen gegründet, und ihre frühesten Einwohner waren Veteranen der *X Gemina* und *V Alaudae*.

Spanien mit Legionslagern und im Text erwähnten Orten.

stationiert; sie war mit administrativen Aufgaben und dem Schutz der spanischen Goldminen betraut.

In der julisch-claudischen Zeit blieb es in der Provinz weitgehend ruhig. Spätestens 43 n. Chr. wurde die Garnison verkleinert, als die *IIII Macedonica* an die Rheingrenze gesandt wurde; 63 n. Chr. wurde die *X Gemina* nach Pannonien verlegt. Die *VI Victrix* blieb in Spanien mit einer reduzierten Anzahl Auxiliareinheiten; sie war die Legion, die 68 n. Chr. Galba zum Kaiser ausrief (s. S. 93). Aber im folgenden Jahr wurde sie von Kaiser Vespasian nach Norden geschickt, und in Spanien blieb nur die *VII Gemina*.

## Neuordnung Spaniens durch Augustus

Augustus kehrte zwischen 16 und 13 v. Chr. nach Spanien zurück und nahm eine Neuordnung der Region in drei Provinzen vor: Baetica mit Corduba (Cordoba) als Hauptstadt; Lusitania mit der neu gegründeten Veteranenkolonie Augusta Emerita (Mérida) als Hauptstadt; und als größte die Tarraconensis mit Tarraco (Tarragona) als Hauptstadt.

Veteranen der *IV*, *VI* und *X* wurden vermutlich zu dieser Zeit in Caesaraugusta (Saragossa) angesiedelt, der *I* und *II* in Acci (Guadix). Inschriften zeigen dass diese Legionen unter Augustus am Straßenbau und somit an der Verbesserung der Infrastruktur von ganz Spanien beteiligt waren.

Nach den Kantabrischen Kriegen blieben drei Legionen im kurz zuvor eroberten Gebiet nordwestlich der Tarraconensis stationiert. Inschriften deuten darauf hin, dass die *IIII Macedonica* bei Herrera de Pisuerga (*IRPPalencia* 193,0–10) ihr Lager hatte. Die *VI Victrix* und *X Gemina* teilten sich zunächst ein Kastell in Asturia (wo genau, weiß man nicht).

Später könnte die *VI* in Legio (León) und die *X* in Petavonium (Rosinos de Vidriales) ihr Lager gehabt haben. Die meisten Legionäre waren italischstämmig, aber im Laufe der folgenden drei Generationen kamen sie zunehmend aus den *coloniae* und romanisierten Städten (*municipia*) Spaniens.

## *VII Gemina*

Eine vierte spanische Legion wurde am 10. Juni 68 n. Chr. von Servius Sulpicius Galba ausgehoben, um seinen Thronanspruch zu unterstützen (Cassius Dio 55,24,3). Galba hatte bereits die *VI Victrix* kommandiert, sodass die neue Legion die Nummer VII erhielt. Zu diesem Zeitpunkt hatte sie keinen offiziellen Beinamen, auch wenn Tacitus sie als *Galbiana* und *Hispana* bezeichnet.

Nach Neros Selbstmord marschierte Galba mit seiner neuen 7. Legion nach Rom. Nachdem er als Kaiser etabliert war, schickte er die Legion nach Pannonien, wo sie vermutlich in Carnuntum (Petronell-Carnuntum, Österreich) stationiert war und die Donau überwachte. Sie ersetzte die *X Gemina*, die nach Spanien gesandt wurde.

Zu Beginn des Vierkaiserjahrs (69 n. Chr.) wurde Galba ermordet (s. S. 59). Die 7. Legion schlug sich auf Othos Seite und wurde dann nach Italien gerufen, kam aber zu spät, um ihm zu helfen, und er wurde in der ersten Schlacht von Bedriacum durch Vitellius besiegt. Vitellius schickte die *I Adiutrix* nach Spanien und die *VII* zurück nach Pannonien. Dort schloss sich ihr Kommandant, Marcus Antonius Primus, Vespasian an, der von den östlichen Legionen zum Kaiser ernannt worden war. Tacitus (*hist.* 2,86) beschreibt Primus als „Mann der Tat, ein guter Redner, versiert darin, Zwietracht zu säen, stark im Angesicht von Unruhen und Aufständen, schnell beim Stehlen und Bestechen, kaum für den Frieden geeignet, aber umso mehr für den Krieg".

Primus spielte im Bürgerkrieg eine wichtige Rolle. Vespasian übertrug ihm das Kommando über die Legionen von Moesien (*III Gallica*, *VII Claudia*, *VIII Augusta*), Pannonien (*VII Galbiana*, *XIII Gemina*) und später Dalmatien (*XI Claudia*). Ohne auf Mucianus und dessen Truppen zu warten hielt Primus einen Kriegsrat in Poetovio (Ptuj an der Drau) ab und überzeugte die anderen flavischen Kommandanten, in Italien einzumarschieren. Primus besiegte Vitellius in der zweiten Schlacht von Bedriacum (Oktober 69 n. Chr.), trotz großer Verluste. Tacitus berichtet:

> Die kürzlich von Galba rekrutierte *legio VII* wurde besonders hart angegangen. Sechs führende Zenturionen wurden getötet und einige ihrer Standarten erbeutet. Der *primus pilus* Atilius Verus hatte den Legionsadler gerettet, indem er viele Feinde tötete, starb aber am Ende selbst.
>
> Tacitus, *hist.* 3,22

### VII Gemina

| | |
|---|---|
| **Beinamen** | *Galbiana*; *Hispana*; *Gemina*; *Felix*; *Pia* |
| **Emblem** | Unbekannt |
| **Basis** | Legio (León) |
| **Wichtiger Feldzug** | Zweite Schlacht von Bedriacum (69 n. Chr.) |

Nach diesem Sieg liefen die drei Legionen Spaniens (*I Adiutrix*, *VI Victrix* und *X Gemina*) zu Vespasian über, wie auch die Galliens und Britanniens.

Primus und die 7. Legion marschierten nach Rom und kämpften sich durch gegen die vitellische Opposition. Dann regierte er die Stadt in Vespasians Namen, bis Mucianus kam und ihn entließ. Die 7. Legion wurde Anfang 70 n. Chr. nach Pannonien zurückgeschickt, weil Mucianus sie, wie Tacitus schreibt (*hist.* 4,39), für Anhänger von Primus hielt, dem er misstraute.

#### Heeresreform unter Vespasian

Nach seiner Thronbesteigung organisierte Vespasian die Armee neu. Die geschrumpfte 7. Legion wurde aufgefüllt, vielleicht durch Soldaten der aufgelösten *I Germanica*, wodurch sie den neuen Titel *Gemina* („doppelt") erhielt. Eventuell verlieh man ihr zu diesem Zeitpunkt auch den Titel *Felix* („erfolgreich"), in Anerkennung ihrer Rolle bei Bedriacum. Diesen Titel mag sie sich auch in Pan-

Heute erkennt man nur noch wenig vom ständigen Kastell der *VII Gemina* in Legio (León, Hispania Tarraconensis), hier Überreste einer Wasserleitung. Ausgrabungen haben den Umriss des Lagers ergeben und Teile der Kasernen, Thermen und des *praetorium* (Kommandantur). Man hat Ziegelstempel der Legion gefunden, zusammen mit militärischer Ausrüstung und Münzen, die die Besatzung bis ins 3. Jh. n. Chr. bezeugen.

nonien verdient haben. Während ihres Aufenthaltes dort nahm die Legion eventuell an Gnaeus Pinarius Cornelius Clemens' Feldzug an den oberen Neckar teil (73/74 n. Chr.). Eine Inschrift von 78 n. Chr. beschreibt Titus Staberius Secundus als Tribun der *VII Gemina Felix* in Germanien (*CIL* 6, 3538). Vielleicht war Secundus Tribun der Legion, als sie den Titel *Felix* erhielt, falls er von Clemens' Feldzug stammte.

Während des Bataveraufstands (69/70 n. Chr.) stand für kurze Zeit überhaupt keine Legion in Spanien, da die *I Adiutrix* und *VI Victrix* an den Rhein verlegt worden waren, um den Aufstand zu unterdrücken. Anschließend schickte Vespasian die *VII Gemina* aus Pannonien zurück nach Hispania Tarraconensis. Es gibt die These, dass es eine bewusste Entscheidung war, nur eine Legion in Spanien zu stationieren. Zu dieser Zeit waren die Legionen weniger mobil und blieben eher permanent in der Nähe von Grenzen stationiert. Es könnte jedoch auch sein, dass die 7. Legion nach Spanien gesandt wurde, damit sie notfalls schnell nach Britannien übersetzen konnte.

Etwa 100 Jahre lang war es in Spanien einigermaßen friedlich. Soldaten der Legion scheinen vor allem administrative Tätigkeiten ausgeübt zu haben. Eine Inschrift aus Aquae Flaviae (Chaves; *CIL* 2, 2477), datiert auf 79 n. Chr., hält die Beteiligung der Legion und der lokalen *civitates* (halbautonomen Gemeinden) beim Bau einer Brücke fest. Dies zeigt, wie die Legion schon bald nach ihrer Ankunft enge Beziehungen mit den örtlichen Gemeinden nahe ihrer Basis in Legio (León) entwickelte.

Obwohl die Legion permanent in Legio stationiert war, beteiligte sie sich gelegentlich an Feldzügen. Gemäß Plinius d. J. (*paneg.* 14,3) befehligte der zukünftige Kaiser Trajan die Legion zwischen

Las Medulas, die größte Goldmine im Römischen Reich. Legio (León) wurde eigens in der Nähe der Gold- und Eisenminen von Gallaecia angelegt, die man in großem Umfang ausbeutete. Aquädukte leiteten Wasser aus den umliegenden Bergen herbei.

86 und 89 n. Chr. Im Jahr 89 rebellierte Antonius Saturninus, Statthalter der Germania superior, gegen Domitian. Trajan führte die Legion an den Rhein, traf aber erst dort ein, als der Aufstand bereits niedergeschlagen war.

Für die Zeit danach können wir die Bewegungen der *VII Gemina* nur noch mittels Inschriften verfolgen. Zum Beispiel könnte Anfang des 2. Jh. n. Chr. eine Vexillation in Britannien gewesen sein; ein Grabstein in Ferentium (Ferentino, Italien; *CIL* 10, 5829) nennt einen Titus Pontius Sabinus, *primus pilus* der *III Augusta*. Zu Beginn seiner Karriere hatte er auf der „britannischen Expedition" Vexillationen der *VII Gemina*, *VIII Augusta* und *XXII Primigenia* befehligt, offenbar gegen Ende von Trajans oder Beginn von Hadrians Regierungszeit; sie könnten beim Bau des Hadrianswalls geholfen haben. Grabsteine von Soldaten der 7. Legion hat man in Lambaesis (Algerien) gefunden, dem Stützpunkt der *III Augusta*. Vielleicht wurde eine Vexillation nach Lambaesis geschickt, während ein Teil der *III Augusta* den Bar-Kochba-Aufstand (132–35 n. Chr.) bekämpfte.

### Einfälle und Unruhen im 2. und 3. Jahrhundert n. Chr.

Während der Regierungszeit des Antoninus Pius (138–61 n. Chr.) und Marcus Aurelius (161–80 n. Chr.) kam es offenbar zu Einfällen der nordafrikanischen Mauren in der Baetica (insbesondere um 172), die, so die *historia Augusta* (*Septimius Severus* 2,4), „ganz Spanien verwüsteten". Publius Cornelius Anullinus war dort Statthalter und Legat der 7. Legion, somit könnte die Legion gegen die Mauren entsandt worden sein. Eventuell wurden auch Truppen aus Afrika geschickt, da die Goldminen der Regionen von Gallaecia zu wichtig waren, um sie ohne den Schutz einer Legion zu lassen. Die *VII Gemina* könnte auch 186 n. Chr. die durch Überfälle von Deserteuren aus Gallien unter Maternus verursachten Unruhen im Nordosten Spaniens unterdrückt haben (s. S. 73).

Der endgültige Titel der Legion, *Pia* („pflichtbewusst"), erscheint zuerst in Inschriften severischer Zeit und könnte daher stammen, dass sie 196 Septimius Severus ihre Treue versicherte, als der Statthalter von Tarraconensis Clodius Albinus unterstützte. Nach dem Bürgerkrieg ernannte Severus Quintus Mamilius Capitolinus zum Legaten von Asturien und Gallaecia und *dux* der *VII Gemina* – ein ungewöhnlicher Titel und offenbar eine besondere Auszeichnung. Vielleicht war die Situation in Spanien instabil und Severus nicht überall beliebt.

Caracalla scheint auch Probleme in Spanien gehabt zu haben, nachdem er 211 Kaiser wurde. Er versucht sich an einer Umstrukturierung der Provinzen, die jedoch nicht von Dauer war. Eine spätere Inschrift (datiert 244–49) deutet auf Schwierigkeiten in Hispania und innerhalb der Legion hin (*CIL* 3, 1464). Sie stammt aus Sarmizegetusa in Dakien und nennt Ulpius, einen Ritter, als *praepositus* der *VII Gemina*. Zu dieser Zeit war der Kommandant üblicherweise senatorischer *legatus legionis*, nur ungewöhnliche oder schwierige Umstände könnten erklären, dass ein Ritter diese Position innehatte.

Danach gibt es nur noch wenige Hinweise auf die Legion, so eine Inschrift (*CIL* 13, 7564) aus Wiesbaden, die nahe legt, dass eine Vexillation der *VII Gemina* 235 in Severus Alexanders Germanenkrieg kämpfte.

258–270 bildete Spanien zusammen mit Gallien, Germanien und Britannien das abtrünnige Gallische Sonderreich. In dieser Zeit, 262, kam es zu Einfällen der Franken im Nordosten der Tarraconensis. Die *Notitia dignitatum* (frühes 5. Jh. n. Chr.) verzeichnet die *VII Gemina* noch immer in Legio.

Trajan stammte aus Italica in Hispania Baetica und war der erste römische Kaiser, der außerhalb Italiens geboren war. Schon zu Anfang seiner Karriere befehligte er die 7. Legion und marschierte mit ihr 89 n. Chr. in die Germania superior, zum Zeitpunkt der Revolte des Saturninus. Die Büste steht in der Münchner Glyptothek.

## Das Martyrium des Marcellus

Im Jahr 298 wurde Marcellus, Christ und Zenturio der *VII Gemina*, zum Märtyrer (*Die Passion des Hl. Marcellus*, BHL 5255a). Während einer Geburtstagsfeier für Diokletian und Maximian entledigte er sich seines Soldatengürtels, warf ihn zu Boden und schwor den Kaisern und ihren Göttern ab. Kameraden meldeten dies dem Statthalter und Kommandanten der Legion, der ihn verhörte. Marcellus bestand darauf, sein christlicher Glaube bedeute, dass er nicht mehr Soldat sein könne. Der Statthalter schickte ihn nach Tingis (Tanger), wo er vom *vicarius* verurteilt und hingerichtet wurde.

# Die Legionen des römischen Afrika

*III Augusta, I Macriana Liberatrix*

Die römische Provinz Africa (das heutige Tunesien und Libyen, später bis zur Grenze des heutigen Marokko) wurde nach der Zerstörung Karthagos 146 v. Chr. geschaffen. Ein Jahrhundert später wurde Karthago als Kolonie römischer Siedler neu errichtet und entwickelte sich zu einer der größten Städte des Mittelmeerraums. Anschließend sorgten Kriege gegen den Numiderkönig Jugurtha (112–105 v. Chr.) als Katalysator für einen Wandel in der Organisation und Rekrutierung der Legionen. Zudem wirkten sich die Bürgerkriege in Rom auf die Region aus, vor allem Caesars Sieg bei Thapsus 46 v. Chr.

In der Kaiserzeit war Afrika eine wichtige und reiche Provinz, doch nur selten in Kriege verwickelt. Die meiste Zeit stand dort nur eine Legion, die *III Augusta*. Sie überwachte die Region und sandte Abteilungen für diverse Kriege nach außerhalb. Dank der spektakulären

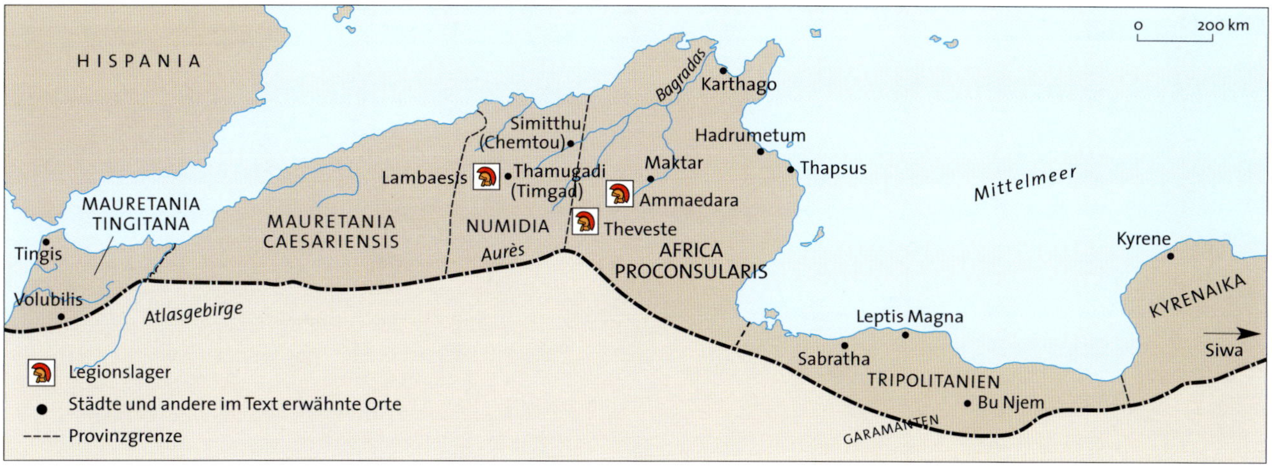


Die Lager der *III Augusta* in Afrika, 1.–3. Jh. n. Chr.

Überreste des Kastells Lambaesis im heutigen Algerien und etwa 3000 Inschriften, die sich auf die Legion und ihre Soldaten beziehen, ist sie gut dokumentiert. Eine weitere kaiserzeitliche Legion in Afrika war die kurzlebige *I Macriana Liberatrix* (68/69 n. Chr.).

Das Relief zeigt Septimius Severus beim Triumphzug in der Mitte des Wagens, flankiert von seinen Söhnen Caracalla und Geta, am Triumphbogen in Severus' Heimatstadt Leptis Magna in Tripolitanien (östlicher Teil des römischen Afrika, heute Libyen).

## *III Augusta*

Wir wissen sehr wenig über die Ursprünge dieser wichtigsten kaiserlichen Legion Afrikas. Sie wurde wohl in der Zeit des Triumvirats ausgehoben, ihr Beiname *Augusta* weist auf eine spätere Auszeichnung durch Augustus hin oder einen Sieg in seiner Regierungszeit – vielleicht den des Cornelius Balbus 19 v. Chr. über die libyschen Garamanten, Berber aus dem Fessan im Süden Libyens. Die frühesten Belege stammen aus der Regierungszeit des Tiberius.

### *III Augusta*

| | |
|---|---|
| **Beiname** | *Augusta* |
| **Emblem** | Pegasus? |
| **Basis** | Lambaesis in Numidien (heute Algerien) ab ca. 115–120 n. Chr. bis ca. 284; zuvor Ammaedara (Tunesien) und Theveste (Algerien) |
| **Wichtige Feldzüge** | Cornelius Balbus' Sieg über die Garamanten (19 v. Chr.)? Tacfarinas' Aufstand in Numidien (17–24 n. Chr.) und weitere Feldzüge gegen einheimische Völker; Trajans Daker- und Partherkriege (Vexillationen; 101–6; 113–17)? Marcus Aurelius' Markomannenkriege (Vexillationen, 166–80); Septimius Severus' Partherkriege (Vexillation, 195–97)? Caracallas östliche Expedition (Vexillation [?], 216); Verdrängung von Gordian I. und II. (238); Germanenfeldzüge von Valerian und Gallienus (Vexillation, 253) |

### Einsatz

Das früheste bekannte Lager der *III Augusta* lag in Ammaedara (Haidra, Tunesien), aber um 75 n. Chr. muss sie nach Theveste (Tébessa, Algerien) verlegt worden sein. Ein Außenposten bestand in Lambaesis (Tazoult-Lambese, Algerien), und später (ca. 115–120) wurde dort die Hauptbasis der Legion eingerichtet.

Zahlreiche Inschriften in Lambaesis bieten beispiellose Informationen über die *III Augusta* und ihre Soldaten. Von besonderem Interesse sind die Fragmente einer Rede des Kaisers Hadrian. Darin kommentiert Hadrian, der über große militärische Erfahrung verfügte, sehr detailliert die Manöver der Legion und ihrer Auxiliartruppen und bestätigt damit, was römische Schriftsteller über sein großes persönliches Engagement für militärische Ausbildung und Disziplin berichten.

Eines der Fragmente spricht den Oberzenturionen der *III Augusta* direkt an:

> ... Dein Kommandant war sehr daran interessiert, deinen Fall vorzutragen, und erzählte mir viele Dinge zu deinen Gunsten. Er sagte mir, dass jedes Jahr eine Kohorte zum Prokonsul geschickt würde; dass du vor zwei Jahren aus jeder Zenturie eine Kohorte und fünf Männer zur Verfügung stelltest, um die andere dritte Legion (*Cyrenaica*?) zu unterstützen; dass die vielen Außenposten, die deine Männer besetzen, die Legion spalten; dass du, soweit ich mich erinnere, nicht nur zweimal das Lager verlegt hast, sondern auch jedes Mal die Basis neu hast errichten lassen. Daher hätte ich es nachgesehen, wenn die Legion beim Manöver etwas lax vorgegangen wäre. Aber das war nicht der Fall, und ich muss dir überhaupt nichts nachsehen.

Dies spiegelt zwei wichtige Aufgaben der Legion wider: den Einsatz an verschiedenen Orten zur Aufrechterhaltung der inneren Sicherheit (mit einer Kohorte in Karthago beim Statthalter) und die Bereitstellung von Truppen zur Verstärkung anderer Legionen. Ein weiteres Fragment der Rede kommentiert die Leistungen der Legionskavallerie beim Manöver.

*Links*
Teil einer Inschrift, die Hadrians Ansprache an die Truppen in Lambaesis anlässlich seines Besuchs 128 n. Chr. wiedergibt (*ILS* 2487). Diese Abschnitte richten sich an die Auxiliarkavallerie der 1. pannonischen Ala und der 6. kommagenischen Kohorte. Bevor er Kaiser wurde, war Hadrian Tribun der *II Adiutrix*, *V Macedonica* und *I Minervia* gewesen.

### Kommandostruktur der Legion

In der Kaiserzeit waren die meisten Legionen in Provinzen des Reichs stationiert, die von einem *legatus* regiert wurden, einem direkten Beauftragten des Kaisers, der als Oberbefehlshaber militärische Autorität an sie delegierte.

Für eine Weile wich man in Afrika von diesem System ab: Es war die einzige Provinz, die von einem Prokonsul regiert wurde, der sein Mandat direkt vom Senat erhielt und gleichzeitig die dortige Legion befehligte. Nur noch hier konnte ein Senator ein (nominell) unabhängiges militärisches Kommando ausüben, so wie in der Republik. Im Jahr 19 v. Chr. war Prokonsul Cornelius Balbus die letzte Privatperson, die einen Triumph erhielt, für den Sieg über die Garamanten in Libyen, und 23 n. Chr. wurde Prokonsul Junius Blaesus von seinen Truppen als *imperator* („siegreicher Feldherr") gefeiert – das letzte Mal, dass einem Kommandanten außerhalb der kaiserlichen Familie diese Ehre zuteil wurde.

Diese Anomalie der Befehlsstruktur wurde durch Gaius Caligula 37–39 n. Chr. korrigiert; er trennte die zivile Provinzverwaltung (Prokonsul) und das Legionskommando (kaiserlicher Legat). Schließlich übernahm der Legat auch zivile Aufgaben in der Region rund um Lambaesis, die unter Septimius Severus zu einer eigenständigen Provinz wurde: Numidia.

### Die *III Augusta* im Krieg in Afrika und außerhalb

Das römische Afrika war nie Schauplatz großer Kriege, und die *III Augusta* konnte allein mit ihren Auxiliartruppen für die Sicherheit der Provinz sorgen. Dies beinhaltete polizeiliche Aufgaben und Konflikte mit libyschen und Berbervölkern an den Grenzen der Provinz. Die *III Augusta* sandte zudem Verstärkungen für Kriege und Bürgerkriege anderswo im Reich.

Der am besten dokumentierte Krieg im römischen Afrika ist der Guerillakonflikt 17–24 n. Chr. gegen den Numider Tacfarinas, einen ehemaligen römischen Auxiliaroffizier, dessen numidische und maurische Kavallerie der langsameren römischen Infanterie zu schaffen machte. Tacitus (*ann.* 3,20–21) beschreibt einen Vorfall, bei dem Kommandant Decrius seine Kohorte voreilig aus dem Kastell hinaus gegen eine größere feindliche Streitmacht schickte. Sie wurde sofort zurückgeschlagen und Decrius getötet, als er versuchte, die Niederlage abzuwenden. Der Prokonsul bestrafte die Kohorte, indem er jeden zehnten Soldaten totschlagen ließ – eine Maßnahme, die Tacitus als alt-

Das Mittelgebäude des Hauptquartiers (*principia*) des Lagers von Lambasesis, wo die *III Augusta* mindestens bis ca. 284 n. Chr. blieb, mit einer Pause 238–53, als die Legion vorübergehend aufgelöst war.

Maurische Kavallerie auf der Trajanssäule in Rom als Hilfstruppen in den Dakerkriegen. Die numidischen und maurischen Feinde der Römer in Afrika waren ähnlich ausgerüstet.

modisch und ungewöhnlich beschreibt und die schon Polybios für die Legionen der mittleren Republik erwähnte. Doch im offenen Feld waren römische Niederlagen selten, ihre Strategie ging in der Regel dahin, Tacfarinas Truppen einzukreisen und durch den Bau von Kastellen und Befestigungsanlagen vom Nachschub abzuschneiden. 24 n. Chr. gewann die *III Augusta* den Krieg schließlich mit Hilfe der *IX Hispana*, die zeitweise aus Pannonien kam.

In den Jahrzehnten darauf gab es ähnliche kleinere Konflikte. Doch auch in diesen erlitten die Römer Verluste, wie eine Grabinschrift aus Simitthu (Chemtou, Tunesien) zeigt. Sie datiert vermutlich in die 50er-Jahre, denn Marcus Silanus war 33–38 n. Chr. Prokonsul von Afrika:

> Dem Lucius Flaminius, Sohn des Decimus, aus dem Stamm Arniensis, Soldat der *legio III Augusta*, in der Zenturie des Julius Longus. Er wurde bei einer Aushebung durch Marcus Silanus rekrutiert, diente 19 Jahre und wurde im aktiven Dienst auf philomusischem Gebiet getötet. Er lebte pflichtbewusst 40 Jahre lang. Hier liegt er.
>
> *EJ* 260

42 n. Chr. annektierte Kaiser Claudius die neue Provinz Mauretania (Marokko), und die *III Augusta* musste Aufgaben weiter westlich übernehmen, gelegentlich unterstützt durch Abteilungen anderer Legionen wie der *X Gemina* aus Spanien und sogar der Balkanlegionen bei Unruhen zur Zeit des Antoninus Pius (138–61 n. Chr.).

Es gibt Hinweise, dass Vexillationen der *III Augusta* an Feldzügen außerhalb Nordafrikas teilnahmen. Inschriften aus Lambaesis (*AE* 1895, 204; *CIL* 8, 2564) nennen Truppen, die aus Septimius Severus' Partherkrieg (195–97) und von Caracallas östlichen Expedition (216) zurückkehrten.

Ein in Maktar (Tunesien) bestatteter Offizier war Kommandant von Abteilungen der *III Augusta* „bei den Markomannen" (*CIL* 8, 619), vermutlich in den Kriegen 166–80. Einige der Inschriften in Lambaesis zeigen Rekruten der *III Augusta* aus Syrien (*CIL* 8, 18084) und den Donauprovinzen (*CIL* 8, 18085) – zu einer Zeit, als sie in der Regel aus Afrika kamen. Offenbar wurden diese Männer für Vexillationen angeworben, um in Trajans Parther- und Dakerkriegen Gefallene zu ersetzen.

### Die *III Augusta* in den Bürgerkriegen

In Zeiten des Bürgerkriegs blieb Afrika im Vergleich zu Ostgrenze, Rhein und Donau generell ruhig. Dennoch unterstützte die *III Augusta* 68/69 n. Chr. Clodius Macer (Tacitus, *hist.* 1,11; s. S. 119). 238 n. Chr. bestätigte ein Aufstand in Afrika die Ansprüche von Gordian I. und II. (Vater und Sohn) gegen den amtierenden Kaiser Maximinus. Der Legat von Numidien (Kommandant der *III Augusta*) blieb jedoch Maximinus treu und führte die Legion nach Karthago, um den Aufstand niederzuschlagen. Herodian (7,9,6–8) beschreibt das Gemetzel, als die disziplinierten Legionäre und ihre numidische Auxiliarkavallerie die unorganisierten und schlecht ausgerüsteten Rebellen angriffen:

> Die mit Speeren bewaffnete Kavallerie ... verjagte die Karthager, die nicht auf den Angriff warteten, sondern flohen und ihre Ausrüstung fortwarfen. Sie drängelten und trampelten einander nieder, wurden mehr durch die eigenen Leute getötet als durch den Feind ... Der Rest der Meute drängte sich an den Stadttoren, alle wollten gleichzeitig hinein. Sie wurden von Kavallerie und Legionsinfanterie überwältigt.

Der jüngere Gordian fiel in der Schlacht, der ältere beging Selbstmord. Anschließend wurde Maximinus gestürzt (s. S. 208), und Gordian III. (der Enkel Gordians I., noch keine 20 Jahre alt) wurde Kaiser, unterstützt vom Prätorianerpräfekt Timesitheus. Die *III Augusta* wurde zur Strafe aufgelöst und fiel der *damnatio memoriae* anheim – ihr Name wurde aus einigen Inschriften herausgemeißelt, vor allem denen, die sie als *Maximiniana* („von Maximinus") bezeichneten. 253 wurde sie als *III Augusta Valeriana Galliena* (nach den damaligen Kaisern) rekonstituiert. Wir wissen wenig über ihre spätere Geschichte, aber sie könnte weiterexistiert haben, bis die Vandalen 429 Afrika eroberten, da eine *III Augustani* („Augusteer") in der *Notitia dignitatum* erscheint, die aus dieser Zeit stammt.

## Die *III Augusta* im römischen Afrika

Die 3. Legion war äußerst aktiv am Ausbau der römischen Grenze in der Sahara und der Entwicklung von Tripolitania im Osten (Libyen) beteiligt – ein Prozess, der in severischer Zeit (ca. 193–235) intensiviert wurde. Von Abteilungen der *III Augusta* besetzte Außenposten verdeutlichen die Bedeutung der inneren Sicherheit. Ein besonders gut untersuchtes Beispiel ist das Kastell Bu Njem in Tripolitania – ein sehr großes (1,28 ha), rechteckiges, in Stein errichtetes Kastell mit Kasernen für eine Kohorte, Getreidespeicher, Hauptquartier und Bad.

Die *III Augusta* trug auch zum Ausbau der Infrastruktur bei; technische Spezialisten und qualifizierte Arbeitskräfte bauten u.a. die Straßen weiter aus. Eine Reihe hadrianischer Meilensteine zeugt vom Bau einer Straße von Karthago nach

Die Legionen des römischen Afrika unterstützten den kurzen und erfolglosen Versuch des Prokonsuls Clodius Macer, den Thron zu besteigen (68/69 n.Chr.). Er gab Denare mit dem Titel der *III Augustas* heraus, um die Loyalität der Truppe zu bezeugen.

Die römischen Ruinen von Bu Njem. Das Kastell wurde 201 n.Chr. von der *III Augusta* errichtet und war bis 238 von einer Vexillation besetzt.

## Die *II Augusta* und die Kolonie von Thamugadi

Thamugadi (Timgad, Algerien), UNESCO-Weltkulturerbe, ist eine der spektakulärsten römischen Stätten. Es wurde 100 n. Chr. durch die *III Augusta* als Kolonie für Veteranen im Ruhestand angelegt und unterhielt enge Beziehungen zur Legion im nahen Lambaesis. Thamugadis militärischer Ursprung lässt sich aus dem rechteckigen Grundriss und der Einteilung in Häuserblocks ablesen – wie bei einem Legionslager. 400 bis 900 Veteranen lebten hier mit ihren Familien. Viele spätere Bewohner Thamugadis waren ebenfalls Veteranen, und Kommandanten der *III Augusta* fungierten manchmal als Mäzene der Kolonie.

Thamugadi erlebte seine Blütezeit in der Spätantike, litt aber unter Angriffen der Vandalen, die im 5. Jh. n. Chr. Nordafrika eroberten. Nach der byzantinischen Rückeroberung im 6. Jh. wurde die Stadt neu gegründet, aber im 7. Jh. nach Überfällen der Berber wieder aufgegeben. Der Ort ist gut erhalten, weil er 1200 Jahre lang bis zur Ausgrabung im späten 19. Jh. unbewohnt war.

Thamugadi war trotz seiner Verbindungen zur Armee eine zivile Gemeinde und besaß öffentliche Gebäude wie ein Forum, ein Theater (hier abgebildet) und Thermen, außerdem verfügte der Ort über eine bürgerliche Verfassung, Richter und Priester.

Theveste. Auf dem 77. Meilenstein, in der Nähe von Guettar (Tunesien), steht:

> Imperator Caesar Trajan Hadrian Augustus, Enkel des vergöttlichten Nerva, Sohn des vergöttlichten Trajan, der die Parther besiegte, Hohepriester, zum siebten Mal mit tribunizischer Macht ausgestattet (= 123 n. Chr.), zum dritten Mal Konsul, ließ die *III Augusta* den Weg von Karthago nach Theveste pflastern, als Publius Metilius Secundus proprätorischer Legat des Kaisers war. *CIL* 8, 2204

Andere Inschriften zeigen Legionäre, die daran arbeiteten, die Wasserversorgung der Gemeinden in der Provinz zu verbessern.

### Die Soldaten der *III Augusta*

Besonders interessant an den archäologischen Zeugnissen ist, wie viel sie uns über die gewöhnlichen Soldaten der *III Augusta* mitteilen. Der französische Historiker Yann Le Bohec hat festgestellt, dass die Inschriften ca. 3000 einzelne Soldaten verzeichnen, dies sind 7 % der ca. 40 000–50 000 Mann, die ihr zwischen 115 und 238 n. Chr. angehörten. Bei keiner anderen Legion verfügen wir über derart detaillierte Informationen. Die Inschriften informieren uns über die Herkunft der Legionäre und zeigen, dass sie ursprünglich aus Italien sowie diversen romanisierten Städten in Afrika wie Karthago kamen. 120 gab es keine Italiker mehr, fast alle Rekruten kamen aus Afrika. Im 2. Jh. waren mehr und mehr Rekruten Söhne von Soldaten, sie sind als *castris* („aus dem Lager") aufgeführt und wuchsen vermutlich in *canabae* (zivilen Siedlungen) nahe dem Legionslager Lambaesis auf. Dies war ein Trend, der für alle Legionen der Kaiserzeit galt, aber Afrika war in dieser Hinsicht ein Vorreiter.

**Ein Soldat der *III Augusta* und seine Brüder**

„Den Geistern der Verstorbenen. Marcus Silius Faustus, Sohn des Marcus, vom Stamm Quirina, aus Ammaedara, Soldat der *legio III Augusta*, starb in Parthien. Er lebte 41 Jahre. Lucius Silius Rufinus, Fahnenträger, und Silius Quietus, Soldat derselben Legion, (schufen dies Grab) für ihren so pflichtbewussten Bruder." (*CIL* 8, 2975)

Mit dieser Inschrift aus Lambaesis wird an einen Soldaten der *III Augusta* durch seine beiden Brüder, die in derselben Legion dienten, erinnert. Er stammte aus Ammaedara (Haïdra, Tunesien), das bis ca. 75 n. Chr. Legionslager war. Sein Vater könnte Veteran gewesen sein, der sich dort niederließ, wo er gedient hatte, bevor seine Söhne zur Welt kamen; die Tatsache, dass alle Brüder in derselben Legion Dienst taten, unterstreicht die Möglichkeit, dass sie aus einer Familie mit militärischem Hintergrund kamen. Marcus starb in Parthien, zweifellos als Teil einer Vexillation an der Ostgrenze in einem der Partherkriege des 2. Jh.

Die Inschriften beleuchten auch die sozialen und kulturellen Hintergründe der Legionäre und ihrer Offiziere. Zum Beispiel waren die meisten Zenturionen des 2.–3. Jh. n. Chr. keine kampferprobten Veteranen, die befördert worden waren, sondern privilegierte Individuen, die bereits mit einem höheren Status in die Armee kamen. Allerdings entstammten auch viele Legionsrekruten in dieser Zeit dem oberen Ende der „Arbeiterklasse" und hatten einen, relativ gesehen, kulturell eher romanisierten Hintergrund.

Grabstein des Q. Julius Fortunatus (*CIL* 8, 3151) aus Lambaesis, Legionär der *III Augusta*, *castris* – vor Ort – rekrutiert und mit 28 Jahren gestorben.

## *I Macriana Liberatrix*

Diese Legion wurde ausgehoben, um den Thronanspruch des L. Clodius Macer, Prokonsul von Afrika im Jahr 68, zu unterstützen. Wir kennen sie in erster Linie von Denaren mit der Legende LEG I MACRIANA LIB („von Macer, dem Befreier"). Macer wurde auf Befehl des Galba hingerichtet, und die Legion könnte kurz unter Vitellius gedient haben, bevor sie 69 n. Chr. aufgelöst wurde.

***I Macriana Liberatrix***

| | |
|---|---|
| **Beiname** | *Macriana Liberatrix* |
| **Emblem** | Unbekannt |
| **Basis** | Unbekannt (evtl. Karthago) |
| **Wichtige Feldzüge** | Keine |

# Die Legionen des römischen Ägypten

*XXII Deiotariana, II Traiana Fortis*

Seit Einrichtung der Provinz 30 v. Chr., als Octavian (Augustus) nach der Niederlage von Kleopatra VII. und Marcus Antonius die Kontrolle über das Reich übernahm, war in Ägypten eine Legion stationiert. Neben den üblichen Zeugnissen haben hier Papyri überdauert, die einzigartige Einblicke gewähren. Während der Regierungszeit des Augustus standen drei Legionen in Ägypten (Strabo, *geogr.* 17,1,12), in Alexandria, Babylon (Alt-Kairo) und (vermutlich) Luxor. Es könnten die *III Cyrenaica* (später in Arabien, s. S. 156)

und *XXII Deiotariana* gewesen sein – welches die dritte war, wissen wir nicht. 23 n. Chr. gab es zwei Legionen, Mitte des 2. Jahrhunderts nur noch eine (*II Traiana*). Aus politischen Gründen wurde Ägypten von einem Mitglied des Ritterstands (*equites*) verwaltet und nicht von einem Senator; auch die Legionen wurden von *equites* statt den üblichen senatorischen Legaten befehligt. Die wichtigste Aufgabe der Legionen war es zu verhindern, dass die Getreideversorgung Roms gestört wurde – bezog die Stadt doch sehr viel Getreide aus Ägypten. Vor allem Alexandria, mit seinen griechischen und jüdischen Bevölkerungsteilen, war anfällig für Unruhen.

Tempel des nubischen Sonnengotts Mandulis, ursprünglich in Kalabscha in Nubien gelegen, ca. 50 km südlich von Assuan, beim Bau des Assuan-Staudamms verlegt. Hier und anderswo von Soldaten eingeritzte Widmungen bieten ein lebendiges Bild der römischen Garnison in Ägypten und Nubien.

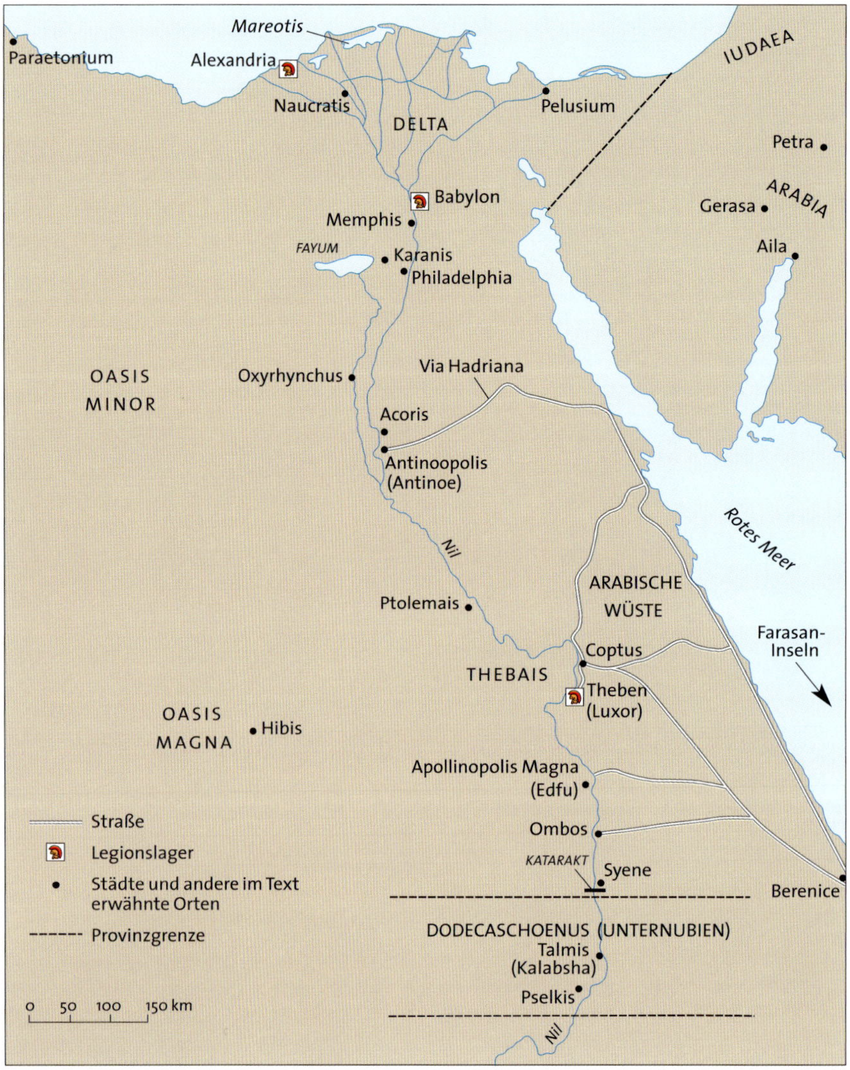


Das römische Ägypten mit Legionslagern und anderen im Text erwähnten Orten sowie den wichtigsten Routen durch die östliche Wüste zu den Steinbrüchen und den Häfen am Roten Meer.

## Äußere Kriege und innere Sicherheit

Ägypten war an keinen großen Kriegen beteiligt, außer zu Beginn der römischen Besatzung. Bei einer 10 000 Mann starken Expedition auf die Arabische Halbinsel unter Statthalter Aelius Gallus 26–24 v. Chr. starben viele Soldaten an Krankheiten und Hunger (Strabo, *geogr.* 16,4,24), während die „Äthiopier" aus Nubien (dem heutigen Sudan) in die Thebais (Ober-/Südägypten) einfielen, die Bevölkerung versklavten und Kaiserstatuen zerstörten (*geogr.* 17,1,54).

Der nächste Statthalter, Publius Petronius, führte einen erfolgreichen Gegenangriff durch, vertrieb die Nubier aus Ägypten und erweiterte sogar den römischen Einflussbereich nach Nubien hinein einschließlich wichtiger Zentren wie Pselchis (ad-Dakka) und Talmis (Kalabscha). Nero brachte Truppen nach Ägypten für einen Feldzug gegen die „Äthiopier" (u. a. die *XV Apollinaris*), aber dieser wurde aufgrund des Jüdischen Kriegs 66 n. Chr. aufgegeben (Josephus, *bell. Iud.* 3,8; s. S. 145). Erst Mitte des 3. Jh. n. Chr. stellte wieder ein Nomadenvolk, die Blemmyer, die Römer im Süden Ägyptens vor große Probleme.

Um vor allem in Alexandria die innere Sicherheit aufrechtzuerhalten, wurden die ägyptischen Legionen zusammen in einem Lager nahe Nikopolis (Alexandria) stationiert. 66 n. Chr. verschärfte der Aufstand in Iudaea bestehende Spannungen – die Juden drohten damit, das Amphitheater der Stadt niederzubrennen, während sich die Griechen dort aufhielten. Als Reaktion ließ Statthalter Tiberius Alexander seine zwei Legionen auf das jüdische Viertel los:

> Er erkannte, dass nur eine verheerende Niederlage den Aufstand stoppen würde. So wies er seine Soldaten an, die Juden nicht nur zu töten, sondern auch ihre Häuser zu plündern und niederzubrennen. Die Legionen eilten ins Stadtviertel „Delta", in dem die Juden lebten, und sie taten, wie ihnen geheißen, aber nicht ohne eigene Verluste, denn die Juden leisteten erbitterten bewaffneten Widerstand, mit ihren besten Kämpfern an vorderster Front. Aber sobald sie diese getötet hatten, war es einfach für die Römer, die Übrigen abzuschlachten.
>
> Josephus, *bell. Iud.* 2,494–96

Unter Trajan gab es eine weitere Herausforderung – den Bar-Kochba-Aufstand (115–17 n. Chr.). Zwar begann dieser Aufstand in Kyrene (heute Ostlibyen/Westägypten), doch griff er auf die jüdische Bevölkerung von Ägypten und Zypern über. Anfängliche Rückschläge lagen eventuell am Fehlen einer regulären ägyptischen Garnison – diese unterstütze Trajan bei seinen Kriegen im Osten. Doch könnte es sein, dass die Truppen zurückkehrten und das Heer unter Q. Marcius Turbo verstärkten, das den Aufstand niederschlug.

Ein auf Papyrus erhaltener Brief (Smallwood, *Nerva* Nr. 57) beschreibt Kämpfe zwischen ägyptischen Dorfbewohnern und jüdischen Rebellen und sagt, dass eine „weitere Legion" in Memphis eintraf (die *III Cyrenaica*, zurück aus dem Osten?). Die *III Cyrenaica* und *XXII Deiotariana* blieben beide bis zum Ende des Aufstands in Alexandria. Die *III Cyrenaica* wurde darauf in die neue Provinz Arabia verlegt, und binnen weniger Jahrzehnte verschwand die *XXII Deiotariana* aus den Aufzeichnungen (s. S. 126). Eine relativ neue Legion, die von Trajan ausgehobene *II Traiana*, wurde in Ägypten eingesetzt und blieb dort mindestens drei Jahrhunderte.

### *XXII Deiotariana*

| | |
|---|---|
| **Beiname** | *Deiotariana* |
| **Emblem** | Unbekannt |
| **Basis** | Nicopolis (Alexandria) |
| **Wichtige Feldzüge** | Aelius Gallus' Arabienfeldzug (26–24 v. Chr.)? P. Petronius' Nubieninvasion (24–22 v. Chr.)? Corbulos Partherkrieg (Vexillation, 63 n. Chr.)? Jüdischer Krieg (Vexillation, Iudaea, 66–70 n. Chr.); Babylonischer Aufstand (115–17); Bar-Kochba-Aufstand (Iudaea, 132–35)? |

## *XXII Deiotariana*

Das Ungewöhnliche an dieser Legion: sie ist nach einem nicht-römischen Herrscher benannt, König Deiotarus von Galatien in der heutigen Türkei, der im 1. Jh. v. Chr. Truppenverbände im römischen Stil einrichtete. Nach Caesars Sieg über Pompeius 48 v. Chr. stellte das Heer von König Pharnakes von Pontus für eine Reihe römischer Alliierter in Kleinasien (u. a. Galatien) eine Bedrohung dar. Gnaeus Domitius Calvinus, Statthalter der Provinz Asia, wurde von Pharnakes bei Nikopolis in Kleinarmenien besiegt. Caesars *Alexandrinischer Krieg* (34) hält fest, dass Domitius' Armee zwei Legionen „von Deiotarus enthielt, die er Jahre zuvor gemäß unseren Trainingsmethoden ausgebildet und nach unserer Art ausgerüstet" hatte. Sie kämpften jedoch schlecht und erlitten in Nikopolis schwere Verluste. Als Caesar ein paar Monate später in Pontus eintraf, um Pharnakes bei Zela anzugreifen, waren Deiotarus' „Legionäre" wieder Teil der römischen Armee (*bell. Alex.* 69). Diesmal jedoch waren die Römer (mit Deiotarus' Truppen) trotz der gefährlichen Sichelwagen des Pharnakes siegreich, und zwar so schnell, dass Caesar seinen berühmtem Ausspruch tat: „Ich kam, sah und siegte" (Sueton, *Iul.* 37).

Als Galatien 25 v. Chr. römische Provinz wurde, müssen einige dieser „falschen" Legionäre in der regulären römischen Armee gedient haben. Dies erklärt den Beinamen *Deiotariana* („von Deiotarus") der 22. Legion spätestens zur Zeit der Flavier. Dennoch gibt es allen Grund anzunehmen, dass die *XXII Deiotariana* eine der drei Legionen in Ägypten war, die Strabo erwähnt (der etwa zur Zeit schrieb, als sie aufgestellt wurde); ein Papyrusdokument impliziert zudem, dass sie

8 v. Chr. in der Provinz stationiert war. Die Vexillation handverlesener Soldaten aus Ägypten, von der Tacitus berichtet (*ann.* 15,26), sie sei für den Partherkrieg 63 n. Chr. mit Corbulo in Syrien gewesen, umfasste vermutlich Legionäre der *XXII Deiotariana* und der *III Cyrenaica*. Soldaten der ägyptischen Legionen waren im Jüdischen Krieg präsent, vor allem bei der abschließenden Belagerung und Einnahme von Jerusalem 70 n. Chr. Tacitus (*hist.* 5,1) gibt an, Vexillationen der *XXII* und *III* seien in jenem Jahr mit Titus in Iudaea gewesen, und Josephus (*bell. Iud.* 5,44) gibt an, es seien 2000 Soldaten gewesen, unter einem Kommandanten namens Eternius.

### Innere Sicherheit und Polizeiarbeit

Doch wie andere ägyptische Legionen verbrachte die *XXII Deiotariana* die meiste Zeit in ihrer Provinz, um den Frieden zu sichern und die örtlichen römischen Behörden zu unterstützen. Eine Inschrift des 1. Jh. n. Chr. (*ILS* 2483) aus Koptos im Niltal (Qift) beschreibt, wie Angehörige von Auxiliartruppen und Legionen Zisternen zur Bewässerung von Stützpunkten und Befestigungen entlang der Wüstenstraße vom Niltal zu den Häfen am Roten Meer anlegten. Diese Straße wurde von Händlern und Reisenden benutzt, die von Ägypten (und dem Mittelmeer) an die arabische Küste und Indien reisten. Die Armee war daran beteiligt, weil die römischen Behörden die Bewegungen in den Grenzgebieten kontrollieren wollten und auf eingeführte Güter hohe Zölle erhoben.

Soldaten der *XXII Deiotariana* bewachten zudem die Boote auf dem Nil, die Getreide nach Alexandria lieferten. Die Römer beschlagnahmten Getreide als Steuerzahlungen und verschifften es nach Rom, um die eigene Bevölkerung zu ernähren. Davon weiß man u. a. durch die Beschriftungen von Tongefäßen, die Proben von Getreide bestimmter Ladungen enthielten. Ein Teil einer solchen Beschriftung aus dem 2. v. Chr., lautet:

> Aus dem Gau Oxyrhynchos. Ammonios, Sohn des Ammonios, Steuermann des öffentlichen Boots, dessen Emblem ..., durch Vermittlung von Lucius Oclatius, Marinesoldat der *legio XX*, zweite Kohorte, Zenturie des Maximus Stoltius, und Hermias, Sohn des Petalos, Steuermann eines anderen Boots, dessen Emblem „Ägypten" ist, durch Vermittlung von Lucius Castricius, Marinesoldat der *legio XX*, vierte Kohorte, Zenturie des Titus Pompeius. Dies ist eine Probe [von Weizen] aus der Ernte des 28. Jahres des Caesars (= 2 v. Chr.), die wir an Bord brachten.
>
> *SB* 6, 9223

Zenturionen der *XXII Deiotariana* ritzten zudem ihre Namen in die Kolossalstatuen von Amenophis' III. („Memnonskolosse") im heutigen Luxor. Die meisten sind undatiert, aber einige stammen aus der Regierungszeit von Nero und Domitian.

### Herkunft und Rekrutierung

Die Inschrift aus Koptos gibt auch Aufschluss über Herkunft und Status der Legionäre im Ägypten der frühen Kaiserzeit. Die meisten Legionäre waren römische Bürger, doch bei diesen zwei legen die auffälligen Namen nahe, dass sie es nicht waren. Dies mag sich dadurch erklären, dass es in der frühen Kaiserzeit im Osten weniger römische Bürger gab als im Westen und die Behörden *peregrini* (freie Nicht-Bürger, wie man sie sonst für Auxiliartruppen rekrutierte) für die Legionen anwerben mussten, die so das Bürgerrecht erhielten.

Fast alle der 36 Legionäre in Koptos kamen aus dem Osten, viele aus Galatien, darunter zehn aus Ancyra (Ankara). Dies spiegelt den galatischen Ursprung der *XXII Deiotariana* wider, aber auch, dass diese Soldaten als besonders zäh galten und Galatien keine eigene Legion besaß. Andere kamen direkt aus Ägypten (sechs davon aus Alexandria), zwei waren *castris* rekrutiert („aus dem Lager", eventuell Söhne von Soldaten). Wie in anderen Provinzen (s. S. 119 zur *III Augusta*) wuchs der Anteil der *castris* rekrutierten Soldaten im Laufe der Zeit, sodass die Rekrutierung in gewisser Hinsicht vererbt wurde. Eine Inschrift der *II Traiana* in Ägypten (*CIL* 3, 6580) zeigt, dass 168 n. Chr. 24 von 41 rekrutierten Soldaten einen solchen Hintergrund hatten.

Von Augustus (13 v. Chr.) bis Caracalla (235 n. Chr.) konnten römische Soldaten keine legitime Ehe führen. Natürlich hielt das viele nicht davon ab, Beziehungen einzugehen und Familien zu gründen, doch es war gesetzlich nicht anerkannt. Das Eheverbot hatte eine Reihe wichtiger Konsequenzen: Kinder aus solchen Verbindungen galten als unehelich und erhielten so nicht das normale Bürgerrecht, konnten somit auch nicht erben. Doch schließlich erkannten verschiedene

Zisterne im Kastell, das die Steinbrüche bei Umm Balad schützte. Legions- und Auxiliartruppen in der östlichen Wüste überwachten Straßen, Steinbrüche und den Fernhandel mit Arabien und Indien.

Kaiser, wie wichtig die Loyalität ihrer Soldaten ihnen und dem Staat gegenüber war, und schwächten die härtesten Folgen dieses Verbots ein wenig ab. Ein anschauliches Beispiel hierfür kann man einem auf Papyrus erhaltenen Brief von Hadrian an Quintus Rammius Martialis, Präfekt von Ägypten 117–19, entnehmen, im Lager der *XXII Deiotariana* in Alexandria aufgesetzt (*BGU* I 1400); er erweitert die Rechte unehelicher Kinder verstorbener Soldaten bei Erbschaftsangelegenheiten ohne Testament:

> Abschrift eines Briefs von unserem Herrn, Hadrian, übersetzt und aufgesetzt ... in den Winterquartieren der Legionen *III Cyrenaica* und *XXII Deiotariana*, im Hauptquartiersgebäude, im dritten Jahr der Regierung Hadrians ... „Ich verstehe es so, mein lieber Rammius, dass Kinder, die während des Militärdiensts des Vaters von den Eltern registriert werden, von der Erbschaft ausgeschlossen werden, und das ist nicht als ungerecht anzusehen, denn ihre Väter haben entgegen militärischen Vorschriften gehandelt. Es scheint mir aber richtig, Grundsätze festzulegen, die die von meinen Vorgängern eingeführten doch eher harten Vorschriften großzügiger interpretieren. Auch wenn es stimmt, dass Kinder, die während des Militärdiensts des Vaters registriert werden, keine legitimen Erben sein können, ordne ich an, dass sie einen Anspruch auf den Besitz anmelden können, auf der Grundlage jenes Teils des Edikts, der dies Recht Blutsverwandten gewährt."

### Das Ende der XXII Deiotariana

Dieser Brief, der die *XXII Deiotariana* am 4. August 119 n. Chr. mit der *III Cyrenaica* in Nikopolis (Alexandria) nennt, ist das letzte Zeugnis für die Existenz dieser Legion. Bedenkt man die Anzahl der Papyrusdokumente, die erhalten sind, so müssten wir sie irgendwo erwähnt finden, wenn sie in Ägypten geblieben wäre; und eine Verlegung in eine andere Provinz im Osten wäre sicherlich inschriftlich belegt.

Wahrscheinlich wurde die Legion aufgelöst oder aufgerieben, und Forscher haben Grund zur Annahme, dass dies in Iudaea während des Bar-Kochba-Aufstands geschah (132–35 n. Chr.; s. S. 145 f.). Mehrere Inschriften über den (Neu-?) Bau des „hohen Aquädukts" in Caesarea könnten die Präsenz der Legion in Iudaea zur Zeit des Aufstands beweisen. Die lesbaren Beispiele beziehen sich auf Vexillationen von *X Fretensis*, *VI Ferrata* und *II Traiana* in der Regierungszeit Hadrians (vielleicht um 130). Doch wurden auch Spuren einer ähnlichen Inschrift gefunden, die in der Antike gelöscht wurde, sodass ihre Buchstaben nur schwach zu erkennen sind. Die Historiker Benjamin Isaac und Israel Roll vertreten die These, dass hier eine in Ungnade gefallene Legion genannt wurde, die vielleicht nach einer schweren Niederlage aufgelöst wurde; möglicherweise war das die *XXII Deiotariana*. Ein weiteres interessantes, aber kaum überzeugendes Zeugnis ist die Behauptung eines späteren christlichen Schriftstellers, Sextus Julius Africanus, die „Pharisäer" hätten eine römische „Phalanx" getötet, indem sie ihren Wein vergifteten. Die Details sind sicher unglaubwürdig, doch könnte diese Geschichte auf Erinnerungen an die Vernichtung einer ganzen Legion wie der *XXII Deiotariana* beruhen.

Relief des Gottes Anubis in Militärtracht, aus den römerzeitlichen Katakomben von Kom ash-Shuqafa in Alexandria.

## *II Traiana Fortis*

Der Name der Legion zeigt an, dass sie durch Kaiser Trajan, vermutlich um 105 n. Chr., ausgehoben wurde, was Cassius Dio (55,24,4) bestätigt. Dennoch wissen wir wenig über die Umstände der Gründung. Vielleicht wurde sie für den zweiten Dakerkrieg des Kaisers (105–6) rekrutiert oder für die Annexion des nabatäischen Arabien (heute Jordanien und Südsyrien) 106. Wahrscheinlich nahm die *II Traiana* an der Invasion des Partherreichs 113–17 teil, auch wenn es keine direkten Beweise gibt.

Deutlichere Zeugnisse haben wir für das Jahr 120. Ein Meilenstein aus diesem Jahr zeigt, dass die *II Traiana* einen Teil der Straße von der römischen Kolonie in Ptolemais (Akkon) nach Diocaesarea (Sepphoris) baute; vielleicht war die Legion ab ca. 117 in Iudaea stationiert, bis sie 127/28 nach Ägypten verlegt wurde. Eventuell lag ihre Basis in Iudaea in der Nähe von Caparcotna (el-Lejjun, vom lateinischen *legio*) und wurde später von der *VI Ferrata* übernommen. Eine Vexillation der *II Traiana* war in der Regierungszeit des Hadrian am Bau von Caesareas „hohem Aquädukt" (oder seinem Neubau) beteiligt, entweder während sie in Iudaea stationiert war oder auf dem Rückweg vom Bar-Kochba-Aufstand. Danach könnte sie vorübergehend an den Euphrat verlegt worden sein, aufgrund einer Krise in Parthien im Jahr 123. Eine in Lyon gefundene Inschrift (*CIL* 13, 1802) stellt die Karriere des Senators Claudius Quartinus dar, der eine Armee aus *II Traiana* und *III Cyrenaica* befehligte, „auf Befehl des Kaisers Hadrian Augustus" – die Krise von 123 scheint eine geeignete Zeit dafür.

Die *II Traiana* war vermutlich im Februar 128 in Ägypten, wie eine Inschrift im nubischen Pselkis (ad-Dakka) zeigt (*CIL* 3, 14147). Der Hauptteil der *II Traiana* könnte von Anfang an in Nikopolis (Alexandria) gewesen sein, entweder gemeinsam mit oder statt der *XXII Deiotariana*. Mit Sicherheit stand die *II Traiana* im März 142 in Nikopolis, als ein Auxiliarkavallerist sein Testament schrieb, „in Alexandria in Ägypten, im Winterquartier der *legio II Traiana Fortis*" (*AE* 1948, 168). Die *Notitia dignitatum* zeigt, dass ein Teil der Legion noch Ende des 4. Jh. n. Chr. in Alexandria war. Die Jahrhunderte, die die Legion in Alexandria verbrachte, sind durch mehrere Grabsteine von Soldaten und ihren Angehörigen dokumentiert.

### *II Traiana Fortis*

| | |
|---|---|
| **Beiname** | *Traiana Fortis* |
| **Emblem** | Herkules |
| **Basis** | Nicopolis (Alexandria) |
| **Wichtige Feldzüge** | Trajans zweiter Dakerkrieg (105–6 n. Chr.)? Annexion von Arabien (106)? Trajans Partherkrieg (113–17)? Bar-Kochba-Aufstand (132–35); Partherkriege von Lucius Verus und Septimius Severus (161–66; Vexillationen [?], 195–97)? Pescennius Nigers Bürgerkrieg gegen Septimius Severus (193–94); Severus Alexanders Perserkrieg (231–33) |

### Die *II Traiana* in Kriegszeiten

Falls die *II Traiana* aus Iudaea nach Ägypten kam, so ging wahrscheinlich zumindest ein Teil von ihr bald wieder zurück. Ein hochrangiger Zenturio der Legion wurde von Hadrian für seine Taten in einem „jüdischen Krieg" belobigt (*CIL* 10, 3733), gemeint ist wohl der Bar-Kochba-Aufstand von 132–35 n. Chr. Eine weitere Inschrift aus Alexandria (*AE* 1969/70, 633) zeigt eine ungewöhnliche Zusammensetzung der Legion um 132/33: 88 Soldaten (von 130) aus Afrika, 19 aus Syria Palaestina, 15 aus Italien – keiner wurde in Ägypten

Das Grabrelief eines Legionärs aus Alexandria (Griechisch-Römisches Museum) zeigt einen Soldaten in Friedensuniform und einen in Toga, die beide ein Opfer darbringen.

oder *castris* rekrutiert. Die ausländischen Rekruten dienten vermutlich im Notfall dazu, Gefallene zu ersetzen.

Die *II Traiana* könnte später Vexillationen für Feldzüge außerhalb Ägyptens bereitgestellt haben, so für die Partherkriege von Lucius Verus und Septimius Severus, aber es gibt keine eindeutigen Beweise. Sie nahm auch an Bürgerkriegen und versuchten Usurpationen teil. Wie viele östliche Legionen unterstützte die *II Traiana* im Jahr 175 Avidius Cassius gegen Marcus Aurelius und 193/94 Pescennius Niger gegen Septimius Severus.

Spätere kaiserzeitliche Biographen vermuten, dass die Blemmyer an der Südgrenze Ägyptens Mitte des 3. Jh. eine ernste Bedrohung darstellten und dass Kaiser Probus (276–82) sie besiegte, nachdem sie Koptos und Ptolemais gefangen genommen hatten. Zweifellos wäre die *II Traiana* bei solch einem Konflikt stark involviert gewesen (*hist. Aug. Probus* 17,2,6). Die Legion kann auch Vexillationen für Kriege in Syrien und Mesopotamien abgestellt haben. Zum Beispiel beschreibt Herodian (6,4,7) eine Meuterei in Antiochia von Truppen, die sich auf den Perserkrieg des Severus Alexander 231 vorbereiteten.

### Innere Sicherheit und Polizeiarbeit

Trotz gelegentlicher Beteiligung an Kriegen außerhalb Ägyptens bezogen sich die meisten Pflichten der *II Traiana* auf die innere Sicherheit, Polizeiarbeit und Verwaltung. Der wohl schwerste interne Konflikt, während die 2. Legion der Kern der ägyptischen Garnison war, entstand ca. 172: der Aufstand der Bucoli („Hirten"), der schließlich von demselben Avidius Cassius unterdrückt wurde, der später versuchte, Marcus Aurelius vom Kaiserthron zu stoßen.

Die meisten ihrer internen Aufgaben waren jedoch weit weniger dramatisch. Papyrusdokumente zeigen, dass Zenturionen in Gemeinden überall in der Provinz stationiert waren, wo sie als unterste Ebene der römischen Autorität fungierten; sie nahmen Petitionen von den Bewohnern an über Kriminalität und Störungen der öffentlichen Ordnung, untersuchten ihre Beschwerden und gaben sie an höhere Stellen weiter. Ein erhaltenes Beispiel dafür stammt von 192, als ein Bewohner des Dorfs Karanis im Fayyum-Becken an Zenturio Valerius Germanus schrieb:

> An Valerius Germanus, (Zenturio) aus [Sa]beinos, Sohn des Sosimos, aus der Metropole, der im Dorf Karanis wohnt. In der Nacht zum 12. wurde meine Tenne in der Nähe des Dorfes Ptolemais Nea von Unbekannten in Brand gesetzt. Also reiche ich diese Petition in die Registratur ein, damit mir die für schuldig befundenen Personen Schadenersatz leisten.
>
> *BGU* II 651

Manchmal waren die Soldaten selbst jedoch Ursache solcher Störungen im ländlichen Raum. Ägyptische Papyri enthalten Beschwerden von Zi-

vilisten über betrunkene und gewalttätige Soldaten. Rechnungsbücher geben auch Hinweise auf Erpressungen, mit kaum verheimlichten Einträgen von *diaseismos* (erpresstem Geld), das Zivilisten den Soldaten zahlten. Andererseits ergeben steuerliche Papyrusdokumente, dass sich ehemalige Soldaten mit ihren Familien in ländlichen ägyptischen Gemeinden wie Karanis niederließen, und während sie immer dann, wenn es ihnen Vorteile verschaffte (z.B. in juristischen Angelegenheiten), ihren Status als ehemalige Soldaten herausstellten, scheinen sie sich in vielerlei Hinsicht sehr gut in das Leben vor Ort integriert zu haben.

### Die *II Traiana* im Roten Meer

Eine der bemerkenswertesten Entdeckungen bezieht sich auf die Rolle der ägyptischen Garnison beim Handel mit Arabien und Indien, der über das Rote Meer lief. Eine lateinische Inschrift (*AE* 2004, 1643; *AE* 2005, 1638–1639) wurde in Farasan Kebir gefunden, einer Insel im Roten Meer vor der Westküste Saudi-Arabiens, fast 2000 km südlich von Alexandria und beinahe auf gleicher Höhe mit dem heutigen Khartum im Sudan. Sie nennt eine Vexillation der *II Traiana*, die im Jahr 144 an Bauten beteiligt war unter dem „Hafenpräfekt von Ferresan" (= Farasan). Zweifellos wurde dieser abgelegene Außenposten des römischen Militärs gegründet, um den Fernhandel zu überwachen und eventuell vor Piraten zu schützen.

Die *Notitia dignitatum* zeigt, dass ein Teil der *II Traiana* Ende des 4. Jh. n.Chr. noch in Alexandria war (in Parembole, dem „Lager") und eine Abteilung von ihr in Apollinopolis Magna (Edfu) in Oberägypten.

*Oben*
Häuser aus Lehmziegeln im Dorf Karanis im Fayum-Becken, Heimstatt der römischen Veteranen und Fundort von Papyrusdokumenten, die die Anwesenheit der römischen Armee belegen.

*Gegenüber oben*
Denar des Pescennius Niger, der im Bürgerkrieg von 193/94 n.Chr. von Ägypten und seiner Legion unterstützt wurde.

*Gegenüber unten*
Teil einer fragmentarischen Inschrift aus Alexandria (*ILS* 2304), in der Veteranen der *II Traiana* Septimius Severus ehrten. Der erhaltene Teil listet 45 im Jahr 168 n.Chr. rekrutierte Personen auf, die meisten aus Ägypten oder *castris*.

# Die Legionen der Ostgrenze

***Syria:** III Gallica, IIII Scythica, XVI Flavia Firma*
***Iudaea:** X Fretensis, VI Ferrata*
***Arabia:** III Cyrenaica*
***Cappadocia:** XII Fulminata, XV Apollinaris*
***Mesopotamia:** I Parthica, III Parthica*

Die östlichen Provinzen waren ein wichtiger militärischer Raum. Hier stand Rom der einzigen benachbarten Supermacht gegenüber, dem Persischen Reich, das bis 224 n. Chr. von der Dynastie der Parther regiert wurde und danach von den Sassaniden. Römische Legionen kämpften gegen sie in mehreren offensiven und defensiven Kriegen. Außerdem sahen sie sich heftigen Aufständen innerhalb des östlichen Imperiums gegenüber, vor allem in

Iudaea 66–70 n. Chr. und 132–35 (s. *X Fretensis*), und die reichen und unruhigen Städte in Syrien und den anderen östlichen Provinzen benötigten Schutz und Überwachung. Da hier so viel Militär konzentriert war, spielte der Osten zudem bei Bürgerkriegen eine entscheidende Rolle: Legionen aus dem Osten verhalfen Vespasian 69 n. Chr. und Elagabal 193/94 auf den Thron; bei Avidius Cassius und Pescennius Niger vermochten sie dies jedoch nicht.

Syrien wurde 64 v. Chr. römische Provinz, mit drei bis vier Legionen in der gesamten Kaiserzeit. Weiter im Norden lag die Provinz Cappadocia (heutige Türkei), 17 n. Chr. annektiert, doch erst ab 70 n. Chr. permanent durch zwei Legionen besetzt. Im selben Jahr wurde in der bestehenden Provinz Iudaea das erste Mal permanent eine Legion stationiert, und vermutlich ca. 117 kam eine zweite Legion hinzu. Arabia (heute Jordanien und Südsyrien) wurde 106 römische Provinz, hier war die meiste Zeit die *III Cyrenaica* stationiert. Septimius Severus schuf 197 n. Chr. in Verbindung mit der Annexion der Provinz Mesopotamia drei neue Legionen.

Die von Säulen gesäumte Hauptstraße von Apamea in Syrien. In der Nähe der Stadt waren in der späten Republik und frühen Kaiserzeit von Zeit zu Zeit Legionen stationiert, die am besten belegte Legion ist die *II Parthica* (erste Hälfte des 3. Jh. n. Chr.).

Der römische Osten mit Legionslagern und anderen wichtigen Orten in Kappadokien, Syrien, Mesopotamien, Arabien und (kleines Bild) Iudaea/Syria Palaestina.

## Die Legionen von Syrien

Im 1. und 2. Jh. n. Chr. war Syrien eine einzige Provinz mit einer starken Besatzung; dies spiegelt ihre wichtige Lage nahe den Parthern jenseits des Euphrat und der Wüste im Süden wider. Septimius Severus teilte die Provinz in Syria Coele („eng“) im Norden mit zwei Legionen (*IIII Scythica* und *XVI Flavia Firma*) und Syria Phoenice im Süden mit einer einzigen Legion, der *III Gallica*.

## *III Gallica*

Die *III Gallica* war vermutlich die dritte von Julius Caesar als Konsul 48 v. Chr. aufgestellte Legion. Ihr Name, „gallisch“, muss sich auf Rekrutierung und/oder Dienst in Gallien beziehen. Sie überdauerte die Triumviratszeit oder wurde danach wiederhergestellt, als Teil von Marcus Antonius' Heer im Osten nach Philippi (42 v. Chr.). Wahrscheinlich nahm die *III Gallica* am Partherkrieg 40/39 v. Chr. teil, bei der Verteidigung Kleinasiens gegen die Armee Pakoros' I. und seines römischen Verbündeten Quintus Labienus (Sohn von Caesars Legat und späterem Gegner Titus Labienus) und beim erfolgreichen Gegenangriff durch Ventidius Bassus. Sicherlich nahm sie an der Invasion des Partherreichs unter Antonius 36 v. Chr. teil. Über ein Jahrhundert später (69 n. Chr.), als die *III Gallica* für Vespasian gegen die Vitellier kämpfte, erinnerte ihr General M. Antonius Primus seine Soldaten an den Glanz vergangener Zeiten, u. a. Erfolge gegen die Parther, „als Marcus Antonius euer Anführer war“ (Tacitus, *hist.* 3,24).

### *III Gallica*

| | |
|---|---|
| **Beiname** | *Gallica* |
| **Emblem** | Stier (Tierkreiszeichen mit Verbindung zur Venus, göttliche Ahnherrin Julius Caesars) |
| **Basis** | Raphanaea, südliches Syrien |
| **Wichtige Feldzüge** | Partherkriege von Marcus Antonius (40–33 v. Chr.); Actium (31 v. Chr.)? Unruhen in Iudaea (4 v. Chr.); Corbulos Partherkrieg (58–63 n. Chr.); Jüdischer Krieg (Cestius Gallus' Angriff auf Jerusalem, 66 n. Chr.); Bürgerkrieg (69 n. Chr.); Babylonischer Aufstand (115–17)? Bar-Kochba-Aufstand (132–35)? Bürgerkrieg zwischen Elagabal und Macrinus (218); weitere Bürgerkriege im Osten und Perserkriege des 2. und 3. Jh., darunter Aurelians Wiedereroberung von Palmyra (272–73)? |

## Krieg mit den Parthern

Im Jahr 36 v. Chr. führte Marcus Antonius 16 Legionen, darunter die *III*, mit Auxiliartruppen und Alliierten in einem Rachefeldzug gegen die Parther. Nachdem die Parther vier Jahre zuvor in Syrien und Kleinasien einmarschiert waren, hatten sie vor allem mit inneren Unruhen zu kämpfen. Nach einem ersten Scheinangriff über Mesopotamien und einer Allianz mit den Armeniern drang Marcus Antonius weit ins Land der Meder vor und belagerte die königliche Hauptstadt Phraata, rund 800 km tief im Feindesland. Doch Angriffe der parthischen Kavallerie machten eine effektive Belagerung unmöglich. Als die Vorräte knapp wurden und seine armenischen Alliierten desertierten, zog sich Marcus Antonius zurück. Die Römer erlitten schwere Verluste, als sie auf dem langen Rückweg immer wieder von parthischen Reitern attackiert wurden.

Der Biograph Plutarch (*Ant.* 42) beschreibt, wie er zur Abwehr des Feindes seine Legionärsinfanterie als leeres Quadrat marschieren ließ, mit Kavallerie und leichter Infanterie an den Seiten, um Angriffe abzuwehren. Ein Gegenangriff sorgte für Schwierigkeiten, bis die *III Gallica* unter Antonius persönlich Rettung brachte und den Zusammenbruch der römischen Marschlinie verhinderte. Dennoch hatte der Rückzug durch die winterlichen armenischen Berge katastrophale Folgen für die römische Armee, die ein Drittel ihrer Soldaten verlor.

Die *III Gallica* findet sich auf Marcus Antonius' Legionsmünzen im Vorfeld von Actium, und sie

*Links*
Denar der Legionärsserie von Marcus Antonius (ca. 33–31 v. Chr.), mit den Standarten der *legio III*, der kaiserlichen *III Gallica*.

*Rechts*
Antonius sah seinen Feldzug als Chance, die Niederlage des Crassus in Carrhae 53 v. Chr. zu rächen und die verlorenen Feldzeichen zurückzugewinnen. Tatsächlich war es dann Augustus, der sie wiedererlangte. An diesen diplomatischen Erfolg des Jahres 20 v. Chr. erinnert der Silberdenar mit dem knienden Parther, der eine Standarte zurückgibt.

könnte an diesem Feldzug teilgenommen haben. Sie war Teil des kaiserzeitlichen stehenden Heers im Osten nach Octavians Sieg und schon früh in Syrien stationiert.

### Konflikt in Iudaea und Armenien

Wie auch andere syrische Legionen wurde die *III Gallica* gelegentlich vom Statthalter gerufen, um die Opposition der von Rom eingesetzten syrischen Könige zu unterdrücken – so z. B. 4 v. Chr., als nach dem Tod Herodes' des Großen Unruhen ausbrachen. Syriens Statthalter Quinctilius Varus (der Namensgeber der Varusschlacht, s. S. 54–59) verlegte eine Legion nach Jerusalem, um den Unruhen zu begegnen, doch das Missmanagement des Prokurators von Iudaea, Sabinus, verschlimmerte die Situation noch, und die Rebellen errichteten in der Stadt eine Blockade gegen die Römer.

Josephus beschreibt die heftigen Kämpfe im Tempelkomplex. Römische Legionäre waren in einem Säulenhof gefangen, vom Dach der Portikus schleuderten die Aufständischen Wurfgeschosse auf sie. Schließlich brannten die Römer die Kolonnaden nieder und zwangen die Rebellen, entweder zu den Legionären in den Hof zu springen oder in den Flammen zu sterben (Josephus, *bell. Iud.* 2,45–50). Die Römer gewannen die Schlacht und plünderten die Schatzkammer des Tempels, blieben aber weiter in Jerusalem eingeschlossen, von immer mehr Rebellen.

Wie Josephus berichtet, wurde eine römische Zenturie, die Vorräte mit sich trug, im nahen Emmaus (Motza-Qaluniya? Vgl. *X Fretensis*) umzingelt; die Rebellen töteten Zenturio Arius und 40 seiner Männer. Schließlich rettete sie Varus, der seine restlichen zwei Legionen mit Auxiliartruppen und Alliierten in der Küstenstadt Ptolemais (Akkon) gesammelt hatte. Er marschierte durch Galiläa und Samarien nach Iudaea, wo die Kräfte der Rebellen langsam schwanden. Nach Hinrichtung der Rädelsführer ging Varus wieder nach Syrien und ließ eine Legion in Jerusalem als temporäre Besatzung zurück.

Wir wissen wenig über die Bewegungen der Legion in Syrien, obwohl ihre Nummer (wie auch *VI*, *X* und *XII*) auf Münzen der Stadt Ptolemais erscheint, die unter Claudius wiedergegründet wurde, als Kolonie für Veteranen der syrischen Legionen. Allerdings spielte die *III Gallica* eine wichtige und gut dokumentierte Rolle in den Kriegen gegen die Parther während der Regierungszeit Neros (s. S. 152). Sie war Teil der Armee, die Corbulo 59 n. Chr. nach Armenien führte, um Artaxata und Tigranokerta einzunehmen. Anschließend war die *III Gallica* auch in der Streitmacht des Corbulo 62 n. Chr., um Caesennius Paetus' demoralisierte Armee zu entlasten. Ihre Präsenz östlich des Euphrat in dieser Zeit ist durch Inschriften in Ziata dokumentiert (*CIL* 3, 6741–42; 6742a), die sich wahrscheinlich auf den Bau eines Kastells dort 64 n. Chr. beziehen.

### Von Moesien nach Rom – Bürgerkrieg 68/69 n. Chr.

Als 66 n. Chr. der Aufstand in Iudaea ausbrach (s. S. 145), schickte die *III Gallica* eine Vexillation von 2000 Mann zu Cestius Gallus für dessen vergeblichen Versuch, Jerusalem zu erobern. Danach blieb die Legion in Syrien, als Vespasian mit seiner Armee 67 n. Chr. in Galiläa einmarschierte. Im Jahr darauf machte sich die *III Gallica* auf einen Marsch, der sie binnen zwei Jahren von Syrien über die Donau nach Rom und wieder zurück führte; eigentlich sollte sie die Roxolanen unterwerfen, sarmatische Nomaden aus der Ukraine, die über die Donau hinweg das durch den Bürgerkrieg (s. S. 59) abgelenkte Römische Reich angriffen.

Inzwischen wurde Vespasian am 1. Juli 69 n. Chr. zum Kaiser ausgerufen – zunächst von der Armee in Ägypten, dann folgten Iudaea und Syrien, Letztere unter Licinius Mucianus, einem ehrgeizigen Anhänger des neuen Kaisers (s. S. 152). Weitere Parteigänger gab es in den Balkanprovinzen; die *III Gallica* wurde zu einem wichtigen Instrument dabei, die Legionen in Moesien auf Linie zu bringen (Tacitus, *hist.* 2,85). Eventuell hatten Offiziere der *III Gallica* Vespasian in Syrien getroffen und waren von ihm beeindruckt gewesen. Also erklärten sich auch die Balkanlegionen zu Anhängern Vespasians, unter Marcus Antonius Primus, Legat der *VII Gemina* (s. S. 109). Primus' Armee war groß und erfahren und (anders als Vespasians erste Stütze, die Ostarmeen) nahe genug an Italien, um es mit Vitellius' Armee aufzunehmen, die v. a. aus Legionen vom Rhein bestand.

Primus marschierte aus dem Nordosten in Italien ein, ohne auf Mucianus' Armee zu warten, rückte in die Po-Ebene vor und traf am 24. Oktober zwischen Bedriacum und Cremona auf die Armee des Vitellius (Tacitus, *hist.* 3,21–22). Diese strategisch wichtige Region übersah Straßen und Wasserwege, die für Invasoren und Verteidiger Norditaliens von entscheidender Bedeutung waren. Hier in der Nähe hatten Vitellius' Truppen sechs Monate zuvor Otho besiegt. Primus' Heer bestand aus der *XIII Gemina*, *VII Gemina/Galbiana*, *VII Claudia*, *III Gallica* und *VIII Augusta*. Auxiliarinfanterie und -kavallerie waren an den Flanken postiert. Vitellius' Heer bestand aus der *IIII Macedonica*, *V Alaudae*, *XV Primigenia*, *I Italica*, *XVI Gallica* und *XXII Primigenia* sowie Veteranen der britannischen Legionen.

Die ganze Nacht wurde immer wieder gekämpft. Bis zum Morgen gewann niemand die Oberhand, als Primus, gemäß Tacitus (*hist.* 3,24–5), seine Truppen motivierte, indem er die Soldaten der *III Gallica* an ihre bisherigen Siege erinnerte. Als dann der Morgen graute, begrüßten sie die Sonne, „so wie es Sitte ist in Syria". Primus' andere Legionen dachten, es sei Mucianus' Armee aus dem Osten, die als Verstärkung eintraf, fassten Mut und griffen mit frischer Kraft an, wobei sie Vitellius' Schlachtlinie durchbrachen. Die flavische Armee rückte zum vitellischen Lager vor und auf Cremona. Tacitus (*hist.* 3,29) beschreibt, wie Soldaten der *III Gallica* das Stadttor mit Schwertern und Äxten einschlugen. Dann plünderten sie die Stadt, brandschatzten und mordeten vier Tage lang; dies bezeichnet Tacitus als „abscheuliches Verbrechen".

Inzwischen wurden die Anhänger Vespasians in Rom, darunter sein Sohn, der spätere Kaiser Domitian, von ihren Gegnern auf dem Kapitol belagert. Dabei brannte der Kapitolinische Tempel, das heiligste Gebäude Roms, nieder – ein schockierender Akt der Gottlosigkeit, den Tacitus „das beklagenswerte und schändliche Ereignis, das in Rom geschehen war" nennt. Und das, wo für einen Römer ein Bürgerkrieg an sich schon gottlos war. Die Flavier wurden geschlagen und viele von ihnen getötet, darunter Vespasians Bruder. Domitian entkam und tauchte unter. Schließlich jedoch erreichte Primus Rom und kämpfte sich durch die Stadt, während die Bevölkerung zusah. Tacitus (*hist.* 3,83) beschreibt die seltsame Situation – ein offener Krieg direkt neben dem normalen Stadtleben mit seinen Bädern und Tavernen. Primus' Armee gewann die Oberhand und Vitellius und viele seiner Anhänger wurden getötet. Am 21. Dezember 69 n. Chr. wurde Vespasian vom Senat zum Kaiser erklärt.

Die *III Gallica* wurde ins Winterquartier in Capua geschickt. Tacitus' Ansicht (*hist.* 4,3), dass Capua, das Vitellius unterstützt hatte, dadurch bestraft werden sollte, erinnert uns daran, wie traumatisch die Ankunft einer römischen Armee für eine zivile Gemeinde sein konnte, sogar in Friedenszeiten – Soldaten wurden in zivilen Häusern untergebracht, es kam zu Diebstählen, Trun-

Relief in Kertsch/Ukraine mit der Darstellung eines sarmatischen Kavalleristen. Während ihrer kurzen Zeit in Moesien (68/69 n.Chr.) wehrte die *III Gallica* einen Einfall von 9000 sarmatischen Roxolanen ab (Tacitus, *ann.* 1,79). Nässe, Schnee und die schwere Last der Beute behinderten die Schlagkraft der mit Lanzen bewaffneten roxolanischen Kavallerie und machte sie angreifbar.

Eine römische Brücke kreuzt im Norden Syriens in der Nähe der antiken Stadt Kyrrhos den Afrin. Einrichtung und Pflege der Infrastruktur war eine übliche Aufgabe für Legionen. Wie andere syrische Legionen stellte die *III Gallica* eine Vexillation zur Verfügung, die 75 n.Chr. einen Kanal und Brücken bei Antiochia baute (s. *XVI Flavia Firma*) und der *IIII Scythica* 73 n.Chr. in Aini bei Zeugma bei der Errichtung einer Hebevorrichtung für Wasser half. Unter Caracalla reparierte die Legion eine Straße in der Nähe von Beirut, die durch einen Steinschlag am Lykos (*CIL* 3, 206) beschädigt worden war.

kenheit und Gewalttaten. Als Mucianus Ende des Jahres in Rom eintraf, versuchte er, Primus' Unterstützung zu untergraben und schickte die *III Gallica* zurück nach Syrien.

### Die *III Gallica* in Syrien

Hauptstützpunkt der *III Gallica* war das Kastell in Raphanaea (Rafniye) im Westen der Provinz. Sie kam wohl nach ihrer Rückkehr aus Italien hierher, als Ersatz für die *XII Fulminata*, die 70 n.Chr. Jerusalem belagert hatte und dann von Titus nach Kappadokien geschickt wurde. Es gibt kaum Anzeichen für ein Legionslager, obwohl die *Geographie* des Ptolemaios (Mitte 2. Jh. n.Chr.) den Ort als Basis der 3. Legion bezeichnet und man einen Altar gefunden hat mit der Darstellung von Adler, Victoria und Stier, von der *legio III Gallica* der Sicherheit und dem Sieg „der Kaiser" geweiht (*AE* 1951, 148) – entweder Marcus Aurelius mit Lucius Verus bzw. Commodus oder Septimius Severus mit Caracalla. Ein berühmter Soldat der *III Gallica*, der in Raphanaea gedient haben muss, war der Schriftsteller und Politiker Plinius d. J., ca. 82 n.Chr., als ritterlicher Tribun (*CIL* 5, 5262).

Abteilungen der Legion waren in ganz Syrien an Bauprojekten beteiligt oder versahen polizeiliche Tätigkeiten. Die 3. Legion ist auch in den kleinen Städten und Dörfern im Süden nachgewiesen, wo Zenturionen (vermutlich zusammen mit ihren Legionären) gegen Straßenräuber vorgingen. Auch andere Legionen sind hier bestätigt (s. S. 145), aber die *III Gallica* war die ortsansässige Legion und erscheint auf deutlich mehr Inschriften, meist aus dem späten 2. Jh. Zenturionen konnten auf kleine Gemeinden wie Phaena und Aera erheblichen Einfluss ausüben und empfingen zahlreiche regionale Ehrungen. Julius Germanus, ein Zenturio der *III Gallica*, wird in einer Dankinschrift des Dorfs Aera (*IGR* 3, 1128) „Wohltäter und Gründer" genannt (wohl eher Ehrentitel als wörtlich gemeint).

Die *III Gallica* stellte auch für die Garnison von Dura-Europos im Tal des Euphrat Truppen. Nachdem Septimius Severus Syrien in zwei Provinzen teilte, war die *III Gallica* die einzige Legion von Syria Phoenice. Die Nummer der Legion erscheint im 3. Jh. auf Münzen von phönizischen Städten wie Tyrus und Sidon, und eine Grabinschrift aus Sidon (*CIL* 3, 152; wahrscheinlich 2. Jh. n. Chr.) nennt einen Soldaten der Legion. Dies könnte bedeuten, dass es in diesen Städten Legionsgarnisonen gab – oder dass sich dort Veteranen niederließen.

Wir wissen wenig über die Geschichte der Legion nach Mitte des 3. Jh. Sie blieb jedoch in Syrien, und die *Notitia dignitatum* belegt die *III Gallica* im späten 4. Jh. in Danaba, ein Stück südlich von ihrem früheren Kastell Raphanaea.

### Die *III Gallica* in Kriegen an der Ostgrenze

Wie andere östliche Legionen beteiligte sich die *III Gallica* im 2. und 3. Jh. n. Chr. wahrscheinlich an den Kriegen gegen die Parther und die neue Dynastie der Sassaniden, und vielleicht auch an der Niederschlagung der jüdischen Aufstände 115–17/132–35 n. Chr. (s. S. 145). Eine Inschrift in Rom (*CIL* 6, 1523) erinnert an Statius Priscus, der in diversen Einheiten diente; wahrscheinlich wurde er als Tribun der *III Gallica* von Hadrian für seine Taten beim Bar-Kochba-Aufstand 132–35 n. Chr. ausgezeichnet.

Höchstwahrscheinlich waren zumindest Teile der *III Gallica* betroffen, als Schapur I. 260 Kaiser Valerian bei Edessa besiegte; sicherlich war sie auch an den nachfolgenden Ereignissen beteiligt, die dazu führten, dass Palmyra sich als unabhängige Macht etablierte. Als jedoch Rom die Kontrolle über Palmyra 272/73 zurückgewann, plünderten Fahnenträger und Trompeter einer „dritten Legion" (gemäß einer späteren Aurelian-Biographie, *hist. Aug., Aurelianus* 31,7) den Sonnentempel von Palmyra. Dies könnten auch Soldaten der *III Cyrenaica* gewesen sein (s. S. 161), aber ebenso gut welche der *III Gallica*, die näher an Palmyra stationiert war.

Elagabal – Herodian beschreibt, wie ortsansässige Soldaten (vermutlich der *III Gallica* in der Nähe von Raphanaea) den gutaussehenden jungen Priester bewunderten, wenn sie den Tempel in Emesa besuchten. Der Historiker vergleicht sein Aussehen mit dem des Gottes Bacchus.

### Die *III Gallica* und Elagabal

Die Legion spielte eine entscheidende Rolle bei der Inthronisierung eines Kaisers, der selbst an Nero, Caligula oder Commodus gemessen ungewöhnlich war: Bassianus, heute als Elagabal bekannt, nach dem syrischen Sonnengott, dessen Priester er war. Elagabals Eltern stammten aus Syrien, eventuell aus Emesa (Homs). Die dortige Legion war von entscheidender Bedeutung bei der Unterstützung seines Thronanspruchs im Jahr 218. Herodian (5,3–4) schreibt, Bassianus' Großmutter Julia Maesa habe behauptet, er sei der Sohn Caracallas (der kurz zuvor durch den Prätorianerpräfekten Macrinus ermordet wurde) und somit Mitglied der Severerdynastie. Sie bestach die Truppen, und diese erklärten Elagabal zum Kaiser. Macrinus wollte den Aufstand unterdrücken, aber seine Soldaten liefen zu Elagabal über und schickten Macrinus den Kopf ihres Kommandanten. In Imma bei Antiochia fand eine letzte Schlacht statt, bei der *II Parthica* und *III Gallica* Seite an Seite kämpften. Macrinus wurde gefangen genommen und hingerichtet, und Elagabal bestieg den Thron.

## *IIII Scythica*

### *IIII Scythica*

| | |
|---|---|
| **Beiname** | *Scythica* |
| **Emblem** | Steinbock |
| **Basis** | Zeugma (Seleucia am Euphrat) |
| **Wichtige Feldzüge** | Eroberung von Moesien (29–27 v.Chr.)? Pannonischer Aufstand (6–9 n.Chr.) und andere frühkaiserzeitliche Balkanfeldzüge? Corbulos und Caesennius Paetus' Armenienfeldzüge (58–63 n.Chr.); Jüdischer Krieg (Cestius Gallus' Angriff auf Jerusalem, 66 n.Chr.; Belagerung von Jerusalem, 70 n.Chr.); Bürgerkrieg (Vexillation, 69 n.Chr.)? Trajans Partherkrieg (113–17); Nigers Bürgerkrieg gegen Severus (193–94); Severus' Partherkriege (195–97)? Caracallas Feldzug gegen die Parther (216/17)? Severus Alexanders Persienfeldzug (231–33); Feldzüge gegen Schapur I. von Persien, darunter römische Niederlagen 252 und 260? |

Die 4. Legion (in Inschriften i.d.R. *IIII* statt *IV* geschrieben) war lange in der Provinz Syrien stationiert, auch wenn ihr Beiname auf ihren früheren Dienst auf dem Balkan und ihre Siege über die „Skythen" hinweist. Das Steinbockemblem legt eine Assoziation mit Octavian (Augustus) nahe (sein Sternzeichen), vermutlich hat er die Legion wieder aufgestellt, auch wenn eine andere Legion von Octavians Legionen die gleiche Nummer hatte (*IIII Macedonica*). Die *IIII Scythica* könnte eine Legion des Antonius gewesen sein, die Octavian in die kaiserliche Armee übernahm. Sie könnte aber auch die *IIII Sorana* gewesen sein, die 43 v.Chr. bei Mutina unter Konsul Pansa kämpfte und später von Octavian in seine eigene Streitmacht integriert wurde. Der früheste eindeutige Nachweis der *IIII Scythica* ist eine Inschrift (*CIL* 10, 680) in Sorrent, die einen Offizier der Legion in der Zeit des Augustus erwähnt.

Die Legion verbrachte wahrscheinlich ihre Frühzeit in Makedonien (heute Teile Griechenlands und Bulgariens); mit der Expansion der Grenze Roms bis an die untere Donau ging sie in die neue (6 n.Chr.) Provinz Moesien. Dennoch wissen wir relativ wenig über ihre dortigen Aktivitäten. Wahrscheinlich beteiligte sie sich an den Feldzügen 29–27 v.Chr., als der Statthalter von Makedonien, Licinius Crassus (ein Sohn des bei Carrhae 53 v.Chr. besiegten Triumvirn) mit seinem Heer in das Gebiet zwischen seiner Provinz und der Donau zog, aus dem anschließend Moesien wurde. Er triumphierte über die Daker und Bastarner; Letztere beschreibt Cassius Dio als „Skythen", eine vage Bezeichnung diverser Nomadenvölker in der Region. Vermutlich erhielt die Legion nach diesem Sieg ihren Beinamen *Scythica*. Crassus wurde als einer der letzten Kommandanten außerhalb der kaiserlichen Familie ein Triumph zugebilligt.

Die *IIII Scythica* nahm zweifellos auch an anderen Feldzügen auf dem Balkan teil; dazu zählten der Pannonische Aufstand von 6–9 n.Chr., der die Kontrolle der neuen Gebiete an der Donau bedrohte und auf ältere Besitzungen wie Makedonien übergriff, sowie die Unterdrückung thrakischer Stämme 26 n.Chr., die Tacitus (*ann.* 4,46–51) beschreibt. Ein Teil der *IIII Scythica* arbeitete 33 n.Chr. mit Soldaten der *V Macedonica* in Pannonien im Straßenbau, wie eine Inschrift (*ILS* 2281) mit Widmung an Tiberius am Eisernen Tor zeigt (einem Taldurchbruch der Donau, heute an der rumänisch-serbischen Grenze).

### Die *IIII Scythica* im Osten

Wie die *IIII Scythica* nach Syrien kam, ist nicht ganz klar, auch wenn die meisten Forscher glauben, dass es diese Legion ist, die Tacitus (*ann.* 13,35,4) als „aus Germanien übernommen" beschreibt und die 56/57 n.Chr. Corbulos Truppen verstärkte – Tacitus verwechselt hier offenbar Germanien mit Moesien. Wenn dies die *IIII Scythica* war, dann nahm sie an Corbulos erster Invasion Armeniens teil (s. S. 152). Später beschreibt Tacitus (*ann.* 15,6,5) die 4. Legion im Winterquartier in Kappadokien unter Caesennius Paetus (zusammen mit ihren ehemaligen Kameraden der *V Macedonica* aus Moesien und mit der *XII Fulminata*) und ihre spätere Teilnahme (mit der *XII*) an Paetus' katastrophaler Expedition 62 n.Chr., bei der Tigranocerta von einer Belagerung durch die Parther befreit werden sollte. Die römischen Streitkräfte wurden zum Rückzug gezwungen – Tacitus (*ann.* 15,14–16) malt dies als demütigende Niederlage aus und beschreibt, wie der Rückzug zu einer Art panischer Flucht wurde, bis die Römer endlich am sicheren Euphrat auf Corbulos Entsatztruppen trafen.

Corbulo schickte Paetus' demoralisierte Legionen zurück nach Syrien. Die *IIII Scythica* blieb dort mindestens bis ins frühe 3. Jh. n. Chr., hauptsächlich im Norden der Provinz. Vermutlich war sie zunächst noch in der Nähe der Provinzhauptstadt Antiochia stationiert, da ihr Kommandant als Stellvertreter des Provinzstatthalters fungierte, wenn dieser Syrien verlassen musste, vor allem 132 beim Bar-Kochba-Aufstand (*IGR* 3, 174). 75 n. Chr. bauten Trupps der *IIII Scythica* und anderer Legionen (*III Gallica*, *XVI Flavia Firma* und *VI Ferrata*) unter Statthalter Marcus Ulpius Traianus (Vater von Kaiser Trajan) östlich der Stadt drei Meilen eines Kanals mit Brücken, um die Wasserversorgung zu verbessern; dies verrät eine Inschrift (*AE* 1983, 927). Vermutlich sollte dies zur schnelleren Versorgung der an der Ostgrenze kämpfenden Truppen über Antiochia und seinen Hafen (Seleukia Pieria) dienen. Forscher haben zudem festgestellt, dass viele aristokratische junge Senatoren als Tribunen in der 4. Legion dienten und erklären ihre Anziehungskraft durch die Nähe zu Antiochia, das für seinen Luxus berüchtigt war.

Die *IIII Scythica* spielte nur eine kleine Rolle im Jüdischen Krieg. Rund 2000 Soldaten nahmen an Cestius Gallus' erfolglosem Angriff auf Jerusalem 66 n. Chr. teil, und als Vespasian in Galiläa einmarschierte, war die 4. Legion nicht dabei, sondern blieb in Syrien, wo sie vielleicht die *X Fretensis* bei Zeugma ersetzte und anschließend für längere Zeit stationiert war. Als Vespasian 69 n. Chr. Kaiser wurde, versicherte sie ihm ihre Treue und schickte dazu eine Vexillation unter Mucianus nach Westen. Teile der *IIII Scythica* (und anderer syrischer Legionen) belagerten 70 n. Chr. unter Titus Jerusalem; Josephus (*bell. Iud.* 5,44) beschreibt dessen Armee als „dreitausend, die den Euphrat bewachten".

Ein von Trajan ausgezeichneter Tribun der *IIII Scythica* (*CIL* 3, 10336) hatte sich wahrscheinlich während des Partherkriegs 113–17 hervorgetan. Darüber hinaus dokumentiert eine Inschrift von 116 (*AE* 1968, 510) einen Bautrupp der Legion in der armenischen Hauptstadt Artaxata (Artaschat). Die *IIII Scythica* war vermutlich Teil der Armee, die in Armenien einmarschierte, und blieb dort als Besatzung des Klientelkönigreichs, bis Aufstände Trajan zwangen, seine östlichen Eroberungen wieder aufzugeben. Dass die Legion an anderen Partherkriegen des 2. Jh. teilnahm, ist nicht eindeutig belegt, aber wahrscheinlich, bedenkt man die Lage ihres Stützpunkts Zeugma und ihrer Abteilungen in Dura-Europos am mittleren Euphrat. Etwa 180 wurde die *IIII Scythica* vom späteren Kaiser Septimius Severus befehligt, aber dennoch unterstützte sie im Bürgerkrieg 193/94 dessen

Das Haupttor („Palmyra-Tor") von Dura-Europos. Die von Mauern umgebene Stadt im Euphrattal war seit der Eroberung durch die Römer im Jahr 165 n. Chr. ein wichtiger Vorposten gegen die Perser, bis sie 256 an die Sassaniden fiel. In Dura-Europos befand sich ein gemischtes Kontingent aus Legionären (einschließlich Soldaten der *IIII Scythica*) und Auxiliarkräften.

## Zeugma: das „Joch“ des Euphrat

Seleukia am Euphrat war eine griechische Stadt, die aufgrund ihrer wichtigen Euphratbrücke im Allgemeinen als Zeugma („Joch“) bekannt war. Über mehrere Jahrhunderte bildete der Fluss die Grenze zwischen Römern und Parthern, der Ort war von großer strategischer Bedeutung. Er war Ausgangspunkt für Feldzüge, Versorgungsschwerpunkt für die römische Armee, und selbst in Friedenszeiten überwachten Soldaten in Zeugma Reisende und kassierten von Händlern, die die Grenze überschritten, Zölle. Fast zwangsläufig musste hier eine Militärbasis entstehen. Im späten 1. Jh. n.Chr. errichtete die *IIII Scythica* hier ihr Kastell.

Am Ort selbst gibt es kaum Hinweise auf das Lager; erst in den 1970er-Jahren, als man gestempelte Ziegel entdeckte und eine Inschrift, die einen Soldaten der *IIII Scythica* nennt, akzeptierte man, dass sich Zeugma beim heutigen Belkis in der Türkei befand. In den 1990er-Jahren wurde der Ort berühmt – durch Rettungsgrabungen, die man durchführte, bevor die Gegend nach dem Bau des Birecik-Staudamms weiträumig überflutet wurde. In der Umgebung fand man einige militärische Einrichtungen, die die allgemeine strategische Bedeutung des Standortes widerspiegelten, aber keine Spuren eines Legionslagers; die Militärbasis der *IIII Scythica* muss sich in einem nicht erforschten Teil des Geländes befunden haben. Aufsehen erregten Mosaike, die man in luxuriösen Villen entdeckte. Die Stadt prägte Münzen mit einem Steinbockemblem, vermutlich aufgrund ihrer Verbindung zur Legion.

Bei den Ausgrabungen in Zeugma lokalisierte man kein ständiges Legionslager, aber die Funde waren dennoch beeindruckend, vor allem Mosaike, die man in den luxuriösen Stadthäusern fand.

Rivalen Pescennius Niger. Anschließend nahm die Legion an Severus' Kriegen gegen die Parther und andere Feinde im Osten teil.

### Stützpunkte und Außenposten der *IIII Scythica* – Zeugma und anderswo

Es ist ziemlich sicher, dass die *IIII Scythica* in Zeugma stationiert war, aber man findet ihre Spuren auch an anderen Orten im Euphrattal und im Norden von Syrien, wo sie Anteil an diversen Bauvorhaben hatte. In einem Steinbruch bei Arulis (Ehnes, ca. 12 km oberhalb von Zeugma) finden sich Inschriften des 2. und 3. Jh. n. Chr., die die Legion nennen, und eine (*AE* 2001, 1956) gibt ihr die Beinamen *Operosa Felix* („geschäftig, erfolgreich").

Eine Inschrift aus dem nahen Aini (*ILS* 8903), datiert auf 73 n. Chr., bezieht sich auf die Konstruktion eines *opus cochli[s]* (sic, wohl eine Art Wasserhubspindel) von Abteilungen zweier Legionen, deren Namen gelöscht wurden – zweifellos die *IIII Scythica* (aus dem nahen Zeugma) und *III Gallica*; die Namen wurden getilgt aufgrund von Aktivitäten in der Zeit des Elagabal. Weiter nördlich baute eine Vexillation der *IIII Scythica* 197 im heutigen Eski Hisar am Ostufer des Euphrat ein Kastell (*AE* 1984, 917 und 918).

Unterhalb von Zeugma gab es in der ersten Hälfte des 3. Jh. n. Chr. Soldaten der *IIII Scythica* im römischen Außenposten Dura-Europos; ein vorgesetzter Zenturio der Legion befehligte in der befestigten Stadt eine gemischte Garnison. Diese Soldaten, u. a. aus der *III Cyrenaica*, halfen im Jahr 216 ein kleines Amphitheater zu bauen (*AE* 1937, 239), das wahrscheinlich zur Unterhaltung und zum Training der Soldaten diente.

Zusammen mit Soldaten der *XVI Flavia Firma* bauten sie auch ein Mithraeum (*AE* 1956, 222), dessen Inschriften und Graffiti darauf hindeuten, dass die Gemeinde weitgehend oder ausschließlich aus Soldaten bestand. Graffiti in Dura legen nahe, dass Soldaten der *IIII Scythica* in Privathäusern einquartiert waren – eine Praxis, die durch zahlreiche Quellen bezeugt ist.

### Die spätere Geschichte des *IIII Scythica*

Wie die *III Gallica* war die *IIII Scythica* an den Unruhen in der Regierungszeit von Elagabal (218–22) beteiligt. Nachdem Macrinus besiegt war, versuchte sein Sohn Diadumenianus zu den Parthern

*Oben*
Reliefs aus dem Mithraeum von Dura-Europos mit Mithras, der den Stier tötet – das zentrale Bild des Heiligtums (Yale University Art Gallery). Der maskuline Charakter der Religion sowie ihre Betonung von Pflichtgefühl und Fortschritt fanden Anklang bei den Soldaten, und die Zugehörigkeit zu einer Mithras-Gemeinde mag die örtliche und private Solidarität unter den Einheiten verbessert haben.

*Unten*
Ein Soldaten-Graffito aus dem Inneren des Palmyra-Tors in Dura-Europos. Es erinnert an Euphratas, einen der *beneficiarii*, die den Haupteingang der Stadt überwachten.

Felsrelief (Naqs-i-Rustam, Iran) mit Schapur I. als Sieger, vor ihm Valerian (stehend), der nach der Niederlage bei Edessa 260 n. Chr. gefangen genommen wurde. Die kniende Figur könnte Philippus Arabs sein, der sich nach Gordians III. Tod 244 n. Chr. mit Schapur einigte.

überzulaufen, wurde aber von einem Zenturio, vermutlich Mitglied der *IIII Scythica*, in Zeugma gefasst und getötet (Cassius Dio 79,40). Dio (80,7) erwähnt, ein wenig kryptisch, dass Gellius Maximus, Legat der 4. Legion, 219 wegen Verschwörung gegen Elagabal hingerichtet wurde. Der Name der Legion wurde zu dieser Zeit aus ein paar Inschriften getilgt, jedoch nicht im gleichen Ausmaß wie bei der *III Gallica*.

Die Teilnahme der *IIII Scythica* an Caracallas Partherkrieg 216/17 scheint wahrscheinlich, und wie andere Legionen dieser Zeit trug sie den Titel *Antoniniana*, vom vollständigen Namen des Kaisers abgeleitet. Besser bezeugt ist jedoch ihre Beteiligung an den Perserkriegen des Severus Alexander 231–33, der die neu gegründete Sassanidendynastie angriff: Der Kommandant der Legion wurde im Verlauf des Konflikts in Dura-Europos getötet (*AE* 1956, 222). Das Ergebnis dieses Feldzugs gegen König Ardaschir I. ist unklar. Doch Ardaschirs Sohn Schapur I. errang einen entscheidenden Sieg über die Römer bei Barbalissus in Syrien im Jahr 252. Die *IIII Scythica* nahm zweifellos an der Schlacht teil, und ihr Stützpunkt – auf Münzen bis 249 belegt – taucht unter den Städten auf, die die Perser in ihrer Siegesinschrift in Naqs-i-Rustam (Iran) als „erobert" in den Fels gehauen haben. Die *IIII Scythica* war wahrscheinlich auch Teil der Armee Kaiser Valerians in der Nähe von Edessa im Jahr 260. Über ihre spätere Geschichte ist wenig bekannt; zumindest wird sie für das späte 4. Jh. n. Chr. in der *Notitia dignitatum* erwähnt, nunmehr in Oresa (Tayibeh) im Südosten von Syrien stationiert.

## *XVI Flavia Firma*

Die *XVI Flavia Firma* wurde im Jahr 70 n. Chr. von Vespasian gegründet, um die nach Civilis' Aufstand aufgelöste illoyale *XVI Gallica* zu ersetzen

(s. *XVI Gallica*; vielleicht erbte sie von ihr auch das mit Jupiter assoziierte Löwenemblem). Sie war fast ausschließlich an der Ostgrenze des Reichs stationiert, zunächst in Satala in Kappadokien (Sadak, Türkei; s. S. 168) und dann in Samosata in Kommagene am Euphrat (Samsat, Türkei). Ursprünglich war Kommagene ein verbündetes Königreich gewesen; 17 n. Chr. wurde es zunächst von Tiberius annektiert und der Provinz Syrien zugeschlagen und dann, nachdem Caligula die örtliche Monarchie wieder eingesetzt hatte, noch einmal von Vespasian im Jahr 72 (s. S. 152 f.). Die *XVI Flavia Firma* war die nördlichste syrische Legion, und wie die *IIII Scythica* und die Legionen von Kappadokien bewachte sie einen wichtigen Übergangspunkt des Euphrat. Ihre Aktivitäten sind jedoch nicht sehr gut dokumentiert.

Die *XVI Flavia Firma* wurde schon bald nach ihrer Gründung in den Osten verlegt. Ein wichtiger Beweis dafür ist eine Inschrift aus der Nähe von Antiochia (*AE* 1983, 927). Sie listet Trupps der östlichen Legionen und anderer Militäreinheiten der Region auf, die einen Kanal bauten. Kaiserliche Titel datieren sie sicher auf 75 n. Chr., was bedeutet, dass die *XVI Flavia Firma* binnen fünf Jahren ihres Bestehens an die Ostgrenze verlegt wurde. Die 16. Legion wurde zunächst zusammen mit der *XII Fulminata* nach Satala in Kappadokien geschickt, als Vespasian in den 70er-Jahren die dortige Garnison einrichtete (Sueton, *Vesp.* 8). Vermutlich wurde sie unter Hadrian nach Samosata verlegt.

## *XVI Flavia Firma*

| | |
|---|---|
| **Beiname** | *Flavia Firma* |
| **Emblem** | Löwe? |
| **Basis** | Samosata (Samsat in der Türkei) |
| **Wichtige Feldzüge** | Trajans Partherkrieg (113–17 n. Chr.); die meisten oder alle östlichen Bürgerkriege und Parther-/Sassanidenkriege des 2. und 3. Jh. |

### Die *XVI Flavia Firma* in Kriegs- und Friedenszeiten

Die Legion hat gewiss, in voller Stärke oder als Vexillation, an einigen oder allen Perserkriegen des 2. und 3. Jh. teilgenommen, doch sicher wissen wir dies nur für denjenigen Trajans (113–17), denn ein Zenturio wurde vom Kaiser ausgezeichnet (*ILS* 2660). Eine Vexillation baute ca. 210 (zusammen mit den Soldaten der *IIII Scythica*) das Mithraeum in Dura-Europos wieder auf (*AE* 1940, 220), also kämpfte sie wahrscheinlich in Caracallas Partherfeldzug (216/17). Wie andere syrische Legionen muss die *XVI Flavia Firma* im 2. und 3. Jh. Anteil an allen Bürgerkriegen und Kriegen des Ostens gehabt haben, v. a. an den dramatischen Ereignissen der Mitte des 3. Jh., aber es sind kaum Beweise dafür überkommen. Dennoch blieb die Legion in Syrien, denn die *Notitia dignitatum* nennt als ihren Stützpunkt im späten 4. Jh. n. Chr. Sura im Euphrattal.

Römerstraße bei Tall 'Aqibrin / Syrien, zwischen Antiochia und Kyrrhos. Inschriften betonen den Anteil der östlichen Legionen beim Bau und Unterhalt der Infrastruktur wie Straßen, Brücken, Kanälen und Hafenanlagen.

Das meiste, was wir über Aktivitäten der 16. Legion wissen, bezieht sich auf Bautätigkeiten und polizeiliche Aufgaben. Neben ihrer Arbeit in Antiochia 75 n. Chr. übernahm sie die Wartung und Instandhaltung des Hafens der Stadt Seleukia Pieria – für die Regierungszeit des Antoninus Pius ist eine gemeinsame Abteilung von *XVI Flavia Firma* und *IIII Scythica* bezeugt (*ILS* 9115). Inschriften zeigen zudem, dass Volusius Maximus, Zenturio der Legion, während der gemeinsamen Herrschaft von Marcus Aurelius und Lucius Verus den Wiederaufbau einer Straße durch die Schlucht von Barada nordwestlich von Damaskus beaufsichtigte. Ein Text (*CIL* 3, 199–201) berichtet, dass die Straße durch den Fluss zerstört war und für den Wiederaufbau Steinbrüche eingerichtet wurden. Die Legion erneuerte auch eine Brücke über den Chabinas (Bild unten), nahe ihres Stützpunkts Samosata.

Wie andere syrische Legionen (s. *III Gallica*, S. 136 f.) entsandte die *XVI Flavia Firma* Zenturionen, um die Grenze zu beobachten sowie Reisende und Gemeinden im Grenzland der südlichen Syria und nördlichen Arabia zu schützen, wo Banditen ihr Unwesen trieben. Ein solcher Zenturio, Petusius Eudemus, wird in mehreren Inschriften von

Samosata war die königliche Hauptstadt von Kommagene, und ihr Tell (künstlicher Hügel aus Schutt durch langfristige Besiedlung; hier abgebildet, aber 1989 überflutet) bezeugt Jahrhunderte früherer Besatzung.

## Das Kastell von Samosata

Samosata war bereits eine beachtliche städtische Gemeinde, als die *XVI Flavia Firma* dort eintraf. Ihre Bedeutung lag vor allem darin, dass man hier den Euphrat überqueren konnte. Samosata war eine wichtige römische und byzantinische Stadt und wurde in den 1970er-Jahren ergraben, vor der Überflutung durch ein Staudammprojekt. Aber dies ergab wenig Erkenntnisse über die römische Militärpräsenz, außer ein paar bereits bekannten gestempelten Ziegeln der 16. Legion und einer Weihinschrift an Jupiter, die diese Legion nennt (*CIL* 3, 13609).

Das Kastell könnte in einer Ebene gelegen haben, unterhalb des Tells. Der früheste sichere Nachweis der *XVI Flavia Firma* stammt aus dem 2. Jh. n. Chr.; u. a. beziehen sich die *Geographie* des Ptolemaios (5,14,8) und eine Inschrift aus Rom (*CIL* 6, 1409) auf Lucius Fabius Cilo als Legat der Legion „bei Samosata". Cilo war 193 n. Chr. Konsul und befehligte die *XVI* wahrscheinlich ca. 180.

176–78 erwähnt, hier zwei aus dem Dorf Phaena in Trachonitis:

> Die Bevölkerung von Phaena (ehrt) Petusius Eudemus, Zenturio der *legio XVI Flavia Firma.*
>
> *IGR* 3, 1122

> Rusticus, Sohn des Sopater, aus Phaena, ehrt seinen Freund und Gönner Petusius Eudemus, Zenturio der *legio XVI Flavia Firma.*
>
> *IGR* 3, 1123

Diese Inschriften zeigen, wie einflussreich Legionszenturionen in einer kleinen Gemeinde sein konnten. Sicherlich erfüllten sie eine ähnliche Funktion wie die Dorfzenturionen Ägyptens (s. *II Traiana*, S. 128f.).

Durch die Region muss regelmäßig Militär gezogen sein, denn eine andere Inschrift aus Phaena (IGR 3, 1119) zeigt, dass die Gemeinde ein Gästehaus für Reisende baute, um Störungen zu vermeiden, die die Einquartierung von Soldaten in Privathäusern mit sich brachte. Inschriften aus Anatolien legen nahe, dass Abteilungen der *XVI Flavia Firma* dort auch Polizeiarbeit verrichteten (mit der *XII Fulminata* und *XV Apollinaris*, s. S. 164/168).

Wir haben nur spärliche Informationen über die Aktivitäten der Legion in den Jahrhunderten danach, aber zweifellos war sie wie andere syrische Legionen an weiteren Kriegen im Osten beteiligt. Die *Notitia dignitatum* zeigt, dass sie sich um 395 in Sura am Euphrat befand.

Die *XVI Flavia Firma* errichtete eine Brücke, um die Verbindung von Samosata nach Melitene wiederherzustellen. Das Projekt wurde 204 n.Chr. abgeschlossen (*CIL* 3, 6710), und die Brücke („Cendere Köprüsü") in der türkischen Provinz Adiyaman steht noch heute.

## Die Legionen von Iudaea

Judäa kam 63 v.Chr. unter römische Kontrolle; regiert wurde es aber bis 6 n.Chr. von diversen „Klientelkönigen", die auf die Unterstützung Roms angewiesen waren. Anschließend entstand die römische Provinz Iudaea mit römischem Statthalter, bis aus ihr im Jahr 135 die Provinz Syria Palaestina entstand. Der Statthalter saß in der Küstenstadt Caesarea, doch bis 70 n.Chr. hatte Iudaea keine reguläre Legionsgarnison; stattdessen stützten die syrischen Legionen die Autorität Roms und des Königs, wie nach dem Tod Herodes des Großen 4 v.Chr. Die *X Fretensis* wurde nach dem Jüdischen Krieg in Jerusalem stationiert, eine weitere kam ca. 117 hinzu. Zunächst war dies wohl die *II Traiana*; bald darauf wurde die *VI Ferrata* in Caparcotna (el-Lejjun) stationiert, als zweite dauerhaft in der Provinz ansässige Legion.

Die größten Herausforderungen in Iudaea waren interne Konflikte. Religiöse und nationalistisch-ideologische Tendenzen sorgten für erheblichen Widerstand, vor allem im Jüdischen Krieg 66–70 n.Chr. und im Bar-Kochba-Aufstand 132–35 n.Chr. Der Jüdische Krieg war ein Aufstand, der aus Spannungen zwischen römischen Behörden, jüdischen Eliten und radikalen Nationalisten entstand. Zunächst versuchte der Statthalter von Syrien, Cestius Gallus, ihn mittels der *XII Fulminata* und Vexillationen der *IIII Scythica* und *VI Ferrata* zu unterdrücken. Er wurde durch Vespasian und dessen Sohn Titus ersetzt, der den Aufstand niederschlug, nachdem sein Vater 69 n.Chr. Kaiser wurde. Dabei wurde Jerusalem belagert und zerstört und danach ein Legionslager eingerichtet.

Der bronzene Sesterz (71 n.Chr.) von Vespasian mit der Beschriftung IVDEA CAPTA („Iudaea [ist] erobert") erinnert an den Sieg im Jüdischen Krieg. Er zeigt einen gefesselten Gefangenen und eine trauernde Frau unter einer Palme (ein Symbol für Iudaea oder Jerusalem).

Die Ursachen und Ereignisse des Bar-Kochba-Aufstands sind weniger gut dokumentiert, aber römische Schriftsteller deuten an, der grausame Konflikt könnte durch Kaiser Hadrian provoziert worden sein. Sicherlich war die *X Fretensis* als Besatzung Jerusalems beteiligt; auch die *VI Ferrata* muss zum Zeitpunkt des Aufstands bereits in Iudaea gewesen sein, und es gibt Hinweise auf Legionen oder Vexillationen von außerhalb, u.a. *III Cyrenaica*, *II Traiana*, *III Gallica*, *X Gemina*, *V Macedonica* und *XI Claudia*. Einige Forscher glauben, dass im Rahmen des Aufstands die ägyptische *XXII Deiotariana* und eventuell sogar die *IX Hispana* (zuletzt in Britannien) vernichtet oder aufgelöst wurden. Der Aufstand läutete den Niedergang von Iudaea als substanziell jüdischer Provinz ein und war ein wichtiger Wendepunkt für die jüdische Diaspora, denn viele überlebende Juden gingen im Römischen und Persischen Reich ins Exil.

## *X Fretensis*

Die 10. Legion entstand während Octavians Aufstieg zur Macht, mehr als ein Jahrhundert, bevor sie nach Jerusalem kam. Der Titel *Fretensis* (von *fretum*, „Meerenge") erinnert deutlich an einen Sieg in der Meerenge von Messina während Octavians Feldzügen gegen Sextus Pompeius, den Sohn Pompeius' des Großen, 42–36 v. Chr., der nach der Niederlage seines Vaters gegen Caesar eine unabhängige Machtbasis auf Sizilien gegründet hatte. Nachdem Octavian und Antonius die Caesarmörder 42 v. Chr. bei Philippi besiegten, überfiel Sextus' Flotte die italische Küste und blockierte die Getreideversorgung Roms, wodurch es zu politischen Unruhen kam. Erst 36 v. Chr. gelang es Octavian, Lepidus und Agrippa, die Insel einzunehmen. Agrippas Flotte besiegte Sextus bei Naulochoi, und Sextus floh nach Asia minor, wo er von einem Soldaten Marcus Antonius' getötet wurde.

Der Name der Legion und ihr Emblem einer Galeere legen nahe, dass die Angehörigen als Marinesoldaten dienten, wahrscheinlich bei Naulochoi. Appian (*civ.* 5,118,120) beschreibt, dass Agrippa die schnelleren Schiffe und geschicktere Besatzungen des Sextus Pompeius dadurch besiegte, dass er ein neues Gerät einführte, mit dem man am feindlichen Schiff längsseits festmachte, sodass die Soldaten die feindlichen Schiffe entern konnten. Der Delphin als Emblem deutet vielleicht auf Actium, wo Soldaten der *X Fretensis* wiederum an der Seeschlacht teilgenommen haben könnten. Delphine wurden mit Apollo assoziiert, dem Octavian seinen Sieg zuschrieb. Eine Inschrift verrät, dass die Legion während Augustus' Herrschaft im Strumatal in Makedonien eine Brücke baute; zudem könnte die *X Fretensis* gegen Skordisker und Sarmaten gekämpft haben, die Cassius Dio (54,20) als Bedrohung für die römische Macht in Makedonien und Thrakien um 15 v. Chr. beschreibt.

### *X Fretensis*

| | |
|---|---|
| **Beiname** | *Fretensis* |
| **Embleme** | Wildschwein; Stier; Delphin; Schiff |
| **Basis** | Jerusalem |
| **Wichtige Feldzüge** | Octavians Feldzug auf Sizilien gegen Sextus Pompeius, dabei Naulochoi (36 v. Chr.); Actium (auf Octavians Seite, 31 v. Chr.)? Makedonien/Thrakien (ca. 15 v. Chr.)? Corbulos Partherkrieg (dabei Plünderung von Artaxata, Vexillation, 59 n. Chr.); Jüdischer Krieg (Iudaea, 66–70 n. Chr.: Vexillation mit Cestius Gallus, 66 n. Chr.; Galiläafeldzug, 67 n. Chr.; Belagerung von Jerusalem, 70 n. Chr.; Masada, 72–73 n. Chr.); Trajans Partherkrieg (Vexillation [?], 113–17); Bar-Kochba-Aufstand, (132–35); Marcus Aurelius' Markommanenkriege (Vexillation, 166–80); Nigers Bürgerkrieg gegen Severus (193–94); Valerians Feldzug gegen Schapur I. (260)? |

17/18 n. Chr. lag die *X Fretensis* im Winterquartier in Kyrrhos, Syrien (Tacitus, *ann.* 2,57,2). Anschließend könnte sie die Euphratbrücke bei Zeugma bewacht haben (s. S. 140). Minucius Rufus, Kommandant der *X Fretensis*, schuf eine Inschrift in der Oasenstadt Palmyra (*AE* 1933, 204) zu Ehren der kaiserlichen Familie, darunter Tiberius' Neffen Germanicus, der sich 18/19 n. Chr. auf einer diplomatischen Mission befand und Palmyra besuchte. Die *X Fretensis* diente später auf Corbulos Feldzügen zur Verteidigung von Syrien gegen die Parther 55–60 n. Chr., und ein Kontingent war dabei, als Corbulo 59 n. Chr. die armenische Hauptstadt Artaxata plünderte (*ann.* 13,40,3: „Handverlesene der Zehnten"). Während der zweiten Hälfte des Kriegs blieb die *X Fretensis* in Syrien, um die Provinz gegen die Parther zu verteidigen (*ann.* 15,6,5).

### Der Jüdische Krieg

An der katastrophalen Unternehmung des Cestius Gallus 66 n. Chr. (s. S. 163) war eine Vexillation der *X Fretensis* von 2000 Mann dabei; danach schloss sich die Legion der Armee an, die Vespasian im Winter 66/67 n. Chr. in der Küstenstadt Ptolemais (Akkon) versammelte (Josephus, *bell. Iud.* 3,65). Im folgenden Jahr marschierte sie in Galiläa ein. Zwischen 67 n. Chr. und 70 bereiteten die Römer den Angriff auf Jerusalem vor; im Laufe dieser Kampfpause wurde Vespasian 69 n. Chr. zum Kaiser ausgerufen. Ein Teil der logistischen Vorbereitungen war der Straßenbau; ein Meilenstein von 69/70 n. Chr. (*AE* 1977, 829) zeigt, dass Soldaten der *X Fretensis* eine Straße zwischen Caesarea und Skythopolis (Bet Sche'an) bauten, und enthüllt zudem, dass der Kommandant der Legion Marcus Ulpius Traianus war, der Vater des späteren Kaisers Trajan.

Die *X Fretensis* nahm 70 n. Chr. an der Belagerung von Jerusalem teil. Josephus beschreibt, wie die Legion von Jericho aus gegen die Stadt marschierte und zunächst am Ölberg lagerte. Ein früher Ausfall von Verteidigern der Stadt schlug beinahe die *X Fretensis* in die Flucht, und selbst Titus' persönliche Intervention konnte sie zunächst nicht aufhalten – aber schließlich sammelte sie sich und schlug die Angreifer zurück.

Die Römer errichteten Belagerungstürme und griffen die Stadt von der Nordseite aus an, aber wiederum wagten die Jerusalemer einen Ausfall, um die Belagerungsmaschinen der *X Fretensis* und *XV Apollinaris* zu zerstören. Sie legten Feuer und hinderten die Römer am Löschen. Viele römische Soldaten gerieten in Panik und flüchteten in ihre Lager (Josephus, *bell. Iud.* 5,473–90).

Titus motivierte die verunsicherten Truppen, die Situation stabilisierte sich. Er entschloss sich zu einer vollständigen Blockade Jerusalems durch einen geschlossenen Wall. Josephus beschreibt, wie die Legionen und ihre Kohorten untereinander wetteiferten, ihren Bauabschnitt als Erste fertigzustellen. Sie verwendeten alles in der Region verfügbare Holz, um neue Belagerungstürme zu bauen, griffen bald wieder an und überwanden Mitte Mai 70 n. Chr. die äußere Stadtmauer. Nach vier weiteren Monaten schwerer Gefechte überwanden sie auch die inneren Mauern; dann eroberten und zerstörten sie die Burg Antonia und den stark befestigten Tempelbezirk und Tempel. Am Ende besiegten die Römer noch die letzten Rebellen, die sich in der oberen Stadt verschanzt hatten; der Rest der eroberten Stadt brannte bereits, und die Bewohner wurden getötet oder versklavt.

Rekonstruktion des Höhepunkts der Belagerung von Jerusalem im Jahr 70 n. Chr.: Angriff auf den Tempelkomplex. Zeitgenössische Quellen behaupten, dass Titus den Tempel verschonen wollte, aber durch den Angriff ein Feuer ausbrach, das ihn schließlich doch zerstörte.

Acht römische Lager einschließlich dem abgebildeten sind rund um Masada aus der Luft und am Boden identifiziert worden. Wahrscheinlich verteilte sich die *X Fretensis* auf die zwei größeren, während die kleineren von Auxiliartruppen belegt waren.

**Die Belagerung von Masada**

Die *X Fretensis* spielte auch im letzten Kapitel dieses Kriegs eine zentrale Rolle. Masada am Toten Meer, 48 km weiter südlich, wurde immer noch von antirömischen Zeloten unter dem Kommando von Eleasar ben Ja'ir gehalten. Masada ist eine spektakulär gelegene Festung auf einem 366 m hohen Hügel, an allen Seiten von steilen Felsen umgeben. Diese natürliche Abwehr wurde von Herodes dem Großen in den 30er-Jahren v. Chr. ausgebaut, als Zuflucht für den Fall einer Rebellion gegen seine Herrschaft. Der neue römische Statthalter von Iudaea, Lucius Flavius Silva, führte 72 n. Chr. eine Armee aus *X Fretensis* und Auxiliartruppen gegen Masada.

Wie Josephus (*bell. Iud.* 7,275,304–7) schreibt, umgaben die Römer den Ort mit einem Ringwall und mehreren Lagern. Dann errichteten sie eine gewaltige Rampe an der Westseite des Hügels, offenbar auf einem natürlichen Felsvorsprung, die hoch genug war, um einen Belagerungsturm in Stellung zu bringen, der das Niveau der Festungsmauer erreichte – eine bemerkenswerte technische Leistung. So konnten sie Verteidiger abwehren, während sie die Mauer mit einem Rammbock durchbrachen. Doch auch jetzt konnten die Römer Masada nicht einnehmen, denn die Verteidiger hatten einen Wall aus Erde und Holz hinter der Mauer errichtet, der erst niedergebrannt werden musste. Als sie die Festung schließlich eroberten (laut Josephus im April 73 n. Chr., obgleich archäologische Funde nahelegen, dass es eventuell 74 n. Chr. war), hatten die Verteidiger ihre Familien getötet und dann Selbstmord begangen:

> In Erwartung weiterer Kämpfe rüsteten sich die Römer vor Morgengrauen, und sie griffen an, indem sie die Zugänge des Walls mit Leitern überbrückten. Aber sie sahen keinen einzigen Feind; es herrschte eine schreckliche Einsamkeit um sie herum – Flammen und Stille.
>
> Josephus, *bell. Iud.* 7,402–3

**Veteranen der *X Fretensis***

In der Regierungszeit des Claudius siedelten sich Veteranen der *X Fretensis* in der Kolonie von Ptolemais (Akkon) im äußersten Süden der Provinz Syria an. Dort prägte man Münzen, die sowohl die 10. Legion wie auch Soldaten anderer syrischer Legionen bezeugen. Nach dem Jüdischen Krieg siedelte Vespasian 800 Veteranen in den neu eroberten Gebieten an, in Emmaus, vor den Toren Jerusalems (Josephus, *bell Iud.* 7,216/17, wahrscheinlich heute Motza-Qaluniya; der zweite Teil des Namens leitet sich vom lateinischen *colonia* ab).

## Die *X Fretensis* als Ordnungshüter in Iudaea

Die *X Fretensis* ließ eine Abteilung in Masada und kehrte nach Jerusalem zurück, das zu ihrer Garnison wurde. Die genaue Lage des Legionslagers innerhalb der Stadt ist nicht bekannt, auch wenn man am Givat Ram Überreste einer Ziegelei gefunden hat, deren Produkte mit der Nummer der Legion gestempelt wurden. Sicherlich war die primäre Aufgabe der *X Fretensis* während dieser Zeit die innere Sicherheit. Neben der Kontrolle über Jerusalem (das religiöse und symbolische Zentrum des Widerstands gegen Rom) zeigen Inschriften, dass sie in der ganzen Provinz Straßen und Handel überwachte. Soldaten der Legion könnten in Caesarea stationiert gewesen sein, wo Vexillationen in der Regierungszeit von Hadrian beim Bau oder der Reparatur des „hohen Aquädukts" halfen. Fünf kurze Inschriften bestätigen die Beteiligung der *X Fretensis* und anderer Legionen; bei einer Inschrift (*Inschriften von Caesarea* 51) ist der Text von einem Delphin und einer Galeere eingerahmt, den Emblemen der Legion.

Das Besondere an Iudaea ist, dass Quellen überliefert sind, die die Sicht des unterworfenen Volkes auf ihre Besatzer darstellen. Jüdische Bibelkommentare aus der Römerzeit beziehen sich oft auf zeitgenössische Umstände; wie auch das Neue Testament charakterisieren sie die römischen Soldaten oft als Störenfriede und brutale Unterdrücker – ein interessanter Gegenentwurf zur sonst oft als relativ friedlich dargestellten römischen Besatzung, die die urbane und wirtschaftliche Entwicklung förderte. Unter den negativ beschriebenen Soldaten sind auch beneficiarii, Legionäre mit besonderen Aufgaben wie Polizeiarbeit. Eine Grabinschrift aus Jerusalem (*CIL* 3, 14155) erinnert an solch einen Soldaten:

> Den Geistern der Verstorbenen. Lucius Magnius Felix, Soldat der *legio X Fretensis, beneficiarius* des Tribuns. Er diente 19 Jahre und lebte 39 Jahre.

## Der Bar-Kochba-Aufstand

Der Bar-Kochba-Aufstand von 132–35 n.Chr. ist weit weniger gut dokumentiert als der erste Aufstand; wir verfügen über keine detaillierten Berichte wie von Josephus oder Tacitus. Als wichtigste Legion von Iudaea muss die X Fretensis jedoch beteiligt gewesen sein, und dies bestätigt auch eine Inschrift (CIL 3, 7334): Ein Zenturio der Legion wurde von Hadrian „anlässlich des jüdischen Kriegs" ausgezeichnet. Antike Autoren lassen vermuten, dass Jerusalem von den Römern belagert und in gewisser Weise „zerstört" wurde. Einige Forscher interpretieren dies so, dass die X Fretensis vertrieben wurde, die Stadt dann aber zurückeroberte – sicherlich mit weniger Schwierigkeiten als 70 n.Chr., denn die Befestigung Jerusalems war schließlich damals geschliffen worden.

Doch liegt der Schwerpunkt der wenigen antiken Berichte über den Aufstand auf der Blockade und Zerstörung ländlicher Hochburgen der Rebellen. Cassius Dio (69,12–13) beschreibt, wie die Aufständischen diese Stellungen befestigten und mit Fluchttunneln versahen. Julius Severus besiegte die Rebellen und ließ dann die Tunnel schließen. Dio sagt, 50 größere Siedlungen und 985 Dörfer seien zerstört, 580 000 Menschen im Kampf getötet worden, und noch viele mehr seien an Hunger und Krankheit gestorben: „Fast ganz

Eine Inschrift aus Abu Ghosh, 13,5 km von Jerusalem entfernt. Sie bezieht sich auf eine Vexillation der *X Fretensis*; hier könnte sich eine Station befunden haben, die die nahen Quellen schützen sollte.

Beutestücke aus Jerusalem, darunter eine Menora (fünfarmiger Leuchter), dargestellt auf einem Relief des Triumphzugs von 71 n.Chr. am inneren Durchgang des Titusbogens in Rom.

**Die Kolonie in Aelia Capitolina**

Eine der Ursachen des Bar-Kochba-Aufstands war Hadrians Absicht, bei Jerusalem eine römische Veteranensiedlung mit dem Namen *Colonia Aelia Capitolina* einzurichten, nach dem kaiserlichen Familiennamen (*Aelius*) und Jupiters Beinamen *Capitolinus*. Eine Hypothese vermutet auch, dass auf dem Gelände des jüdischen Tempels ein Jupitertempel errichtet werden sollte, eine offensichtliche (und absichtliche?) Kränkung der Juden. Nach dem Aufstand verfolgte man dieses Projekt weiter. Verbliebene Juden wurden vertrieben und durften die Stadt nicht mehr betreten.

Veteranen der *X Fretensis*, die beim Legionslager lebten, waren die wichtigsten Siedler der neuen Kolonie, wie auch frühe Münzen von dort bezeugen, die einen Legionsadler und einen Pflug zeigen mit einem *vexillum* im Hintergrund – Symbole für die Gründung einer Kolonie. Andere Münzen mit zwei *vexilla* könnten bedeuten, dass die in Caparcotna (el-Lejjun) stationierte *VI Ferrata* Anteil an der Gründung hatte.

Iudaea war danach verlassen ..." Dios Bericht wird durch die in den 1950er-Jahren entdeckte „Schreckenshöhle" nahe dem Toten Meer bestätigt, wo man Skelette von Menschen fand, die offenbar in der Höhle zugrunde gingen, deren Eingang von einem römischen Lager versperrt wurde.

Sandale, konserviert durch die trockenen Bedingungen in der „Schreckenshöhle" (Ma'arat Ha'Eimim) nahe des Toten Meers. Ihr Besitzer könnte der römischen Blockade dieser Höhle zum Opfer gefallen sein.

### Die spätere Geschichte der *X Fretensis*

Wie andere Legionen wurde auch die *X Fretensis* bzw. Vexillationen bei Feldzügen jenseits der Grenzen der Provinz eingesetzt. Ihr Tribun Aulus Atinius Paternus hat z. B. Trajan während des Partherfeldzugs (113–17) ausgezeichnet (*CIL* 6, 1838), sodass ein signifikanter Teil der *X Fretensis* an diesem Feldzug teilgenommen haben muss. Wahrscheinlich waren Teile der Legion bei Lucius Verus' und Septimius Severus' Partherkriegen dabei, aber es gibt keine Beweise dafür. Wie andere östliche Legionen unterstützte die *X Fretensis* 193 Pescennius Niger gegen Severus (s. S. 154 f.).

Es gibt Anzeichen dafür, dass einige Soldaten im 2./3. Jh. noch weiter in der Ferne dienten: Eine Inschrift aus Rom (*CIL* 6, 41278) zeigt, dass ein vorgesetzter Zenturio in Marcus Aurelius' Markomannenkriegen von 166–80 eine Vexillation von *VI Ferrata* und *X Fretensis* befehligte. Zudem tragen Goldmünzen des gallischen Usurpators Victorinus von 269 den Namen der Legion. Vielleicht wurde eine Vexillation von Gallienus in den Westen geschickt und lief zu Victorinus über.

Die *X Fretensis* erhielt (wie alle Legionen) im 3. Jh. weitere Beinamen, die v. a. die Treue zu bestimmten Kaisern widerspiegelten, wie *Antoniniana* (wahrscheinlich Caracalla, 212–17), *Severiana* (Severus Alexander, 222–35) und *Gordiana* (die Gordians, 238–44) oder *Pia Felix* („pflichtbewusst und erfolgreich"). Eine Reihe von Münzen aus der Kolonie Neapolis (Nablus, Westjordanland) von 251–53 trägt Embleme der *X Fretensis*; vielleicht haben sich dort Veteranen niedergelassen.

Die Felsinschrift am Naqsh-i Rustam (Iran), die an die römische Niederlage gegen Schapur I. im Jahr 260 erinnert, verzeichnet Iudaea als einen der Herkunftsorte der besiegten römischen Truppen, und die *X Fretensis* und/oder *VI Ferrata* stellten Valerian vermutlich Vexillationen zur Verfügung. Die Legion hätte sicherlich Teil am nachfolgenden politischen und militärischen Chaos gehabt sowie an Aurelians Rückeroberung 270–72. Die *X Fretensis* blieb mindestens bis Mitte des 3. Jh. in Jerusalem, wahrscheinlich sogar bis in die Regierungszeit des Kaisers Diokletian (284–305). Anschließend ging sie in den Süden, nach Aila (Akaba, Jordanien), wo sie Ende des 4. Jh. immer noch stationiert war, als die *Notitia dignitatum* entstand.

### *VI Ferrata*

| | |
|---|---|
| **Beiname** | *Ferrata* |
| **Emblem** | Romulus und Remus mit der Wölfin |
| **Basis** | Caparcotna (el-Lejjun, nahe Megiddo) |
| **Wichtige Feldzüge** | Caesars Gallischer Krieg und Bürgerkrieg (58–45 v. Chr.); Antonius' Partherkrieg (40–33 v. Chr.); Actium (31 v. Chr., auf Antonius' Seite); Corbulos Partherkrieg (dabei Plünderung von Artaxata und Tigranocerta; 58–63 n. Chr.); Jüdischer Krieg (Iudaea; Vexillation mit Cestius Gallus, 66 n. Chr.); Bürgerkrieg (69 n. Chr.); Feldzug in Moesien (69 n. Chr.); Annexion von Kommagene (72 n. Chr.); Trajans zweiter Dakerkrieg (Vexillation, 105–6); Trajans Partherkrieg (113–17); Babylonischer Aufstand? (115–17); Bar-Kochba-Aufstand? (Iudaea, 132–35); Lucius Verus' Partherkrieg? (163–66); Marcus Aurelius' Markommanenkriege (Vexillation, 166–80); Severus' Bürgerkrieg gegen Niger (193–94); Severus' Partherkriege? (195–97); Valerians Feldzug gegen Schapur I. (260)? |

## *VI Ferrata*

Die 6. Legion diente unter Julius Caesar in Gallien und in den Bürgerkriegen gegen Pompeius und seine Anhänger (s. Teil I). Caesars späterer Biograph Sueton beschreibt ihre Tapferkeit in der Schlacht von Dyrrhachium (Durrës, Albanien) im Sommer 48 v. Chr.:

> Eine einzelne Kohorte der sechsten Legion, in einem vorgelagerten Kastell stationiert, hielt vier Legionen von Pompeius mehrere Stunden auf, fast jeder Soldat wurde durch einen Pfeil des Feindes verwundet. 130 000 fand man später innerhalb des Lagers.
>
> Sueton, *Iul.* 68

Später im Jahr kämpfte sie bei Pharsalos, und nach Pompeius' Tod wurde sie mit Caesar in Alexandria (48–47 v. Chr.) belagert. Anschließend folgte sie Caesar nach Pontus, wo sie, obgleich auf nur 1000 Mann reduziert, zu Caesars Sieg bei Zela beitrug, im Kampf gegen Pharnakes, an der Seite der „einheimischen" Legionäre des Königs Deiotarus von Galatien, einem möglichen Vorläufer der *XXII Deiotariana* (s. S. 123). Nach der Schlacht schickte Caesar die 6. Legion zurück nach Italien, wo sie diverse Ehrungen empfing.

Nach Caesars Ermordung wurde die Legion wieder aufgebaut; sie war Teil der Armee der Triumvirn bei Philippi 42 v. Chr. Danach gingen Veteranen in den Ruhestand und wurden in Beneventum (Benevent) angesiedelt, wie Grabinschriften dokumentieren; auf einer wird das erste Mal der Titel *Ferrata* („eisern") verwendet – vielleicht metaphorisch oder als Hinweis auf eine besondere Rüstung. Die *VI Ferrata* war 42–31 v. Chr. Teil des Heers von Marcus Antonius, nahm am Partherkrieg und an Actium teil. In einer griechischen Inschrift in Ephesos (*ILS* 8862) wird eine *VI Macedonica* genannt – vielleicht meinte dies die *VI Ferrata*, während sie Marcus Antonius unterstand; dieser (ansonsten unbekannte) Titel könnte ein vorübergehender gewesen sein, der sich auf den Sieg bei Philippi bezog.

### Krieg in Armenien

Nach Octavians Sieg über Antonius blieb die *VI Ferrata* im Osten in Syrien stationiert. Wir wissen über ihre frühen Aktivitäten nur, dass sie 19 n. Chr. in der Nähe von Laodicaea im Winterquartier lag (Tacitus, *ann.* 2,79,3), vielleicht in Apamea, dessen wichtige strategische Lage am Orontes und militärische Tradition (Seleukiden) es als geeigneten Ort dafür erscheinen lassen. Die *VI Ferrata* nahm an Corbulos Partherfeldzügen teil, zunächst als Teil von dessen eigener Armee, die in Kappadokien stationiert war, gegenüber von Armenien.

Nach dem Winter marschierte die Armee in Armenien ein, wo sie von Tiridates (dem parthischen König Armeniens) und seiner Armee drangsaliert wurde, die vor allem aus Kavallerie bestand. Die Römer drangen tief in die Berge vor und zerstörten die nordarmenische Hauptstadt Artaxata (Artaschat, im Tal des Ararat, heute Armenien). Corbulo führte die Armee wieder an die 500 km nach Südwesten, wobei sie sehr unter Nahrungsmittelknappheit, Erschöpfung und dem heißen Sommer litt (Tacitus, *ann.* 14,24). Doch schließlich nahmen sie kampflos die südliche Hauptstadt Tigranocerta ein.

Corbulo setzte Tigranes VI. als König ein, womit die erste Phase des Kriegs ein erfolgreiches Ende fand. Doch 62 n. Chr. brach er wieder aus, als die Parther Tigranocerta belagerten. Die *VI Ferrata* verteidigte mit Corbulo zusammen Syrien, während Caesennius Paetus, der neue Statthalter von Kappadokien, mit der *IIII Scythica* und *XII Fulminata* nach Armenien ging, um Tigranes zu retten. Paetus wurde abgeschnitten und sah sich gezwungen, zu verhandeln, während Corbulo seine Truppen, u. a. die *VI Ferrata*, nach Norden führte, um den Weg über den Euphrat in Melitene zu bedrohen. Dennoch wurde ein Waffenstillstand unterzeichnet und ein Kompromiss vereinbart, bei dem der Parther Tiridates wieder König von Armenien wurde – unter der Bedingung, dass er Nero seine Treue schwor. So endete der Krieg, vor allem dank der *VI Ferrata*.

Blick über die armenische Hochebene auf den Ararat. Corbulo verbrachte hier einige Zeit damit, seine angeblich „unkriegerischen" Truppen abzuhärten und zu drillen, bevor er sie 19 n. Chr. nach Armenien führte. Tacitus (*ann.* 13,35) berichtet, seine Soldaten seien beim Wachdienst sogar erfroren.

### Aufstand in Iudaea und Marsch auf Rom

Im Jüdischen Krieg stellte die *VI Ferrata* 2000 Mann für Cestius Gallus' katastrophalen Angriff auf Jerusalem 66 n. Chr. zur Verfügung (s. S. 163). Josephus (*bell. Iud.* 2,19,6) berichtet, ihr Kommandant Priscus sei beim Rückzug getötet worden. Anschließend blieb die Legion unter dem neuen Provinzstatthalter Mucianus in Syrien, während Vespasian und Titus in Ptolemais Truppen sammelten und dann nach Iudaea führten.

Als die östlichen Legionen Vespasian im Juli 69 n. Chr. zum Kaiser ausriefen, spielte die *VI Ferrata* eine führende Rolle im folgenden Bürgerkrieg. Dabei machten sich die proflavischen Balkanlegionen unter Marcus Antonius Primus nach Rom auf; zugleich marschierte Mucianus von Syrien aus nach Westen, mit der *VI Ferrata* und 13 000 weiteren Soldaten. Die Balkanlegionen erreichten Italien als Erste und besiegten Vitellius' Truppen in der zweiten Schlacht von Bedriacum, wodurch der Weg nach Rom frei war (s. S. 134 f.). Die *VI Ferrata* wurde unterwegs in Moesien aufgehalten, da sie Angreifer von jenseits der Donau abwehren musste (Tacitus, *hist.* 3,46), aber Mucianus erreichte Rom Ende 69 n. Chr., wenige Tage nach Primus, und übernahm die Kontrolle über die Stadt, bis Vespasian eintraf.

### Zurück in den Osten

Die *VI Ferrata* war 72 n. Chr. in den Osten zurückgekehrt, als das Gerücht aufkam, Antiochus, König von Kommagene, plane zusammen mit den Parthern einen Aufstand. Kommagene war ein alliiertes Königreich nördlich des römischen Syrien (heute in der Türkei). Als Reaktion fiel der Statthalter von Syrien, Caesennius Paetus (der laut Josephus, *bell. Iud.* 7,220–21, das Gerücht in die

Welt gesetzt hatte), mit der *VI Ferrata* sowie Auxiliartruppen und alliierten Kontingenten in Kommagene ein. Antiochus und seine Söhne flüchteten, ihr Königreich wurde der Provinz Syrien zugeschlagen. Dort, in Samosata, war wahrscheinlich zunächst die *VI Ferrata* stationiert, im 2. Jh. dann die *XVI Flavia Firma*.

Wir wissen wenig über die Standorte der Legion in Syrien. Sie könnte einige Zeit im Süden in Raphanaea (Rafniye) verbracht haben, dem späteren Lager der *III Gallica*, denn eine undatierte Inschrift (*CIL* 3, 14165) zeigt, dass die Frau eines Tribuns der *VI Ferrata* dort begraben liegt. Eine Vexillation der Legion baute 75 n. Chr. mit am Kanal bei Antiochia (*AE* 1983, 927; s. S. 143).

Spuren der *VI Ferrata* für die Zeit danach zu finden ist auch nicht einfacher. Sie beteiligte sich offenbar in voller Stärke an Trajans Partherkrieg von 113–17, denn ihr Legat wurde für Leistungen auf diesem Feldzug geehrt (*AE* 1950, 66), ebenso ein Tribun (*CIL* 10, 5829) und ein Zenturio (*CIL* 5, 955). Die Legion muss aktiv gekämpft haben, denn der Tribun, Titus Pontius Sabinus, wurde mit Ehrenlanze und Mauerkrone ausgezeichnet – dem Rang entsprechende, aber doch bedeutende Auszeichnungen. Nach diesem Krieg war die *VI Ferrata* offenbar eine kurze Zeit in der neuen römischen Provinz Arabia stationiert, die Trajan 106 annektiert hatte. Eine fragmentarische Inschrift von 119 aus Gerasa (Jerasch, Jordanien; *AE* 1983, 937, nach David Kennedy und Hannah Cotton) und undatierte Vexillationsinschriften, z. B. aus Gadara (Umm Qais, Jordanien; *AE* 1995, 1577), legen nahe, dass sich die *VI Ferrata* auf die ganze Provinz verteilte. Die Inschrift aus Gerasa lässt vermuten, dass Soldaten aus Alexandria kamen; vielleicht waren sie von der Ostgrenze abgestellt worden, um den jüdischen Aufstand in Ägypten 115–17 niederzuschlagen, und wurden dann nach Arabien geschickt.

Schließlich ging die *VI Ferrata* nach Iudaea in ein Kastell in Caparcotna (el-Lejjun). Wann sie dort eintraf, ist unklar; man muss es aus den ebenfalls wenig belegten Bewegungen anderer Legionen wie der *II Traiana* erschließen. Zumindest ein Teil der *VI Ferrata* war zur Zeit Hadrians in Iudaea, wo sie (wie die *X Fretensis*, *II Traiana* und vielleicht *XXII Deiotariana*) half, den „hohen

Das markante ovale Forum von Gerasa in der Provinz Arabia (Jerasch, Jordanien). Eine Inschrift aus der Stadt weist darauf hin, dass in Gerasa 119 n. Chr. eine Abteilung der *VI Ferrata* stationiert war.

Aquädukt" in Caesarea zu bauen oder zu reparieren. Eventuell wurde die gesamte Legion zur Zeit des Bar-Kochba-Aufstands (132–35 n. Chr.) nach Arabien verlegt, doch wir wissen nicht, wann sie und ob sie überhaupt daran beteiligt war.

### Caparcotna und Syria Palaestina

Die Basis der *VI Ferrata* in Caparcotna (el-Lejjun) lag im südlichen Galiläa, in der Nähe des Tells des alten Megiddo, mit Blick auf die Jesreel-Ebene und die wichtigen alten Handelsrouten zwischen der Küste (Caesarea) und bedeutenden Stätten wie Diocaesarea (Sepphoris) und Skythopolis (Bet She'an). Das Legionslager ist archäologisch noch nicht intensiv erforscht, doch ein Survey des israelischen Archäologen Yotam Tepper hat erst kürzlich einiges zur Topographie ergeben. Wie andere östliche Legionen stellte die *VI Ferrata* Abteilungen für Außenposten innerhalb der Provinz. Neben Zeugnissen aus Caesarea bezieht sich eine Inschrift aus Eleutheropolis (Bayt Jibrin; *AE* 1933, 158) nahe Hebron auf eine Vexillation der Legion. Ein Ziegelstempel der Legion wurde nördlich der Basis in Horwath Hazon gefunden; und Münzen zeigen, dass Veteranen der *VI Ferrata* eventuell an der Gründung der Kolonie in Ptolemais (Akkon) beteiligt waren und in Aelia Capitolina (Jerusalem) siedelten.

Höchstwahrscheinlich stand die *VI Ferrata* im Bürgerkrieg 193/94 (wie die meisten östlichen Legionen) eher auf Severus' als auf Nigers Seite. Eine etwas spätere Inschrift (*AE* 1948, 145 n. Chr.) nennt diese Einheit dementsprechend *F(idelis)* und *C(onstans)* – „treu und zuverlässig". Samaria, das eine Vexillation der *VI Ferrata* beherbergte, erhielt aufgrund seiner Loyalität zu Severus Vergünstigungen, während das benachbarte Neapolis (Nablus) für die Unterstützung Nigers bestraft wurde. Möglicherweise fand der Bürgerkrieg 193/94 in kleinerer Form in Syria Palaestina seine Entsprechung, mit den Legionen der Provinz auf verschiedenen Seiten.

### Die *VI Ferrata* außerhalb ihrer Provinz

Wir haben bereits gesehen, dass die *VI Ferrata* in Trajans Partherkrieg kämpfte, und noch früher diente eine Abteilung unter Kaiser Trajan in Dakien, wahrscheinlich im zweiten Dakerkrieg 105/6. Inschriften in der nach diesem Krieg gegründeten Kolonie Sarmizegetusa (Grădiștea de Munte) erwähnen eine Vexillation der *VI Ferrata*; vielleicht war sie am Bau von Befestigungsanlagen dort beteiligt. Andere Inschriften (z.B. *CIL* 8, 10230, 145) bezeugen, dass Teile der Legion an Bautätigkeiten in der afrikanischen Provinz Numidia teilhatten.

Eine Münze der Kaiser Lucius Verus und Marcus Aurelius zeigt Adler und Nummer der *VI Ferrata*, zusammen mit Marcus Antonius' Namen und Titel als Triumvir. Dies soll wahrscheinlich die Teilnahme an Lucius Verus' Partherkrieg bezeugen (163–66) und zugleich an Antonius' Partherkrieg fast zwei Jahrhunderte zuvor erinnern. Eine Inschrift in Rom (*CIL* 6, 41278) zeigt einen Zenturio als Kommandant einer Vexillation der *VI Ferrata* und *X Fretensis* in Marcus Aurelius' Markomannenkriegen 166–80. Es gibt keine direkten Beweise für die Beteiligung der *VI Ferrata* an Severus' Partherkrieg, auch wenn es angesichts ihrer Loyalität zu Severus plausibel scheint, dass eine Vexillation daran beteiligt war.

Eine Inschrift auf den Farasan-Inseln vor der Küste Saudi-Arabiens im Roten Meer (*AE* 2005, 1640) dokumentiert die weiteste Entfernung der *VI Ferrata* von ihrer Basis; dort war sie sicherlich stationiert, um den Handel der römischen Welt mit Arabien und Indien zu überwachen (s. S. 124, 129). Die undatierte Inschrift stammt eventuell aus einer Zeit, als Teile der Legion in der Provinz Arabia stationiert waren, denn sie bildete eine wichtige Verbindung zwischen dem Mittelmeer und Arabien/Indien.

Die *VI Ferrata* war mit Sicherheit an den Kriegen an der Ostgrenze ab dem 3. Jh. beteiligt. In der *Notitia dignitatum* (um 395) taucht sie jedoch nicht auf, sodass sie zu dieser Zeit wahrscheinlich nicht mehr existierte.

## Die Legion der Provinz Arabia

Im Jahr 106 wurde das Königreich der Nabatäer annektiert und Teil der römischen Provinz Arabia Petraea. Die Invasion wurde vom römischen Statthalter Syriens durchgeführt und traf offenbar auf wenig bis keinen Widerstand. Die Römer benutzten den Terminus „Arabia" in einem sehr allgemeinen Sinn für alle Wüstenregionen im Osten; doch die Provinz Arabia war im Prinzip das heutige Jordanien und südliche Syrien, mit militärischen Außenposten u.a. im Hedschas. In der Provinz lagen Städte wie Bostra (Bosra, Syrien; römische Provinzhauptstadt und Legionsbasis), Gerasa (Jerasch) und Petra (beide Jordanien).

Es gab keine größeren Bedrohungen der Grenzen, Probleme bereiteten vor allem Nomaden am Rand der östlichen Wüste. Die Gegend war wohlhabend, da sie eine wichtige Rolle im Fernhandel mit der Arabischen Halbinsel und Indien spielte.

Papyrusdokumente belegen, dass die *III Cyrenaica*, zuvor in Ägypten, eine wichtige Rolle bei der Annexion spielte. Als die *III Cyrenaica* nach Ägypten zurückkehrte, wurde sie zeitweilig durch die *VI Ferrata* ersetzt, von der sich im Jahr 119 Abteilungen in Gerasa, Gadara und anderswo befanden. Allerdings ging die *VI Ferrata* wieder nach Iudaea (bzw. Syria Palaestina), und die *III Cyrenaica* kehrte nach Arabien zurück, eventuell in den 130er-Jahren; sie blieb fast zwei Jahrhunderte lang die einzige Legion dort.

Luftbild der Via Nova Traiana („Trajans neue Straße"), die Bostra im Norden mit Aila im Süden verband. Arabien erhielt im Jahr 106 n.Chr. einen römischen Statthalter und eine Garnison.

## III Cyrenaica

Der Name der *III Cyrenaica* legt nahe, dass die Legion unter dem Kommando von Lucius Pinarius Scarpus entstand, einem Verbündeten von Marcus Antonius, der zur Zeit der Schlacht von Actium die Kyrenaika (Ostlibyen) regierte. Nach Octavians Sieg versuchte Marcus Antonius, zu Pinarius zu fliehen; doch dieser ließ seine Boten töten – und alle Soldaten, die nicht zu Octavian überlaufen wollten (Cassius Dio 51,5,6). Pinarius' Truppen wurden von Octavians Untergebenem Cornelius Gallus übernommen, dem späteren Präfekten Ägyptens. Er führte sie nach Paraetonium (Marsa Matruh) in Westägypten, wo Marcus Antonius erfolglos versuchte, ihre Loyalität wiederzugewinnen. Die *III Cyrenaica* war vermutlich eine der Legionen, mit denen Gallus danach Ägypten unterwarf, und sie blieb dort stationiert.

### III Cyrenaica

| | |
|---|---|
| **Beiname** | *Cyrenaica* |
| **Emblem** | Unbekannt |
| **Basis** | Nicopolis (Alexandria, Ägypten); Bostra (römisches Arabien, Bosra im heutigen Syrien) |
| **Wichtige Feldzüge** | Aelius Gallus' Arabienfeldzug (26–24 v. Chr.)? P. Petronius' Nubieninvasion (ca. 24 v. Chr.)? Corbulos Partherkrieg (Vexillation, 63 n. Chr.)? Jüdischer Krieg (Iudaea, Vexillation, 66–70 n. Chr.); Annexion von Arabien (106); Trajans Partherkrieg (113–17); Babylonischer Aufstand (117); Bar-Kochba-Aufstand (Iudaea, 132–35); Partherkriege von Lucius Verus und Severus (161–66; 195–97)? Nigers Bürgerkrieg gegen Severus (193–94); Gallienus' Feldzug gegen die Alamannen und Franken (Vexillation [?], 258–60); Valerians Feldzug gegen Schapur I. (260)? Aurelians Feldzug gegen Palmyra (270–72) |

Das früheste sichere Zeugnis für die Legion ist eine Inschrift von 11 n. Chr. (*AE* 1910, 207), die sich auf einen Tribun der Legion bezieht, der Präfekt des *Mons Berenice* war, der bergigen Region in der östlichen Wüste Ägyptens. Die erste Erwähnung des Titels *Cyrenaica* findet sich in einer etwas späteren Inschrift (*EJ* 368) von Gaius Fabricius Tuscus, einem Militärtribun der Legion. Zweifellos war sie eine der drei Legionen, die Strabo für das augusteische Ägypten verzeichnet, auch wenn die These, dass sie zunächst in Oberägypten saß, vielleicht in Theben (Luxor), nicht bewiesen werden kann.

Die frühe Geschichte der *III Cyrenaica* in Ägypten muss jener der *XXII Deiotariana* geglichen haben, was Rekrutierung, Pflichten und Teilnahme an frühen Feldzügen auf der Arabischen Halbinsel und in Nubien betrifft. Beide Legionen waren im Kastell Nikopolis stationiert. Die *III Cyrenaica* muss die zweite Legion in der Inschrift von Koptos (s. S. 124) gewesen sein, und auch wenn Gaius Sossius ein ziemlich häufiger Name war, ist es verlockend, den Legionär aus Pompeiopolis (heute in der Nordtürkei) in dieser Inschrift mit dem Gaius Sossius zu identifizieren, der als *optio* der 3. Legion in Alexandria bezeugt ist (*CIL* 3, 659). Angehörige der *III Cyrenaica* waren in ganz Ägypten stationiert; sie sorgten für Ordnung in ländlichen Gemeinden und überwachten Güter- und Personenverkehr und Steinbrüche. So weihte Titus Egnatius Tiberianus dem Zeus eine Inschrift in Acoris (Tehna) zum Wohlergehen des Kaisers (der Name [Domitian?] wurde gelöscht) und beschreibt sich darin selbst als „Verantwortlicher für den Steinbruch für die Pflastersteine von Alexandria" (*IGR* 1, 1138). Eine weitere Inschrift, bei der Domitians Name getilgt ist (*CIL* 3, 13580), nennt Zenturio Gaius Julius Magnus als Aufseher des Baus einer Brücke bei Koptos (Qift). Wie die anderen ägyptischen Legionen stellte die *III Cyrenaica* Abteilungen für das von Rom kontrollierte Nubien, und einige davon errichteten Inschriften an den Tempeln von Pselkis (ad-Dakka) und Talmis (Kalabscha).

### Die *III Cyrenaica* in der Arabia

Wann die Legion nach Arabien verlegt wurde, ist ausgiebig diskutiert worden, aber es gibt konkrete Hinweise darauf, dass sie an der ersten Annexion von 106 n. Chr. beteiligt war, dann zurück nach Ägypten ging (dort ist sie für 119 bezeugt) und etwa 140 nach Arabien zurückkehrte, nach Bostra. Zur Zeit der Entstehung der *Notitia dignitatum* Ende des 4. Jh. war sie immer noch dort.

Ihr erster Aufenthalt in Arabien wird durch einen Brief auf Papyrus (*P. Mich.* 8,466) bestätigt; in diesem schrieb Julius Apollinaris, *librarius* (Schreiber) der *III Cyrenaica*, am 26. März 107 von Petra (im heutigen Jordanien) aus an seinen Vater im ägyptischen Karanis. Sein Brief zeigt, dass ein Teil der Legion in den Steinbrüchen von Petra arbeitete und eine Kohorte in Bostra war, die sicherlich im Jahr davor bei der Annexion dabei war. Sie kämpfte im Partherkrieg von 113–17 und kehrte dann nach Ägypten zurück, eventuell um den jüdischen Aufstand zu unterdrücken (s. S. 123). Spätestens am 4. August 119 war die *III Cyrenaica* zurück in Nikopolis, mit der *XXII Deiotariana* (*BGU* I 140; s. S. 125 f.). Die endgültige Versetzung nach Arabien fand vor 140–44 statt, als in Bostra Münzen mit der Aufschrift *LEG III CYR* und der Abbildung des Jupiter Ammon geprägt wurden, der mit der *III Cyrenaica* in Verbindung steht (s. Kasten nächste Seite). Auch Ptolemaios, der zu dieser Zeit seine *Geographie* schrieb, verzeichnet Bostra als Legionsstützpunkt.

### Das Lager in Bostra

Colonia Nova Traiana Bostra (Bosra, Syrien) in Arabia Petraea war der Stützpunkt der *III Cyrenaica* von ca. 140 bis mindestens 395. Die einzigen ergrabenen Strukturen des Lagers sind das Nord- und Südtor sowie ein Thermengebäude an der Westseite. Zur Zeit der Annexion war Bostra eine nabatäische Stadt; sie entwickelte sich zu einem urbanen Mittelpunkt, der als Provinzhauptstadt diente. Heute ist Bosra UNESCO-Weltkulturerbe und bekannt für seine spektakulären römischen Theater.

Viel von dem, was wir über die Legion und Legionäre von Bostra wissen, ergibt sich aus einer Reihe Inschriften dort. Die meisten Legionäre wurden in den östlichen Provinzen rekrutiert und, je länger die Legion in Bostra war, zunehmend auch in Arabien.

> Den Geistern der Verstorbenen. Dem Bithynier Lucius Valerius Bessus, Soldat der *legio III Cyrenaica*. Er lebte 38 Jahre und diente 21 Jahre. Sein Erbe schuf dieses Monument für ihn.
>
> *CIL* 3, 104

Wie immer kamen die Zenturionen von weit her und dienten im Laufe ihrer Karriere in zahlreichen Legionen im gesamten Römischen Reich:

> Dem Titus Quinctius Petrullus, Zenturio der *legio III Cyrenaica*, dessen Heimat Britannia war. Er lebte 30 Jahre.
>
> *IGLS* 13,1, 9188

Wie wir gesehen haben (S. 124–26), konnten Soldaten normalerweise keine legale Ehe eingehen (zumindest vor Severus), aber dennoch entstanden informelle Familien, was sicher einer der Gründe dafür ist, dass sich eine zivile Siedlung neben dem Kastell von Bostra entwickelte; Zenturionen und andere Offiziere durften ohnehin heiraten.

> Den Geistern der Verstorbenen. Dem Marcus Ulpius Propinquus, Zenturio der *legio III Cyrenaica*, *hastatus* der siebten Kohorte. Er lebte 42 Jahre. Rufonia Avitilla schuf [dies] für ihren äußerst pflichtbewussten Ehemann.
>
> *IGLS* 13,1, 9198

Römisches Theater in Bostra. Das Legionslager ist nicht ausgegraben worden, aber Luftaufnahmen zeigen eine rechteckige Einfriedung von 16,8 ha an der Nordseite der römischen Stadt, und man hat in der Gegend Ziegelstempel und Inschriften der Legion gefunden.

Es gab in Bostra auch Veteranen der *III Cyrenaica* im Ruhestand, was auf ihre Herkunft und den Wunsch zurückzuführen ist, vor Ort geschaffene soziale Beziehungen aufrechtzuerhalten. Gruppen von Veteranen schufen bei ihrer Entlassung aus der Armee Kollektivinschriften, wie diese, die 136 rekrutiert und 161, im ersten Jahr der gemeinsamen Regierung von Lucius Verus und Marcus Aurelius, entlassen wurden:

> Dem Kaiser Caesar Lucius Aurelius Verus Augustus (gewidmet), von Veteranen der *legio III Cyrenaica*, die ihren Dienst im Konsulat des Commodus und Pompeianus und Lucius Aelius Caesar (zum zweiten Mal) begannen.
>
> *AE* 1973, 533

Einige Veteranen starben in Bostra und sind in Inschriften an Grabmonumenten genannt. Andere ließen sich in kleinen Städten und Dörfern des südlichen Arabiens und Syriens nieder. Außerdem nennen 251–53 in Neapolis (Nablus) geprägte Münzen die Stadt *colonia* und tragen Embleme der *III Cyrenaica*. Dort könnten sich ebenfalls Veteranen niedergelassen haben, neben Soldaten der *X Fretensis*, die auch auf den Münzen auftaucht.

### Ordnungshüter in der Arabia

Wie schon in Ägypten war die *III Cyrenaica* in Arabien für die innere Sicherheit verantwortlich, in den städtischen Zentren ebenso wie am Rand der Wüste. Wir besitzen Zeugnisse für Legionsabteilungen in den wichtigen Städten Petra und Gerasa (Jerasch), und Inschriften von dort wie auch aus Philadelphia (Amman), die Soldaten der *III Cyrenaica* nennen, legen nahe, dass diese Praxis andauerte. Es gab auch Außenposten im Osten und Süden; der Süden war wegen der Handelswege wichtig, welche die Häfen am Roten Meer mit dem Inneren des heutigen Saudi-Arabien und Jemen verbanden, woher zahlreiche Luxusgüter wie Myrrhe kamen. Eine Inschrift verzeichnet eine Vexillation der *III Cyrenaica* in einem Kastell aus trajanischer Zeit bei der nabatäischen Siedlung Hawara (Humayma, zwischen Petra und Akaba), wahrscheinlich Mitte des 3. Jh. n. Chr.:

> Dem Wohl der Kaiser. Die Vexillation der erfolgreichen legio III Cyrenaica brachte (hier) in Hawara mit Julius Priscus dem Jupiter Ammon ein Opfer dar.
>
> *AE* 2002, 1572

## Die *III Cyrenaica*, Bostra und Jupiter Ammon

„Ich, Ulpius Taurinus, mit dem Ehrenhorn ausgezeichneter Soldat, habe mein Gelübde gegenüber dem besten und größten Jupiter (in Gestalt des) heiligen Ammon, dem göttlichen Geist (der Legion), erfüllt" (*IGLS* 13,1, 9010).

Diese Inschrift aus Bostra unterstreicht die enge Verbindung zwischen der Stadt, ihrer Legion und Jupiter (Zeus), gleichgesetzt mit Ammon, einer Manifestation des ägyptischen Sonnengotts Amun-Re, dessen Heiligtum in Siwa an der Grenze zu Libyen ein wichtiges Orakel war. Ammon wurde von griechischen Kolonisten aus dem nahe gelegenen Kyrene mit Zeus (= Jupiter) identifiziert. Da die dritte Legion aus der Kyrenaika (dem Gebiet um Kyrene) stammte und lange in Ägypten diente, ist die Verbindung mit dem Gott nicht verwunderlich. Als die *III Cyrenaica* nach Arabien umzog, hielt sie die enge Verbindung zu Jupiter Ammon aufrecht.

Wie wichtig die Legion für Bostra war, zeigt, dass die Stadt Ammon als Mäzen und Symbol annahm; hier entstand ein wichtiger Ammon-Tempel. Wenig ist bekannt über diesen Tempel, aber wir wissen durch eine Inschrift (*AE* 1947, 165), dass die Palmyrener die Stadt 268–70 eroberten und plünderten, woraufhin ihre silbernen Statuen und eisernen Türen erneuert werden mussten.

Denar (31 v. Chr.) von L. Pinarius Scarpus, einem Untergebenen des Marcus Antonius in der Kyrenaika. Neben der geflügelten Victoria zeigt er Ammon als bärtigen Mann mit Widderhörnern.

Nabatäische Felsengräber in der Stadt Hegra (Mada'in Salih, Saudi-Arabien). Vermutlich war die Aufgabe der hier eingesetzten Soldaten, die Aktivitäten der Nomaden zu überwachen und die Bevölkerung vor Ort (wie die Einwohner von Hegra) sowie Reisende und Händler zu schützen.

Wir haben bereits Zeugnisse des römischen Interesses am Roten Meer und seiner Handelsrouten kennengelernt, z. B. in der östlichen Wüste Ägyptens, wo Legionäre Einrichtungen schufen, die den Nil mit den Häfen der ägyptischen Ostküste verbanden, und auch Legionsvexillationen auf den Farasan-Inseln weiter südlich (s. S. 124, 129 und 155).

Ein römerzeitliches Handbuch für Kaufleute im Roten Meer hält fest, dass „ein Zenturio und seine Soldaten" in Leuke Kome, einem nabatäischen Hafen am Roten Meer, 25 % Zoll auf eingehende Waren kassierten. Forscher streiten sich, ob es sich dabei um römische Truppen handelte – oder um Nabatäer, die die römische Militärterminologie übernahmen. Wir haben Zeugnisse der *III Cyrenaica* aus Elat am Golf von Akaba (z. B. eine Inschrift, die einen Legionär und seinen Zenturio nennt – *AE* 1972, 671), dort könnten regulär Legionäre stationiert gewesen sein. Doch die Aktivitäten der *III Cyrenaica* erstreckten sich auch auf das Binnenland, bis hin zum saudi-arabischen Hedschas 400 km südöstlich. In der Antike war diese Region von der Thamudischen Konföderation besetzt, die nach der Gründung der Provinz Arabia die römische Herrschaft anerkannte. Spuren römischer Militärpräsenz finden sich z. B. in der Nabatäerstadt Hegra (Mada'in Salih, Saudi-Arabien). Eine lateinische Inschrift von dort verzeichnet das Personal der *III Cyrenaica* beim Wiederaufbau der Stadtmauer 175–77 (*AE* 2004, 1620); eine andere (*AE* 1974, 662) ist eine Widmung an Tyche (Schicksalsgöttin), von einem Mann namens Hadrian, der sich als „Maler der *legio III Cyrenaica*" bezeichnet.

Auch in der arabischen Wüste im Osten war das römische Militär präsent, insbesondere in severischer Zeit, entsprechend der Expansion in Afrika durch die *III Augusta* und ihre Auxiliartruppen. Zentrum des Militärs in diesem Gebiet war die Oase Azraq, etwa 90 km östlich von Amman (im Osten Jordaniens). Neben einem römischen Kastell in Azraq selbst und römischen Meilensteinen in der Umgebung verzeichnen Inschriften aus dem nahen Qasr el'Uweinid, dass dort eine Vexillation der *III Cyrenaica* im Jahr 201 ein Kastell mit Hauptquartier und Thermen errichtete (*AE* 2001, 1978). Auch hier war das Militär vor allem dazu da, die Nomaden in der Umgebung zu beaufsichtigen und die ansässige Bevölkerung zu schützen. Zudem liegt die Oase Azraq am nördlichen Ende des Wadi Sirhan, einer weiteren Handels- und Reiseroute auf der Arabischen Halbinsel. Die Überwachung von Reisenden auf dieser Strecke bezeugt

Das Kastell Qasr el'Uweinid in der Nähe der Oase Azraq, ein Außenposten der *III Cyrenaica*.

eine Inschrift in al-Dschauf rund 370 km südöstlich, am Ende des Wadi Sirhan. Dort weihte Flavius Dionysius, ein Zenturio der *III Cyrenaica*, wahrscheinlich Kommandant einer Abteilung im Süden des Wadi, den Göttern Jupiter Ammon und Sulmus Sanctus eine Inschrift (*AE* 2001, 1979), „zum Wohle unserer Kaiser" (möglicherweise Septimius Severus und Caracalla).

## Die *III Cyrenaica* anderswo

Auch außerhalb Ägyptens und Arabiens war die *III Cyrenaica* vor allem im Osten aktiv. Vexillationen aus Ägypten unterstanden Corbulo 63 n. Chr. (Tacitus, *ann.* 15,26), und die *III Cyrenaica* verstärkte die 2000 Mann starke Abteilung der ägyptischen Legionen, die unter Titus im Jahr 70 in Iudaea diente (Tacitus, *hist.* 5,1; Josephus, *bell. Iud.* 5,44; 6,236). Die Legion kam viel herum – neben ihrer Verlegung nach Arabien, Ägypten und wieder zurück nach Arabien beteiligte sie sich an Trajans Partherkrieg 113–17 und errichtete währenddessen (115/16) einen Triumphbogen in Dura-Europos. Mehrere Vexillationen der *III Cyrenaica* wurden später nach Dura verlegt, und eine baute im Jahr 216 mit der *IIII Scythica* ein Amphitheater.

Nach Trajans Partherkrieg war eine Vexillation in Jerusalem stationiert, wo als Dank für Trajans Sieg sie eine Weihinschrift an Jupiter Serapis errichtete (*ILS* 4393). Vielleicht war sie gerade auf dem Rückweg vom Euphrat nach Ägypten, als der jüdische Aufstand in Kyrene und Ägypten ausbrach. Es war nur folgerichtig, Soldaten in Jerusalem zu lassen, die verhinderten, dass der Aufstand nach Iudaea übergriff, während der Rest nach Ägypten ging, um den Aufstand selbst zu unterdrücken. Etwa 123 schlossen sich Teile der *III Cyrenaica* für einen Einsatz am Euphrat unter Zenturio Claudius Quartinus der *II Traiana* an (*CIL* 13, 1802), auch wenn sich die aus dem Osten drohende Gefahr als Fehlalarm erwies.

Gaius Popilius, ein senatorischer Tribun der *III Cyrenaica*, wurde von Hadrian für sein Verhalten beim Bar-Kochba-Aufstand 132–35 n. Chr. ausgezeichnet; die gesamte Legion könnte daran teilgehabt haben. Eine Inschrift (*ILS* 1058) besagt, dass Haterius Nepos, wohl ihr damaliger Kommandant, die *ornamenta triumphalia* verliehen wurden, was bedeutet, dass sie bei einem großen Sieg dabei gewesen sein muss. Wir wissen nicht viel über die Beteiligung der Legion an den anderen militärischen Konflikten und

Bürgerkriegen des 2. Jh., aber wahrscheinlich kämpfte sie in einigen oder sogar allen. Abteilungen der *III Cyrenaica* lagen so lange in Dura-Europos, dass sie wahrscheinlich Vexillationen für Lucius Verus' und Severus' Partherkriege (161–66 und 195–97) abstellte und zudem Avidius Cassius' und Pescennius Nigers Ansprüche auf den Kaiserthron unterstützte.

Die Inschrift in Naqs-i-Rustam (Iran) zum Gedenken an den Sieg Schapurs I. über Valerian im Jahr 260 listet Arabien unter den Geburtsländern der besiegten Truppen auf – ein Hinweis auf Soldaten der *III Cyrenaica*? Nach Schapurs Sieg verteidigte das Königreich von Palmyra zunächst die römischen Ostprovinzen gegen die Perser. Danach jedoch bauten die Herrscher von Palmyra sich ein eigenes Reich auf und plünderten, wie gezeigt, Bostra und seinen Tempel des Jupiter Ammon. Trotzdem konnte sich die *III Cyrenaica* eventuell rächen: 272/73 gewann Kaiser Aurelian die von den Palmyrenern überrannten Gebiete zurück und eroberte Palmyra. Ein in seiner späteren (leider unzuverlässigen) Biographie zitierter Brief (*hist. Aug., Aurelianus* 31,7) bezieht sich auf die Plünderung der Sonnentempel in Palmyra durch Fahnenträger und Trompeter einer „dritten Legion". Dies mag zwar die nahe Palmyra stationierte *III Gallica* gewesen sein, aber wenn die Plünderung des Tempels des Sonnengotts ein Racheakt war, könnte auch die *III Cyrenaica* gemeint sein.

Wie bei den meisten Legionen wissen wir ab dem 3. Jh. n. Chr. wenig über die Geschichte der *III Cyrenaica*. Neben Zeugnissen für ihre Teilnahme an den Kriegen gegen Schapur I. und Zenobia von Palmyra nennt eine Inschrift aus Iversheim bei Bonn (*AE* 1968, 392) einen Soldaten der *III Cyrenaica*, was bedeuten könnte, dass eine Vexillation an Gallienus' Feldzug gegen die Alamannen und Franken 258–60 teilnahm. Dennoch weist die *Notitia dignitatum* darauf hin, dass die Legion im späten 4. Jh. immer noch in ihrem Kastell in Bostra stationiert war.

Der Haupttempel des Baal in Palmyra. Während Palmyras kurzer Phase der Unabhängigkeit (260–73 n. Chr.) plünderten seine Truppen Bostra, die Heimatstadt der *III Cyrenaica*. Vielleicht haben Soldaten dieser Legion Aurelian dabei geholfen, Palmyra zurückzuerobern.

## Die Legionen der Cappadocia

In Kappadokien im heutigen Zentralanatolien lagen einige wichtige Euphratübergänge Richtung Osten. Es handelte sich um ein unabhängiges Königreich, das vom römischen Klientelkönig Archelaus regiert wurde, der von Marcus Antonius eingesetzt und Augustus bestätigt worden war. Tiberius setzte ihn 17 n. Chr. ab und machte aus der Region eine römische Provinz, die zunächst ein Präfekt aus dem Ritterstand regierte. Corbulos Armenier- und Partherkriege von 58–63 betonen die strategische Bedeutung der Provinz als römische Basis in der Nähe Armeniens. Corbulo z. B. versammelte seine Armee in Melitene, der späteren Basis der *XII Fulminata*, vor der Invasion Armeniens nach Caesennius Paetus' Niederlage 62 n. Chr.

Danach stationierte Vespasian mehrere Legionen (vermutlich die *XII Fulminata* und *XVI Flavia Firma*) und beauftragte einen kaiserlichen Legaten von konsularischem Rang. Im 2. Jh. war die *XII Fulminata* in Melitene stationiert und die *XV Apollinaris* in Satala. Die Bedeutung der Provinz ergibt sich aus ihrer Nähe einerseits zu Armenien und den Parthergebieten, andererseits zum Schwarzen Meer und dem Kaukasus, wo die Römer ebenfalls militärische Interessen verfolgten.

### *XII Fulminata*

| | |
|---|---|
| **Beiname** | *Fulminata* (griech. *keraunophoros*, „Blitzträger") |
| **Emblem** | Blitz |
| **Basis** | Melitene am Euphrat (Malatya, Türkei) |
| **Wichtige Feldzüge** | Perusia (41 v. Chr. – als *XII Victrix*?); Caesennius Paetus' Armenienfeldzug (62 n. Chr.); Jüdischer Krieg (Gallus' Angriff auf Jerusalem, 66 n. Chr.; Belagerung von Jerusalem, 70 n. Chr.); Bar-Kochba-Aufstand (Vexillation [?], 132–35); Arrians Feldzug gegen die Alanen (Vexillation, 135)? Partherkriege des 2./3. Jh., darunter der des Lucius Verus (Armenien, 161–66)? Marcus Aurelius' Markomannenkriege (Vexillation, 166–80)? gegen die Invasion Schapurs I. (252)? |

## *XII Fulminata*

Ursprünglich war die *XII Fulminata* wahrscheinlich die 12. Legion, die Julius Caesar 58 v. Chr. für seinen Feldzug gegen die Helvetier aushob – jene Kelten, die versuchten, von ihrer Heimat in der heutigen Schweiz nach Westen abzuwandern. Vor der Herrschaft des Augustus sind sporadisch Legionen mit der Nummer XII bezeugt, mit Beinamen wie *Victrix*, *Paterna* oder *Antiqua* – alle haben ihren Ursprung in derselben Legion Caesars. Eine 12. Legion kämpfte 41 v. Chr. auf Seiten Octavians bei Perusia (Perugia), ihre Nummer findet sich auf Schleudergeschossen. Eines trägt den Titel *victrix*, „siegreich", was auf eine ältere Legion mit erfolgreicher Vergangenheit hinweist; vermutlich wurde die *XII* von Octavian aus einem Kader Caesarveteranen wiederhergestellt. Marcus Antonius' Serie von Legionsmünzen enthält eine *XII Antiqua* („alte zwölfte"), was ebenfalls an eine Legion mit langer Geschichte denken lässt: Marcus Antonius könnte Caesars *XII* wieder eingerichtet haben – oder Lepidus, der sie dann an diesen weitergab. *Paterna*, bezeugt in einer frühaugusteischen Inschrift eines Veteranen der *XII*, der in Parma (*ILS* 2242) siedelte, leitet sich wahrscheinlich von Caesars Titel *pater patriae* („Vater des Vaterlands") ab (Sueton, *Iul.* 76,1; Augustus erhielt diesen Titel erst 2 v. Chr.).

*Fulminata* ist zum ersten Mal als Titel einer 12. Legion auf Inschriften im griechischen Patras belegt (*CIL* 3, 504; 507; 509), die an Veteranen in der dort 16 v. Chr. gegründeten Kolonie erinnern. Man glaubt, dass die *XII Fulminata* die dritte Legion war (neben der *III Cyrenaica* und *XXII Deiotariana*), die Strabo (17,1,12) im augusteischen Ägypten verortet, aber wenn dem so ist, war sie um 23 n. Chr. verlegt worden, vermutlich nach Syrien, da Tacitus (*ann.* 4,5) zu dieser Zeit nur zwei Legionen für Ägypten nennt. Münzen zeigen, dass Veteranen zur Zeit des Claudius dazu beitrugen, die syrische Kolonie Ptolemais (Akkon) zu gründen, mit Soldaten anderer Legionen.

### Katastrophale Niederlagen in Armenien und Iudaea

Die *XII Fulminata* hatte das Pech, gleich an zwei großen römischen Niederlagen im Osten innerhalb eines Jahrzehnts mitzuwirken – unter Caesennius Paetus in Armenien und unter Cestius Gallus bei Jerusalem (62/66 n. Chr.). Während des ersten Teils des Armenien-/Partherkriegs 58–63 n. Chr. blieb die *XII Fulminata* zur Verteidigung in Syrien. Als jedoch die Parther 62 n. Chr. Armenien besetzten und Tigranocerta belagerten, begleitete die *XII* zusammen mit der *IIII Scythica* Caesennius Paetus auf dessen Entsatzexpedition. Das Ergebnis war eine demütigende Kapitulation (s. S. 152); die Römer zogen sich zurück, und Corbulo sandte die in Ungnade gefallene 12. Legion zurück nach Syrien, wo sie bis zum Ende des Jüdischen Kriegs in Raphanaea stationiert war (Josephus, *bell. Iud.* 7,17–18).

Als Reaktion auf den Aufstand in Iudaea 66 n. Chr. versammelte Cestius Gallus, der Statthalter von Syrien, in Antiochia eine gewaltige Armee: die gesamte *XII Fulminata*, 2000 Mann aus Vexillationen der anderen syrischen Legionen, sechs Kohorten (Infanterie) und vier *alae* (Kavallerie) Auxiliartruppen sowie rund 16000 alliierte Soldaten. Die Armee marschierte unter Caesennius Gallus, Legat der *XII Fulminata*, nach Sepphoris in Galiläa, wo es die erste Feindberührung gab. Josephus (*bell. Iud.* 2,512) berichtet, wie die mit Speeren bewaffneten Aufständischen den Römern in hügeligem Gelände deutliche Verluste zufügten, im Nahkampf aber gegen die schwer gepanzerten Legionäre nichts ausrichten konnten. Die Armee wurde in Caesarea neu gruppiert, dann rückte sie auf Jerusalem vor. Auch hier leisteten die Rebellen Widerstand, mussten sich aber schließlich trotz römischer Verluste in die Stadt zurückziehen.

Die Römer errichteten ein Lager auf dem Skopus, dann fielen sie im Vorort Bezetha ein und brannten ihn nieder, schafften es jedoch mehrere Tage lang nicht, in die innere Stadt vorzudringen. Gerade als es so aussah, als würden es ihnen gelingen, und die Dissidenten in der Stadt sich schon auf eine Kapitulation vorbereiteten, zog sich Gallus mit seinen Truppen zurück. Eventuell war er vom Widerstand so überrascht, dass er zunächst noch mehr Belagerungsgerät aufstellen wollte. Doch der geordnete Rückzug artete in eine Flucht aus: Die Rebellen empfingen die Römer auf den schmalen Straßen und Pässen aus dem Hinterhalt mit Wurfgeschossen (Josephus *bell. Iud.* 2,547–49.). Gallus verlor 5300 Infanteristen und 380 Reiter, und Sueton (*Vesp.* 4) berichtet, dass die *XII Fulminata* ihren Adler einbüßte – dennoch wurde sie nicht aufgelöst; vermutlich war der Bedarf an Soldaten in Iudaea und generell in den östlichen Garnisonen einfach zu hoch.

Die *XII Fulminata* marschierte im Jahr 70 wieder in Jerusalem ein und beteiligte sich an Titus' Belagerung der Stadt, doch gelang es ihr anscheinend nicht, ihre frühere Scharte auszuwetzen. Josephus (*bell. Iud.* 7,18) berichtet, dass Titus sich nach der Belagerung an die „Niederlage der *legio XII* unter dem Kommando des Cestius erinnerte, und sie daher ... nach Melitene am Euphrat versetzte, an der Grenze von Armenien und Kappadokien". Dort saß die Legion Ende des 4. Jh., als die *Notitia dignitatum* zusammengestellt wurde, immer noch.

## Die *XII Fulminata* in Kappadokien und anderswo

Melitene (Malatya, Türkei) lag am Euphratübergang einer wichtigen Ost–West-Route zwischen dem römischen Anatolien und Südarmenien (mit der Hauptstadt Tigranocerta) bzw. Nordmesopotamien. Vor 70 n. Chr. scheint Melitene keine bedeutende Stätte gewesen zu sein, auch wenn es im nahe gelegenen Arslantepe eine wichtige Siedlung der Bronzezeit gab; der spätere Autor Prokop (6. Jh. n. Chr.) schrieb ihre Entwicklung zur Stadt der Anwesenheit der Legion zu (*aed.* 3,4,15–19). Er entwirft ein klassisches Modell der urbanen Entwicklung in Teilen des Römischen Reichs, in denen es vor den Römern keine größeren Städte gab: Ein römisches Legionslager mit der üblichen

Büste, traditionell – aber wahrscheinlich irrtümlich – gedeutet als Porträt des Corbulo, Kommandant im Krieg gegen die Parther 58–63 n. Chr. Rom, Centrale Montemartini.

rechteckigen Form wird in unbebautem Gelände errichtet; dies zieht Zivilisten (wie Soldatenfamilien, Händler usw.) an, wodurch eine zivile Gemeinde nahe des Kastells entsteht; wenn diese eine bestimmte Größe erreicht hat, wird sie von den römischen Behörden (in diesem Fall Trajan) formal als Stadt anerkannt, was wiederum zu steigendem Wohlstand führt und neue Bewohner anzieht.

Wir besitzen jedoch vor Ort wenig deutliche Zeugnisse für das frühe Kastell. Die in Eski Malatya sichtbaren Strukturen stammen wahrscheinlich aus dem 6. Jh. n. Chr.; das ursprüngliche Legionslager könnte in Karamildan, 8 km östlich von Malatya, gelegen haben.

Diverse Inschriften östlich und westlich der Legionsbasis legen nahe, dass Abteilungen für Bau- und Überwachungstätigkeiten abgestellt wurden. Einige stammen aus Anatolien und spiegeln wohl die Rekrutierungspraxis und die Besiedlung dieser Region durch Veteranen wider. Andere beziehen sich auf aktive Soldaten. Ein Meilenstein (*AE* 1976, 658) aus Eumeneia in Phrygien (Zentralanatolien) nennt Soldaten der *XII Fulminata*, die einen Teil der Straße zum phrygischen Apamea baute. Eine Inschrift aus Amorium (*CIL* 3, 353), ebenfalls in Phrygien, zeigt, dass Gaius Salvius Calpurnianus aus der 12. Legion dort von Kameraden einer Vexillation der Legion begraben wurde. Ein anderer Soldat der Legion wurde in Smyrna an der kleinasiatischen Ägäisküste (Izmir) bestattet (*CIL* 3, 414). Dass er von einem *signifer* (Fahnenträger), vermutlich aus derselben Legion, bestattet wurde, lässt vermuten, dass er dort mit anderen Soldaten im Einsatz war. In den römischen Provinzen Asia, Galatia und Bithynia-Pontus in Anatolien waren während der Kaiserzeit keine kompletten Legionen stationiert. Briefe von Plinius d. J. (110 Statthalter von Bithynia-Pontus) zeigen kleinere Garnisonen an wichtigen Standorten, und Soldaten der *XII Fulminata* hielten vermutlich dort, mehrere hundert Kilometer westlich ihres Stützpunkts, die innere Ordnung aufrecht. Diese Inschriften stammen alle oder fast alle aus dem 2. Jh.

In Iudaea war manchmal auch eine aktivere Form der Unterdrückung erforderlich. Wahrscheinlich wurde eine Abteilung der *XII Fulminata* beim Bar-Kochba-Aufstand (132–35 n. Chr.) eingesetzt: Eine unvollständige Inschrift aus Jerusalem (*AE* 1904, 91) bezieht sich auf eine Vexillation der *XII* an der Seite von Soldaten der *X Fretensis* und *II Traiana*. Julius Magnus, Zenturio der *XII Fulminata*, errichtete einen Altar in Caesarea (Iudaea), was auch auf die Anwesenheit der Legion beim Aufstand hinweist; und Gegenstempel der *XII Fulminata* auf Münzen aus Neapolis (Nablus) aus der Zeit zwischen 86/87 und 156/57 beziehen sich sicherlich ebenfalls auf eine Abteilung der Legion, die während des Bar-Kochba-Aufstands dort war oder die Garnison von Iudaea während der Unruhen von 115–17 verstärkte.

Aufgrund der Lage des Stützpunkts der *XII Fulminata* ist es sehr wahrscheinlich, dass sie an allen Perserkriegen des 2.–3. Jh. teilnahm, bei denen man in Armenien oder im nördlichen Mesopotamien einmarschierte. Eine Vexillation der *XII* ist, zusammen mit einer der *XV Apollinaris*, für die Regierungszeit des Marcus Aurelius im heutigen Etschmiadsin, über 400 km östlich des Euphrat, belegt (*ILS* 9117; 177 n. Chr.). Im Jahr 163 eroberten die Römer im Zuge von Lucius Verus' Gegenangriff auf die Parther (mit *I Minervia* und *V Macedonica*) Artaxata und verjagten Pakoros, den Thronanwärter der Parther. Er wurde durch einen

*Unten links*
Altar in Caesarea, von Julius Magnus, einem Zenturio der *XII Fulminata*, dem kappadokischen Gott Turmasgada geweiht (*Inschriften von Caesarea* 119). Der Adler und die geflügelte Victoria weisen eventuell auf einen Sieg über jüdische Rebellen im Bar-Kochba-Aufstand hin.

*Gegenüber*
Eine bemerkenswerte domitianische Inschrift bezeugt die Anwesenheit eines Zenturio der *XII Fulminata* in Bejuk-Dagh, nahe dem Kaspischen Meer, südlich von Baku in Aserbaidschan (*AE* 1951, 263). Von dort sind es ganze 900 km bis zum Legionslager in Melitene. Sicherlich planten römische Kaiser (wie Nero) gewagte Feldzüge in den Kaukasus, aber diese Inschrift weist wohl eher auf die vorübergehende Anwesenheit eines Außenpostens unter dem Befehl eines Zenturio hin als auf eine permanente militärische Präsenz. Die Abteilung könnte dort verbündete Herrscher unterstützt haben.

Römer ersetzt, und römische Münzen verkündeten: *rex Armeniis datus*, „den Armeniern ist ein König gegeben". Die Römer errichteten eine neue Hauptstadt, Kaineopolis (griechisch für „neue Stadt") mit einer römischen Besatzung. Die Inschriften aus Etschmiadsin könnten Beweise für die Lage der neuen Hauptstadt liefern; Teile der Legionen von Kappadokien übernahmen wahrscheinlich Bau- und Überwachungstätigkeiten. Es gab auch römische Stützpunkte und Interessen nördlich von Melitene und Satala (Basis der *XV Apollinaris*) an der Küste des Schwarzen Meers. Das Engagement der *XII Fulminata* in dieser Region ist durch eine Inschrift aus Trapezus (Trabzon) belegt, die eine Vexillation der Legion unter einem ihrer Zenturionen im 2. Jh. n. Chr. zeigt (*CIL* 3, 6745). Die Alanen, ein nomadisches Steppenvolk, bedrohten 135 die römische Kontrolle dieses Gebiets und vielleicht Kappadokien selbst, als Arrian (besser als Historiker bekannt) die Provinz regierte. Arrians Bericht über seine Reaktion auf den Vorfall bezieht sich auf die *XII Fulminata* (s. S. 168).

Als Avidius Cassius, unterstützt von den östlichsten Legionen, versuchte, Marcus Aurelius 175 den Thron zu entreißen, blieb Martius Verus, Legat von Kappadokien, mit seinem Heer (einschließlich der *XII Fulminata*) dem Kaiser treu. Dies erklärt wahrscheinlich die zusätzlichen Titel *Certa Constans* („sicher und zuverlässig") der Legion in ein paar Inschriften des späten 2. Jh. Alternativ könnte Septimius Severus sie verliehen haben, als die *XII Fulminata* sich 193/94 auf seine Seite gegen Pescennius Niger schlug.

Darstellung des „Regenwunders" auf der Säule des Marcus Aurelius in Rom; der Regen ist hier personifiziert als ein Gott, von dessen Armen Wasser strömt.

## Die Blitzeschleuderer

Die *XII Fulminata* taucht in einer amüsanten, aber leider wenig plausiblen Anekdote im Zusammenhang mit Marcus Aurelius' Feldzug gegen die Quaden 172 n. Chr. auf. Cassius Dio (72,8) erzählt, wie eine Gruppe römischer Soldaten in der unerträglichen Hitze durch den Feind eingekesselt wurde und ein ägyptischer Zauberer Regen beschwörte. Xiphilinus, ein byzantinischer Exzerptor des Dio-Textes im 11. Jh., behauptet, das „Regenwunder" sei den Gebeten der christlichen Soldaten aus Melitene zu verdanken gewesen, und daher sei der Legion auch von Marcus Aurelius ihr Beiname verliehen worden (in Xiphilinus' Version *keraunobolos*, „Blitzschleuderer", statt *keraunophoros*, „Blitzträger").

Natürlich hatte sie den Beinamen schon vor Marcus Aurelius' Herrschaft, und es gibt keinen Grund, Xiphilinus' aufwendiger Etymologie zu folgen; sie taugt nicht einmal als Beweis, dass ein Teil der Legion an diesem Feldzug teilnahm (aber s. S. 169).

Wir wissen sehr wenig über die Legion im 3. Jh. n. Chr., auch wenn sie vermutlich mehrere Vexillationen für Feldzüge gegen die Perser stellte, zumindest für kriegerischen Aktionen in Armenien und vielleicht auch darüber hinaus. Bei Schapurs Invasion 252 fiel Satala, aber offenbar nicht Melitene, auch wenn die *XII Fulminata* an den Kämpfen teilgenommen haben muss. Die Legion blieb mindestens bis zum Ende des 4. Jh. in Melitene, wie es in der *Notitia dignitatum* überliefert wird.

## *XV Apollinaris*

Der Beiname der *XV Apollinaris* legt nahe, dass sie von Octavian eingerichtet wurde, dessen Schutzgott Apollo war. Das genaue Datum und die Umstände ihrer Entstehung sind viel diskutiert worden, auch die Möglichkeit, dass sie sich aus einer Legion Caesars entwickelte, die dieser vor dem Bürgerkrieg Pompeius übertrug, oder einer danach als Ersatz ausgehobenen 15. Legion. Eine Inschrift (*CIL* 5, 2516) nennt einen Veteranen in der nach Actium eingerichteten Kolonie Ateste (Este) im Nordosten Italiens. Bedenkt man die Bedeutung, die Octavian bei seinem Sieg Apollo zuschrieb, könnte die Legion damals ihren Beinamen erhalten haben.
Allerdings hat man in Cremona, einer nach Philippi (42 v. Chr.) gegründeten Kolonie von Antoniusveteranen, eine andere Inschrift (*AE* 1975, 442) gefunden, die Naevius, einem Veteranen der *XV Apollinaris*, gedenkt. Wenn die Inschrift aus den frühen Jahren der Kolonie stammt, deutet sie darauf hin, dass die Legion schon sehr früh in der Karriere Octavians etabliert wurde oder auf Caesar zurückgeht und schon vor Actium mit Apollo assoziiert war.

Zu Beginn der Kaiserzeit war die *XV Apollinaris* in Illyricum (später Pannonien) stationiert, vermutlich nahe der italischen Grenze, denn um Aquileia herum fand man eine Reihe Inschriften mit Bezug zur Legion. Zweifellos kämpfte sie im Pannonischen Krieg 14–9 v. Chr. und beim Pannonischen Aufstand 6–9 n. Chr., aber wir kennen keine Details. 14 n. Chr. war die *XV Apollinaris* gemeinsamen mit der *VIII Augusta* und *IX Hispana* im Sommerlager, als die drei Legionen aufgrund der Dienstbedingungen meuterten (Tacitus, *ann.* 1,16–30). Die Meuterei wurde von Tiberius' Sohn Drusus niedergeschlagen und die Legionen ins Winterquartier geschickt. Das wichtigste Kastell der Legion in Pannonien war Carnuntum (Petronell-Carnuntum, Österreich), ein wichtiger Donauübergang. Es ist unklar, wann die *XV Apollinaris* hierherkam; für den bekannten Platz gibt es kaum Anzeichen vor Mitte des 1. Jh. n. Chr. Eventuell wurde die Legion in der Zeit des Claudius dorthin verlegt, da Tacitus (*ann.* 12,29,2) beschreibt, dass damals Legionen aufgrund von Unruhen unter den germanischen Sueben donauaufwärts gingen.

### *XV Apollinaris*

| | |
|---|---|
| **Beiname** | *Apollinaris* |
| **Emblem** | Greif? |
| **Basis** | Carnuntum in Pannonien (Petronell-Carnuntum, Österreich). Satala (Sadak, Türkei) |
| **Wichtige Feldzüge** | Pannonischer Krieg (14–9 v. Chr.); Pannonischer Aufstand (6–9 n. Chr.)? Corbulos Partherkrieg (62–63 n. Chr.); Jüdischer Krieg (Galiläafeldzug 67 n. Chr.; Belagerung von Jerusalem, 70 n. Chr.); Bürgerkrieg (Vexillation, 69 n. Chr.)? Trajans Partherkrieg (114–17)? Babylonischer Aufstand (117)? Arrians Feldzug gegen die Alanen (135)? Partherkriege des 2./3. Jh., darunter der des Lucius Verus (161–66)? Marcus Aurelius' Markomannenkriege (Vexillation, 166–80)? gegen die Invasion Schapurs I. (252)? |

**Erster Einsatz im Osten**

62/63 n. Chr. wurde die *XV Apollinaris* ans andere Ende des Römischen Reichs versetzt, als Reaktion auf die Niederlage des Caesennius Paetus in Armenien. Sie war Teil der in Melitene von Corbulo versammelten Armee, die über den Euphrat gegen Tiridates zog.

Die *XV Apollinaris* war noch immer im Osten, als 66 n. Chr. der Jüdische Krieg ausbrach, diesmal in Ägypten, vielleicht bei der Vorbereitung eines Feldzugs gegen die Äthiopier. Titus reiste nach Alexandria, um das Kommando zu übernehmen, und führte die Legion zur Kolonie Ptolemais an der Grenze von Syrien und Iudaea, wo sie sich u. a. der *V Macedonica* und *X Fretensis* anschloss (Josephus, *bell. Iud.* 3,64–65). Im folgenden Frühjahr und Sommer spielte die *XV Apollinaris* eine wichtige Rolle bei der römischen Invasion Galiläas, so beim Angriff auf Jotapata (Yodfat), das von Josephus verteidigt wurde. Titus selbst leitete einen Überraschungsangriff auf die Stadt (*bell. Iud.* 3,324); rund 40 000 Verteidiger und Einheimische sollen in der folgenden Schlacht getötet und 1200 gefangen genommen worden sein, darunter Josephus.

Als Vespasian im Juli 69 n. Chr. Kaiser wurde, schloss sich vermutlich eine Vexillation der *XV Apollinaris* Mucianus' Marsch auf Italien an, um ihn zu unterstützen. Der Hauptteil der Legion blieb in Iudaea und nahm im folgenden Jahr an der Belagerung Jerusalems teil. Josephus beschreibt detailliert ihre Aktivitäten bei der Kon-

Carnuntum bestand noch lange als Legionslager und Zivilgemeinde, nachdem die *XV Apollinaris* den Ort verlassen hatte. Das hier dargestellte so genannte „Heidentor" ist ein Triumphbogen aus der Regierungszeit von Constantius II. (337–61 n.Chr.).

struktion von Belagerungsgerät. Nach dem Fall Jerusalems begleitete die *XV Apollinaris* Titus mit der *V Macedonica* nach Alexandria, und von dort aus ging sie wieder nach Pannonien.

Grabinschriften aus Carnuntum zeigen, dass Rekruten aus Syrien die Legion zurück in ihr altes Lager begleiteten.

## Rückkehr nach Pannonien und zweiter Einsatz im Osten

Eine Inschrift von 73 n.Chr. zeigt den Neubau des Kastells in Carnuntum durch die *XV Apollinaris* unter dem Legaten Q. Egnatius Catus (*CIL* 3, 11194). Sie blieb dort bis mindestens 106, und die ganze Legion oder Vexillationen müssen an Domitians und Trajans Kriegen in dieser Gegend teilgenommen haben, doch der Zeitraum ist schlecht dokumentiert. Auch wann sie Pannonien verließ und in Kappadokien ankam, wissen wir nicht genau. Sie muss vor 135 in Satala (Sadak) eingetroffen sein, da sie in Arrians Werk über die Alanen (s. Kasten nächste Seite) erwähnt wird, aber über den Zeitraum 106–135 streiten sich die Forscher. Die aktuellsten Ergebnisse (von Everett Wheeler) verorten die *XV Apollinaris* ca. 106–119 in Ägypten, dann in Trajans Partherkrieg und später beim jüdischen Aufstand in Ägypten, aber es gibt kaum Beweise.

Grabmal des Titus Calidius Severus aus Carnuntum (*ILS* 2596). Nach dem Dienst in der Auxiliarkohorte *I Alpinorum* wurde er Zenturio der *XV Apollinaris*. Der Grabstein zeigt den quer gestellten Kamm des Zenturionenhelms, Beinschienen und einen Ketten- oder Schuppenbrustpanzer; Mitte des 1. Jh. n.Chr.

Genau wie die Legion Rekruten mit nach Pannonien brachte, so waren auch immer noch (oder wieder) pannonische Rekruten dabei, als sie in Satala eintraf:

> Den Geistern der Verstorbenen. Tiberius Julius Martialis, Sohn des Tiberius, vom Stamm Claudia, aus Savaria, Soldat der *legio XV Apollinaris*. Er lebte 30 Jahre und diente 13 Jahre. Tiberius Buccio, *optio* der Kavallerie, schuf dies Monument für seinen Bruder.
>
> *AE* 1988, 1043

Wheeler argumentiert, dass dieser Mann in Pannonien rekrutiert wurde (Savaria war die Provinzhauptstadt der Pannonia superior; heute Szombathely, Ungarn), kurz bevor die *XV Apollinaris* Carnuntum 106 verließ; er starb in Satala (nach 13 Jahren Dienst) ca. 118/19. Alternativ könnte die Inschrift zeigen, dass die Legion, auch als sie in anderen Provinzen war, immer noch Rekruten aus Pannonien erhielt. Andere Forscher datieren die Ankunft der Legion in Kappadokien auf 117, unmittelbar nach Trajans Partherkrieg, oder auf 123, als es Unruhen an der parthischen Grenze gab (s. S. 160).

### In Satala und anderswo

Wenig wissen wir über das Legionslager in Satala, das dort ergrabene Kastell ist byzantinisch; immerhin hat man Ziegel mit dem Stempel der *XV Apollinaris* gefunden. Doch sie war, wie die *XII Fulminata*, für die innere Sicherheit zuständig und besetzte mehrere Außenposten. Weiter westlich zeigen Inschriften aus dem 2. Jh. Zenturionen der Legion in Ancyra (Ankara), die polizeiliche Aufgaben übernahmen (*CIL* 3, 268; s. S. 164). Als nördlichste Legion an der Ostgrenze überrascht es kaum, dass die *XV Apollinaris* die Garnison von Trapezunt (Trabzon) verstärkte, einem wichtigen Versorgungshafen und Marinestützpunkt am

**Arrian über die *XV Apollinaris* und die Alanen**

Wie bereits erwähnt, stand die *XV Apollinaris* auf jeden Fall ab 135 n.Chr. in Satala, als der Politiker und Schriftsteller Lucius Flavius Arrianus Statthalter von Kappadokien war, da er die Einheit in seiner Abhandlung *Alanike* („Sieg über die Alanen") erwähnt. Zu dieser Zeit wurde die Provinz von dem nomadischen Sarmatenvolk der Alanen bedroht, aber es ist unklar, ob Arrian tatsächlich gegen sie kämpfte oder sein Werk eine hypothetische Situation beschreibt. Dennoch ist es ein einzigartiges Dokument, und zumindest nennt es existierende römische Militäreinheiten.

Arrian (*Alan.* 15) beschreibt die schwere Infanterie (*XV Apollinaris* mit einer Vexillation der *XII Fulminata*) und ihre Unterstützung durch Auxiliarinfanterie und -kavallerie. Er schildert, dass sich die Legionäre ungewöhnlich tief gegliedert (in acht Reihen) und in geschlossener Phalanxformation den Alanen entgegenstellten, deren primäre Taktik Kavallerieangriffe waren. Die Ausrüstung der Legionäre war ebenfalls ungewöhnlich: Die vorderen vier Reihen beschreibt Arrian als *kontos*-Träger (*kontos* ist die griechische Bezeichnung eines langen Wurfspeers), die die alanische Kavallerie aufhalten sollten. Die hinteren vier Reihen waren *lonchophoroi*, *lonchos*-Träger, die Speere (entweder leichte *lanceae* oder gewöhnliche *pila*) über die Köpfe der vorderen Reihen warfen.

Angesichts Arrians historischem Interesse an der makedonischen Armee Alexanders dürften diese Schilderungen eher theoretisch-antiquarischen Charakter haben. Dennoch scheint die Taktik an sich nachvollziehbar: Katapulte und Bogenschützen schießen über die Köpfe der Legionäre hinweg, während die Formation die feindliche Kavallerie empfängt und eine zahlenmäßig unterlegene römische Kavallerie sich im Hintergrund hält, um dem zurückgeschlagenen Feind nachzusetzen und die Flügel zu schützen.

Die Grabinschrift des Titus Aurelius Apolinarius (*AE* 1993, 1562), Legionär der *XV Apollinaris*, beweist das Vorhandensein einer Vexillation dieser Legion am Fundort in Trapezus (Trabzon). Titus stammte aus Caesarea, zweifellos dem Caesarea in der Provinz Cappadocia (Kayseri).

Schwarzen Meer – eine Inschrift (*CIL* 3, 6747) nennt einen *medicus* (Arzt) der Legion. Und mit dem Titel der *XV Apollinaris* gestempelte Ziegel am nordöstlichen Schwarzen Meer, in den Überresten einer römischen Militärstruktur von Mitte des 2. Jh. in Pityus (Pizunda, Georgien), könnten auf einen Stützpunkt der Legion dort hinweisen – vielleicht jener, der 258 durch die skythischen Boraner zerstört wurde (Zosimos 1,32,3–33,1).

Wie die *XII Fulminata* waren vielleicht auch Teile der *XV Apollinaris* an der römischen Niederlage gegen Partherkönig Vologaeses IV. bei Elegeia in Armenien im Jahr 161 beteiligt (Cassius Dio 72,2,1), aber die Legion, von der Dio sagt, sie sei dabei aufgerieben worden, war sicherlich keine aus Kappadokien. Dennoch: die *XV Apollinaris* war definitiv an den Geschehnissen nach dem römischen Gegenangriff von 163 beteiligt, denn Inschriften (*ILS* 9117, 177 n. Chr., *ILS* 394, 184 n. Chr.) belegen Teile der *XV* mit Teilen der *XII* in der neuen Hauptstadt Kaineopolis (Etschmiadsin). Offenbar stellte die *XV Apollinaris* eine Vexillation für Marcus Aurelius' Donaukriege ab, wie eine nahe Plowdiw in Bulgarien gefundene Inschrift aus dieser Zeit (*AE* 1956, 227) bezeugt, die von einem thrakischen Soldat der Legion „für den Erfolg des Feldzugs" geweiht wurde. Wahrscheinlich wurden Männer wie er vor Ort rekrutiert, um die Truppen aus Kappadokien aufzustocken.

Everett Wheeler hat gezeigt, dass ein Soldat mit einem Greif auf dem Helm im 15. Paneel des Frieses auf der Säule des Marcus Aurelius in Rom einen Legionär der 15. Legion darstellt. Dieses Paneel erscheint unmittelbar vor der Darstellung des „Regenwunders", das (wenn auch unsicher) mit der *XII Fulminata* assoziiert wird (s. o.).

Bei Avidius Cassius' Aufstand im Jahr 175 (s. S. 165) blieb die *XV Apollinaris* Marcus Aurelius treu; wir wissen nicht, auf wessen Seite sie sich im Konflikt zwischen Niger und Severus schlug.

Wir haben nur spärliche Zeugnisse für die *XV Apollinaris* ab dem 3. Jh. Schapurs I. Inschrift in Naqs-i-Rustam hält fest, dass er auf dem Feldzug von 252 Satala einnahm; ein Teil oder die gesamte Legion muss an den Kämpfen beteiligt gewesen sein. Dennoch blieb sie dort stationiert, denn in der *Notitia dignitatum* wird sie für das späte 4. Jh. mit Sitz in Satala aufgeführt, während eine neue Legion, *I Pontica*, in ihrem ehemaligen Außenposten Trapezus saß.

Paneel des Triumphbogens des Septimius Severus auf dem Forum Romanum. Es zeigt den Angriff der Römer auf die parthische Stadt Seleukia am Tigris und deren Kapitulation. Der Bogen wurde im Jahr 203 n. Chr. erbaut, um der Siege des Severus im Osten zu gedenken.

## Die Legionen der Mesopotamia

Die römische Provinz Mesopotamia (und Osrhoëne) war der nördliche Teil des „Zweistromlands" zwischen Euphrat und Tigris), heute v. a. der kurdische Osten der Türkei und Nordirak. Einen Großteil der Kaiserzeit wurde diese Region von den Parthern kontrolliert, der Euphrat war die Grenze. Erst 198, nach Septimius Severus' Partherkriegen, wurde sie von den Römern annektiert und zur Provinz. Der Zeitgenosse Cassius Dio war skeptisch hinsichtlich Severus' Motiven zur Eroberung dieses Gebiets und seines Werts:

> Severus sagte, er habe ein riesiges Territorium erobert, das zur Verteidigung von Syrien diene; doch die Realität straft diese Behauptung Lügen, da es uns zahlreiche Kriege und großen Aufwand gebracht hat. Denn es gibt uns wenig und verschwendet alle unsere Ressourcen.
>
> Cassius Dio 75,3,2–3

In mancher Hinsicht ist Dios Aussage nicht ganz fair, da in den neuen Gebieten große und reiche Städte wie Edessa (Şanlıurfa), Carrhae (Harran) und Nisibis (Nusaybin) lagen, aber er hat durchaus Recht, wenn er „zahlreiche Kriege und großer Aufwand" sagt. Die Eroberung und Verteidigung erforderte die Rekrutierung neuer Legionen; sie wurden *Parthica*, „parthisch", genannt, und zwei von ihnen (*I* und *III Parthica*) waren während der gesamten Dauer ihres Bestehens in Mesopotamien stationiert. Die *II Parthica* hatte ihren Stützpunkt in Alba, südlich von Rom, aber verbrachte viel Zeit in Kriegen an den Reichsgrenzen. Auf längere Sicht wurde Mesopotamien ein Schwerpunkt des Konflikts zwischen Rom und Persien, als die Sassaniden die Römer und später die Byzantiner um die Kontrolle von befestigten Städten wie Amida (Diyarbakır), Nisibis und Dara bekriegten.

Wir wissen wenig über die *I* und *III Parthica*, da sie zu einer Zeit entstanden, in der die literarischen Zeugnisse und Inschriften zu schwinden beginnen, und sie in einer Region dienten, die bisher kaum intensiv untersucht wurde. Ausgehoben wurden sie vermutlich im Osten, denn die wenigen bekannten Soldaten dieser Legionen stammen fast alle dort her. Sie wurden von Offizieren des Ritterstands mit dem Titel *praefectus legionis* („Präfekt der Legion") befehligt anstatt von senatorischen Legaten; das lag daran, dass der Statthalter wie in Ägypten aus dem Ritter-, nicht aus dem Senatorenstand berufen wurde.

### *I Parthica*

| | |
|---|---|
| **Beiname** | *Parthica* |
| **Emblem** | Zentaur |
| **Basis** | Singara (Sindschar, Irak); später Nisibis (Nusaybin) und Constantia/Constantina (Viransehir, Türkei) |
| **Wichtige Feldzüge** | Kriege gegen Persien ab der Regierungszeit des Caracalla (216 n. Chr.) bis zum 4. Jh. und darüber hinaus |

### *III Parthica*

| | |
|---|---|
| **Beiname** | *Parthica* |
| **Emblem** | Zentaur |
| **Basis** | Singara (Sindschar, Irak); später Nisibis (Nusaybin) und Constantia/Constantina (Viransehir, Türkei) |
| **Wichtige Feldzüge** | Kriege gegen Persien ab der Regierungszeit des Caracalla (216 n. Chr.) bis zum 4. Jh. und darüber hinaus |

## *I Parthica*

Die *I Parthica* war schon bald nach ihrer Einrichtung in Singara (Sindschar) stationiert, wie auch die Inschrift eines Veteranen der Legion in Aphrodisias in Karien bezeugt (Westtürkei; *ILS* 9477). Diese befestigte Stadt lag bei Überfällen der Sassaniden in Mesopotamien an vorderster Front, bis Rom sie 360 an die Perser verlor; der spätrömische Historiker Ammianus Marcellinus (20,6,8) verzeichnet die *I Parthica* sogar zu dieser Zeit noch in der Stadt (mit der *I Flavia* und Auxiliartruppen). Ammianus stellt auch fest, dass Singara in der Vergangenheit mehrfach von den Persern erobert wurde und seine Garnison verlor. Zweifellos war die *I Parthica* an vielen solcher Feldzüge beteiligt wie auch an der Niederlage gegen die Perser im Jahr 260, als Valerian in der Nähe von Edessa Schapur I. unterlag, sowie an einer unentschiedenen nächtlichen Schlacht bei Singara im Jahr 344 (Libanius, *or.* 59,99–120; Julian, *or.* I; Ammianus Marcellinus 18,5,7).

Die Stätte des antiken Singara birgt einen Befestigungsring mit Türmen, der ca. 20 ha umfasst, aber dies sind wahrscheinlich eher Abwehranlagen aus dem 4. Jh. als das ursprüngliche severische Legionslager. Singara wurde schließlich im Jahr 363 von Kaiser Jovian an die Perser ausgeliefert, als Teil des Friedensabkommens nach dem Tod seines Vorgängers Julian (Ammianus Marcellinus 25,7,9).

Die *Notitia dignitatum* (spätes 4. Jh.) gibt der *I Parthica* zusätzlich den Titel *Nisibena*, „aus Nisibis", was sich auf eine andere große Festungsstadt in Mesopotamien bezieht, die Rom 363 an die Perser verlor. Das deutet darauf hin, dass die Legion in Nisibis saß, als Singara unter persischer Kontrolle war, oder dass eine Abteilung dort stationiert war. Standort der *I Parthica* zur Zeit der *Notitia dignitatum* war Constantia oder Constantina (Viranşehir) in Mesopotamien, das im 4. Jh. als Festung entstand.

Die wenigen Inschriften, die Veteranen der *I Parthica* nennen, lassen vermuten, dass ihre Soldaten weitgehend im Osten des Imperiums rekrutiert wurden, z. B. in Aphrodisias, Ancyra oder Balboura (Lykien). An diversen anderen Orten gefundene Inschriften verweisen größtenteils auf Zenturionen und höhere Offiziere, die weitergezogen waren oder kurzzeitig nicht an ihrem Stützpunkt dienten. Ein undatiertes Epitaph aus Svalenik in Bulgarien (*AE* 1954, 34) erinnert an Publius Aurelius Sirus, eventuell gewöhnlicher Soldat. Er könnte in einer Abteilung gedient haben, die an die Donau geschickt wurde. Sein Name, Sirus („Syrer"), zeigt, dass er im Osten rekrutiert wurde.

Felsrelief aus Bishapur im Iran. Es zeigt Schapur I., der über die Leiche Gordians III. hinwegreitet, während Philippus Arabs vor ihm kniet. Nach seinem Sieg in der Nähe von Rhesaina 243 n. Chr. starb der Prätorianerpräfekt Timesitheus unter ungeklärten Umständen und wurde durch Philippus ersetzt. Persische Quellen deuten darauf hin, dass Gordian bei Misiche (Irak) Anfang 244 von Schapur besiegt und getötet wurde, wie auf dem Relief dargestellt. Römische Quellen legen stattdessen nahe, dass Gordian von Philippus (seinem Nachfolger) ermordet wurde.

Die *I Parthica* trug zu verschiedenen Zeiten die Titel *Severiana*, *Severiana Antoniniana* (Caracalla, 198–217, und Elagabal, 218–22), *Severiana Alexandriana* (Severus Alexander, 222–35) und *Philippiana* (Philippus Arabs, 244–49).

## *III Parthica*

Noch weniger weiß man über die *III Parthica*. Im Allgemeinen geht man davon aus, dass ihr Stützpunkt für längere Zeit Rhesaina (Ra's al-'Ayn) am Chabur war (heute in Syrien nahe der türkischen Grenze). Das schließt man aus dort geprägten Münzen mit *vexillum*-Standarte und der (umstrittenen) Legende *LEG*(*io*) *III P*(*arthica*) *S*(*everiana*). Auch wenn diese Münzen (zeitlich von Caracalla bis Severus Alexander) richtig gelesen wurden, könnten sie sich ebenso auf eine Veteranensiedlung oder auf eine Vexillation beziehen; laut dem Archäologen David Kennedy war die Legion in severischer Zeit in Nisibis stationiert.

Ausgrabungen am Tell Fecheriye in Rhesaina haben große spätrömische Befestigungsanlagen ergeben; von Nisibis – bis zur Auslieferung an die Perser im Jahr 363 eine wichtige Festungsstadt – ist weit weniger bekannt. Wie die *I Parthica* muss die *III Parthica* an vielen Konflikten im 3./4. Jh. beteiligt gewesen sein. Wir wissen z.B. von einer unentschiedenen Schlacht zwischen Macrinus und den Parthern nahe Nisibis im Jahr 217 (Herodian 4,14–15), und Timesitheus, der Prätorianerpräfekt Gordians III., gewann 243 eine Schlacht in der Nähe von Rhesaina (Ammianus Marcellinus 23,5,17) – über die Rolle der *III Parthica* dabei wissen wir nichts.

Ein Aureus des Victorinus, geprägt 271 in Köln, trägt die Legende *LEG III PARTHICA* und zeigt einen Zentauren (das Emblem aller parthischen Legionen). Er gehört zu einer Serie, die auch andere Legionen darstellt (auch solche aus dem Osten); das könnte bedeuten, dass zu jener Zeit eine Vexillation im Westen war.

Ein beschädigter Abschnitt des Manuskripts der *Notitia dignitatum* könnte darauf hinweisen, dass im späten 4. Jh. Apatna in der Provinz Osrhoëne der Stützpunkt der *III Parthica* war.

# Die Legionen der Balkanprovinzen

***Moesia:*** *VII Claudia, XI Claudia, I Italica, IIII Flavia Felix*
***Pannonia:*** *X Gemina, XIV Gemina, I Adiutrix, II Adiutrix*
***Noricum:*** *II Italica*
***Raetia:*** *III Italica*
***Dacia:*** *V Macedonica, XIII Gemina*

Die Balkanprovinzen waren für das kaiserzeitliche Rom ein Schwerpunkt militärischer Aktivität. Schon unter Augustus wurden Gebiete von der dalmatinischen Küste bis zur südlichen Donau unterworfen (Makedonien, Pannonien). Trajans Sieg gegen die Daker 106 n.Chr. erweiterte das Römische Reich schließlich bis jenseits der Donau, mit der Einrichtung der neuen Provinz Dacia (im heutigen Rumänien). Andererseits markierten Marcus Aurelius' Markomannenkriege (166–80) den Beginn eines erbitterten Defensivkampfs an der Donau, der einen großen Teil der römischen Geschichte bestimmte – gegen Markomannen, Alamannen, Sarmaten, Goten und andere germanische Völker. Von Tiberius bis Severus verdoppelte sich die Zahl der Balkanlegionen von sechs auf zwölf.

Die Größe der Armee an der Donau machte sie zu einem wichtigen Akteur in den Bürgerkriegen, von 69 n.Chr. (als die Balkanlegionen entscheidenden Anteil an Vespasians Inthronisierung hatten) bis Mitte des 3. Jahrhunderts und darüber hinaus, als Militärführer vom Balkan (wie Maximinus Thrax, „der Thraker", 238) in schneller Abfolge den Thron bestiegen und wieder gestürzt wurden. Leider haben wir ab dieser Zeit kaum noch Zeugnisse der einzelnen Balkanlegionen, aber die meisten (wenn nicht alle) müssen sowohl an den Bürgerkriegen als auch an den Grenzkonflikten des 3. Jahrhunderts beteiligt gewesen sein.

Illyricum war etwa 32 v. Chr. römische Provinz geworden. Moesien, ein Nachbar von Makedonien, wurde 29 v. Chr. unterworfen, und Noricum und Rätien, die am nächsten an Italien gelegenen Balkanprovinzen, 16/15 v. Chr. von Tiberius und Drusus erobert. Das römische Illyricum wurde im Pannonischen Krieg von 12–9 v. Chr. nach Osten erweitert, aber nach dem Pannonischen Aufstand 6–9 n. Chr. wurden zwei Provinzen daraus: Pannonia im Norden und Dalmatia im Süden. Dacia wurde im Jahr 106 Provinz.

Die *VII Claudia* war am Bau einer Brücke über die untere Donau in Drobeta beteiligt, die von Apollodor von Damaskus entwickelt wurde, um der römischen Armee den Zugang nach Dakien zu ermöglichen. Eine Darstellung auf der Trajanssäule in Rom erinnert an diese Brücke.

Die Balkanprovinzen mit Legionslagern und anderen im Text erwähnten Orten.

## Die Legionen der Moesia

Moesien (Teile des heutigen Serbien, Bulgarien, Rumänien und Mazedonien) war ein fruchtbares Gebiet an der unteren Donau und zudem reich an Bodenschätzen. Die Moesi, ein thrakischer Stamm, wurden von den Römern 29 v. Chr. besiegt, ihr Gebiet wurde der Provinz Macedonia zugeschlagen. Der Dichter Ovid wurde unter Augustus nach Tomi in Moesien verbannt; er beschrieb die Gegend als „gewalttätig“ und „unzivilisiert“ (*trist.* 5,10).

Bis 45/46 n. Chr. unterstanden Makedonien und der Balkan einem einzigen militärischen Kommando; dann teilte man die Region. Moesien wurde zu einer eigenen Provinz – entlang der unteren Donau von der Drina bis zur Westküste des Schwarzen Meers. Dort schützten Legionen die Grenze zu Dakien, und eine römische Flotte, die *classis Moesica*, patrouillierte an der nördlichen Schwarzmeerküste. Die Legionen von Moesien waren auch für den Schutz verbündeter Griechenstädte auf der Krim verantwortlich; Inschriften nennen die *XI Claudia*, *I Italica* und *V Macedonica*. Später, unter Domitian, wurde Moesien aufgeteilt, in Moesia inferior und Moesia superior. Im 3./4. Jh. n. Chr. drangen wiederholt die Goten in die Provinz ein.

Denar des Septimius Severus mit dem Adler der *VII Claudia* (193 n. Chr.). Die Legion nahm an Severus' Bürgerkrieg gegen Pescennius Niger und Clodius Albinus teil, ihr Name erscheint auf Münzen, die er nach seinem Sieg prägen ließ.

## *VII Claudia*

Wie bei anderen Legionen, die unter Julius Caesar in Gallien dienten, war das Emblem der 7. Legion ein Stier. Ihr erster Beiname *Paterna* leitet sich wahrscheinlich von Caesars Titel *pater patriae* („Vater des Vaterlands") ab. Sie kämpfte mit Caesar in Gallien gegen den Stamm der Helvetier, später gegen die Britannier und im Bürgerkrieg gegen Pompeius.

### *VII Claudia*

| | |
|---|---|
| **Beinamen** | *Paterna*; *Macedonica*; *Pia Fidelis* |
| **Emblem** | Stier |
| **Basis** | Viminacium |
| **Wichtige Feldzüge** | Caesars Gallischer Krieg und Bürgerkrieg, 58–46 v.Chr.; Mutina (43 v.Chr.); Philippi (42 v.Chr.); Perusia (41 v.Chr.); 69 n.Chr. Bürgerkrieg; Domitians und Trajans Dakerkriege (89 n.Chr. und 101–6); Lucius Verus' Partherkrieg (161–66); Marcus Aurelius' Markomannenkriege (165–80); Kriege des 3. Jh. an der Donaugrenze |

### Die augusteische Zeit

45 v.Chr. wurde die *VII Claudia* zurück nach Italien geschickt, und ihre Veteranen erhielten Land in der Nähe von Capua und Luca (Lucca). Aber als Caesar im Jahr darauf ermordet wurde, stellte Octavian die Legionen *VII* und *VIII* schnell wieder her, um seine politische Position zu stärken. Diese Legionen spielten eine entscheidende Rolle beim Sieg gegen Marcus Antonius bei Mutina 43 v.Chr., bei Philippi (42 v.Chr.) und bei der Belagerung von Perusia. 36 v.Chr. siedelten einige Veteranen im südlichen Gallien, andere in der Mauretania. Ob die 7. Legion für Octavian bei Actium kämpfte, wissen wir nicht.

Nach Actium wurde die 7. Legion vermutlich nach Galatien (Zentraltürkei) versetzt. Falls sie, wie Inschriften nahe legen, hier zu Beginn der Herrschaft des Augustus diente und vor Ort Soldaten rekrutierte, bildete sie wohl einen Teil der Armee von Lucius Calpurnius Piso, dem Statthalter von Pamphylien 13–11 v.Chr. Im Jahr 11 v.Chr. kämpfte er in Thrakien, vielleicht mit der 7. Legion. Der Beiname *Macedonica* könnte aus dieser Zeit stammen (oder auf Philippi hinweisen).

Zu irgendeinem Zeitpunkt, vielleicht nach dem Pannonischen Aufstand (6–9 n.Chr.) oder der Varusschlacht 9 n.Chr., wurde die Legion nach Dalmatien geschickt.

### Die *VII Claudia* in Moesien

Die Legion wurde 56/57 n.Chr. nach Moesien versetzt (wohl nach Viminacium, ihrem späteren Stützpunkt, heute nahe Kostolac in Serbien), als Ersatz für die *IIII Scythica*, die an den Euphrat ging.

Wiederhergestellte Ruinen von Tilurium (Gardun, Kroatien). Die *VII Claudia* wurde in der ersten Hälfte des 1. Jh. nach Dalmatien verlegt und in Tilurium stationiert, um den südlichen Zugang nach Salona zu schützen.

69 n. Chr. schlug sich die Legion auf Othos Seite und setzte eine große Abteilung nach Italien in Marsch, um gegen seinen Herausforderer Vitellius zu kämpfen. Doch als die Truppen in Bedriacum eintrafen, war die Schlacht bereits zu Ende und Othos Armee besiegt. Vitellius schickte sie zurück nach Moesien, wo sich die Donaulegionen prompt zu Anhängern Vespasians erklärten. Ohne auf Verstärkung aus dem Osten zu warten, marschierten die Donaulegionen unter Marcus Primus gegen Italien und besiegten Vitellius in der zweiten Schlacht von Bedriacum (s. S. 134 f.).

Die *VII Claudia* muss dann nach Moesien zurückgekehrt sein und sich dauerhaft im Kastell in Viminacium eingerichtet haben (das sie in Stein neu baute). Auch anderswo in Moesien finden sich Hinweise auf die Legion – in Timacum minus (Ravna; *AE* 1952, 193), Naissus (Niš; *AE* 1980, 791, *CIL* 3, 8252) und Scupi (Skopje; *CIL* 3, 8196, 8201, 8237). Ihre Mitglieder dienten in den Provinzen Dalmatien, Makedonien, Pannonien und Dakien.

### Kampf gegen die Daker

Die *VII Claudia* stand im Krieg gegen die Daker an vorderster Front. Diese überfielen Moesien 86 v. Chr., was Kaiser Domitian zwang, die Truppen dort neu zu ordnen. Er teilte die Provinz in Moesia superior und inferior, und 88 n. Chr. marschierte er in Dakien ein. Ein Jahr später war die 7. Legion Teil der Armee, die den Dakerkönig Decebalus bei Tapae besiegte. Doch schon bald wurde die Armee zurückbeordert (aufgrund des Aufstands von L. Antonius Saturninus gegen Domitian im Jahr 89), und man handelte einen Frieden aus.

Unter Trajan gab es eine groß angelegte Invasion in Dakien. Moesien war Sammelpunkt für seine Armee, und der Stützpunkt der *VII*, Viminacium, wurde zum Hauptquartier. Die *VII Claudia* war maßgeblich an Trajans Dakerkriegen von 101–6 beteiligt, und Inschriften belegen ihre Präsenz nördlich der Donau in Contra Margum (Kovin; *IDR* 3,1, 1b– d), Banatska Palanka (*IDR* 3,1, 8–9), Pojejana (*IDR* 3,1, 21b–c, 22, 22a), Gornea (*IDR* 3,1, 30b–e, 31) und Vršac (*IDR* 3,1, 107b–c, e).

### Das 2. Jahrhundert n. Chr.

Eventuell kämpfte die 7. Legion in Trajans Partherkrieg – viele Legionen seiner Dakerkriege ver-

Eine Szene von der Trajanssäule in Rom zeigt den Selbstmord des Dakerführers Decebalus. Decebalus schnitt sich die Kehle durch, um nicht in die Hände der Römer zu fallen.

---

**Die Verschwörung zum Sturz von Kaiser Claudius**

Die 7. Legion war während Claudius' Regierungszeit noch in Dalmatien und wurde 42 n.Chr. beim Versuch ertappt, ihn zu stürzen. Gemäß dem Biographen Sueton (Claud. 13) rebellierte Furius Camillus Scribonianus, Statthalter von Dalmatien, gegen Claudius, unterstützt von den dalmatinischen Legionen (VII und XI). Der Bürgerkrieg endete nach nur fünf Tagen, nachdem „die Absicht der Legionen sich änderte, dank eines religiösen Omens. ... Denn aufgrund eines göttlichen Zufalls konnten ihre Adler nicht geschmückt und ihre Standarten nicht aufgestellt werden."

Cassius Dio (60,15) erzählt die Geschichte ein wenig anders: Demnach wurde Scribonius von den Senatoren in Rom zum Aufstand angestiftet, die die Republik wiederherzustellen hofften. Allerdings änderten die Soldaten, als sie davon hörten, ihre Meinung – sie zogen die Kaiserherrschaft vor. Scribonius beging Selbstmord, Claudius belohnte die Soldaten mit dem Titel *Claudia Pia Fidelis* („claudisch, pflichtbewusst, loyal").

---

Mit Luftbildern und geophysikalischen Untersuchungen konnten in Viminacium Mauern, Türme und Kasernen nachgewiesen werden. Die imposanten Überreste des nördlichen Kastelltors, hier rechts zu sehen, wurden in den frühen 2000er-Jahren ausgegraben.

## Das Kastell von Viminacium

Viminacium lag strategisch günstig im Norden von Moesien, einem landwirtschaftlich ertragreichen Gebiet. Von hier aus erstreckte sich ein Netz von Straßen in die umliegenden Provinzen, das eine schnelle Kommunikation mit Makedonien, Griechenland und dem Schwarzen Meer ermöglichte.

Das römische Kastell wurde im frühen 1. Jh. n. Chr. von den Legionen *IIII Scythica* und *V Macedonica* angelegt, die erste steinerne Befestigung errichtete die *VII Claudia* in der zweiten Hälfte des Jahrhunderts. Ziegelstempel und Inschriften bezeugen den Aufenthalt dieser Legion bis ins 5. Jh. n. Chr. Zu den beeindruckenden architektonischen Überresten zählen ein Eingangstor, Kanalisation und massive Gehwegplatten.

wendete er anschließend im Osten. Als in der Zeit Hadrians der jüdische Aufstand in Ägypten, der Kyrenaika und Zypern ausbrach, ging eine Vexillation der Legion nach Zypern (*AE* 1912, 179); eventuell wurde sie von dort und nicht von Moesien aus in den Osten geschickt. Ein Zenturio der Legion wurde von Trajan für seine Taten im Partherkrieg ausgezeichnet (*CIL* 10, 3733), aber im Laufe seiner Karriere war er auch Zenturio der *III Cyrenaica*, *primus pilus* der *II Traiana* und Mitglied der Prätorianergarde; mit jeder dieser Truppen könnte er in Parthien gewesen sein. Zudem wurde er von Hadrian im Bar-Kochba-Aufstand ausgezeichnet.

Eine Vexillation könnte an Lucius Verus' Partherkrieg (161–66) teilgenommen haben, und der Hauptteil der Legion wurde ab 165 in Marcus Aurelius' Markomannenkriege verwickelt. Die Markomannen, Sarmaten und Quaden bedrohten den Donauraum, und nachdem Marcus Aurelius eine riesige Armee in der Region versammelt hatte, verbrachte die 7. Legion zehn Jahre damit, gegen die Invasoren zu kämpfen. 178–80 brachen erneut Konflikte aus; Marcus Aurelius starb in Vindobona (Wien) im Jahr180, und Commodus schloss endlich Frieden mit den Markomannen.

### Das 3. Jahrhundert n. Chr.

Septimius Severus wurde im Jahr 193 in Carnuntum durch die Balkanlegionen zum Kaiser ausgerufen. Die 7. Legion unterstützte Severus im anschließenden Bürgerkrieg gegen Pescennius Niger und Clodius Albinus, aber ihre Rolle dabei ist unklar.

Während der Herrschaft des Philippus Arabs wurde die Donauregion von den Goten bedroht, und der Historiker Zosimos (1,20,2) erwähnt Unruhen unter den dortigen Legionen. Dies gipfelte in einem Aufstand und der Machtergreifung des Pacatianus, die wir dank Münzen, die dieser in Viminacium (dem Lager der 7. Legion) prägte, auf 248 datieren können. Pacatianus wurde noch im selben Jahr ermordet. Die Gegend war zu dieser Zeit in vielerlei Hinsicht unruhig.

Die Legionen von Moesien und Pannonien erlitten eine Reihe von Niederlagen gegen eindringende Barbaren, aber immerhin gelang es ihnen im Jahr 269, die Goten zurückzuschlagen. Zu dieser Zeit unterstützte sie Kaiser Gallienus gegen den Prätendenten Postumus, und wie viele andere Legionen erhielt sie dafür den Titel *Pia VI Fidelis VI* („sechsmal pflichtbewusst und loyal"; auch als *VII*).

Laut der *Notitia dignitatum* war die Legion Ende des 4. Jh. immer noch in Viminacium stationiert.

## *XI Claudia*

Wie ihre Schwesterlegion *VII Claudia* wurde die *XI Claudia* von Julius Caesar ausgehoben (s. S. 24f.), kämpfte mit ihm 58 v. Chr. gegen die Helvetier und im gesamten Gallischen Krieg sowie im Bürgerkrieg gegen Pompeius. 45 v. Chr. wurde sie aufgelöst, ihre Veteranen erhielten Land im mittelitalischen Bovianum. Wie die *VII Claudia* wurde sie von Octavian 42 v. Chr. wieder aufgestellt und kämpfte bei Philippi und Perusia. Grabinschriften (*CIL* 5, 2501) zeigen, dass die Legion auch in der Schlacht von Actium dabei war.

### *XI Claudia*

| | |
|---|---|
| **Beinamen** | *Claudia*; *Pia Fidelis*; *Alexandriana* |
| **Embleme** | Neptun; evtl. außerdem ein Stier |
| **Basis** | Durostorum (Silistra, Bulgarien) |
| **Wichtige Feldzüge** | Caesars Gallischer Krieg und Bürgerkrieg (58–45 v. Chr.); Philippi (42 v. Chr.); Perusia (41 v. Chr.); Bürgerkrieg (69 n. Chr.); Bataveraufstand (69–70 n. Chr.); Clemens' Feldzug östlich des Rheins (74 n. Chr.); Domitians Krieg gegen die Chatten (83 n. Chr.); Bar-Kochba-Aufstand (132–35); Severus' Bürgerkrieg gegen Niger (193–94); Kriege des 3. Jh. an der Donaugrenze |

Lucius Sertorius Firmus war während der Herrschaft des Claudius *signifer* und *aquilifer* der 11. Legion. Auf seinem Grab, das er in Verona für sich und seine Frau Domitia Prisca errichten ließ (*CIL* 5, 3375), wird er mit einem Legionsadler dargestellt.

### Früher Einsatz

Nach Actium wurde die *XI Claudia* offenbar auf den Balkan verlegt, aber es ist unklar, wohin zuerst. Nach der Varusschlacht von 9 n. Chr. war die Legion in Burnum (Kistanje) in Dalmatien. Eine Vexillation stand vermutlich mit ihrer Schwesterlegion in Tilurium (Trilj). Wie die *VII Claudia* unterstützte die *XI* den Statthalter von Dalmatien bei seiner kurzlebigen Rebellion gegen Claudius 42 n. Chr., aber als sie selbst den Unruhen ein Ende setzte (s. S. 176), erhielt sie die Beinamen *Pia Fidelis*.

Während des Vierkaiserjahrs 69 n. Chr. (s. S. 59) unterstützte die Legion Otho (Tacitus, *hist.* 2,11), doch als ihre große Vexillation in Italien eintraf, hatte Vitellius bereits bei Bedriacum gewonnen. Er schickte sie zurück nach Dalmatien (*hist.* 2,67), wo sie seinem Rivalen Vespasian ihre Treue versicherte. Die *XI Claudia* war unter den Donaulegionen, die Vespasians Befehl zu warten ignorierten, nach Italien marschierten und Vitellius in der zweiten Schlacht von Bedriacum besiegten (s. S. 109; 134f.).

Tacitus (*hist.* 4,68) berichtet, die Legion sei im Jahr darauf als Teil eines Expeditionskorps unter Petillius Cerialis nach Norden geschickt worden, um den Bataveraufstand zu beenden. Sie blieb danach in der Germania superior, und gemäß Inschriften aus dem Umland (z. B. *AE* 1991, 1260; *AE* 1946, 258 und 260), die Soldaten wie auch Veteranen der Legion nennen, war sie in Vindonissa

## Die *XI Claudia* in Durostorum

Durostorum an der Donau (Moesia inferior) war ein wichtiger Hafen und hatte eine Zollstation. Ursprünglich von einer Auxiliareinheit besetzt, wurde es nach Trajans Dakerkriegen (101–6 n.Chr.) zum Lager der *XI Claudia*. Man hat viele Inschriften und Skulpturfragmente auf dem Gelände ausgegraben, aber nur wenige architektonische Überreste (ein Thermengebäude, Teile der Befestigungsanlagen), da das Lager und die umliegende Siedlung heute unter der Stadt Silistra liegen. Nur wenig ist über die frühesten Phasen des Kastells bekannt, aber Ausgrabungen zeigen, dass es im 3. Jh. wieder aufgebaut und die Mauern dabei verbreitert wurden – wohl aufgrund von Überfällen durch Barbaren (wie Costobocen, Karpen, Goten und Sarmaten), die ab dem späten 2. Jh. n.Chr. immer häufiger auftraten.

Die Holzscheide dieses großen Schwerts (links) war mit Halbedelsteinen besetzt, es muss einem hochrangigen Offizier gehört haben. Das Schwert wurde auf das 4. oder 5. Jh. n.Chr. datiert; man fand es in einem Grab in der Nähe von Durostorum (unten, mit der Donau im Hintergrund), wo die 11. Legion mehrere hundert Jahre lang stationiert war.

(Windisch) stationiert, wo sie bis 101 n. Chr. blieb. Sie nahm 74 n. Chr. unter Gnaeus Cornelius Pinarius Clemens, dem Statthalter der Germania superior, am Feldzug am Ostufer des Rheins teil. Im Jahr 83 beteiligte sie sich an Domitians Feldzug gegen die Chatten.

Im Jahr 101 findet man die *XI Claudia* wieder auf dem Balkan. Sie war zunächst in Brigetio (Szőny) in der Pannonia inferior stationiert, wo sie mithalf, das Lager komplett in Stein neu zu bauen. Sie beteiligte sich an Trajans Dakerkriegen (101–6), aber über ihre Rolle wissen wir nur wenig. Wenig später wurde die Legion nach Durostorum (Silistra) in der Moesia inferior versetzt, wo sie die nächsten 300 Jahre blieb. Von hier aus stellt sie Abteilungen ab, die zusammen mit anderen Legionen der Provinz die griechischen Städte der Krim überwachten – dies bestätigen Inschriften aus Charax (*CBI* 661 und *AE* 1997, 1332).

### Weitere Aktivitäten

Wir wissen, dass die *XI Claudia* an Feldzügen außerhalb ihrer Provinz teilnahm, verfügen aber kaum über Details. Eine Vexillation könnte anlässlich des Bar-Kochba-Aufstands von 132–35 nach Iudaea geschickt worden sein (*CIL* 3, 13586). Gleichzeitig war eine Vexillation in Regio Montanensium (Montana, Bulgarien) in der Moesia inferior, um u. a. den Abbau von Bodenschätzen zu überwachen, wie Inschriften des 3. Jh. bezeugen. Eine Inschrift (*AE* 1967, 867) zeigt, dass die Soldaten außerdem für das Einfangen wilder Tiere für *venationes* (Tierhetzen in der Arena) zuständig waren.

Aufgrund ihres Standorts in der Moesia inferior muss die *XI Claudia* in Marcus Aurelius' Markomannenkriegen gekämpft haben, aber direkte Beweise gibt es nicht. 193 unterstützte die Legion den Thronanspruch des Septimius Severus. Sie marschierte zwar nicht mit ihm nach Rom, nahm jedoch an seinem Feldzug gegen Pescennius Niger 193/94 teil (Herodian 2,14,6), an der Belagerung von Byzantium, an der Schlacht von Issos und sicherlich auch an Severus' Partherkriegen. Zur Zeit des Caracalla trug sie den Beinamen *Antoniniana*, zur Zeit des Severus Alexander *Alexandriana*; ihr Titel *Pia V Fidelis V* („fünfmal pflichtbewusst und loyal", auch mit *VI* bezeugt) zeigt, dass die Legion in den 260er-Jahren Gallienus gegen Postumus unterstützte.

Überreste des Nordtors vom Legionslager Vindonissa. Inschriften verraten die Anwesenheit dreier Legionen: *XIII Gemina*, die ca. 15 n. Chr. das erste Holzkastell errichtete, *XXI Rapax*, die es 47 n. Chr. in Stein ausbaute, und *XI Claudia*, die hier nach dem Bataveraufstand (69/70 n. Chr.) etwa 30 Jahre stationiert war. Als die 11. Legion 101 n. Chr. auf den Balkan zurückgeschickt wurde, gab man das Kastell auf.

Auch wenn es wenig konkrete Anhaltspunkte gibt, so kämpfte die *XI Claudia* im 3. Jh. zweifellos in den Kriegen an der Donaugrenze gegen äußere Feinde und in den Bürgerkriegen. Die *Notitia dignitatum* verzeichnet, dass die *XI Claudia* Anfang des 5. Jh. noch immer in Durostorum war.

## *I Italica*

| | |
|---|---|
| | ***I Italica*** |
| **Beinamen** | *Italica; Moesiaca; Alexandriana; Antoninana; Gordiana; Felix Victrix Pia Semper; Severiana* |
| **Emblem** | Wildschwein |
| **Basis** | Novae |
| **Wichtige Feldzüge** | Bürgerkrieg (69 n.Chr.); Feldzug gegen die Sarmaten (69–70 n.Chr.); Domitians und Trajans Dakerkriege (86–89; 101–6); Trajans Partherkrieg (Vexillation [?], 115–117); Bar-Kochba-Aufstand (Vexillation [?], 132–35); Mauretania (Vexillation, ca. 150); Marcus Aurelius' Markomannenkriege (166–80); Severus' Bürgerkrieg gegen Niger (193–94); Kriege des 3. Jh. an der Donaugrenze |

„Nero richtete die *legio I Italica* und ihr Winterquartier in der Moesia inferior ein" (Cassius Dio 55,24,2). Die *I Italica* wurde wahrscheinlich 66 oder 67 n.Chr., während der letzten Jahre der Herrschaft Neros, in Italien ausgehoben, denn gemäß Sueton (*Nero* 19) plante der Kaiser eine Expedition zur Kaspischen Pforte, um auf den Erfolgen Corbulos im Osten aufzubauen. Die Rekruten maßen sechs römische Fuß (ca. 1,78 m), und Nero nannte sie „die Phalanx Alexanders des Großen". Eine Inschrift (*CIL* 3, 7591) in Moesien hält fest, dass die Legion am 20. September *aquila* und *signa* erhielt, aber das Jahr ist umstritten.

68 n.Chr. hatte die Legion Italien immer noch nicht in Richtung Kaukasus verlassen und wurde stattdessen nach Gallien geschickt, um den Aufstand des Statthalters Gaius Julius Vindex zu unterdrücken. Die Legion traf im März oder April 68 in Gallien ein, doch Vindex war bereits durch Verginius Rufus, den Statthalter der Germania superior, besiegt worden.

### Bürgerkrieg

Im Juni jenes Jahres rief der Senat Galba zum Kaiser aus; Nero beging Selbstmord. Verginius Rufus' Legionen rebellierten und stellten sich hinter Vitellius, den Statthalter der Germania inferior. 69 n.Chr. besiegte die *I Italica* zusammen mit der *V Alaudae*, *XXI Rapax* und *XXII Primigenia* die Truppen des Otho (der zu dieser Zeit bereits Galba in Rom ersetzt hatte) in der ersten Schlacht von Bedriacum (s. S. 59) – dabei war, laut Tacitus, die *I Italica* die tapferste Legion. Ihr Adler war einer der vier, die zur Schau gestellt wurden, als Vitellius nach der Schlacht nach Rom zurückkehrte (Tacitus, *hist.* 2,89).

Die Donaulegionen schlossen sich Vespasian an und trafen in der zweiten Schlacht von Bedriacum auf Vitellius' Armee. Tacitus (*hist.* 2,100) berichtet, dass die *I Italica* Teil der vitellischen Armee unter Aulus Caecina Alienus war, die nach Bedriacum geschickt wurde. Zusammen mit der *XXI Rapax* und Vexillationen der britannischen Legionen bildete sie die Nachhut. Caecina versuchte zu Vespasian überzulaufen – gegen den Willen seiner Truppen. In der entstandenen Verwirrung griff Vespasian an und besiegte Vitellius. Mangels Führung und Disziplin unterlag auch die *I Italica*.

### Die *I Italica* in Moesien

Vitellius' besiegte Legionen wurden auf ganz Illyricum verteilt; die *I Italica* muss eine der unter Statthalter Fonteius Agrippa in Moesien stationierten gewesen sein, zusammen mit der *V Alaudae*, *VII Claudia* und *V Macedonica*. Tacitus (*hist.* 3,46) sagt, im Interesse des inneren Friedens sollten diese durch externe Kriege abgelenkt werden. Und tatsächlich: Bereits im Winter mussten die Legionen eine sarmatische Invasion abwehren. Die *I Italica* wurde schwer getroffen und Agrippa getötet (Josephus, *bell. Iud.* 7,89–91). Nach dieser Niederlage organisierte der neue Statthalter, Rubrius Gallus, die Armee neu. Von nun an befand sich der Hauptstützpunkt der 1. Legion in Novae (nahe dem heutigen Svistov).

Die Legion besetzte offenbar eine Reihe von kleinen Außenposten in militärisch wichtigen Gebieten im Westen der Provinz. Ein solcher Außenposten lag in Almus (Lom, Bulgarien), der letzten großen Stadt an der Donau vor der Moesia superior, wie eine Inschrift (*CIL* 3, 14409,1) zeigt, die die *principales* der Garnison nennt.

Wie die anderen Balkanlegionen nahm die *I Italica* an den Dakerfeldzügen von Domitian und Trajan teil (s. S. 176). Inschriften belegen, dass

## Die *I Italica* in Novae

Novae liegt an der Donau im Norden Bulgariens in der Nähe von Svistov. Nachdem es der *VIII Augusta* als Basislager diente (46–69 n. Chr.), bis die Legion in die Germania superior verlegt wurde, bildete es ab 70 n. Chr. bis zum Ende der Römerzeit das wichtigste Lager der *I Italica*. Die Anwesenheit der Legion wird durch literarische Quellen und viele archäologische Funde bezeugt wie Grabsteine mit Namen von Soldaten und Ziegelstempeln mit dem Beinamen der Legion.

Novae wurde über mehrere Jahrzehnte teilweise ausgegraben und ist eine der bekanntesten archäologischen Stätten Bulgariens. Das ursprüngliche hölzerne Kastell wurde während der Herrschaft Trajans durch einen steinernen Bau ersetzt. Man hat umfangreiche Teile der spätantiken Verteidigungsmauer freigelegt, zusammen mit Fundamenten der Thermen, einer Basilika, der *principia* und eines Lazaretts, in dem man noch medizinische Instrumente fand.

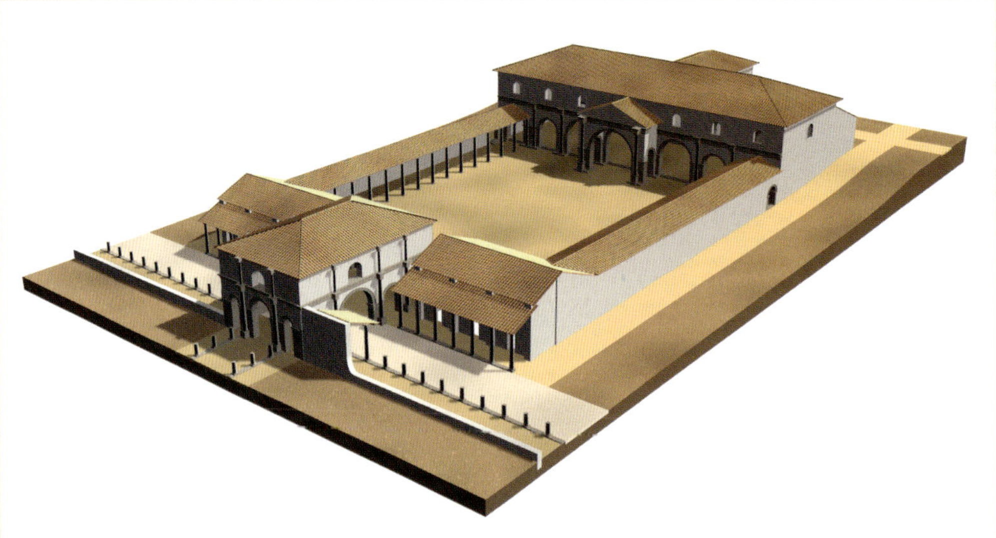

*Rechts* Rekonstruktion der zentralen *principia* (Hauptquartier) des Kastells Novae. Diese bestanden aus einem monumentalen Eingang zum geschlossenen Innenhof mit Basilika und administrativen Räumen. Kleinere Zugänge führten zu den Thermen und Kasernen.

*Links* Hypothetische Rekonstruktion des Legionslagers bei Novae, im 1. Jh. n. Chr. erbaut. Im 4. Jh. hatte sich daraus eine wichtige Stadt und ein religiöses Zentrum entwickelt.

Mitglieder der Legion, wie der Tribun C. Nummius Verus (*CIL* 11, 3100), für ihre Taten in diesen Kriegen ausgezeichnet wurden.

Vermutlich waren alle Legionen von Moesien (oder zumindest Vexillationen) an Trajans Partherfeldzug beteiligt; eine Inschrift in Rom (*CIL* 6, 32933) hält fest, dass L. Paconius Proculus Vexillationen der Legionen aus Moesien und Dakien gegen die Parther führte. Eine Vexillation könnte zudem bei der Niederschlagung des Bar-Kochba-Aufstands dabei gewesen sein (*CIL* 3, 13586).

Während der Herrschaft des Antoninus Pius blieb Moesien ruhig, und Vexillationen der dortigen Legionen könnten in die Mauretania geschickt worden sein, um gegen die Mauren zu kämpfen (eine kaum lesbare Inschrift in Numidien, *CIL* 8, 10474, 13, scheint die *I Italica* zu nennen). 139–42 könnte eine weitere Vexillation in Britannien gewesen sein, wo eine Inschrift (*AE* 1983, 642) in Old Kilpatrick am westlichen Ende des Antoninuswalls einen Zenturio der Legion nennt.

Die *I Italica* war 166–175 Teil von Marcus Aurelius' Armee an der Grenze zu Dakien und an der Donau, und wieder wurden einige ihrer Soldaten für ihre Tapferkeit ausgezeichnet. Laut einer Inschrift (*CIL* 8, 2582) befehligte Aulus Julius Pompilius Piso zu dieser Zeit die *I Italica* und *IIII Flavia Felix*. Ab 178 kämpften die Römer wieder an dieser nördlichen Grenze, aber der Konflikt endete mit dem Tod des Marcus Aurelius und der Nachfolge des Commodus im Jahr 180. Die nächsten Jahre über war es wieder ruhig in Moesien. Clodius Albinus, ein künftiger Thronanwärter, war zu dieser Zeit ein Offizier der Legion.

Obwohl die *I Italica* in erster Linie in der Moesia inferior stationiert war, gibt es Hinweise auf Offiziere und eine Vexillation, die zum Schutz der griechischen Städte von Taurien (Krim) abgestellt waren. Im 2. Jh. n. Chr. wurde die *I Italica* dort

Die Ausgrabung der *principia* bei Novae (hier abgebildet) förderte Basen der Statuen von mindestens sechs Kaisern von Marcus Aurelius Severus Alexander zutage – mit Inschriften, die den *primi pili* der Legion gewidmet waren. Es gab zudem Statuen von Jupiter, Victoria, Mars und dem Genius (göttlichen Geist) der Legion. Die *principia* wurden im 5. Jh. von Hunnen zerstört.

durch Teile der *V Macedonica* und *XI Claudia* unterstützt. Einige Befehlshaber dieser Truppe waren Tribunen der *I Italica*, so Tiberius Plautus Felix Ferruntianus, dem eine Inschrift des späten 2. Jh. (*CIL* 8, 619) den Titel *praepositus vexillationibus Ponticis apud Scythia(m) et Tauriam* („Befehlshaber der pontischen Vexillationen in Skythien und Taurien") gibt. Ziegelstempel aus einem kleinen Kastell in Charax (*CIL* 3, 14215–4) liefern weitere Belege für diese Vexillation; die Stempel belegen, dass die Ziegel unter Aufsicht eines Zenturio der Legion produziert wurden.

### Aktivitäten im 3. Jahrhundert n. Chr.

Für das 3. Jh. gibt es nur noch bruchstückhafte Informationen über Aktivitäten der *I Italica*. In Salona (Split) in Dalmatien gefundene Grabdenkmäler von Soldaten der Legion aus dieser Zeit deuten darauf hin, dass sie oder zumindest ein Teil von ihr dort stationiert war (z. B. *CIL* 3, 2009). Eventuell war dies zur Zeit des Severus Alexander, als die Legion den Beinamen *Alexandriana* erhielt (*AE* 1991, 1378). Mitte des 3. Jh. fielen mehrfach die Goten in Moesien ein; zu dieser Zeit war die *I Italica* dort erfolgreich aktiv und trug den Titel *Felix Victrix Pia Semper Ubique* („erfolgreich, siegreich und pflichtbewusst, immer und überall", *ZPE* 95, 1993, 197–203), der auf einer Statuenbasis im Legionslager Novae gefunden wurde.

Ein Denar mit der Bezeichnung *I Italica* zeigt, dass die Legion im April 193 n. Chr. Septimius Severus unterstützte. Ihr Legat war Lucius Marius Maximus (*CIL* 3, 1450). Seine Legion beteiligte sich an der langen Belagerung von Byzantium gegen Pescennius Niger und kämpfte 196/97 n. Chr. gegen den ehemaligen Legaten Clodius Albinus. Marius Maximus war ein ranghoher Kommandant des Severus in diesem Krieg (und außerdem Geschichtsschreiber).

### *IIII Flavia Felix*

| | |
|---|---|
| **Beiname** | *Flavia Felix* |
| **Emblem** | Löwe |
| **Basis** | Singidunum (Belgrad) |
| **Wichtige Feldzüge** | Domitians und Trajans Dakerkriege (86–89 n. Chr., 101–6); Hadrians Krieg gegen die Sarmaten (118); Mauretania (Vexillation, ca. 150); Marcus Aurelius' Markomannenkriege (166–80); Severus' Bürgerkrieg gegen Niger (Vexillation [?], 193–94); Kriege des 3. Jh. an der Donaugrenze |

Die *Notitia dignitatum* zeigt, dass die Legion im frühen 5. Jh. noch immer in Novae die Donaugrenze bewachte, mit einer Abteilung in Sexaginta Prista (Russe, Bulgarien), einer kleinen Garnison im Osten.

## *IIII Flavia Felix*

Die *IIII Flavia Felix* wurde von Vespasian aus Soldaten der aufgelösten *IIII Macedonica* zusammengestellt, die beim Bataveraufstand 69/70 n. Chr. (s. S. 65 f.) in Ungnade gefallen war. Wann sie den Beinamen *Felix* erhielt, wissen wir nicht.

Die neue Legion war zunächst in Burnum (bei Kistanje) in Dalmatien stationiert, wie Ziegelstempel und Inschriften bezeugen; dort ersetzte sie die *XI Claudia*, die an den Rhein verlegt wurde. Im Zuge der Neuorganisation der Donaugrenze unter Domitian nach den Invasionen der Daker 86 n. Chr. ging sie in die Moesia superior, wo Singidunum (Belgrad) ihr Stützpunkt wurde.

Auch wenn Singidunum das Hauptlager war, verorten epigraphische Spuren die Legion in der gesamten Provinz, u. a. in Viminiacum, Horreum Margi (Margum), Timacum minus (Ravna) und Naissus (Niš). Im Jahr 88 war die Legion Teil der domitianischen Armee, die in Dakien einfiel und bei Tapae Decebalus besiegte.

### Trajans Dakerkriege

Als eine der Legionen von Moesien, wo Trajan seine Armee für die Invasion Dakiens versammelte, nahm die *IIII Flavia Felix* zweifellos an den Dakerkriegen 101–6 teil. Es gibt Hinweise, dass die Legion gegen Ende des Kriegs kurz in Sarmizegetusa stationiert war, der Hauptstadt der neuen rö-

## Singidunum

Singidunum war ursprünglich eine keltische Siedlung mit Blick auf den Zusammenfluss von Save und Donau. Das römische Kastell wurde im späten 1. Jh. n. Chr. von der *IIII Flavia Felix* erbaut, zusammen mit einer Brücke, die über die Save führte und Singidunum mit Taurunum verband. In Singidunum begann die Via Militaris, die Heerstraße, die über Viminacium, Naissus, Serdica und Adrianopolis bis nach Konstantinopel führte und die Provinzen Moesien, Dakien und Thrakien verband. Durch die *Notitia dignitatum* wissen wir, dass die 4. Legion bis mindestens ca. 400 in Singidunum stationiert war. Stadt und Kastell wurden im 4./5. Jh. wiederholt von Goten und Hunnen angegriffen und ging Rom im 6. Jh. verloren.

Obwohl das römische Kastell später überbaut wurde, kann man an der westlichen Mauer des Kalemegdan (des späteren Kastells von Belgrad) noch Elemente der alten Mauern erkennen. Bei Ausgrabungen hat man in der Nähe Friedhöfe und einen Tempel aus der Römerzeit entdeckt. Namen von Soldaten und Veteranen der *IIII Flavia Felix* sind auf zahlreichen Inschriften festgehalten, hauptsächlich Grabinschriften, aber auch einige religiöse Weihinschriften.

Mauern von Singidunum (im Kalemegdan, Belgrad). Nachdem Dakien jenseits der Donau 271 n. Chr. aufgegeben wurde, war Singidunum ein wichtiges Kastell gegen Sarmaten und Hunnen, denen es im 5. Jh. zufiel.

mischen Provinz Dacia (*AE* 1933, 242; *AE* 1996, 1279a–e). Mehrere Inschriften lokalisieren die Legion auch in Berzobis (Berzovia), näher an der sarmatischen Grenze, von wo aus sie wohl das Eiserne Tor an der Donau bewacht hätte. Ziegelstempel der Legion wurden auch anderswo in Dakien gefunden, in Sucidava (*AE* 1966, 325) und Drobeta (*AE* 1977, 713).

In der anschließenden Zeit kehrte die *IIII Flavia Felix* nach Singidunum zurück, wo sie wichtige Straßen überwachte. Inschriften informieren uns über militärische Kontrollposten entlang der Via Militaris in Naissus (Niš an der auf Morava; *CIL* 3, 8249) und Ulpiana (*CIL* 3, 8173), an einer Kreuzung von Straßen, die zur Ägäis und zur Adria führen.

**Das 2. und 3. Jahrhundert n. Chr.**

Die Donauregion war nach Trajans Eroberungen relativ ruhig, und wie andere Balkanlegionen sandte wahrscheinlich auch die *IIII Flavia Felix* während der Herrschaft des Antoninus Pius eine Vexillation nach Mauretanien, um gegen die Mauren zu kämpfen. Diverse Inschriften des 2. Jh. n. Chr. in Aquincum (Budapest) deuten darauf hin, dass sich dort eine Vexillation aufhielt, während die reguläre Legion des Lagers, die *II Adiutrix*, mit Lucius Verus gegen die Parther zog. Zusammen mit den anderen Legionen von Moesien muss die *IIII Flavia Felix* in den Markomannenkriegen nach 166 eine wichtige Rolle gespielt haben.

In den 180er-Jahren war Clodius Albinus Offizier der *IIII Flavia Felix* (*hist. Aug., Clodius Albinus* 6,2). Doch als 193 der Bürgerkrieg ausbrach, unterstützte die 4. Legion mit den anderen Donaulegionen Septimius Severus, den Statthalter der Pannonia superior. Eine Inschrift (*CIL* 3, 387) aus Alexandria Troas (Türkei) legt nahe, dass ein Teil der Legion Severus in den Osten folgte, für den Bürgerkrieg und die anschließenden Partherkriege. Ihr Legat war damals C. Julius Avitus Alexianus, Severus' syrischer Schwager (*AE* 1963, 42).

Diverse undatierte Inschriften aus dem gesamten Römischen Reich heben die Bedeutung von Vexillationen der erfahrenen Donaulegionen für die Feldzüge jenseits des Balkan im späten 2. und frühen 3. Jh. hervor, geben aber wenig Informationen über den Kontext. Aus einer Inschrift (auf einem Soldatengrabstein in Kyrrhos; *CIL* 3, 195) geht hervor, dass die Legion in diesem Zeitraum an einem Perserkrieg teilnahm. Ein ebenso schlecht datierbares Zeugnis aus Speyer (*CIL* 13, 6104) nennt ihre Beteiligung an einem Feldzug gegen die Alamannen. Gemäß der *Notitia dignitatum* war die Legion Anfang des 5. Jh. noch immer in Singidunum stationiert.

# Die Legionen der Pannonia

12–9 v. Chr. erlangte Rom die Kontrolle über Pannonien, südlich und westlich der Donau, nach einer langen konfliktreichen Zeit ab dem späten 2. Jh. v. Chr. Im Jahr 6 n. Chr. lehnte sich die Regi-

**Der Pannonische Aufstand**

Der Historiker Velleius Paterculus war Präfekt einer Kavallerietruppe von Tiberius' Armee in Germanien, Teil einer riesigen Streitmacht, die 6 n. Chr. die Markomannen angreifen sollte, als die Nachricht von den Ereignissen in Pannonien eintraf:

„Ganz Pannonia, arrogant geworden durch den langen Frieden und gereift in seiner Macht, griff plötzlich zu den Waffen, und mit ihm als Alliierte Dalmatien und all die anderen Völker, die in dieser Region lebten ... Römische Bürger wurden unterdrückt, Händler getötet, und eine große Formation wiedereinberufener Veteranen, in der Region stationiert, die von ihrem Kommandanten am weitesten weg war, wurde niedergemetzelt. Makedonien wurde von bewaffneten Feinden erobert, und die gesamte Region wurde vollständig durch Feuer und Schwert verwüstet" (Velleius Paterculus 2,110).

Tiberius brauchte drei Jahre, um Pannonien und Dalmatien zu befrieden.

Die Reliefs an der Säule des Marcus Aurelius erzählen die Geschichte der Markomannenkriege, die 166 n. Chr. ausbrachen. Die Säule wurde 193 nach dem Tod des Kaisers geweiht, um an seine Siege zu erinnern.

on schon wieder gegen die römische Herrschaft auf, und es dauerte drei Jahre, den Aufstand zu beenden. Danach wurde die Provinz Pannonia eingerichtet. 106 n. Chr. wurde sie in Pannonia superior (im Westen) und Pannonia inferior (im Osten) geteilt; unter Diokletian gab es eine weitere Unterteilung. Während des 4. Jh. fielen mehrfach die Goten in Pannonien ein.

## *X Gemina*

Die *X Gemina* entstand als Caesars berühmte 10. Legion (s. S. 26), diente unter ihm in Gallien und im Bürgerkrieg gegen Pompeius und dessen senatorische Parteigänger u. a. in den Schlachten von Pharsalos (Griechenland, 48 v. Chr.) und Thapsus (Tunesien, 46 v. Chr.). Nach der letzten Schlacht des Bürgerkriegs (Munda, 45 v. Chr.) wurden die Veteranen in Narbo (Narbonne) in Südgallien angesiedelt.

Nach Caesars Tod wurde die 10. Legion fast sofort wieder aktiviert und kämpfte bei Philippi 42 v. Chr. gegen die Caesarmörder. Einige Veteranen siedelte man nach dieser Schlacht in Cremona an. Der Rest der Legion ging mit Marcus Antonius ostwärts und nahm an seinem Partherkrieg teil (40–33 v. Chr.). Als Octavian Marcus Antonius 31 v. Chr. in Actium besiegte, war sie eine der Legionen, die sich widerwillig der Kapitulation beugen mussten. Sueton (*Aug.* 24) merkt an, dass Octavian „die gesamte 10. Legion unehrenhaft entließ, weil sie ihm auf eine unverschämte Art und Weise begegnete".

Soldaten anderer Legionen wurden in die *X* inkorporiert, was ihr den neuen Beinamen *Gemina* („doppelt") eintrug. Sie wurde dann nach Spanien geschickt, wo sie an Augustus' Kantabrerfeldzügen von 25–13 v. Chr. teilnahm. Zeugnisse der Legion hat man in Astorga im Nordwesten Spaniens gefunden (*AE* 1928, 163 und *AE* 1904, 160) und auch weiter südlich, wo sie die Asturer und die Einwohner von Gallaecia überwacht haben wird. Inschriften belegen, dass ihr Hauptstützpunkt zu dieser Zeit Petavonium (Rosinos de Vidriales) in Hispania Tarraconensis war (*CIRPZamora* 133, 135, 136, 145; *AE* 1976, 289), aber man hat auch andere kleinere Außenposten identifiziert. Münzen zeigen, dass ihre Veteranen zu den ersten Siedlern von Augusta Emerita (Mérida) und Caesaraugusta (Saragossa) gehörten.

### *X Gemina*

| | |
|---|---|
| **Beinamen** | *Equestris; Gemina; Domitiana; Antoniniana; Severiana; Gordiana; Deciana; Floriana; Cariniana* |
| **Emblem** | Stier |
| **Basis** | Vindobona (Wien) |
| **Wichtige Feldzüge** | Caesars Gallischer Krieg und Bürgerkrieg, (58–45 v. Chr.), Philippi (42 v. Chr.), Marcus Antonius' Partherkrieg (40–33 v. Chr.); Actium (31 v. Chr.); Augustus' Kantabrischer Krieg (27–19 v. Chr.); Bataveraufstand (69–70 n. Chr.); Saturninus-Aufstand (89 n. Chr.); Trajans zweiter Dakerkrieg (105–6)? Bar-Kochba-Aufstand (132–35); Mauretania (Vexillation, ca. 150); Lucius Verus' Partherkrieg (Vexillation, 161–66); Marcus Aurelius' Markomannenkriege (166–80); Severus' Bürgerkrieg gegen Niger (Vexillation, 193–94)? Kriege des 3. Jh. an der Donaugrenze, evtl. darunter die von Caracalla, Decius und Carinus |

Nach etwa einem Jahrhundert in Spanien wurde die *X Gemina* nach Carnuntum in Pannonien verlegt, wie eine ganze Reihe Inschriften bezeugen – wann genau, wissen wir nicht, aber es war nicht vor 62/63 n. Chr., da bis dahin die *XV Apollinaris* in Carnuntum stationiert war. Schon bald schickte Galba die Legion zurück nach Spanien, in Carnuntum zog wahrscheinlich die neu ausgehobene *VII Galbiana* ein.

#### Transfer nach Germania

Im Vierkaiserjahr (69 n. Chr.; s. S. 59) unterstützte die Legion Vitellius, spielte aber keine Rolle bei den weiteren Ereignissen. Sie wurde mit anderen Legionen unter Petillius Cerialis nach Germanien geschickt, um den Bataveraufstand (69/70 n. Chr.) niederzuschlagen. Fast sofort wurden sie angegriffen:

> Diejenigen, denen die Aufgabe zugefallen war, das Lager der *legio X* anzugreifen, dachten, dies wäre schwierig, doch es gelang ihnen, Soldaten zu überfallen, die das Lager verlassen hatten, um Bäume zu fällen, und sie töteten den Lagerpräfekt sowie fünf der obersten Zenturionen und einige Soldaten; die restlichen verteidigten sich hinter dem Wall.
>
> Tacitus, *hist.* 5,20

Nach dem Aufstand wurde die *X Gemina* (oder ein Teil von ihr) östlich von Noviomagus am Hunerberg stationiert, wo sie die besiegten Bataver überwachte. Eine Inschrift erinnert an zwei hier stationierte Soldaten aus Spanien (*CIL* 13, 8732). Andere Inschriften, die Mitglieder der Legion nennen, fand man in Novaesium (Neuss; *AE* 1905, 139) und Vetera (Xanten, *AE* 1899, 8; *AE* 1905, 234; *CIL* 13, 8646).

89 n. Chr. war die *X Gemina* Teil der Armee, die Lucius Antonius Saturninus besiegte, der die *XIV Gemina* und *XXI Rapax* bei einem Aufstand gegen Domitian geführt hatte (s. S. 80). Für ihre Kaisertreue wurde der Legion der Titel *Pia Fidelis Domitiana* („pflichtbewusst, loyal, domitianisch", *CIL* 13, 7717) verliehen. Als Domitian 96 n. Chr. ermordet wurde, strich man das *Domitiana* wieder.

### Zurück nach Pannonien

Die *X Gemina* wurde nun nach Aquincum (Budapest) versetzt, um die Donaugrenze zu verteidigen. Vermutlich nahm sie an Trajans zweitem Dakerkrieg (105/6) teil, aber die Zeugnisse sind nicht schlüssig; auch ihre Teilnahme an Trajans Partherfeldzug ist umstritten. Inschriften, die die Legion nennen, wurden in Griechenland, Kleinasien und Syrien gefunden, aber nur eine kann sicher datiert werden (*AE* 1941, 166, spätes 2. Jh.). Ein paar Jahre später, während der Regierungszeit des Hadrian, wurde eine Vexillation zur Niederschlagung des Bar-Kochba-Aufstands (132–35 n. Chr.) abgeordnet (*CIL* 6, 3505).

Innerhalb weniger Jahre wurde die Legion erneut verlegt, nach Vindobona (Wien). Von hier aus könnte während der Herrschaft des Antoninus Pius eine Vexillation in die Mauretania gesendet worden sein (*CIL* 8, 21669). Eine weitere Vexillation unterstützte Lucius Verus in seinem Partherkrieg (*CIL* 8, 7050). Die gesamte Legion muss 166–80 mit Marcus Aurelius gegen die Markomannen und andere Germanen gekämpft haben. Danach hielt sich der Kaiser bis zu seinem Tod im Jahr 180 in Vindobona auf.

### Das 3. Jahrhundert n. Chr.

Während der Bürgerkriege, die auf den Tod des Commodus 192 folgten, unterstützte die *X Gemina* Septimius Severus; vielleicht schickte sie eine Vexillation für Severus' Krieg gegen Pescennius Niger in den Osten (*AE* 1941, 166).

Im 3. Jh. erhielt die Legion eine Reihe neuer Titel, die ihre Treue gegenüber den verschiedenen Kaisern zeigen: *Antoniniana* (Caracalla oder Elagabal; *CIL* 3, 4030), *Gordiana* (Gordian III.; *CIL* 11, 6338), *Deciana* (Decius; *CIL* 3, 4558), *Floriana* (Florianus; *CIL* 3, 11354) und *Cariniana* (Carinus; *AE* 1987, 821e). Caracalla, Decius und Carinus kämpften alle gegen germanische Stämme, und vermutlich nahm die *X Gemina* an diesen Feldzügen teil. Gordian III. und Florianus kämpften zudem im Osten, aber ob die Legion auch dort war, ist unklar. Ihr endgültiger Titel datiert auf 260, als es zum Konflikt zwischen Gallienus und Kaiser Postumus kam. Die *X Gemina* unterstützte Gallienus und erhielt, wie viele andere Legionen auch, den Titel *Pia VI Fidelis VI* („sechsmal pflichtbewusst und loyal").

Die in Noviomagus (Nijmegen) gefundene Inschrift nennt einen Soldaten der 10. Legion, der in Amphipolis geboren wurde. Sie lautet: „Marcus Scanius Maximus, Sohn des Marcus, vom Stamm Voltinia, aus Amphipolis, Soldat der *legio X Gemina Pia Fidelis*, lebte 51 Jahre" (*AE* 1979, 415).

## Vindobona

Rekonstruktion von Vindobona an der Donau. Das Kastell wurde in den 80er-Jahren n.Chr. von der *XIII Gemina* erbaut. Später war hier kurzzeitig die *XIV Gemina* stationiert, bevor es im 2. Jh. zur permanenten Militärbasis der 10. Legion wurde.

Während der Herrschaft des Augustus errichteten die Römer entlang der Donaugrenze eine Reihe von Holzkastellen, u.a. bei Vindobona (Wien), das Teil der Provinz Pannonien wurde. Das Kastell selbst wurde Anfang des 2. Jh. n.Chr. in Stein neu gebaut, 166 n.Chr. von den Markomannen geplündert, erst durch Marcus Aurelius wieder aufgebaut und noch einmal im frühen 3. Jh. n.Chr. Rund um die Militärbasis entstand eine zivile Stadt. Heute liegen die archäologischen Überreste unter dem Stadtgebiet, und nur wenig ist ergraben worden, darunter Häuser mit Hypokaustheizung und ein aufwendiges Thermengebäude.

Vor der Ankunft der 10. Legion in Vindobona beherbergte das Lager erst die *XIII Gemina* und dann die *XIV Gemina*. Alle drei Legionen sind durch in Wien gefundene Stempel, Inschriften und Denkmäler nachgewiesen.

Diese in Wien gefundene Grabinschrift gedenkt eines Offiziers der 10. Legion. Sie wurde später als Mahlstein wiederverwendet.

Nach Angaben der *Notitia dignitatum* war die Legion im frühen 5. Jh. immer noch in Vindobona. Es gab auch eine gleichnamige Legion in einer Feldarmee – wahrscheinlich eine Vexillation, die eine eigene Identität angenommen hatte.

## *XIV Gemina*

Julius Caesar hob vor seinem Feldzug gegen die Belger 57 v. Chr. die 14. Legion aus; sie wurde im Kampf gegen den Stamm der Eburonen im Winter 54/53 v. Chr. aufgerieben und danach wieder aufgestellt. Im Bürgerkrieg trat sie 46 v. Chr. in Thapsus in Erscheinung. Octavian hatte nach 41 v. Chr. eine 14. Legion, entweder die von Caesar oder eine neue Legion. Sie muss bei Actium gegen Marcus Antonius gekämpft haben und anschließend durch dessen Soldaten verstärkt worden sein, was den Beinamen *Gemina* („doppelt") erklären würde. Laut einer Inschrift (*CIL* 5, 2497) siedelte Octavian Veteranen der Legion in der Kolonie Ateste in der Gallia cisalpina an.

Im Jahr 6 n. Chr. war die *XIV Gemina* eine von mindestens acht Legionen, die Tiberius gegen den Markomannenkönig Marbod führte. Dann jedoch zwang der Ausbruch des Pannonischen Aufstands die Römer, mit Marbod zu verhandeln, um sich mit den Unruhen in Illyricum (Balkan) befassen zu können. Nach der katastrophalen Niederlage des Varus im Teutoburger Wald 9 n. Chr. (s. S. 54–59) wurde die *XIV Gemina* nach Moguntiacum (Mainz) in die Germania superior versetzt, wo sie sich mit der *XVI Gallica* ein Kastell teilte.

Eine Reihe von Grabsteinen zeugt von der Anwesenheit dieser zwei Legionen. Im Jahr 21 kämpfte die *XIV Gemina* (oder eine Vexillation) gegen die gallischen Turonen, die aufgrund der hohen Steuern rebelliert hatten. Als Nächstes finden wir die Legion in der Armee wieder, die zur Zeit des Caligula gegen die Chatten kämpfte. Diese wurden schließlich im Winter 40/41 n. Chr. nahe des Lagers der *XIV Gemina* in Moguntiacum besiegt.

### Die Legion in Britannien

Die *XIV Gemina* war vermutlich eine der Legionen, die an der Britannieninvasion des Claudius 43 n. Chr. teilnahm, auch wenn wir Zeugnisse für ihre Anwesenheit erst für den Boudicca-Aufstand haben (60/61 n. Chr.; s. S. 97); nach seiner Niederschlagung verlieh Nero ihr den Titel *Martia Victrix* („kriegerisch, siegreich"). C. Suetonius Paullinus war mit der *XIV* von Anglesey aus gegen Boudiccas Truppen marschiert, also muss sie zuvor in Wales gewesen sein und gegen die Silurer, Ordovicer und Deceanger gekämpft haben. Inschriften nennen Viroconium (Wroxeter) als Stützpunkt.

### *XIV Gemina*

| | |
|---|---|
| **Beinamen** | *Gemina; Martia Victrix; Pia VI Fidelis VI* |
| **Embleme** | Steinbock; Adler |
| **Basis** | Carnuntum (Petronell-Carnuntum) |
| **Wichtige Feldzüge** | Dyrrhachium (48 v. Chr.); Pharsalus (48 v. Chr.); Actium (31 v. Chr.); gegen die Turonen (21 n. Chr.); gegen die Chatten (40/41 n. Chr.)? Britannieninvasion (43 n. Chr.); gegen die Silurer, Ordovicer und Deceangler (47–52 n. Chr.); Boudicca-Aufstand (60–61 n. Chr.); erste Schlacht von Bedriacum (69 n. Chr.); Bataveraufstand (69–70 n. Chr.); Domitians Krieg gegen die Chatten (83 n. Chr.); gegen die Sueben und Sarmaten (92–93 n. Chr.); Trajans Dakerkriege (101–6); gegen die Mauren (144–52); Lucius Verus' Partherkrieg (161–66); Marcus Aurelius' Markomannenkriege (166–80); gegen die Parther (194–99) |

### Zwischenspiel auf dem Balkan

Die *XIV Gemina* wurde 68 n. Chr. aus Britannien abgezogen für Neros geplante Feldzüge im Osten. Diesen kam jedoch der Jüdische Krieg zuvor, und die Legion war bereits auf dem Balkan, als Nero im Sommer 68 Selbstmord beging. Im anschließenden Bürgerkrieg unterstützte sie wie die anderen Balkanlegionen Otho und marschierte nach Bedriacum, um für Otho gegen Vitellius zu kämpfen; doch der Hauptteil der Legion traf nicht rechtzeitig ein:

> Nach der Niederschlagung des Aufstands in Britannien war die *legio XIV* besonders berühmt. Nero hatte ihren Ruhm noch vergrößert, indem er sie als besonders fähig herausstellte; deshalb waren sie Nero so lange ergeben und unterstützten begeistert Otho. Aber je stärker und treuer sie waren, desto langsamer waren sie.
>
> Tacitus, *hist.* 2,11

*Gegenüber*
Grabstein des Gnaeus Musius, gefunden in Mainz. Musius war *aquilifer* (Adlerträger) der 14. Legion und starb mit 32 Jahren nach 15 Jahren Dienst. Sein Grabstein wurde von seinem Bruder, Marcus Musius, einem Zenturio, aufgestellt (*CIL* 13, 6901).

Die Legion behauptete nach der Schlacht, sie sei nicht besiegt worden, und Vitellius schickte sie zurück nach Britannien, um sie als Bedrohung seiner Macht weit fort zu wissen. Sie ging mit einer Kohorte batavischer Auxiliarsoldaten nach Norden – alten Rivalen, immer wieder kam es zu Handgreiflichkeiten (Tacitus, *hist.* 2,66). Die Legion blieb für den Rest des Bürgerkriegs in Britannien, auch wenn sie Briefe erhielt, die sie aufforderten, Vespasian aktiv zu unterstützen.

## Wieder auf dem Kontinent

70 n. Chr. wurde die *XIV Gemina* zurück aufs europäische Festland gerufen, als Teil der Armee, die unter Petillius Cerialis den Bataveraufstand unterdrücken sollte. Sie beteiligte sich an der entscheidenden Schlacht bei Vetera (Xanten); Tacitus (*hist.* 5,16) berichtet, Cerialis habe seine Legionäre motiviert, indem er sie als „Eroberer Britanniens" anrief. Dann war sie wieder in Moguntiacum (Mainz), jetzt zusammen mit der *XXI Rapax*. Sie baute das beim Aufstand zerstörte Kastell wieder auf und errichtete eine Brücke über den Rhein.

Im Jahr 89 unterstützten die *XIV Gemina* und *XXI Rapax* Antonius Saturninus, den Statthalter der Germania superior, beim Aufstand gegen Domitian (s. S. 80), der aber schnell durch die Legionen der Germania inferior niedergeschlagen wurde. Die *XXI Rapax* wurde nach Pannonien verlegt, wo sie im Jahr 92 durch die Daker aufgerieben wurde; die *XIV Gemina* kam, um sie zu ersetzen. Stationiert war sie zunächst in Mursa (Osijek) und später in Vindobona (Wien). Von hier aus zog sie 92/93 gegen die Sueben und Sarmaten, danach nahm sie an Trajans Dakerkriegen (101–6) teil. Veteranen der *XIV* ließen sich in der neuen Provinzhauptstadt Colonia Ulpia Traiana Augusta Dacica (Sarmizegetusa) nieder.

Die Legion saß nun in Carnuntum (Petronell, Österreich) an der Donau und blieb dort drei Jahrhunderte lang. Vexillationen wurden nach Nordafrika geschickt zur Unterstützung der *III Augusta* im Feldzug gegen die Mauren während der Herrschaft des Antoninus Pius (144–52) und an die Ostgrenze für Lucius Verus' Partherkrieg (161–66). Marcus Aurelius verwendete Carnuntum während der Markomannenkriege 166–80 als Hauptquartier, was bedeuten mag, dass die *XIV* am Krieg beteiligt war.

Es war hier in Carnuntum, dass Lucius Septimius Severus 193 zum Kaiser ausgerufen wurde, und er belohnte jeden Soldaten mit 1000 Sesterzen. Den Großteil der *XIV Gemina* nahm er mit auf

seinem Marsch nach Rom, Vexillationen kämpften im Bürgerkrieg gegen Pescennius Niger.

Wir wissen wenig über die Legion nach dieser Zeit. Sie unterstützte einen Usurpator namens Regalianus (260/1) und später Gallienus (260–68) gegen den Usurpator Postumus, erhielt den Titel *Pia VI Fidelis VI* („sechsmal pflichtbewusst und loyal"). Als Gallienus starb, unterstützte die *XIV* den gallischen Kaiser Victorinus (269–71). Laut *Notitia dignitatum* war die Legion Anfang des 5. Jh. n. Chr. noch in Carnuntum.

## I Adiutrix

### *I Adiutrix*

| | |
|---|---|
| **Beinamen** | *Adiutrix*; *Pia Fidelis Bis*; *Constans* |
| **Embleme** | Steinbock; Pegasus |
| **Basis** | Brigetio (Szöny, Ungarn). |
| **Wichtige Feldzüge** | Bürgerkrieg (69 n. Chr.); Bataveraufstand (70 n. Chr.), Domitians Kriege in Germanien und Dakien (83; 86–89); Nervas Suebenkrieg (97); Trajans Daker- und Partherkriege (101–6; 115–17); Bar-Kochba-Aufstand (Vexillation [?], 132–35); Marcus Aurelius' Markomannenkriege (166–80); Severus' Bürgerkrieg gegen Niger und Partherkriege (Vexillation [?], 193–94; 195–97); Caracallas Partherkrieg (Vexillation [?], 215–17); Partherkrieg Gordians III. (Vexillation, 244); Kriege des 3. Jh. an der Donaugrenze |

Die *I Audiutrix* wurde 67 oder 68 n. Chr. aus Soldaten der Flotte in Misenum aufgestellt (*CIL* 16, 7–9), entweder durch Nero oder Galba (Cassius Dio 55,24,2). Ein Jahr später kämpfte sie an der Seite der *XIII Gemina* für Otho, wurde aber in der ersten Schlacht von Bedriacum besiegt und von Vitellius nach Spanien geschickt. 70 n. Chr. kämpfte sie in Germanien unter Petillius Cerialis gegen die Bataver.

Ziegelstempel zeigen, dass die *I Adiutrix* zuerst in Moguntiacum (Mainz) stationiert war, wo sie sich das Lager mit der *XIV Gemina* teilte. Von hier aus wurde die Legion nach Pannonien verlegt, wo sie bis zum 5. Jh. blieb. Dort übernahm sie nach 118 das Legionslager in Brigetio (Szőny, Ungarn).

86 Chr. erlitten die römischen Legionen von Moesien eine Niederlage gegen die Daker. Die *I Adiutrix* nahm an Domitians Strafexpedition teil und kämpfte zwei Jahre später in der dakischen Hauptstadt Tapae, wo die Römer Decebalus besiegten. Eine Inschrift (*ILS* 9200) zeigt, dass eine Vexillation der *I Adiutrix* zusammen mit Vexillationen anderer Legionen von C. Velius Rufus befehligt wurde, vermutlich auf diesem Feldzug.

Im Jahr 97 war die Legion Teil der Armee, die Nerva entlang der Donau zwischen Brigetio und Vindobona gegen die Sueben führte. Ein Tribun der Legion, Q. Attius Priscus, wurde für den Einsatz auf diesem Feldzug ausgezeichnet. Manche Forscher meinen, dass sich die Legion in diesem Krieg den Titel *Pia Fidelis* verdiente, aber eventuell erhielt sie ihn auch nach Trajans zweitem Dakerkrieg.

**Das Kastell in Brigetio**

Die Römer errichteten zur Zeit des Claudius, als in ganz Pannonien Straßen gebaut wurden, ein zusätzliches Kastell in Brigetio. Es wurde unter Domitian in Stein zu einem Legionslager ausgebaut, 97 n. Chr. schloss der spätere Kaiser Trajan die Bautätigkeiten ab. Zuerst waren dort die *XI Claudia* und die *XXX Ulpia Victrix* stationiert, nach Hadrians Sarmatenkrieg 118 n. Chr. wurde es zur permanenten Basis der *I Adiutrix*.

Heute liegt das Legionslager in der Nähe von Szöny. Ausgrabungen haben Mauern, Türme und Tore ergeben, eine Nekropole, Thermen, mehrere Tempel, ein Amphitheater, das Forum und einige Häuser der zivilen Siedlung, die um das Lager entstand.

Einer der vielen in Mainz gefundenen Ziegel mit dem Stempel LEG I AD.

**Das 2. und 3. Jahrhundert n. Chr.**

Die *I Adiutrix* war bei Trajans Eroberung von Dakien (101–6) dabei und anschließend Teil der dortigen Besatzung; eine Vexillation wurde in Apulum (Alba Iulia, Rumänien) stationiert, wovon einige Inschriften zeugen. Eine in Syrien gefundene Inschrift (*CIL* 3, 6706) lässt vermuten, dass die Legion sich auch an Trajans Partherkrieg (115–17) beteiligte, danach aber nach Brigetio zurückkehrte. Anschließend wurden Teile der Legion für Kriege in anderen Regionen abgestellt. In Brigetio fand man z. B. eine Bar-Kochba-Münze, was darauf hindeutet, dass einige Soldaten zum Bar-Kochba-Aufstand (132–35 n. Chr.) nach Iudaea entsendet wurden. Eine weitere Vexillation bildete einen Teil der Armee, die Pertinax (der 193 kurzzeitig Kaiser war) in den 170er-Jahren gegen die Markomannen führte (*hist. Aug., Pertinax* 2,6). Die Legion übernahm Bautätigkeiten in der ganzen Pannonia superior, u. a. in Scarbantia und Carnuntum.

Nach Pertinax' Ermordung 193 erklärte die *I Adiutrix* Septimius Severus ihre Treue, wie gegen Ende des Bürgerkriegs geprägte Münzen des Kaisers zeigen, die die Legionen nennen, die ihn unterstützten. Severus setzte die Legion gegen Pescennius Niger ein und auf seinen beiden Partherfeldzügen. 244 kämpfte die Legion für Gordian III. gegen die Perser (*CIL* 3, 196).

Im Bürgerkrieg von 238 kämpfte die *I Adiutrix* nahe ihres Stützpunkts für Maximinius und nahm

Antoninian (Silbermünze) des Kaisers Gallienus mit der Darstellung des Steinbockemblems der *I Adiutrix*. Darauf steht: *LEG I ADI VI P VI F* („*legio I Adiutrix*, sechsmal pflichtbewusst, sechsmal loyal").

Im späten 2. Jh. war Aurelius Surus Trompeter der *I Adiutrix*. Sein Grabstein (*AE* 1976, 642) wurde in Konstantinopel gefunden und zeigt ihn mit seiner Trompete. Grabsteine zweier weiterer Soldaten aus der Legion wurden in Perinthus (*CIL* 3, 7396) und Zeugma (*AE* 2003, 1791b) gefunden; alle drei könnten mit Severus' Partherfeldzügen oder denen seines Sohnes Caracalla (215–17 n. Chr.) in Verbindung stehen.

an der Belagerung von Aquileia teil (*CIL* 5, 954). Ihre Beinamen in dieser Zeit (*Severiana*, *Maximiniana* und *Pupiena Balbina Gordiana*) zeigen, wie sich die Legion immer neuen politischen Führern anschloss: von Severus Alexander über Maximinus bis zu Gordian III. und dessen Mitkaisern Pupienus und Balbinus. Im Laufe des 3. Jh. erwarb die Legion dennoch die Titel *Pia Fidelis Bis* („zweimal pflichtbewusst und loyal") und *Constans* („verlässlich"). Zweifellos beteiligte sie sich auch an den heftigen Kriegen gegen Barbaren, die das ganze 3. Jh. hindurch an der Donaugrenze stattfanden. Nach Angaben der *Notitia dignitatum* war die Legion Anfang des 5. Jh. immer noch Brigetio.

### *II Adiutrix*

| | |
|---|---|
| **Beinamen** | *Adiutrix*; *Pia Fidelis* |
| **Embleme** | Wildschwein; Pegasus |
| **Basis** | Aquincum (Budapest) |
| **Wichtige Feldzüge** | Bataveraufstand (70 n. Chr.); Feldzüge in Britannien gegen die Briganten und Ordovicer (71–77 n. Chr.); Domitians Dakerkrieg (86–89 n. Chr.), Trajans Daker- und Partherkriege (101–5; 115–17), Hadrians Krieg gegen die Sarmaten (118); Bar-Kochba-Aufstand (Vexillation, 132–35); Mauretania (Vexillation, 150); Lucius Verus' Partherkrieg (Vexillation [?], 161–66), Marcus Aurelius' Markomannenkriege (166–80); Severus' Bürgerkrieg gegen Niger und seine Partherkriege (193–94; 195–97)? Caracallas Krieg gegen die Alamannen und Partherkriege (213; 216/17); Kriege des 3. Jh. an der Donaugrenze |

## *II Adiutrix*

Eine militärische Urkunde (*CIL* 16, 9; 11) zeigt, dass die *II Adiutrix* im Jahr 70 n. Chr. von Vespasian eingerichtet wurde, mit Soldaten der Flotte in Ravenna, die ihn gegen Vitellius unterstützt hatten – daher stammt eventuell auch ihr Beiname *Adiutrix* („Helfer"). Ihr erster Einsatz folgte noch im selben Jahr, als sie unter Quintus Petillius Cerialis den Bataveraufstand unterdrückte. Zusammen mit der *VI Victrix*, *XIV Gemina* und *XXI Rapax* besiegte sie Julius Civilis' Rebellen bei der Belagerung von Vetera (Xanten). Sie blieb dort ein Jahr lang, bevor sie von der *XXII Primigenia* ersetzt wurde.

Cerialis nahm die Legion im Jahr 71 mit nach Britannien, wo sie gegen Venutius und die aufständischen Briganten zum Einsatz kam. Inschriften deuten an, dass sie in Deva (Chester, *RIB* 1, 483) und Lindum (Lincoln, *RIB* 1, 253, 258) stationiert war. Während der Statthalterschaft des Agricola (77–84) kämpfte sie gegen die Ordovicer und besetzte die Insel Mona (Anglesey).

Der Fundplatz von Sarmizegetusa Regia, einst die dakische Hauptstadt. Sie wurde während Trajans Dakerkriegen (101–6 n. Chr.) zerstört. Die Römer errichteten 40 Meilen entfernt eine neue Hauptstadt, Ulpia Traiana Sarmizegetusa. Hier siedelten sich Veteranen der Dakerkriege an.

#### Krieg in Dakien und im Osten

Eine Vexillation wurde zur Verstärkung des Kontingents unter Velius Rufus gesandt, das vermutlich 85 n. Chr. an Domitians Dakerkrieg teilnahm (*ILS* 9200). Der Rest der Legion folgte dieser Vexillation kurz darauf an die untere Donau. Ihre Basis lag in Sirmium (Sremska Mitrovica), wo zahlreiche Inschriften mit Bezug zur Legion gefunden wurden. 88 n. Chr. war sie Teil der neun Legionen starken Armee, die den Dakerkönig Decebalus bei Tapae besiegte. Der spätere Kaiser Hadrian war im Jahr 95 Tribun der Legion (*ILS* 308).

Grabstein eines Soldaten der *II Adiutrix*, Gaius Castricius Victor, der 38 Jahre diente (CIL 3, 14349–2). Der Grabstein wurde in Aquincum gefunden, dem Legionslager von 106 n. Chr. bis ins 5. Jh.

## Das Kastell in Aquincum

Aquincum (Budapest) lag an einem Punkt, an dem man gut die Donau überqueren konnte. Während der Regierungszeit von Tiberius hat man hier ein Auxiliarkastell eingerichtet, unter Domitian dann ein Legionslager. 106 n. Chr. wurde Aquincum zur Hauptstadt der Pannonia inferior, die *II Adiutrix* übernahm das Lager.

Zahlreiche Weih- und Grabinschriften nennen einzelne Mitglieder der Legion. Im 4. Jh. n. Chr. wurde Aquincum häufig von den Sarmaten angegriffen und im 5. Jh. von den Germanen überrannt.

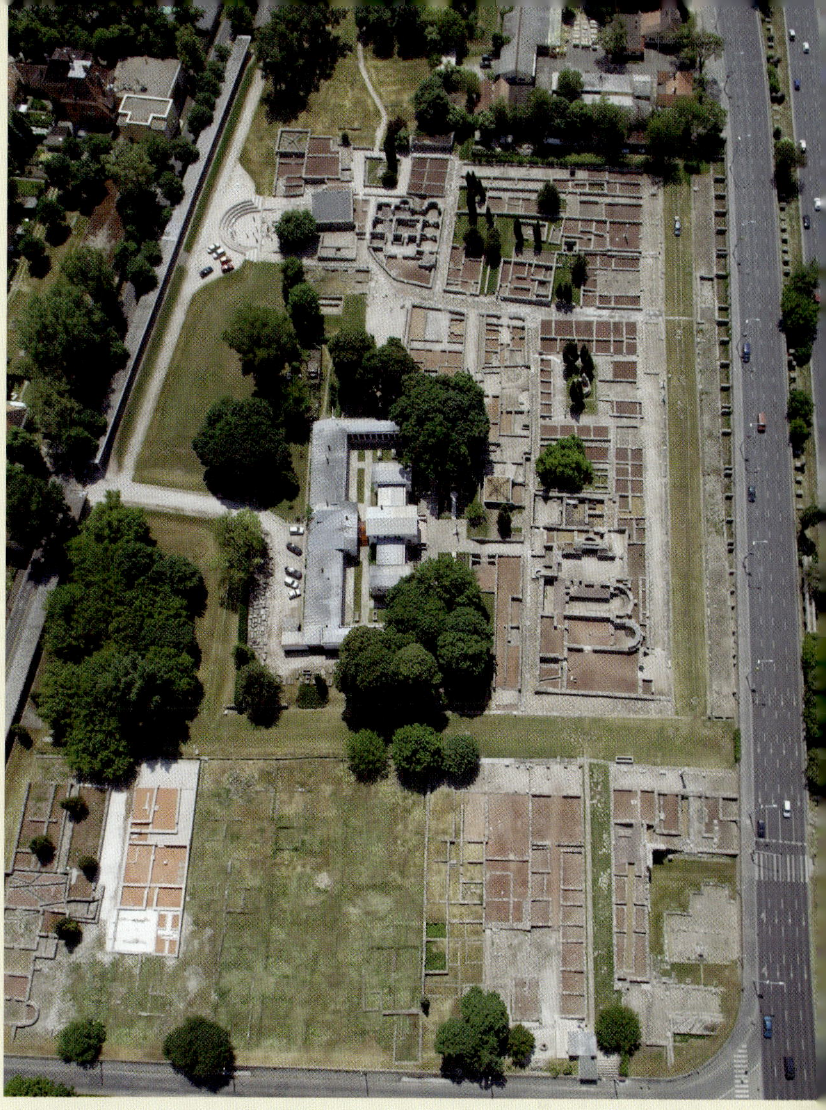

Die Ruinen des Kastells von Aquincum liegen unter Budapest begraben. Teile der Stadtmauer sind jedoch erhalten, und Ausgrabungen haben Teile der zivilen Siedlung ergeben (*oben*), darunter ein Amphitheater (*unten*), Häuser, ein Aquädukt, Thermen und zwei Mithras-Heiligtümer.

Während Trajans Dakerfeldzügen war die *II Adiutrix* mit der *IIII Flavia Felix* in Singidunum (Belgrad) stationiert. Eine Inschrift in Sarmizegetusa zeigt, dass sie Teil der Armee war, die die dakische Hauptstadt einnahm. Sie beteiligte sich auch an Trajans Partherfeldzügen. Ab 106 lag sie in Aquincum (Budapest), wo sie mehrere Jahrhunderte blieb.

Die *II Adiutrix* nahm im 2. Jh. n. Chr. an mehreren Kriegen östlich der Donau teil. 118 führte Quintus Marcius Turbo die Legion gegen die Sarmaten (*AE* 1933, 31), und gemäß in Pelagonien (*CIL* 3, 3530), Thessaloniki (*CIL* 3, 3528) und Ankara (*CIL* 3, 10497) gefundenen Inschriften half eine Vexillation dabei, den Bar-Kochba-Aufstand (132–35 n. Chr.) niederzuschlagen. Während der Herrschaft des Antoninus Pius könnte eine Vexillation in die Mauretania gegen die Mauren geschickt worden sein. Die *II Adiutrix* kämpfte dann gegen die Parther (161–66) unter Lucius Verus (*AE* 1893, 88). Im Jahr 171 war die Legion zurück an der Donau und bekämpfte die Markomannen.

*Unten links*
Aurelius Bitus, Trompeter der *II Adiutrix*, errichtete diesen Grabstein in Aquincum für seinen Sohn, der im Alter von 4 Jahren, 11 Monaten und 17 Tagen starb (*CIL* 3, 15160).

*Unten*
Szenen aus den Dakerkriegen (101–6) auf der Trajanssäule in Rom. Am Ende der Kriege wurde Dakien römische Provinz.

Im Bürgerkrieg von 193 unterstützte die *II Adiutrix* Septimius Severus. Sie begleitete ihn nach Rom, kämpfte wahrscheinlich gegen Pescennius Niger und nahm eventuell an Severus' Partherkriegen teil. Es gibt epigraphische Belege dafür, dass Vexillationen an Caracallas Feldzug gegen die Alamannen (213) und seinem Partherkrieg von 216/17 beteiligt waren. Unsere späteren Kenntnisse der Legion sind lückenhaft, sie muss aber bei den in- und ausländischen Kriegen des turbulenten 3. Jh. dabei gewesen sein. Gemäß der *Notitia dignitatum* war die *II Adiutrix* im frühen 5. Jh. immer noch in Aquincum.

### *II Italica*

| | |
|---|---|
| **Beinamen** | *Pia; Italica; Fidelis; Antoniniana; Severiana; Gordiana* |
| **Embleme** | Steinbock; Wölfin mit Zwillingen |
| **Basis** | Lauriacum |
| **Wichtige Feldzüge** | Marcus Aurelius' Markomannenkriege (166–80 n. Chr.); Severus' Bürgerkriege gegen Niger und Clodius Albinus (193–94; 197); Maximinus' Krieg gegen die Daker (235–36); Kriege des 3. Jh. in der Region, u. a. gegen die Goten |

## Die Legionen von Noricum

Die Provinz Noricum (im heutigen Österreich) umfasste das Gebiet von den östlichen Alpen bis südlich der Donau. Sie wurde 16 v. Chr. ins Römische Reich eingegliedert, aber nur während der Markomannenkriege des Marcus Aurelius war in der Provinz permanent eine Legion stationiert, die *II Italica*. Diokletian machte aus der Provinz zwei: Noricum ripense an der Donau und Noricum mediterraneum im Süden. Im 5. Jh. überrannten die Germanen Noricum.

## *II Italica*

Nach Cassius Dio (55,24) hob Marcus Aurelius die *II Italica* aus. Sie wurde ca. 165 in Italien rekrutiert, um in Noricum zu kämpfen – zur selben Zeit wie die *III Italica* für Rätien. Beide Legionen wurden aufgestellt, um die Markomannen zu bekämpfen und Italien vor Invasionen zu schützen, während andere Legionen an den Partherfeldzügen von Marcus Aurelius' Mitkaiser Lucius Verus teilnahmen. Auf ihrer frühesten Inschrift (*CIL* 3, 1980) findet sich der Beiname *Pia*, aber kurz darauf erscheint *Italica*, der Hauptbeiname der Legion.

### Versetzung nach Noricum

Der erste Stützpunkt der Legion ist unbekannt, eventuell hatte sie zunächst kein festes Lager, da sie nur als mobile Reserve für die Markomannenkriege diente. Die *II Italica* könnte vorübergehend in einem Lager im heutigen Ločica (Slowenien), errichtet ca. 168/69, stationiert gewesen sein, das nur kurz besetzt war. Ziegelstempel von dort nennen die Legion und einzelne Soldaten (*CIL* 3, 5757, 4; 14369,2l; 14369, 2n). Von hier aus konnte die Legion die Handels- und Reiserouten von Pannonien nach Aquileia kontrollieren. Wir wissen, dass der spätere Kaiser Publius Helvius Pertinax erfolgreich in Rätien und Noricum Krieg führte; höchstwahrscheinlich waren die *II Italica* und *III Italica* mit dabei.

Ein paar Ziegelstempel der Legion in Noricum, auf der Donauinsel Albing gefunden, könnten bedeuten, dass ein Teil der Legion kurz nach 172 dort war. Dennoch erhielt die *II Italica* bald

Das Emblem der *II Italica*, Wölfin und Zwillinge, findet sich auf Antoninianen (Silbermünzen) aus der Regierungszeit des Gallienus.

Bei Grödig in Österreich gefundene fragmentarische Inschrift (*AE* 1968, 411, 202 n. Chr.) mit einer Widmung an Jupiter Optimus Maximus „und alle Götter und Göttinnen", von Turbonius Fuscinus, *beneficiarius* der zweiten Legion.

Detail des Triumphbogens, den Konstantin 315 erbaute zum Gedenken an seinen Sieg über Maxentius in der Schlacht an der Milvischen Brücke im Jahr 312. Die Schlacht ist auf dem Fries unterhalb der beiden Rondelle dargestellt, die eine Wildschweinjagd und eine Opferszene zeigen.

einen festen Stützpunkt, nur 5 km entfernt in Lauriacum (Enns-Lorch). Der Bau des Legionslagers (auf dem Gelände eines Auxiliarlagers) fand in den letzten Jahren der Regierungszeit des Marcus Aurelius statt.

Lauriacum lag am Zusammenfluss von Donau und Enns; dort saß auch der Statthalter von Noricum. Die *II Italica* blieb dort, bis die Römer im 5. Jh. n. Chr. Noricum verloren. Neben zahlreichen Ziegelstempeln gibt es wenig epigraphische Beweise für ihre Anwesenheit, außer ein paar Grabsteinen, und nur wenige sichtbare archäologische Überreste unter dem Ennser Stadtteil Lorch. Zahlreiche Inschriften zeigen, dass Mitglieder der Legion in der Provinzhauptstadt Virunum (nahe Magdalensberg) dem Statthalter dienten, der zugleich der Legionslegat war. In der gesamten Provinz hat man epigraphische Zeugnisse einzelner Soldaten gefunden.

In den Bürgerkriegen von 193–97 unterstützte die *II Italica* Septimius Severus. Der Kaiser verwendete die Legion später gegen Niger und Albinus, und einige Soldaten der Legion verstärkten Severus' reorganisierte Prätorianergarde in Rom.

### Das 3. Jahrhundert n. Chr.

Die *II Italica* nahm wahrscheinlich 235/36 an Maximinus' Dakerkrieg teil, denn ein Inschriftenfragment in Virunum berichtet, dass Veponius Avitus, ein Legionär der *II Italica*, „im dakischen Krieg" starb (*CIL* 3, 4857). Sie unterstützte Gallienus gegen den Postumus und erhielt, wie Münzen zeigen, den Beinamen *Pia V Fidelis V* („fünfmal pflichtbewusst und loyal"; man hat auch *VI* und *VII* gefunden).

Nach Angaben der *Notitia dignitatum* bestand die 2. Legion im frühen 5. Jh. immer noch und unterstand dem *dux Pannoniae primae et Norici ripensis*. Die Legion schützte die Donau im westlichen Noricum, und Abteilungen von ihr wurden u. a. in Lentia (Linz, *CIL* 3, 5688; 11853a) und Ioviacum (Schlögen) stationiert.

Im späten 3. Jh. schickte man eine Vexillation nach Divitia (Köln-Deutz); aus ihr wurde später eine eigenständige Einheit, die *II Italica Divitensium*, und diese kämpfte für Konstantin auf seinem Weg nach Rom und in der Schlacht an der Milvischen Brücke im Jahr 312.

## Die Legionen der Raetia

Die Provinz Raetia wurde im Jahr 15 v. Chr. gegründet und umfasste das heutige Tirol sowie Teile Bayerns und der Schweiz; hier verliefen wichtige Routen nach Italien über die Alpenpässe. Obwohl Truppen in der Provinz stationiert waren, hat man erst während der Markomannenkriege eine ganze Legion hierher gelegt, die neue *III Italica* unter dem Befehl des Statthalters.

### *III Italica*

Cassius Dio (55,24,4) berichtet, die *III Italica* sei von Kaiser Marcus Aurelius ausgehoben worden, zusammen mit der *II Italica* – vermutlich ca. 166 n. Chr., zum Zeitpunkt der Markomannenfeldzüge, bei denen die Legion dabei war. Eine Inschrift (*AE* 1980, 959) hält fest, dass C. Annius Flavius, ein Tribun der Legion, für seine Rolle im „Germanenkrieg" *dona militaria* erhielt. Der Beiname *Italica* legt nahe, dass beide Legionen zunächst in Italien stationiert waren. Anfänglich hatte die Legion noch einen anderen Beinamen, *Concors* („harmonisch", *CIL* 3, 11989a).

Der erste Stützpunkt der Legion ist unbekannt, aber eine Inschrift verrät, dass ihr erster Legat C. Julius Vettius Sabinianus Hospes hieß (*AE* 1920, 45). Schon früh muss die Legion wie die *II Italica* Teil der mobilen Reserve gewesen sein, die in den Markomannenkriegen Q. Antistius Adventus unterstand (*ILS* 8977). Beide könnten der Armee des Pertinax angehört haben, welche die Markomannen schließlich zurückschlug.

Eine Weile nach diesem Sieg (ca. 172–79) könnte die *III Italica* in Abusina (Eining) in Noricum verbracht haben, wo Ziegelstempel mit der Aufschrift *Leg III Ital Con* (*CIL* 3, 11989a–c, IBR 496a–b) gefunden wurden. Gegen Ende der Regierungszeit des Marcus Aurelius wurde das Kastell der Legion in Castra Regina (Regensburg) errichtet. Es hatte für diese Zeit ungewöhnlich imposante Mauern. Meilensteine aus severischer Zeit zeigen, dass Kastell und zugehörige Siedlung gemeinsam „Legio" genannt wurden. Die Legion blieb dort bis ins 5. Jh. n. Chr., aber ihr Legat, der Provinzstatthalter, saß in der Provinzhauptstadt Augusta Vindelicorum (Augsburg), und Epitaphien zeigen, dass ihm dort einige Mitglieder der Legion unterstanden (z. B. *CIL* 3, 58140).

| | *III Italica* |
|---|---|
| **Beinamen** | *Italica*; *Concors*; *Gordina* |
| **Emblem** | Storch (das Symbol der Concordia) |
| **Basis** | Castra Regina (Regensburg) |
| **Wichtige Feldzüge** | Marcus Aurelius' Markomannenkriege (166–80 n. Chr.); Severus' Bürgerkriege (193–97)? Caracallas Partherkrieg (Vexillation [?], 216/17); Perserkrieg Gordians III. (Vexillation [?], 244) |

**Das 3. Jahrhundert n. Chr.**

Münzen von Septimius Severus zeigen, dass die Legion ihn nach Pertinax' Tod 193 unterstützte. Die Grabinschrift (*AE* 1898, 122) eines Mitglieds der Legion (mit dem Beinamen *Antoniniana*) in Perinthus (Türkei) lässt vermuten, dass eine Vexillation 216/17 an Caracallas Partherfeldzug teilnahm. Vexillationen könnten auch 244 mit Gordian III. gegen die Sassaniden gekämpft haben, denn eine Inschrift (*CIL* 3, 5768) in Brigantium (Bregenz) gibt ihr den Beinamen *Gordiana*. Gallienus (260–68) hatte ihr zuvor als Auszeichnung im Kampf gegen seinen Rivalen Postumus den Beinamen *VI Pia VI Fidelis* verliehen („sechsmal pflichtbewusst und loyal"; man hat sogar *VII* gefunden), wie Münzen aus ihrer Dienstzeit zeigen.

Im 3. Jh. wurde das permanente Kastell der Legion in Regensburg komplett neu gebaut.

Die *Notitia dignitatum* hält fest, dass die Legion im frühen 5. Jh. n. Chr. dem *dux Raetiae* unterstand und in fünf Einheiten unterteilt war, die in Kastellen entlang der Donau saßen, darunter

Überreste des Ostturms der *porta praetoria* von Castra Regina (Regensburg). Marcus Aurelius' Titel in der Bauinschrift (*CIL* 3, 11965) datiert sie auf 179 n. Chr. Andere Inschriften (hauptsächlich von Grabmälern) und Ziegelstempel nennen die *III Italica*.

Regensburg. Eine sechste Vexillation wurde nach Illyricum versetzt.

## Die Legionen der Dacia

Dakien war eine Region an der unteren Donau (größtenteils das heutige Rumänien). Die Stämme in diesem Bereich schlossen sich gelegentlich zusammen, um römisches Territorium anzugreifen, aber erst Decebalus stellte eine echte Gefahr dar. Er wurde 88 n.Chr. bei Tapae besiegt, und Domitian schloss Frieden mit ihm. Später eroberte Trajan Dakien, zerstörte Decebalus' Hauptstadt Sarmizegetusa, machte das Gebiet zur Provinz Dacia und ließ seine Siege auf der Trajanssäule in Rom darstellen.

Mitte des 3. Jh. fielen die Goten in Dakien ein, und 271 gab Aurelian die Provinz auf. In der Spätantike gab es noch immer eine römische Provinz Dacia, aber sie lag auf der Rom zugewandten Seite der Donau, nicht jenseits des Flusses wie zuvor.

### *V Macedonica*

| | |
|---|---|
| **Beinamen** | *Macedonica*; *Pia Fidelis* oder *Constans* |
| **Embleme** | Stier; Adler (Verbindung zu Jupiter?) |
| **Basis** | Potaissa |
| **Wichtige Feldzüge** | Eroberung von Moesien (29–27 v.Chr.)? weitere frühkaiserzeitliche Balkanfeldzüge? Caesennius Paetus' Armenienfeldzug (62 n.Chr.); Jüdischer Krieg (Galiläa, 67 n.Chr.; Belagerung von Jerusalem, 70 n.Chr.); Domitians Dakerkriege (86–89 n.Chr.); Trajans Daker- und Partherkriege (101–6; Vexillation, 115–17); Bar-Kochba-Aufstand (Vexillation, 132–35); Lucius Verus' Partherkrieg (Vexillation, 161–66); Marcus Aurelius' Markomannenkriege (166–80); Pescennius Nigers Feldzug gegen die Sarmaten (183); Severus' Bürgerkrieg gegen Niger und Partherkrieg (193–94; 195–97); Feldzug gegen die Karpen (244–45); weitere Kriege des 3. Jh. auf dem Balkan |

## *V Macedonica*

Die Frühgeschichte dieser Legion ist unklar, sie könnte Teil der Armee von Octavian und der Konsuln Hirtius und Pansa bei Mutina 43 v.Chr. gewesen sein. 30 v.Chr.–6 n.Chr. diente die Legion in Makedonien, daher der Beiname *Macedonica*. Sie könnte auch *V Scythica* geheißen haben (s.u.), nach Marcus Licinius Crassus' Sieg gegen die „skythischen" Daker und Bastarner 29–27 v.Chr. Danach kämpfte sie in weiteren Balkankriegen und war an der Seite der *IIII Scythica* im Straßenbau in der Region beschäftigt (s. S. 138).

#### Moesia, Dacia und Pontus

6 n.Chr. wurde die Legion nach Oescus (Gigen) in Moesien versetzt. 40 Jahre später verwendete Kaiser Claudius die Armee von Moesien, um Thrakien zu annektieren, aber die genaue Rolle der *V Macedonica* ist unklar. 62 n.Chr. schloss sich die *V Macedonica* Caesennius Paetus' Armee in Kappadokien an und nahm (mit der *IIII Scythica* und *XII Fulminata*) an seinem katastrophalen Rückzug aus Armenien teil (s. S. 152). Die *V Macedonica* blieb im Osten und wurde im Jüdischen Krieg als Teil der Armee eingesetzt, die Vespasian in Ptolemais im Winter 66/67 n.Chr. zusammenzog (Josephus, *bell. Iud.* 3,64–65) und nach Galiläa führte. Josephus beschreibt ihre herausragende Rolle bei der Belagerung Jerusalems 70 n.Chr., vor allem bei den Angriffen auf die Burg Antonia.

Die Zeit der Legion in Iudaea ist zudem belegt durch eine Grabinschrift (*'Atiqot* 1976, 89) aus Abu Gosch nahe Jerusalem und ein paar Münzen mit dem Gegenstempel *LVS*, kürzlich als *L(egio) V S(cythica)* interpretiert – vielleicht ein weiterer

Noch heute kann man in Turda (Rumänien) imposante Spuren des Römerkastells Potaissa einschließlich der *principia* sehen. Das Kastell wurde nach der Eroberung Dakiens durch Trajan im Jahr 106 n.Chr. errichtet, und die *V Macedonica* könnte es mit der *XIII Gemina* geteilt haben, da die beiden Legionen ab dem 2. Jh. oft gemeinsam operierten.

Beiname der *V Macedonica* und keine fehlerhafte Schreibung von *IV* (= *IIII*) *Scythica*. Nach dem Fall Jerusalems begleiteten die *V Macedonica* und *XV Apollinaris* Titus nach Alexandria; von da aus kehrte sie nach Oescus zurück.

Als Legion von Moesien war die *V Macedonica* zweifellos an Domitians Dakerkriegen beteiligt, aber Konkretes wissen wir nicht. Der spätere Kaiser Hadrian war 96 n. Chr. Militärtribun der Legion (*ILS* 308) und 101 n. Chr. ihr Legat in Trajans Dakerkriegen. Danach war die *V Macedonica* in Troesmis stationiert, in der Moesia inferior nicht weit vom Donaudelta. Hier überwachte sie die Nordwestküste des Schwarzen Meers und die griechischen Krim-Städte. Ihr dortiger Standort erklärt auch den Einsatz von Abteilungen für Feldzüge weiter östlich. Hadrian z. B. könnte zum Bar-Kochba-Aufstand (132–35 n. Chr.) eine Vexillation nach Iudaea geschickt haben (*CIL* 3, 13586). Vexillationen nahmen auch an Lucius Verus' Partherfeldzug in der 160er-Jahren teil (*CIL* 3, 7505). In dieser Zeit dienten einige ihrer Soldaten zudem unter dem Statthalter in Tomis (*CIL* 3, 7550) und waren an Bauvorhaben in der Provinz beteiligt.

Zu einem unbekannten Zeitpunkt (vielleicht nach Verus' Partherfeldzug) wurde die Legion erneut versetzt, diesmal nach Potaissa (Turda) in Dacia Porolissensis. Zahlreiche Inschriften belegen, dass sie hier bis ins späte 3. Jh. n. Chr. blieb. Von hier aus muss sie an Marcus Aurelius' Markomannenkriegen (166–80) teilgenommen haben. Die *Historia Augusta* behauptet, Dakien sei während der Herrschaft des Commodus erobert worden, also kann man durchaus annehmen, dass die Legion in dieser Zeit die Beinamen *Pia Fidelis* oder *Pia Constans* („pflichtbewusst und loyal"/ „pflichtbewusst und zuverlässig") erhielt.

Während des Bürgerkriegs von 193/94 stellte sich die *V Macedonica* hinter Septimius Severus, eine Vexillation begleitete ihn nach Rom. Später kämpfte sie mit ihm in Parthien. Die Legion muss zudem im 3. Jh. in Dakien gekämpft haben. Valerian und Gallienus verliehen ihr die Beinamen *III Pia III Fidelis* bzw. *VII Pia VII Fidelis*.

Kaiser Aurelian gab das transdanubische Dakien im Jahr 271 schließlich auf. Die *V Macedonica* kehrte an ihren alten Stützpunkt Oescus zurück; hier blieb sie mindestens bis Anfang des 5. Jh., wie die *Notitia dignitatum* zeigt.

### *XIII Gemina*

| | |
|---|---|
| **Beinamen** | *Gemina*; *Pia Fidelis* |
| **Emblem** | Löwe |
| **Basis** | Apulum (Alba Iulia, Rumänien) |
| **Wichtige Feldzüge** | Caesars Gallischer Krieg und Bürgerkrieg (57–45 v. Chr. Octavians Feldzüge gegen Sextus Pompeius (38–36 v. Chr.); Eroberung der Alpen (15 v. Chr.); Pannonischer Aufstand (6–9 n. Chr.); Bürgerkrieg (erste und zweite Schlacht von Bedriacum, 69 n. Chr.); Bataveraufstand (69–70 n. Chr.); Domitians Dakerkriege und Kriege gegen die Sueben und Sarmaten (86–88; 92–93); Trajans Dakerkriege (101–6); Hadrians Krieg gegen die Sarmaten (118); gegen die Daker und sarmatischen Jazygen (158); Marcus Aurelius' Markomannenkriege (166–80); Commodus' Dakerkrieg (183); Severus' Bürgerkrieg gegen Niger und Partherkriege (193–94; 195–97); gegen die Alamannen (Vexillation, 260er- oder 270er-Jahre); weitere Kriege des 3. Jh. auf dem Balkan |

## *XIII Gemina*

Die 13. Legion wurde von Julius Caesar für seinen Feldzug gegen die Belger 57 v. Chr. ausgehoben und kämpfte im Gallischen Krieg. Nachdem sie 49 v. Chr. den Rubikon überschritten hatte, nahm sie am anschließenden Bürgerkrieg teil, bis ihre Soldaten entlassen wurden und Land in der neuen Kolonie in Hispellum (Spello, Italien) erhielten.

Die Legion wurde von Octavian 41 v. Chr. wieder aktiviert (oder neu ausgehoben), um gegen Sextus Pompeius vorzugehen, der Sizilien besetzt hatte und die Getreidelieferungen nach Rom verhinderte (s. S. 146). Octavian erlitt mehrere Rückschläge auf diesem Feldzug, u. a. einen Schiffbruch vor der Küste Kalabriens, bei dem die Legion ihn rettete:

> Die *legio XIII* näherte sich über das Gebirge; als sie von der Katastrophe hörte, gelangte sie dorthin, indem sie sich durch Felsvorsprünge zwängte, geleitet von Signalfeuern. Sie entdeckte ihren Befehlshaber und die anderen erschöpften und hungrigen Überlebenden.
>
> Appian, *civ.* 5,87

Wir wissen nicht, ob die 13. Legion bei Actium kämpfte, aber danach wurde sie eventuell durch Soldaten aus in Ungnade gefallenen Legionen verstärkt, was ihren Beinamen *Gemina* („doppelt") erklärt, der zuerst für die augusteische Zeit bezeugt ist. Dann ging sie auf den Balkan, wo sie bis 9 n. Chr.

blieb. In dieser Zeit eroberte sie mit Tiberius 15 v. Chr. die Alpen (und errichtete zeitgleich ein hölzernes Kastell in Vindonissa). Dann war sie in Pannonien, an der Stelle des heutigen Ljubljana, stationiert, wie Inschriften zeigen (z. B. *CIL* 3, 3844 und 14354,10). Darüber hinaus war sie Teil der Armee, die Tiberius gegen die Markomannen 6 n. Chr. sammelte, aber stattdessen zur Unterdrückung des Pannonischen Aufstands verwendete.

### Germanien und Bürgerkrieg

Nach der Varusschlacht 9 n. Chr. wurde die *XIII Gemina* nach Moguntiacum (Mainz) versetzt und dann, ein paar Jahre später, nach Vindonissa in die Germania superior. Durch Inschriften ist ihr Aufenthalt dort zwischen 16/17 und 43/45 n. Chr. bezeugt. Weitere Belege für Bewegungen der Legion existieren für das 1. Jh. n. Chr., sind aber schwer zu datieren. So weist ein Helm darauf hin, dass die Truppe einige Zeit in der Germania inferior verbrachte, und in Stupava in der Pannonia superior fand man Ziegelstempel mit ihrem Namen (z. B. *AE* 1987, 822d). Man weiß, dass die Legion während der Herrschaft des Claudius nach Poetovio (Ptuj) in Pannonien versetzt wurde, um die *VIII Augusta* zu ersetzen, also war sie vermutlich nach 43 n. Chr. in Stupava.

Im Jahr 69 n. Chr. schlug sich die *XIII Gemina* auf Othos Seite und kämpfte in der ersten Schlacht von Bedriacum gegen Vitellius, wurde aber von der *V Alaudae* zurückgeschlagen. Die Legion wurde dazu abgestellt, Amphitheater in Cremona und Bononia zu bauen, bevor man sie nach Pannonien zurücksandte. Tacitus berichtet (*hist.* 3,1), dass sich Vespasians Generäle im Winterlager der 13. Legion in Poetovio trafen, um ihre Strategie gegen Vitellius zu besprechen. Antonius Primus, Kommandant der *VII Gemina*, überredete sie, nach Italien zu marschieren, ohne auf Verstärkung durch Vespasian zu warten. Die *XIII* war in der Armee, die Vitellius in der zweiten Schlacht von Bedriacum besiegte (s. S. 134 f.). Dann wurde sie an den Rhein geschickt, um den Bataveraufstand zu unterdrücken.

### Auf dem Balkan

Irgendwann in den 80er-Jahren n. Chr. zog die *XIII Gemina* nach Vindobona (Wien), wo sie ein neues Kastell errichtete. Die Legion war Teil der Armee Domitians beim Einfall der Daker 86 v. Chr., und sie half 88 n. Chr. den Stamm bei Tapae zu besiegen. Sie beteiligte sich auch 92/93 an Domitians Kriegen gegen die Sueben und Sarmaten. Auch Trajan setzte die Legion 101–6 gegen die Daker ein. Zwischen diesen beiden Kriegen war sie Teil der Besatzungsmacht unter Pompeius Longinus. Ihr Hauptstützpunkt war Apulum (Alba Iulia, Rumänien), wie Ziegelstempel beweisen. Vexillationen waren vermutlich auch in Sarmizegetusa stationiert und an strategisch wichtigen Punkten wie Tihavu im Norden von Dakien (*AE* 1994, 1484). Es gibt Hinweise darauf, dass die *I Adiutrix* ebenfalls kurz in Apulum stationiert war, möglicherweise um Soldaten zu ersetzen, die in Sarmizegetusa oder anderswo in der Provinz dienten (z. B. *AE* 1997, 1290d; *CIL* 3, 981).

Das in Vindonissa (Windisch) gefundene Grabmal des Gaius Allius. Der Zenturio der *XIII Gemina* ist mit drei *coronae* (Kronen), zwei *torques*, zwei *armillae* (Armbändern) und neun *phalerae* (goldenen Scheiben) ausgezeichnet worden (*CIL* 13, 5206).

Haupttor des Kastells Apulum (nach Rekonstruktion). Apulum war ein strategisch wichtiger Ort, von dem aus die Verbindung zwischen dem Inneren Dakiens und der benachbarten Provinz Pannonia kontrolliert werden konnte.

Im Jahr 117 war die Legion am Sarmatenkrieg des Kaisers beteiligt, unter Marcius Turbo, Hadrians engem Freund, der zum Präfekten von Dakien und Pannonien ernannt worden war (*hist. Aug., Hadrianus* 6). Zu dieser Zeit wurde Dakien in drei Provinzen aufgeteilt, und die *XIII Gemina* war die einzige Legion in der neuen Dacia superior. Dennoch gibt es auch Zeugnisse der Legion in der Dacia inferior, wo sie zur Zeit Hadrians das Lager in Hoghiz aus Stein neu baute (*CIL* 3, 953).

Die Legion wurde im Jahr 158 in einen weiteren Krieg gegen die freien Daker und die sarmatischen Jazygen verwickelt. Eine Inschrift (*CIL* 6, 1523) aus Rom weist darauf hin, dass Marcus Statius Priscus zu dieser Zeit die *XIII Gemina* befehligte. Um 168 wurde die *V Macedonica* nach Dakien geschickt, und ab dieser Zeit wurden die zwei Legionen häufig zusammen eingesetzt. Beide nahmen an Marcus Aurelius' Markomannenkriegen (166–80) teil und kämpften gegen die Daker in der Zeit des Commodus. Die *V Macedonica* erhielt die Beinamen *Pia Constans* („pflichtbewusst und zuverlässig") für ihre Taten im zweiten Krieg, und der *XIII Gemina* wurde eventuell zur gleichen Zeit der Titel *Pia Fidelis* („pflichtbewusst und loyal") verliehen – *P F* findet sich auf einer undatierten Inschrift im Apulum (*AE* 1997, 1290 c). Beide Legionen unterstützten 193 Septimius Severus, eine gemischte Vexillation begleitete ihn nach Rom und kämpfte für ihn gegen Niger, wobei sie die Kilikische Pforte (einen Pass im Taurusgebirge) überwand und die Stadt Issos einnahm. Wahrscheinlich nahm sie von hier aus auch an Severus' Partherfeldzug teil.

Mehr wissen wir über die *XIII Gemina* eigentlich nicht. Gemischte Vexillationen der 13. und 5. Legion kämpften in den 260/70er-Jahren gegen die Alamannen. Die *XIII Gemina* blieb im transdanubischen Dakien, bis die Provinz im Jahr 271 während der Herrschaft des Aurelians aufgegeben wurde. Dann wurde sie nach Ratiaria (Arçar, Bulgarien) versetzt, in die neu geschaffene Provinz Dacia ripensis, wo sie im 5. Jh. immer noch stand, wie die *Notitia dignitatum* zeigt.

# Eine Legion in Italien

*II Parthica*

In der frühen und mittleren Kaiserzeit waren in Rom selbst nur die Prätorianergarde und die paramilitärischen städtischen Kohorten stationiert; Legionäre betraten Italien nur bei Bürgerkriegen und in Krisenzeiten, z. B. als die Daker im Jahr 170 die Donaugrenze überschritten und Norditalien bedrohten. Erst die unter Septimius Severus eingerichtete

*II Parthica* (eine von drei Legionen für die Partherkriege 193–97; s. S. 170) wurde in Italien stationiert, in einem Lager in Albanum in den Albaner Bergen.

Severus' Gründe für die Stationierung waren zum Teil militärischer Natur – die *II Parthica* diente als zentrale Reserve für Feldzüge im ganzen Reich, aber sie konnte auch ein politisches Instrument sein. Der Schriftsteller und Senator Cassius Dio berichtet darüber, wie Severus den Staat militarisierte und gezielte Einschüchterungen als politisches Mittel einsetzte; der Kaiser könnte vorgehabt haben, die *II Parthica* zur Ergänzung der Prätorianergarde zu benutzen, um sein Regime an der Macht zu halten. Nach Severus' Tod und das ganze folgende Jahrhundert hindurch war die *II Parthica* in politische Intrigen verstrickt und trug zum Aufstieg und Fall mehrerer Kaiser bei.

Bogen des Septimius Severus auf dem Forum Romanum, 203 n. Chr. errichtet, um seiner Siege im Osten zu gedenken. Einige antike Autoren kritisierten Severus dafür, dass er sich zu sehr auf die Armee verließ; die Stationierung der *II Parthica* in der Nähe von Rom mag diese Sichtweise unterstrichen haben.

## *II Parthica*

Die drei Legionen mit dem Titel *Parthica* wurden von Septimius Severus zumindest theoretisch für seine Partherkriege und für die Besetzung seiner neuen Provinz Mesopotamia aufgestellt. Die *II Parthica* existierte spätestens ab 197 n. Chr.; eine Inschrift in Rom (*CIL* 6, 3409) nennt einen Rekruten aus jenem Jahr. Ob die *II Parthica* im Osten diente oder nicht: Zumindest bezog sie bald ein neues Kastell in Albanum südlich von Rom. Der Historiker Anthony Birley vermutet, dass sie hier während Severus' Aufenthalt im Osten die Loyalität Roms sicherstellen sollten. Möglicherweise folgte sie Severus 208–11 auf seinen Feldzug nach Britannien, wo er bis zu seinem Tod in Eboracum (York) im Jahr 211 gegen die Kaledonier kämpfte. Severus wurde von seinen Söhnen Geta und Caracalla begleitet, die nach ihm gemeinsam herrschten; doch Caracalla ermordete seinen jüngeren Bruder und übernahm die Alleinherrschaft. Eine antike Biographie (*hist. Aug., Caracalla* 2,7–8) sagt, dass die Soldaten der *II Parthica*, nunmehr zurück in Albanum, wegen Getas Ermordung in Zorn gerieten, da sie auch ihm die Treue geschworen hatten. Sie schlossen vor dem Kaiser die Tore, und er musste persönlich erscheinen und ihnen Geld versprechen, bevor sie nachgaben.

### *II Parthica*

| | |
|---|---|
| **Beiname** | *Parthica* |
| **Emblem** | Zentaur |
| **Basis** | Albanum (Albano Laziale, Italien) |
| **Wichtige Feldzüge** | Septimius Severus' Britannienfeldzüge (208–211 n. Chr.)? Caracallas Partherkrieg (216/17); Bürgerkrieg zwischen Macrinus und Elagabal (218); Severus Alexanders Perserkrieg (231–33); Severus Alexanders und Maximinus' Germanen- und Dakerfeldzüge (235–38); Bürgerkrieg zwischen Maximinus und Pupienus und Balbinus (238); Perserkrieg Gordians III. (242–44); weitere kaiserzeitliche Feldzüge (250–360)? Feldzug gegen die Mesopotamieninvasion Schapurs II. (359–60) |

Sowohl Cassius Dio (78,7,1–2; 78,18,1) als auch Herodian (4,8,1–2) behaupten, dass Caracalla eine mit Speeren ausgerüstete Phalanx nach Art des Heers Alexanders des Großen trainierte. Eine kürzlich in Apamea entdeckte Inschrift nennt ein Mitglied der *II Parthica* einen „Auszubildenden (*discens*) der Phalanx", was darauf hinweisen könnte, dass diese „Phalanx-Legion" keine Ausge-

### Von Caracalla bis Elagabal

Die *II Parthica* begleitete Caracalla 216/17 auf seinen Feldzug an die Ostgrenze, Inschriften aus seiner Regierungszeit in Apamea in Syrien geben ihr den Titel *Antoniniana* (Teil des Namens Caracallas). Eine (*AE* 1993, 1572) nennt einen Legionär, der in Aegeae in Kilikien starb, an der Mittelmeerküste der heutigen Türkei. Er wurde im nahen Catabolum begraben, in Apamea erinnert ein Grabspruch an ihn.

Dies deutet darauf hin, dass die Legion nach Aegeae verschifft wurde und dann auf dem Landweg nach Syrien kam. Apamea am Orontes war ein wichtiges militärisches Zentrum der Seleukiden, Nachfolgern Alexanders des Großen 500 Jahre vor Gründung der *II Parthica*. Aufgrund seiner strategisch günstigen Lage hatte es schon früher hin und wieder als Legionsstützpunkt gedient.

Porträtbüste des Kaisers Caracalla (209–17 n. Chr.). Der Sohn des Septimius Severus regierte zunächst gemeinsam mit seinem Vater und dann mit seinem Bruder Geta, den er schließlich tötete. Er kämpfte in Britannien und an der östlichen Grenze.

## Das Kastell der *II Parthica* in Albanum

Das ständige befestigte Lager der *II Parthica* in Alba, *Castra Albana*, in den Albaner Bergen südlich von Rom, bietet archäologische Zeugnisse und Inschriften, die die Präsenz der Legion von Septimius Severus bis mindestens 249 n.Chr. beweisen. Die Militärbasis liegt direkt neben der Via Appia, der wichtigsten Verkehrsverbindung von Rom in den Südosten Italiens und von dort (auf dem Seeweg) in die Provinzen im Osten. Sie verfügt über eine leicht unregelmäßige, rechteckige Umfassungsmauer aus großen Tuffsteinblöcken; ein großes befestigtes Tor und ein paar Türme sind erhalten. Das Gebiet umschloss ca. 10 ha, halb so viel wie ältere Kastelle (z. B. Inchtuthil). Über das Innere weiß man wenig, da es überbaut ist. Doch die heutigen Straßen und Gebäude folgen teilweise dem alten Grundriss. Man hat frühe severische Thermen innerhalb des Kastells ausgegraben und zudem eine große Zisterne.

Überreste der *porta praetoria* des Kastells der *II Parthica* in Alba (Albano Laziale).

Antoninian des Gallienus, geprägt 260 n. Chr., mit dem Beinamen der *II Parthica* und ihrem Zentaurenemblem.

burt der Fantasie oder anachronistische Benennung einer normalen Legion war. Dies bestätigen Berichte aus der Herrschaft des Severus Alexander (*hist. Aug., Severus Alexander* 50,4–5).

Im Zuge von Caracallas Partherfeldzug wurde die *II Parthica* in die Politik verwickelt, und das nicht zum letzten Mal. Ihr Kommandant Triccianus verschwor sich mit Prätorianerpräfekt Macrinus, um Caracalla zu ermorden. Macrinus wurde Kaiser und gewann in Apamea die „Legion von Albanum" sowie weitere Truppen für sich, indem er ihnen Geld versprach (Cassius Dio 79,34). Kurz darauf kämpfte die römische Armee gegen die Parther nahe der Festungsstadt Nisibis in Mesopotamien.

Herodian (4,15,1–3) beschreibt, wie die römische Infanterie mit eisernen Stacheln versehene Fußangeln auslegte, um die parthische Kavallerie bzw. die empfindlichen Beine ihrer Kamele zu treffen. Dennoch gab es keinen Sieger, und beide Seiten erlitten Verluste.

Teile der Armee waren bald unzufrieden mit Macrinus, und ein weiterer Thronanwärter trat auf den Plan: der exotische Elagabal (s. *III Gallica*). Die *II Parthica* lief zu Elagabal über und kämpfte im Juni 218 zusammen mit seinen anderen Anhängern (u. a. der *III Gallica*) gegen die Prätorianergarde und andere Helfer des Macrinus im Dorf Imma nahe Antiochia. Zunächst kämpfte Elagabals Armee schlecht, aber sie wurde vom jungen Thronanwärter wieder motiviert; Macrinus floh, wurde gefangen und getötet. Eine Inschrift in Apamea erinnert an Atinius Ianuarius, einen Soldaten der *II Parthica*, der in diesem Kampf starb. Anschließend erhielt die Legion die Beinamen *Pia Fidelis Felix Aeterna* („pflichtbewusst, loyal, erfolgreich, ewig").

**Severus Alexander und Maximinus**

Die Legion kehrte nach Italien zurück, als Elagabal Kaiser wurde, doch 231–33, in der Regierungszeit seines Nachfolgers Severus Alexander, war sie zurück im Osten. Er bekämpfte den Aufstieg des neuen Perserreichs der Sassaniden; zeitgenössische Berichte über diesen Krieg sind ziemlich wirr, es gab Siege und Niederlagen auf beiden Seiten, aber die *II Parthica* (unter ihrem neuen Titel *Severiana*) ist in Apamea gut dokumentiert.

Herodian (6,5,4–10) schreibt, die Römer hätten einen Angriff von drei Seiten auf das persische Kernland gestartet, der zunächst erfolgreich war. Allerdings traute sich der Kaiser nicht, mit seinem Heer vorzurücken; die anderen römischen Truppen mussten sich zurückziehen, was zu schweren Verlusten führte. Alexander war gezwungen, in den Westen zurückzukehren, weil die Alamannen Rhein und Donau überquert hatten und man um die Sicherheit Italiens fürchtete. Der Kaiser führte seine Truppen 235 n. Chr. nach Moguntiacum (Mainz), wie wir aus Inschriften wissen, aber als er versuchte, die Germanen zu bestechen, statt sie anzugreifen, desertierten seine Soldaten, töteten ihn und erklärten einen Militär vom Balkan, Maximinus, zum Kaiser.

Anschließend diente die *II Parthica* unter Maximinus, der seine ganze Regierungszeit über Krieg führte. Einige Inschriften aus Germanien und den Balkanprovinzen deuten an, dass die Legion oder Vexillationen sich während seiner Regierungszeit und der des Severus Alexander und anderer Kaiser in diesen Gebieten befanden. 238 marschierte Maximinus mit seinem Heer nach Rom, um einen Aufstand niederzuschlagen, der Pupienus und Balbinus unterstützte, Thronanwärter aus dem Senat. Er belagerte Aquileia, doch als die Vorräte der Belagerer zu Ende gingen und Krankheiten ausbrachen, schwand seine Unterstützung. Die *II Parthica* wandte sich gegen Maximinus, tötete ihn und seinen Sohn, verstümmelte ihre Leichen und schickte ihre Köpfe nach Rom (Herodian 8,5,8). Vielleicht hatten die Soldaten Angst um die Sicherheit ihrer Familien in Albanum, falls sie Maximinus weiterhin unterstützten.

Inschriften zeigen, dass die *II Parthica* danach wieder einige Jahre in Albanum und in Apamea verbrachte; ihre Verwendung des Titels *Gordiana* legt nahe, dass sie an Gordians III. Feldzug gegen die Sassaniden 242–44 teilnahm. Die Legion kehrte nach Italien zurück und gewann die Gunst von Kaiser Gallienus (253–68), da sie ihn gegen seine Rivalen unterstützte, wie Antoniniane (Silbermünzen) zeigen, die das Legionsemblem, den Zentaur, tragen sowie die Aufschrift *LEG(io) II PART(hica) V P(ia) V F(idelis)* („fünfmal pflichtbewusst und loyal"); andere lesen sogar *VI P VI F*.

Danach verschwindet die *II Parthica* über ein Jahrhundert lang aus den Aufzeichnungen. Vermutlich begleitete sie andere Kaiser auf Feldzüge, aber das ist nicht sicher belegt. Als sie wieder auftaucht, ist sie zurück im Osten. Ammianus Marcellinus (20,7,1) erwähnt sie als Teil der Besatzung, die im Jahr 360 erfolglos Bezabde in Mesopotamien gegen Schapur II. zu verteidigen versuchte. Einige Jahrzehnte später nennt die *Notitia dignitatum* Cefa in Mesopotamien als Stützpunkt der *II Parthica*.

### Die Soldaten der *II Parthica*

Etwa 90 Inschriften in Apamea erwähnen die *II Parthica* (die meisten in den 1980er-Jahren gefunden). Sie geben Aufschluss über ihre Organisation, führen für die meisten Soldaten Kohorte und Zenturie auf sowie Beruf und Rang. Eines enthält die frühesten Belege für *lanciarii* (leichte Infanteristen) als Spezialisten innerhalb der Legion. Ein *lanciarius* ist auf seinem Grabmal im Relief dargestellt; er trägt passend zu seiner Funktion ein Bündel leichter Speere und einen kleinen Schild.

Viele Inschriften aus Albanum und Rom über Soldaten der *II Parthica* erinnern uns daran, dass Septimius Severus den Soldaten gewährte, während ihrer Dienstzeit rechtlich anerkannte Ehen einzugehen, was bis dahin verboten war:

> Der Gypsania Lepida, einer Frau ohne Gleichen, die 19 Jahre, 4 Monate und 14 Tage lebte. Publius Septimius Proculus, Soldat mit doppeltem Sold der *II Parthica Severiana*, ihr Ehemann, errichtete dieses Monument für seine Frau, die es verdiente.
>
> *ILS* 2433

Inschriften aus Italien und Apamea geben Aufschluss über die Herkunft der Soldaten der *II Parthica*. Von 52 Mann, deren Geburtsort angegeben ist, stammen 37 vom Balkan (Thracia: 24, Pannonia: 9, Illyricum: 3, Dacia: 1), zehn aus Italien, zwei aus Syrien, zwei aus Afrika und einer aus Ägypten. Viele weitere haben thrakisch klingende Namen, was die andauernde Bedeutung von Thrakien verdeutlicht – für die Rekrutierung und als Schwerpunkt militärischer Aktivität im späten 2. Jh. n. Chr. Dies belegt auch die Prominenz von Balkanrekruten in der Prätorianergarde und bei den *equites singulares* (kaiserliche Reitergarde) ab Septimius Severus.

Grabstein des L. Septimius Viator, eines pannonischen Soldaten der *II Parthica*, aus Apamea (*AE* 1993, 1574). Er wird als *lanciarius* beschrieben und trägt ein Bündel kleiner Speere und einen runden Schild, die Ausrüstung für einen leicht bewaffneten Legionär.

TEIL III

# Die Legionen der Spätantike

# Die Krise des 3. Jahrhunderts

Die Zeit zwischen 235 und 293 war von Unruhen und Krisen geprägt, die alle miteinander in Verbindung standen, Konflikte gab es sowohl innerhalb des Römischen Reichs als auch an den Grenzen – an Rhein und Donau und an den Ostgrenzen, mit Franken, Alamannen, Goten und sassanidischen Persern. Römische Legionen erlitten teils katastrophale Niederlagen, wie in Abritus (Bulgarien, 251) und Edessa (Türkei, 260). Die äußeren Krisen verursachten auch interne Probleme – zeitweise machten sich Regionen des Reichs zu halbautonomen Staaten, wie Gallien im Westen und Palmyra im Osten.

Die Kaiser dieser Zeit kamen meist mit Hilfe der Armee an die Macht, herrschten nur kurz und starben eines gewaltsamen Todes. Es gab oft mehrere Kaiser zur gleichen Zeit oder zumindest Usurpatoren, die ihre Macht nicht festigen konnten. Erst durch Diokletian (284–305) und seine Einrichtung der Tetrarchie (einer Koalition von vier Kaisern, zwei leitenden *Augusti* und zwei Caesaren) im Jahr 293 erfolgte eine Konsolidierung und Renaissance des Reichs. Dies formalisierte die politische und militärische Teilung des Reichs, die einen großen Teil der zweiten Hälfte des 3. Jh. geprägt hatte. Teilungen wie diese prägten die restliche römische Geschichte, weitere Reichshauptstädte wie Konstantinopel wurden eingerichtet. Insofern hatte das Römische Reich nach 293, ein Zeitraum, den wir in der Regel als „Spätantike" bezeichnen, einen ganz anderen Charakter als das des 2. Jh. n. Chr. – und seine Legionen ebenso.

Man kann die Legionen der Spätantike nicht in der gleichen Weise darstellen wie die Legionen der Kaiserzeit: Ihre schiere Zahl und das Fehlen von Belgen machen es unmöglich, „Biographien" für sie zu erstellen. Bürgerkriege und äußere Konflikte ab dem 3. Jh. n. Chr. führten zur Aufsplitterung, Zerstreuung und Auflösung bestehender Legionen. Dafür kamen viele neue hinzu. Auch haben wir weit weniger schriftliche Zeugnisse über die römischen Kriege und weniger Inschriften. Wenn man sich den spätantiken Legionen nähern will, dann besser mit einem übergeordneten Blick und weniger mit einem Fokus auf die einzelne Legion.

*Vorherige Seiten*
Detail eines Frieses vom Konstantinbogen in Rom mit der Darstellung der Belagerung von Verona durch Konstantin während des Kriegs gegen seinen Rivalen Maxentius (312 n.Chr.).

## Die römische Armee 293–476

Die schwere Legionärsinfanterie blieb der Kern der römischen Armee, auch wenn sich manches an Ausrüstung und Organisation änderte. Die Unterscheidung zwischen Legionen und Auxiliarkräften wich einer neuen zwischen Feldarmeen (*comitatus*) und Grenztruppen (*limitanei*), in beiden gab es Legionen. Einige Kavallerieeinheiten erhielten den gleichen Status wie die Legionen, und neue Elite-Infanterieeinheiten wurden geschaffen, die „Palatin-Legionen" (benannt nach dem Kaiserpalast auf dem römischen Hügel Palatin), die zugleich aus Legionären und Auxiliartruppen bestanden.

Diese Statuengruppe aus Porphyr wurde nach der Plünderung Konstantinopels im Jahr 1204 nach Venedig gebracht. Sie zeigt die Tetrarchie, die Diokletian 293 n.Chr. einführte. Er und sein Kollege („Augustus") Maximian regierten den östlichen bzw. westlichen Teil des Reichs, jeweils zusammen mit ihren untergebenen „Caesaren", Galerius und Constantius Chlorus. Dieses System zerbrach nach 306 n.Chr.

Das Lager der *IV Martia* bei el-Lejjun, dem antiken Betthorus in Arabien, hatte eine Fläche von 4,6 ha. Das war rund ein Viertel der Größe eines früh- bis hochkaiserzeitlichen Kastells wie Inchtuthil und reichte für etwa 1500 Mann.

### Die Größe der Legionseinheiten

Gegen Ende des 4. Jh. gab es weit mehr Legionen als in der Kaiserzeit. Ein Dokument, das die römischen Armeen des späten 4./frühen 5. Jh. n. Chr. katalogisiert, die *Notitia dignitatum* (s. S. 215), listet ca. 180 Einheiten auf und nennt sie „Legionen" – im Prinzipat gab nur es 25 bis 33. Doch ein römisches Heer mit 180 Legionen, die noch die gleiche Größe wie die des Prinzipats gehabt hätten, wäre unglaubwürdig groß – dann hätte es fast eine Million Legionäre gegeben (neben den übrigen Soldaten). Wir haben jedoch archäologische und dokumentarische Beweise dafür, dass die spätantiken Legionen viel kleiner waren als die der Kaiserzeit. Auch die identifizierbaren spätantiken Kastelle sind kleiner. Papyrusdokumente aus Ägypten (wie die diokletianischen Papyri aus Panopolis) zeigen, wie klein die Einheiten in der Spätantike waren – bereits ab der Regierungszeit des Diokletian (284–305) könnten Vexillationen von ca. 500 und Legionen von 1000–1500 Mann die Norm gewesen sein.

### Rekrutierung, Barbarisierung und Dienstbedingungen

Im Gegensatz zu denen des Prinzipats scheinen die meisten römischen Rekruten der Spätantike Wehrpflichtige gewesen zu sein, und juristische Texte lassen vermuten, dass die römische Armee Nachwuchsprobleme hatte, das Militär oft wenig beliebt war. Vor allem Soldatensöhne wurden eingezogen (*Codex Theodosianus* 7,23,1), sodass die Wehrpflicht (wie vieles andere in der Spätantike) effektiv erblich war.

Im 4. und (insbesondere) 5. Jh. n. Chr. dienten viele „Barbaren", vor allem Männer germanischer

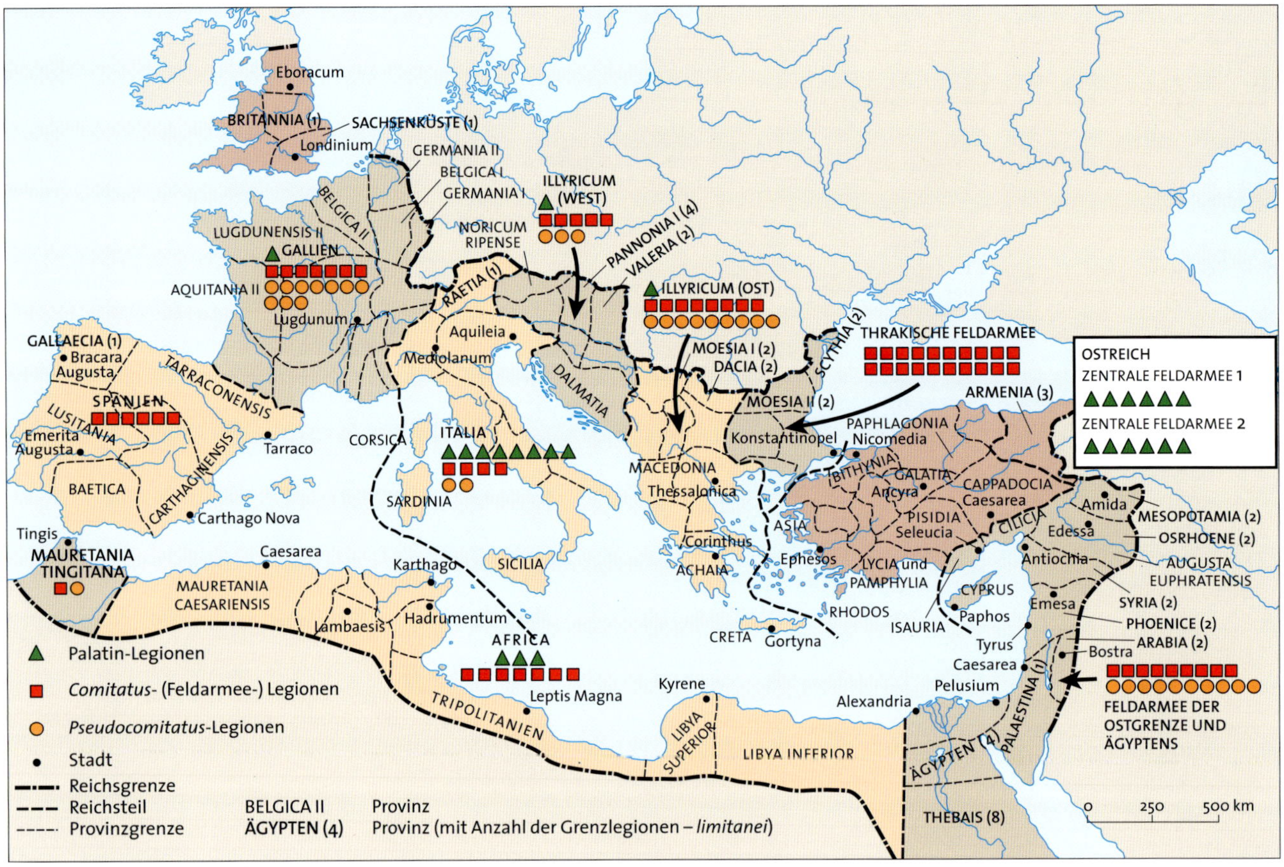


Die Standorte der Legionen der Grenzarmeen (*limitanei*) und Feldarmeen (*comitatus*), wie sie in der *Notitia dignitatum* (ca. 395–420 n. Chr.) festgehalten sind.

Herkunft, in der römischen Armee. Einige bildeten Auxiliareinheiten mit ethnischen Titeln, so wie Auxiliarkohorten und *alae* früherer Zeiten aus weniger romanisierten Gegenden des Reichs rekrutiert wurden. Andere dienten in speziellen Einheiten, *laeti* und *gentiles*, unter eigenen römischen Offizieren. Man nahm barbarische Rekruten auch in die Legionen auf; dies zeigen die ethnischen Namen einiger weniger Legionen (s. S. 221), vor allem aber die Beschreibungen des spätrömischen Historikers Ammianus Marcellinus. Er berichtet von der Belagerung von Amida in Mesopotamien 359 und bezieht sich auf zwei Legionen, die der Usurpator Magnentius (350–53) ausgehoben und „vor Kurzem aus Gallien mitgebracht" hatte. Er beschreibt sie als tapfer, aber rücksichtslos; sie führten heldenhafte, aber vergebliche Ausfälle gegen den Feind außerhalb der Stadt durch, wie wilde Tiere im Käfig – all dies nennt Ammianus (19,5–6) als symptomatisch für das „große Herz" der Gallier.

Trotz der Wehrpflicht scheint sich an den grundlegenden Dienstbedingungen im Großen und Ganzen nicht viel geändert zu haben. Juristische Quellen lassen vermuten, dass Legionäre und andere Truppen vor dem Ruhestand 20–24 Jahre dienten (je nach Status der Einheit) und Veteranen bei der Entlassung Bargeld oder ein Stück Land erhielten sowie Privilegien wie Befreiung von Steuern und staatlichen oder kommunalen Verpflichtungen.

Doch während Legionäre und andere Soldaten weiterhin Geld erhielten und Bonuszahlungen, wenn ein Kaiser an die Macht kam oder ein Jubiläum feierte (oftmals mehrere *solidi*, Goldmünzen), bestand der wichtigste Teil des Solds aus Sachleistungen, in der Regel Getreiderationen (*annona*).

# Die *Notitia dignitatum* und die Legionen der Spätantike

Während in der Spätantike viele Quellen, die uns über die früheren Legionen unterrichten, fehlen, besitzen wir für diese Epoche ein einzigartiges Dokument: die *Notitia dignitatum*. Sie ist in mehreren mittelalterlichen Handschriften überliefert und beschreibt alle wichtigen Einrichtungen des Reichs, Provinz für Provinz. Daneben nennt sie Titel militärischer Einheiten, auch Legionen, und manchmal den Ort ihrer Stationierung. Zwar ist sie nicht ganz unproblematisch, doch liefert sie effektiv eine gute Übersicht der späten römischen Armee.

Momentan geht die Forschung davon aus, dass die *Notitia dignitatum* als Ganzes in der vorliegenden Form ca. 420 n. Chr. kompiliert wurde. Die erste Hälfte beschreibt die östliche Hälfte des Reichs (*Oriens*, abgekürzt *Or.*), die Informationen stammen etwa von 395; die zweite Hälfte umfasst das Westreich (*Occidens*, abgekürzt *Oc.*), mit Informationen der ersten Jahrzehnte des 5. Jh., kurz bevor das ganze Dokument zusammengestellt wurde.

Die römische Armee der *Notitia dignitatum* war unterteilt in Grenzgarnisonen (mit *limitanei* oder *ripenses* genannten Truppen) und regionale bzw. zentrale Feldarmeen, *comitatus*, die von hochrangigen Generälen befehligt wurden und deren Soldaten *comitatenses* hießen. Diese Unterscheidung existierte spätestens 325, als Kaiser Konstantin die verschiedenen Privilegien der Truppen und Veteranen bestätigte (*Codex Theodosianus* 7,20,4). Doch die Ursprünge der *comitatus* könnten zurückreichen bis zu den zentralen Reservetruppen, die von Diokletian (284–305), Gallienus (253–68) oder der severischen *legio II Parthica* eingerichtet wurden.

Die *Notitia dignitatum* erwähnt auch neue Kavallerietruppen mit höherem Status und nennt sie „Vexillationen" (nicht zu verwechseln mit den gleichnamigen Legionsabordnungen früherer Zeit). Diese Kavallerie-Vexillationen besaßen den gleichen Status wie Legionen, ihre Soldaten die gleichen Privilegien wie Legionäre; dies zeigt ein Reskript (kaiserlicher Brief) aus der Zeit des Diokletian (*Codex Justinianus* 10,54,3).

## Legionen der Grenzgarnisonen (*limitanei*)

An den Grenzen sorgten *limitanei* und *ripenses* für Sicherheit, sie übernahmen polizeiliche Aufgaben in den Provinzen und standen in vorderster Front bei feindlichen Übergriffen. Meist bestanden sie aus einer Mischung aus Legionen und Kavallerie-Vexillationen, mit *alae* (Kavallerie) und Kohorten (Infanterie), die Überreste früherer Auxiliareinheiten waren; z. B. hält die *Notitia dignitatum* fest (*Or.* 32), dass in der Provinz Phoenicia (Südsyrien) zwei Legionen standen, *I Illyricorum* („aus Illyrern") in Palmyra und *III Gallica* in Danaba.

Blatt einer farbigen mittelalterlichen Handschrift der *Notitia dignitatum*. Es zeigt die Schildwappen von *comitatenses*- und *pseudocomitatenses*-Legionen der Feldarmeen des Westens (*Notitia dignitatum Oc.* 5,254–74.), darunter (oberste Zeile von links nach rechtes) (*III*) *Augustani*, *Fortenses*, (*I*) *Alpini* und *II Iulia Alpina*.

**Legionen der Grenzgarnisonen (limitanei)**

Mit * gekennzeichnete Legionen existierten zur Zeit von Cassius Dio (frühes 3. Jh. n.Chr.).

**Ägypten (*Notitia Dignitatum Or.* 28)**

| | |
|---|---|
| *V Macedonica** | Memphis |
| *XIII Gemina** | Babylon (Alt-Kairo) |
| *III Diocletiana* „der Thebais“ | Andropolis |
| *II Traiana** | Parembole („das Lager“ in Alexandria) |

**Thebais (Oberägypten, *Or.* 31)**

| | |
|---|---|
| *III Diocletiana* | Ombos |
| *II Flavia Constantia* Thebaeorum | Cusae |
| *III Diocletiana* | Praesentia (Ombos) |
| *II Traiana** | Apollinopolis Magna (Edfu) |
| *I Valentiniana* | Koptus |
| *I Maximiana* | Philae |
| *III Diocletiana* | Theben |
| *II Valentiniana* | Hermonthis |

**Isaurien (Südosten der türkischen Mittelmeerküste, *Or.* 29)**

| | |
|---|---|
| *II Isaura* | (nicht verzeichnet) |
| *III Isaura* | (nicht verzeichnet) |

**Phoenice (südliches Syrien, *Or.* 32)**

| | |
|---|---|
| *I Illyricorum* | Palmyra |
| *III Gallica** | Danaba |

**Syria (*Or.* 33)**

| | |
|---|---|
| *IV Scythica** | Oresa |
| *XVI Flavia Firma** | Sura |

**Palaestina (*Or.* 34)**

| | |
|---|---|
| *X Fretensis** | Aila (Akaba) |

**Osrhoëne (Südosten der Türkei, *Or.* 35)**

| | |
|---|---|
| *IV Parthica* | Circesium |
| *III Parthica* *[es gibt eine Lücke im Manuskript, aber wahrscheinlich gehört die III Parthica hierher]* | Apatna *[durch eine Lücke im Text nicht aufgeführt, aber in einer beiliegenden Karte verzeichnet]* |

**Mesopotamia (Römisches Mesopotamien, Südosttürkei, Nordirak, *Or.* 36)**

| | |
|---|---|
| *I Parthica Nisibena** | Constantina |
| *II Parthica** | Cefa |

**Arabia (südliches Syrien–Jordanien, *Or.* 37)**

| | |
|---|---|
| *III Cyrenaica** | Bostra |
| *IV Martia* | Betthorus (el-Lejjun) |

**Armenien (einschließlich des früheren römischen Cappadocia und der Schwarzmeerregion, *Or.* 38)**

| | |
|---|---|
| *XV Apollinaris** | Satala |
| *XII Fulminata** | Melitene |
| *I Pontica* | Trapezus (Trabzon) |

**Scythia (östliche Donau, *Or.* 39)**

| | |
|---|---|
| *II Herculia* | Trosmis, Axiopolis |
| *I Iovia* | Noviodunum, Aegyssus, Inplateypegae |

**Moesia secunda (*Or.* 40)**

| | |
|---|---|
| *I Italica** | Novae, Sexaginta Prista |
| *XI Claudia** | Durostorum, Transmarisca |

**Moesia prima (*Or.* 41)**

| | |
|---|---|
| *IV Flavia** | Singidunum (Belgrad) |
| *VII Claudia** | Viminacium; Cuppae |

**Dakien (nicht die Provinz des 2. Jh., sondern südlich und westlich der Donau, *Or.* 42)**

| | |
|---|---|
| *V Macedonica** | Variniana, Cebrus, Oescus, Sucidava |
| *XIII Gemina** | Egeta, Transdrobeta, Burgus Novus, Zernis, Ratiaria |

**Britannia, Sachsenküste (*Oc.* 28)**

| | |
|---|---|
| *II Augusta** | Rutupiae (Richborough) |

**Pannonia (*Oc.* 32)**

| | |
|---|---|
| *V Iovia* | Bononia, Burgenae, Castellum Onagrinum |
| *VI Herculea* | Mons Aureus, Teutoburgium, Castellum Onagrinum |

**Valeria (*Oc.* 33)**

| | |
|---|---|
| *I Adiutrix** | Brigetio |
| *II Adiutrix** | Aliscae, Florentia, Aquincum (Budapest), Castellum contra Tautantum, Cirpi, Lussonium |

**Pannonia prima (*Oc.* 34)**

| | |
|---|---|
| *X Gemina** | Vindobona (Wien) |
| *XIV Gemina** | Carnuntum |
| *II Italica** | Lauriacum |
| *I Noricorum* | Faviana |

**Raetia (*Oc.* 35)**

| | |
|---|---|
| *III Italica** | Castra Regina (Regensburg), Vallatum |

**Britannia (*Oc.* 40)**

| | |
|---|---|
| *VI (Victrix)** | (nicht verzeichnet) |

**Hispania Callaecia (*Oc.* 42)**

| | |
|---|---|
| *VII Gemina** | Legio (León) |

Es gab zudem 12 Kavallerie-Vexillationen, 7 *alae* und 5 Infanteriekohorten – alle wohl nur wenige hundert Mann stark.

### Kontinuität und Wandel

Die Legionen der Grenzarmeen (*limitanei*) der *Notitia dignitatum* zeigen, zumindest oberflächlich, eine starke Kontinuität zum Prinzipat. Viele tragen Namen, die wir bereits aus Cassius Dios Legionsliste kennen (s. S. 48f.). Einige haben sogar dieselben Stützpunkte, wie die *II Traiana* in Alexandria, *III Cyrenaica* in Bostra, *XV Apollinaris* in Satala, *XII Fulminata* in Melitene, *I Italica* in Novae, *XI Claudia* in Durostorum, *IV Flavia* in Singidunum, *VII Claudia* in Viminacium und *VII Gemina* in Legio. Andere befinden sich in derselben Region oder Provinz – so die *X Fretensis*, zuvor in Jerusalem und jetzt in Aila (Akaba, Jordanien), und die meisten syrischen Legionen.

Dennoch erscheinen einige Legionen an mehreren Standorten. Cassius Dio z.B. listet die *V Macedonica* in der Provinz Dacia östlich der Donau auf, und die *Notitia dignitatum* verortet sie ebenfalls in Dakien – doch ist dies eine neue Provinz westlich der Donau (Trajan hatte das Dakien jenseits der Donau aufgegeben). Darüber hinaus erscheint eine *V Macedonica* auch in Ägypten, in Memphis.

Eventuell wurde eine Vexillation nach Ägypten geschickt (vermutlich durch Diokletian 297/98 zur Unterdrückung eines Aufstands und zu einem Feldzug an der Südgrenze), die dann dort blieb, weit weg von ihrer ursprünglichen Basis. Eine weitere Einheit mit dem Namen *V Macedonica* ist in der Feldarmee des *Oriens* aufgeführt. Auch die *II Traiana* gibt es nicht nur an ihrem alten Stützpunkt in Alexandria, sondern auch in Apollinopolis Magna (Edfu) in der Thebais (Ober- bzw. Südägypten).

Die *III Diocletiana* erscheint an drei Standorten in der Thebais sowie in Andropolis in Unterägypten und in der Feldarmee Thrakiens: Sie wurde wohl aus Ägypten für einen Feldzug abkommandiert und blieb am neuen Standort. So sind wohl zumindest einige der aufgelisteten Einheiten eher entsandte Abteilungen als komplette Legionen.

Trotz dieser Kontinuität finden sich in der Liste der Legionen der Grenzgarnisonen auch neue Einheiten. Einige Titel bezeichnen den Standort, z.B. *I Pontica* (Trapezus/Trabzon in Pontus), *Isaurae* (Isauria, Südostanatolien) und *IV Parthica* (in Mesopotamien, wie die von Septimius Severus für diese Provinz an der persischen Grenze ausgehobenen Legionen *I–III Parthica*). Die *I Illyricorum* im syrischen Palmyra wurde in Illyricum auf dem Balkan rekrutiert, wahrscheinlich von Kaiser Aurelian, als er im Jahr 273 eine Armee versammelte, um das abtrünnige Reich von Palmyra zurück ins Römische Reich zu führen.

Andere Legionen wurden nach den Kaisern betitelt, die sie rekrutierten, und geben uns eine Vorstellung von der Vermehrung der Legionen in der vorangegangenen Zeit. Die *III Diocletiana* wurde nach Diokletian benannt, die *I Maximiana* nach Maximian, und auch Valentinian (364–75) gab einigen Legionen ihren Titel. Das *Flavia* im Namen der *II Flavia Constantia Thebaeorum* geht auf die Verwendung des Titels *Flavius* durch Kaiser aus Konstantins Familie zurück, nicht auf die Dynastie der Flavier – im Gegensatz zur (tatsächlich flavischen) *legio IV Flavia* in Moesien.

Einige Legionen leiteten ihre Namen von Göttern ab: Die *IV Martia* war ganz passend nach Mars, dem Kriegsgott, benannt. *I Iovia* („von Jupiter") und *II Herculia*, beide in Skythien an der Donaumündung stationiert, waren eigentlich nach Kaisern benannt – Diokletians Schutzgott war Jupiter, der des Maximian Herkules. Auch hier helfen uns die Titel bei der Datierung.

Die *Notitia dignitatum* zeigt außerdem strategische Veränderungen beim Einsatz von Grenzle-

#### Fehlende Legionen

Die *Notitia dignitatum* listet mindestens 25 (wahrscheinlich 27) der 33 Legionen auf, die fast zwei Jahrhunderte früher von Cassius Dio erwähnt wurden – die meisten als Grenzarmeen, aber auch einige Feldarmeen. Die folgenden Legionen überlebten jedoch nicht bis zur *Notitia dignitatum*:

| | |
|---|---|
| *I Minervia* | *XX Victrix* |
| *VI Ferrata* | *XXII Primigenia* |
| *VIII Augusta* | *XXX Ulpia Victrix* |

Viele dieser sechs Legionen sind bis ins 3. Jh. bezeugt und könnten in den internen und externen Konflikten jenes Jahrhunderts vernichtet oder aufgelöst worden sein. Vielleicht wissen wir aber auch deshalb nichts über sie, weil keine Zeugnisse überlebt haben – sie müssen nicht zwangsläufig komplett verschwunden sein. Ammianus Marcellinus (18,9,3) erwähnt für 359 n.Chr. eine 30. Legion in Amida, vielleicht die *XXX Ulpia Victrix*, die zusammen mit ihrer Festungsstadt verschwand.

gionen gegenüber Cassius Dios Bericht des frühen 3. Jh. Neben der Einrichtung einer neuen Provinz Dacia (s. o.) ist auch die hohe Konzentration von Legionärseinheiten in Ägypten (vor allem in der Thebais) neu. Den größten Teil der mittleren Kaiserzeit über bestand die ägyptische Garnison nur aus einer einzigen Legion in Alexandria (s. S. 122), doch in der Spätantike wurde die Provinz ernsthaft bedroht, z. B. von den Blemmyern, einem Nomadenvolk aus dem Süden, das Oberägypten und die östliche Wüste überfiel und die römische Armee Ende des 3. Jh. zwang, Nubien zu evakuieren.

## Legionen der Feldarmeen

Im Gegensatz zur Kontinuität der Legionen der Grenzarmeen haben die Feldarmeen (*comitatus*) auffallend neue Titel, von denen die meisten auf die Aufstellung neuer Einheiten hinweisen. *Comitatus* wurden in verschiedenen Ebenen organisiert. In der östlichen Hälfte des Reichs gab es zwei *comitatus*, die jeweils von einem General mit der Bezeichnung *magister militum* („Soldatenmeister") befehligt wurden. Daneben gab es drei regionale Feldarmeen – für den Osten („*Oriens*"), Thrakien (östlicher Balkan) und Illyricum (westlicher Balkan).

Es gab zudem mehr Legionen in den Feld- als in den Grenzarmeen, etwa 120 im Vergleich zu den etwa 50 der Grenzprovinzen. Die *Notitia dignitatum* (*Or.* 5–9) listet Einheiten mit unterschiedlichem Status auf: *Palatini* („kaiserliche"; 24 Legionen), *comitatenses* („Begleiter", Mitglieder der *comitatus*; 69) und *pseudocomitatenses* (in die *comitatus* beförderte Grenzlegionen; 37).

Den Legionen der Feldarmeen standen *auxilia Palatina* und Kavallerie-Vexillationen mit palatinischem und Feldarmeestatus zur Seite. Moderne Forscher charakterisieren diese Armeen oft als zentrale Reserve; sicherlich wurden sie für große Offensivaktionen verwendet und unterstützten die *limitanei* gegen feindliche Einfälle. Allerdings sind Definitionen wie „zentral" und „mobil" problematisch. Einige waren in den Provinzen stationiert, um *limitanei* zu verstärken, und die Mobilität der Feldarmeen war eingeschränkt durch ihre große Zahl an Infanterietruppen.

### Das Ostreich

Die *Notitia dignitatum* nennt in ihrem Teil über das östliche Römische Reich (*Oriens*) keine Stützpunkte von Feldarmee-Legionen – vielleicht weil sie mobiler waren als die Grenzgarnisonen. Eine Legion konnte zu jedem beliebigen Zeitpunkt in irgendeiner Provinz eingesetzt werden, um *limitanei* zu verstärken, oder in einer großen Stadt wie Antiochia oder Konstantinopel stationiert werden.

### Das Westreich

Die Listen in diesem Teil der *Notitia dignitatum* (*Occidens*) geben i. d. R. an, wo sich wel-

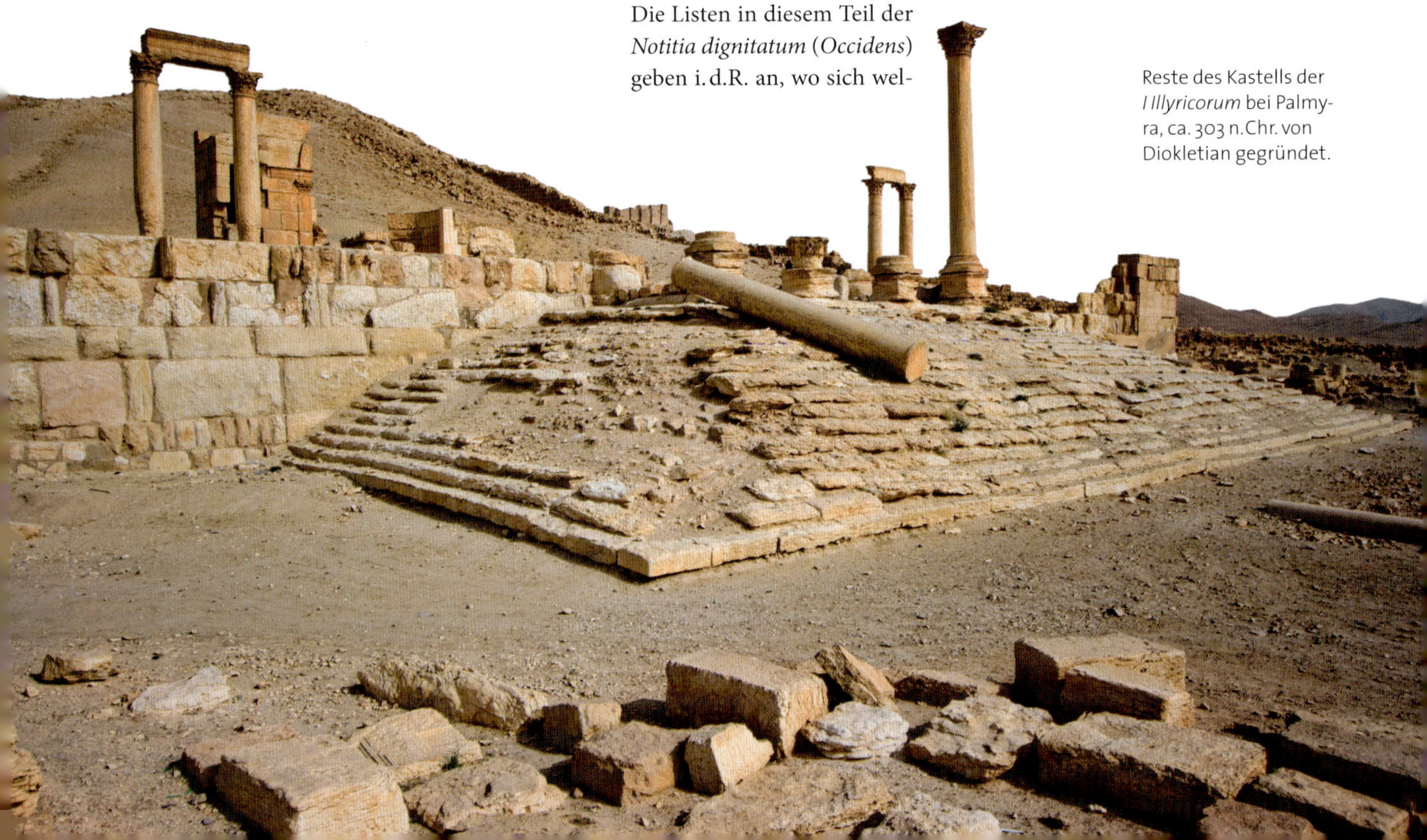

Reste des Kastells der *I Illyricorum* bei Palmyra, ca. 303 n. Chr. von Diokletian gegründet.

**Feldarmeen des Ostens (Oriens)**

Mit * gekennzeichnete Legionen existierten zur Zeit von Cassius Dio (frühes 3. Jh. n.Chr.).

**Zentrale Feldarmee 1 (befehligt durch den ersten *magister militum praesentalis*, „Meister der Soldaten in Präsenz des Kaisers")**

**6 Palatin-Legionen:**

| | |
|---|---|
| *Lanciarii seniores* | *Fortenses* |
| *Ioviani iuniores* | *Nervii* |
| *Herculiani iuniores* | *Matiarii iuniores* |

**Zentrale Feldarmee 2 (befehligt durch den zweiten *magister militum praesentalis*, „Meister der Soldaten in Präsenz des Kaisers")**

**6 Palatin-Legionen:**

| | |
|---|---|
| *Matiarii seniores* | *Primani* |
| *Daci* | *Undecimani* |
| *Scythae* | *Lanciarii iuniores* |

**Die Feldarmee der Ostgrenze und Ägyptens (befehligt durch den *magister militum per orientem*, „Meister der Soldaten für den Osten")**

**9 *comitatenses*-Legionen :**

| | |
|---|---|
| *V Macedonica** | *Ballistarii seniores* |
| *Martenses seniores* | *I Flavia Constantia* |
| *VII Gemina** | *II Flavia Constantia Thebaeorum* |
| *X Gemina** | *II Felix Valentis Thebaeorum* |
| *I Flavia Theodosiana* | |

**10 *pseudocomitatenses*-Legionen:**

| | |
|---|---|
| *I Armeniaca* | *I Italica** |
| *II Armeniaca* | *IV Italica* |
| *Fortenses auxiliarii* | *VI Parthica* |
| *Funditores* | *I Isaura sagittaria* |
| *Ballistarii Theodosiaci* | *Transtigritani* |

**Die Feldarmee der Thracia (befehligt durch den *magister militum per Thraciam*, „Meister der Soldaten für Thracia")**

**20 *comitatenses*- Legionen:**

| | |
|---|---|
| *Solenses seniores* | *Tertiodecimani* |
| *Menapii* | *Quartodecimani* |
| *I Maximiana Thebaeorum* | *I Flavia Gemina* |
| *III Diocletiana Thebaeorum* | *II Flavia Gemina* |
| *Constantini Seniores* | *Taanni / Tsaanni / Tzanni* |
| *Divitenses Gallicani* | *Solenses Gallicani* |
| *Lanciarii Stobenses* | *Iulia Alexandria* |
| *Constantini Dafnenses* | *Augustenses* |
| *Ballistarii Dafnenses* | *Valentinienses* |
| *Ballistarii Iuniores* | *Pannoniciani iuniores* |

**Die Feldarmee von Illyricum (befehligt durch den *magister militum per Illyricum*, „Meister der Soldaten für Illyricum')**

**1 Palatin-Legion:**

*Britones Seniores*

**8 *comitatenses*-Legionen:**

| | |
|---|---|
| *Matiarii constantes* | *Secundani* |
| *Martii* | *Lanciarii Augustenses* |
| *Dianenses* | *Minervii* |
| *Germaniciani seniores* | *Lanciarii iuniores* |

**9 *pseudocomitatenses*-Legionen:**

| | |
|---|---|
| *Timacenses auxiliarii* | *Merenses* |
| *Felices Theodosiani iuniores* | *Secundi Theodosiani* |
| *Bugaracenses* | *Ballistarii Theodosiani iuniores* |
| *Scupenses* | *Scampenses* |
| *Ulpianenses* | |

che Legion befand; einige konzentrierten sich auf Mittelitalien, andere wurden in den Provinzen eingesetzt. Einige Provinzen (wie Gallien, Spanien und Afrika) waren aktive Kriegsgebiete – oder waren im Begriff, solche zu werden. Einige besaßen keine regulären Grenztruppen mehr, die sie verteidigen konnten, auch wenn die *Notitia dignitatum* barbarische *laeti* und *gentiles* verzeichnet, die an der Seite der besser bekannten regulären Einheiten kämpften. Sogar Italien war zu dieser Zeit potenzieller Kriegsschauplatz – 410, kurz vor Zusammenstellung der westlichen *Notitia dignitatum*, wurde Rom von den Westgoten unter König Alarich überfallen.

Der *magister peditum* („Infanteriemeister") im Westreich kommandierte elitäre *auxilia Palatina* und auch Legionen. Kavallerie-Vexillationen des Feldheers sind unter einem anderen Kommandanten aufgeführt, dem *magister equitum* („Pferdemeister"). Natürlich bedeutet das nicht, dass Infanterie und Kavallerie separat eingesetzt wurden, sondern lediglich, dass sie verschiedenen Bereichen der militärischen Organisation angehörten.

## Die Identitäten der Feldarmee-Legionen

In Cassius Dios Bericht über die Legionen kann man nur wenige Einheiten der Feldarmeen erkennen. Vertraute Namen findet man fast ausschließlich in den Feldarmeen des *Oriens* (Ostgrenze und Ägypten): *V Macedonica*, *VII Gemina*, *X Gemina* (bei Cassius Dio genannt, aber nicht in der *Notitia dignitatum*) und *I Italica*. Dass die *III Augustani* als Legion der westlichen *comitatus* genannt ist, könnte auf das Überleben der *III Augusta* deuten.

**Feldarmeen des Westens (Occidens)**

Feldarmeelegionen befehligt durch den *magister peditum praesentalis*, „Meister der Infanterie in Präsenz des Kaisers“

12 Palatin-Legionen:

| | |
|---|---|
| *Ioviani seniores* – Italien | *Moesiaci seniores* – Italien |
| *Herculiani seniores* – Italien | *Armigeri propugnatores seniores* – Afrika |
| *Diuitenses seniores* – Italien | *Lanciarii Sabarienses* – Gallien |
| *Tongrecani seniores* – Italien | *Octavani* – Italien |
| *Pannoniciani seniores* – Italien | *Thebaei* – Italien |
| *Cimbriani* – Afrika | *Armigeri propugnatores iuniores* – Afrika |

32 *comitatenses*-Legionen:

| | |
|---|---|
| *Menapii seniores* – Gallien | *Propugnatores iuniores* – Illyricum |
| *Fortenses* – Spanien | *II Britannica* oder *Secundani Britones* – Gallien oder Britannien? |
| *Propugnatores seniores* – Spanien | *Septimani iuniores* – Italien, Mauretania Tingitana oder Gallien? |
| *Armigeri defensores seniores* – Spanien | *Praesichantes* – Gallien |
| *Septimani seniores* – Spanien | *Ursarienses* – Gallien |
| *Regii* – Italien | *Cortoriacenses* – Gallien |
| *Pacatianenses* – Illyricum | *Geminiacenses* – Gallien |
| *Uesontes* – Spanien | *Honoriani felices Gallicani* – Gallien |
| *Mattiarii Iuniores* – Italien | *III Iulia Alpina* – Italien |
| *Mauri cetrati* – Illyricum | *I Flavia Pacis* – Afrika |
| *Undecimani* – Spanien | *II Flavia Virtutis* – Afrika |
| *Secundani Italiciani* – Afrika | *III Flavia Salutis* – Afrika |
| *Germaniciani iuniores* – Italien | *Flavia victrix Constantina / Constantici* – Afrika |
| *Tertiani*, „auch bekannt als *III Italica*“ – Illyricum | *II Flavia Constantiniana* – Mauretania Tingitana |
| *III Herculea* – Illyricum | *III Augustani* – Afrika? |
| *Lanciarii Gallicani Honoriani* – Gallien | *Fortenses* – Afrika |

18 *pseudocomitatenses*-Legionen:

| | |
|---|---|
| *I Alpina* – Italien | *Abrincateni* – Gallien |
| *II Iulia Alpina* – Illyricum | *Defensores seniores* – Gallien |
| *Lanciarii Lauriacenses* – Illyricum | *Mauri Osismiaci* – Gallien |
| *Lanciarii Comaginenses* – Illyricum | *I Flavia Metis* – Gallien |
| *Taurunenses* | *Superventores iuniores* – Gallien |
| *Antianenses* | *Constantiaci* – Mauretania Tingitana oder Afrika |
| *Pontinenses* – Italien | *Corniacenses* – Gallien |
| *I Flavia Gallicana Constantia* – Gallien | *Septimani* – Gallien |
| *Martenses* – Gallien | *Romanenses* – Gallien |

| Region oder Provinz | Palatin-Legionen | *Comitatenses*-Legionen | *Pseudo-comitatenses*-Legionen | Total |
|---|---|---|---|---|
| Italien | 8 | 4 | 2 | 14 |
| Gallien | 1 | 7 | 10 | 18 |
| Spanien | | 6 | | 6 |
| Afrika | 3 | 7 | | 10 |
| Mauretania Tingitana | | 1 | | 1 |
| Illyricum | | 5 | 3 | 8 |

Die Standorte einiger Legionen sind entweder unsicher oder nicht angegeben.

Die meisten Legionen der Feldarmeen tragen weniger vertraute Titel. Sie wurden nach dem 3. Jh. eingerichtet, und wir wissen neben dem Namen meist wenig über sie – wenn überhaupt etwas. Dennoch verraten uns diese Namen einiges über die Herkunft und Beschaffenheit der Einheiten; man kann sie grob in vier Gruppen einteilen.

**Nummer**

Einige Legionen trugen nur eine Nummer als Titel; dies verrät uns eigentlich gar nichts, lediglich, dass es dieselben Nummern wie bei älteren Legionen waren. Andere weisen auf neue Legionen hin, die von einzelnen Kaisern oder für bestimmte Feldzüge aufgestellt wurden. Dazu gehören Titel wie *Undecimani* („die der Elften“), *Tertiani* („die der Dritten“) oder *Quartodecimani* („die der Vierzehnten“).

**Kaisernamen**

Viele spätantike Legionen wurden nach einem Kaiser benannt, was wahrscheinlich auf die Zeit ihrer Aufstellung hinweist und die Vergrößerung der Armee erkennen lässt. Zu diesen Kaisern gehören Diokletian (284–305), Maximian (285–305), Konstantin (306–7), Constantius (wahrscheinlich II., 337–61), Valentinian (364–75), Valens (364–78), Theodosius I. (379–95) und Honorius (395–423). Wie für die Namen der Legionen der Grenzgarnisonen gezeigt, wurden die *Ioviani* nach Jupiter benannt, der mit Diokletian verbunden wurde, und die *Herculiani* nach Maximian. Der Titel *Flavia* weist auf die Familie Konstantins hin.

**Ethnische und geographische Namen**

Einige der Namen sind eher traditionell, mit der Nummer und einem Beinamen, der Herkunft oder Standort der Legion angibt, wie *I Alpina* (aus oder in den Alpen), *II Armeniaca* (Armenien), *VI Parthica* (persische Grenze/Mesopotamien). Viele bedeuten einfach „Soldaten aus ..." und nennen barbarische Völker, die zu dieser Zeit Dienst in der Armee leisteten. Sie bezeichnen Regionen oder Völker im Reich, die besonders kriegerische Soldaten oder bestimmte Waffengattungen stellten, wie *Nervii*, *Dacii*, *Transtigritani*, *Pannoniciani*, *Menapii*, *Mauri*, *Thebaei*, *Cimbriani* und *Scythae*. Die *Nervii* (Nervier) zum Beispiel waren ein germanisches Volk, während die *Transtigritani* offenbar in Gebieten jenseits des Tigris rekrutiert wurden, einer Region, die 298 erobert, aber 363 wieder aufgegeben wurde.

**Funktion und Status**

Andere Beinamen bezeichnen Ausrüstung oder Waffengattung. Ursprünglich waren die *lanciarii* nur leichte Infanterieabteilungen innerhalb der Legionen. Zur Zeit der *Notitia dignitatum* finden sich Einheiten von der Größe einer Legion, die komplett aus *lanciarii* bestehen. *Sagittaria* bedeutet „mit Bogenschützen" und *ballistarii* „mit Katapulten". In früheren Zeiten gab es keine Bogenschützen in den Legionen (sie wurden von den Auxiliareinheiten gestellt), doch Vegetius (zwischen 383 und 450) empfiehlt, einen Teil der Legionäre als Bogenschützen auszubilden. Der Titel hier weist jedoch auf eine Einheit hin, die komplett aus Bogenschützen bestand. Die *ballistarii* könnten mit armbrustartigen *manuballistae* oder noch schwereren Schusswaffen ausgerüstet gewesen sein. Vielleicht boten sie auch einer Legion geballte Feuerkraft durch Kombination verschiedener Artillerieelemente. *Armigeri* bedeutet „gepanzert"; es ist aber unklar, ob sie spezielle Rüstungen trugen oder einfach nur qualitativ bessere als andere Truppen. *Propugnatores* waren „Vor-Kämpfer" (eventuell Elitetruppen). *Superventores* bedeutet so viel wie „Schützen", *defensores* „Verteidiger" oder „Beschützer". *Seniores* waren „Ältere" und *iuniores* „Jüngere", was sich wahrscheinlich auf den Zeitpunkt der Rekrutierung bezog.

# Waffen und Taktik der Spätantike

Trotz der Verbesserung des Status der Kavallerie und der wachsenden Zahl solcher Einheiten blieb die schwere Infanterie auch in der Spätantike der Kern des römischen Heers. Die Legionäre sahen zwar anders aus als ihre Vorgänger, waren technisch betrachtet jedoch ziemlich ähnlich.

## Ausrüstung

Die markante *lorica segmentata* der frühen und mittleren Kaiserzeit war verschwunden, aber die Legionäre der Spätantike trugen dennoch Rüstungen, Ketten- wie Schuppenpanzer. Die Behauptung des Vegetius (1,20), man habe nach Gratian (375–83) weitgehend keine Rüstungen mehr getragen, wird weder durch archäologische Funde noch durch literarische und künstlerische Darstellungen bestätigt.

Wie solche spätantiken Rüstungen aussahen, zeigen Darstellungen (z. B. in Dura-Europos in Syrien) von langen Kettengewändern (ähnlich den mittelalterlichen Kettenhemden) mit Ärmeln und Kapuze (ähnlich der mittelalterlichen Bundhaube). Daneben gab es Helme wie den Typ Intercisa, benannt nach einem Fundort in Ungarn, und den Spangenhelm, mit einer Schüssel aus vier bis sechs Segmenten, die durch Metallstreifen zusammengehalten wurden. Wie ihre Vorgänger trugen auch die spätrömischen Legionäre Schilde. In der spätantiken Kunst dargestellte Exemplare sind meist groß und oval oder rund.

Bei den Angriffswaffen setzten sich die Trends des 3. Jh. n. Chr. fort. Archäologische Funde und spätantike Literatur zeigen, dass die römische Infanterie der Spätantike verschiedene Wurfwaffen mit Bezeichnungen wie *spiculum*, *verutum* und *lancea* verwendete. Vegetius (1,17) weist darauf hin, dass palatinische *Ioviani*- und *Herculiani*-Legionen *mattio barbuli* verwendeten, mit Blei beschwerte Wurfpfeile, die von Diokletian eingeführt wurden. Er sagt, jeder Soldat habe fünf Stück hinter seinem Schild getragen, um sie beim Nahkampf gegen den Feind zu schleudern; das Blei verbesserte die panzerbrechende Wirkung. Wie im 3. Jh. war das wichtigste Schwert der römischen Infanterie die *spatha*, dessen lange Klinge eher zum Schlagen als zum Stechen geeignet war. Vegetius (1,12) kontrastiert die zu seiner Zeit angewandte Technik mit der früheren Stichtechnik und plädiert für eine Rückkehr zu Praxis und Ausrüstung der Vergangenheit.

Vegetius (1,15; 3,14) empfiehlt auch, einen Teil der Rekruten als Bogenschützen auszubilden und diese in die hinteren Reihen der schweren Infanterie zu integrieren, zusammen mit Soldaten, die Speere und *veruta plumbatae* (weitere mit Blei beschwerte Pfeile) verwenden. Zwar ist seine Darstellung stellenweise konfus und anachronistisch, doch er erwähnt auf Karren montierte Katapulte, *manuballistae*, Schleudern und Stockschleudern – an Stangen montierte Schleudern, bei denen die Hebelwirkung für höhere Reichweite und Geschwindigkeit sorgte. Solche Waffen sind für die Spätantike literarisch und archäologisch belegt.

„Kammhelm“ (Anfang 4. Jh. n.Chr.), bei Berkasovo in Serbien gefunden. Der Typ Intercisa ist ein Untertypus des Kammhelms. Er bestand aus einer eisernen Schale in zwei Teilen, die, anders als die früheren einteiligen Helmschalen, durch einen prominenten Kamm verbunden waren. Sie hatten große Wangenstücke mit Ausschnitten, die das Hören ermöglichten, und einen Nackenschutz. Dieses Exemplar ist versilbert; andere waren noch mehr verziert, mit Halbedelsteinen und falschen Edelsteinen aus Glaspaste.

### Legionen der Spätantike in der Schlacht

Trotz des höheren Prestiges der Kavallerie blieb die disziplinierte Infanterie auch für den Erfolg der spätantiken römischen Armeen entscheidend. Zum Beispiel beschreibt Ammianus Marcellinus (16,12,36–7), wie sich Kavallerie und Infanterie gegenseitig unterstützten und welche Rolle die Legionen dabei spielten, eine geschlagene Kavallerie zu sammeln – z. B. in der Schlacht von Argentoratum (Straßburg) im Jahr 357, wo Julian die germanischen Alamannen besiegte.

Belagerung und Verteidigung befestigter Städte sind ein wichtiges Kapitel der spätrömischen Kriegsführung; Rom verließ sich im Westen auf seine uneinnehmbaren Stützpunkte gegen germanische Übergriffe und versuchte sich im Osten gegen ausgefeilte sassanidische Belagerungstechniken zu behaupten. Viele Legionen waren in solchen Städten stationiert, und in Kriegszeiten wurden weitere Legionen herbeigerufen, um die Garnisonen zu verstärken. Ammianus informiert uns über die Besatzung der Garnisonen während der persischen Invasion von Mesopotamien 359, darunter Amida (18,9,3), dessen reguläre Besatzung, die *V Parthica*, durch sechs Legionen verstärkt wurde, u.a. die „barbarischen“ Legionen von Magnentius und Decentius (s.o., S. 214), die mit der Stadt untergingen, und „auch Soldaten der dreißigsten und zehnten, auch *Fortenses* genannt, und die *Superventores* und *Praeventores*“.

*X Fortenses* könnte eine Verballhornung des Titels der *X Fretensis* sein, die zu dieser Zeit noch existierte, in der Garnison von Palaestina. Doch die *Notitia dignitatum* nennt auch eine spanische Feldarmee-Legion namens *Fortenses* (wohl abgeleitet von *fortis*, „tapfer“) und eine Legion *Superventores* („Schützen“), aber weder *Praeventores* (ähnliche Bedeutung) noch eine 30. Legion (vielleicht die alte *XXX Ulpia Victrix*?). Die *V Parthica* taucht in der *Notitia dignitatum* etwa ein halbes Jahrhundert später auch nicht mehr auf, sie muss beim Sturz von Amida aufgerieben worden sein. Sicherlich war sie von Septimius Severus ausgehoben worden, um Mesopotamien zu besetzen, und war nach den *I–III Parthica* benannt.

# Das Ende der Legionen

Die Spätantike gilt oft als eine Zeit des Niedergangs. Dennoch überlebten viele Aspekte der römischen Institutionen und Kultur jahrhundertelang, sowohl im Byzantinischen Reich im Osten als auch in den germanischen Königreichen im Westen; viele Forscher betonen diese Kontinuität.

Auch wenn man z. B. die Niederlage der Römer gegen die Goten in der Schlacht von Adrianopel 371 als Symbol des baldigen Endes der Legionen ansehen könnte, deren Geschichte wir nun über ein Jahrtausend verfolgt haben: Die militärische und politische Macht Roms überlebte im Westen noch das folgende Jahrhundert – und im Osten erstarkte sie wieder und florierte noch mehrere Jahrhunderte lang.

Die Identität einzelner Legionen bestand noch bis ins frühe 7. Jh., als der byzantinische Historiker Theophylaktos Simokates (2,6,9) einen Soldaten nennt, der den *Quartoparthoi* (auf Griechisch *Kouartoparthoi*) im syrischen Beroe (Aleppo) angehört. Dies ist ganz klar der Titel der *IV Parthica*, die in der *Notitia dignitatum* in Syrien verortet wird. Der Titel bietet eine Verbindung zu den Legionen *Parthica I–III* des Septimius Severus und von dort zu denen der mittleren und frühen Kaiserzeit.

Doch selbst heute noch, wo die römischen Legionen längst Geschichte sind, ist und bleibt der Begriff „Legion" ein Synonym für militärisches Können.

Die Jäger oder Leibwächter auf einem Mosaik einer spätantiken römischen Villa bei Piazza Armerina (Sizilien) tragen große, runde Schilde ähnlich denen, die einige Legionäre dieser Zeit mitführten.

# Zeittafel zur römischen Geschichte
## mit den wichtigsten Kriegen, Feldzügen, Aufständen und Katastrophen

| | Kaiser | Datum | Kriege und Feldzüge | Große Schlachten und Ereignisse |
|---|---|---|---|---|
| Mittlere Republik | | 390 v. Chr. | Plünderung Roms durch die Gallier | |
| | | 343–290 | Samnitische Kriege | |
| | | 280–275 | Krieg gegen Pyrrhus | Asculum (279) |
| | | 264–241 | Erster Punischer Krieg | |
| | | 218–202 | Zweiter Punischer Krieg | Cannae (216), Ilipa (206), Zama (202) |
| | | 214–205 | Erster Makedonischer Krieg | |
| | | 200–196 | Zweiter Makedonischer Krieg | Kynoskephalai (197) |
| | | 192–189 | Krieg gegen Antiochus | Magnesia (190) |
| | | 172–167 | Dritter Makedonischer Krieg | Pydna (168) |
| | | 149–146 | Dritter Punischer Krieg | Zerstörung Karthagos (146) |
| | | 146 | Krieg zwischen Rom und dem Achaiischen Bund | Plünderung Korinths (146) |
| | | 112–105 | Jugurthinische Kriege | Marius' erstes Konsulat (107) |
| | | 109–101 | Krieg gegen Cimbern und Teutonen | Aquae Sextiae (102), Vercellae (101) |
| Späte Republik | | 91–88 | Bürgerkrieg | |
| | | 64 | Pompeius erobert Syrien | |
| | | 58–50 | Julius Caesars Gallischer Krieg | Niederlage der Helvetier (58), Belger und Nervier (Schlacht an der Sambre, 57), Venetier und Moriner (56), Eroberung Britanniens (55 und 54), Vercingetorix' Aufstand (Schlacht von Gergovia und Belagerung von Alesia, beides 52) |
| | | 53 | Crassus' Partherfeldzug | Carrhae (53) |
| | | 49–45 | Bürgerkrieg zwischen Julius Caesar und Pompeius und seinen Nachfolgern | Dyrrhachium (48), Pharsalos (48), Belagerung von Alexandria (48–47), Zela (47), Thapsus (46), Munda (45) |
| Späte Republik (Triumphiratszeit) | | 43–42 | Antonius' und Octavians Feldzug gegen die Caesar-Mörder | Mutina (43), Philippi (42) |
| | | 41–40 | Perusinischer Krieg | Belagerung von Perusia (41–40) |
| | | 40–33 | Antonius' Feldzüge gegen die Parther | |
| | | 38–36 | Octavians Feldzug gegen Sextus Pompeius | Naulochoi (36) |
| Prinzipat | Augustus (31 v. Chr. – 14 n. Chr.) | 31 v. Chr. | Bürgerkrieg zw. Marcus Antonius und Octavian | Actium (31) |
| | | 29–27 | Eroberung von Moesien | |
| | | 27–19 | Kantabrische Kriege in Spanien | |
| | | 26–24 | Aelius Gallus' Arabien-Expedition | |
| | | 24–22 | Publius Petronius' Invasion Nubiens | |
| | | 19 | Cornelius Balbus' Siege über die Garamanten in Libya | |
| | | 16–15 | Eroberung von Noricum | |
| | | 15 | Tiberius und Drusus besiegen die Räter und Vindeliker und erreichen die Donau | |
| | | 13–9 | Drusus' Feldzüge in Germanien | |
| | | 12–7 | Tiberius' Feldzüge in Pannonien und Germanien | |
| | | 4 n. Chr. | | Unruhen in Iudaea nach dem Tod Herodes' des Großen |
| | | 4–5 | Tiberius' Feldzüge in Germanien | |
| | | 6–9 | Aufstand in Pannonien und Illyricum | |
| | | 9 | Varusschlacht | |
| | Tiberius (14–37) | 9–12 | Tiberius' Feldzüge in Germanien | |
| | | 14 | Aufstand der Legionen in Pannonien und Germanien nach Augustus' Tod | |

Prinzipat

| Kaiser | Datum | Kriege und Feldzüge | Große Schlachten und Ereignisse |
|---|---|---|---|
| Tiberius (14–37) | 14 | Germanicus' Marserfeldzüge | |
| | 16 | Germanicus' Chattenfeldzüge | |
| | 17–24 | Tacfarinas' Aufstand in Numidien | |
| | 21 | Turonenaufstand in Gallien, angeführt von Florus und Sacrovir | |
| Gaius Caligula (37–41) | 28 | Aufstand der Friesen | |
| Claudius (41–54) | 40–41 | Germanischer Feldzug und Expedition zum Ärmelkanal | |
| | 42 | | Annexion der Mauretania |
| | 43 | Invasion Britanniens | |
| | 43–52 | Feldzüge in Britannien, vor allem gegen walisische Stämme (Silurer, Ordovicer und Deceanger) | |
| Nero (54–68) | 47 | Feldzüge gegen Friesen und Chauken in Germanien | |
| | 58–63 | Feldzüge von Corbulo und Caesennius Paetus gegen die Armenier in Parthien | |
| | 60–61 | Boudicca-Aufstand in Britannien | |
| | 66–74 | Jüdischer Krieg und Belagerung von Masada | Cestius Gallus' Vorrücken auf und Rückzug von Jerusalem (66), Vespasians und Titus' Galiläafeldzug (67), Belagerung von Jerusalem (70), Belagerung von Masada (72–73 oder 74) |
| | 67–68 | Vindex' Aufstand in Gallien | |
| | 68–69 | Vierkaiserjahr (Galba, Otho, Vitellius, Vespasian) | Erste und zweite Schlacht von Bedriacum (nahe Cremona) (69) |
| Vespasian (70–79) | 69–70 | Bataveraufstand | |
| | 71 | Feldzug gegen die Briganter in Britannien | |
| | 72 | | Kommagene annektiert |
| Titus (79–81) | 77–84 | Agricolas Feldzüge in Britannien | |
| Domitian (81–96) | 83 | Krieg gegen die Chatten in Germanien | |
| | 87–89 | Dakerkrieg | |
| | 92–93 | Feldzüge gegen die Sueben in Germanien und die Sarmaten östlich des Balkans | |
| Nerva (96–98) | 97 | Suebischer Krieg in Germanien | |
| Trajan (98–17) | 101–2 | Erster Dakerkrieg | |
| | 105–6 | Zweiter Dakerkrieg | |
| | 106 | | Annexion der Königreiche der Nabatäer in der römischen Provinz Arabia |
| | 113–17 | Parthischer Krieg | |
| | 115–17 | Jüdischer Aufstand in Ägypten | |
| | 118 | Sarmatischer Krieg | |
| Hadrian (117–38) | 131–33 | Bar-Kochba-Aufstand in Iudaea | |
| | 135 | Arrians Feldzug gegen die Alanen? | |
| Antoninus Pius (138–61) | 150 | Feldzug in die Mauretania | |
| | 155–58 | Aufstand in Britannien | |
| | 157–58 | Feldzüge gegen die Daker | |
| Marcus Aurelius (161–80) mit Lucius Verus, (161–69) | 161–66 | Lucius Verus' Krieg gegen die Parther | |
| | 166–80 | Markomannenkriege an der Donaugrenze | Elegeia (161) |
| Commodus (180–92) | 183 | Dakerkrieg | |
| *Im Jahr 193 gab es mehrere Kaiser: Pertinax, Didius Julianus, Septimius Severus* | | | |
| Septimius Severus (193–211) | 193–97 | Bürgerkrieg gegen Pescennius Niger und Clodius Albinus | Belagerung von Byzantium (193–96), Lugdunum (196) |

*Fortsetzung von der vorhergehenden Seite*

| | Kaiser | Datum | Kriege und Feldzüge | Große Schlachten und Ereignisse |
|---|---|---|---|---|
| Prinzipat | Septimius Severus (193–211) | 195–97 | Partherkriege | |
| | | 208–11 | Feldzüge in Britannien und Kaledonien | |
| | Caracalla (211–17) | 213 | Krieg gegen die Alamannen | |
| | | 216–17 | Partherkrieg | Nisibis (217) |
| | Elagabal (218–22) | 218 | Bürgerkrieg zwischen Macrinus und Elagabal | Imma (218) |
| | Severus Alexander (222–35) | 231–33 | Persischer Krieg | |
| | | 235 | Feldzug gegen die Alamannen | |
| „Krise des 3. Jhs." | Maximinus Thrax (235–38) | 235–36 | Feldzüge gegen die Alamannen, Daker und Sarmaten | |
| | *Daten zwischen 238 und 275 sind oft unsicher; einige kurzlebige Kaiser sind ausgelassen. Im Jahr 238 gab es mehrere Kaiser: Gordian I. und II., Pupienus, Balbinus, Gordian III.* | | | |
| | | 238 | | Goten und Karpen greifen an u. überqueren die Donau |
| | Gordian III (238–44) | 243–44 | Erste Invasion ins Ostreich durch Schapur I. | Rhesaina (243), Misiche (244) |
| | Philip (244–49) | 245–47 | Krieg an der Donaugrenze | |
| | Decius (249–51) | 249–52 | Neue Angriffe der Goten | |
| | | 252 | Zweite Invasion ins Ostreich durch Schapur I. | Plünderung von Antiochia (252), Barbalissus (252) |
| | Valerian (253–60) | 254 | Markomannen greifen Pannonien an; Goten greifen Thrakien an | |
| | | 256 | Angriffe der Franken am Niederrhein; Goten greifen Asia minor zur See an | |
| | | 258 od. 259 | Valerians Sohn Gallienus schlägt die Alamannen | |
| | | 260 | Dritte Invasion ins Ostreich durch Schapur I. | Valerian in Edessa gefangen genommen (260) |
| | Gallienus (260–68) | 260 | | Postumus in Gallien zum Kaiser ernannt (269 getötet) |
| | | 261–73 | | Erstarken der unabhängigen Macht von Palmyra im Osten unter Odenathus und Zenobia. Wiedereingliederung und Zerstörung durch Aurelian (273) |
| | Claudius I. „Gothicus" (268–70) | 268 | Goten greifen Thrakien und Griechenland an | |
| | | 269 | Entscheidender Sieg über die Goten | |
| | Aurelian (270–75) | 271 | | Dakien jenseits der Donau aufgegeben |
| | Probus (276–82) | 276–77 | Goten und Germanen aus Gallien vertrieben | |
| | | 278 | Feldzüge gegen Vandalen an der Donau | |
| Spätantike | Diokletian (284–305) | 286–92 | Feldzüge gegen die Alamannen, Burgunder und Sarmaten | |
| | | 286–93 | Aufstand des Carausius in Britannien | |
| | | 293 | Einrichtung der Tetrarchie | |
| | | 296(?)–98 | Persische Invasion von Armenien | |
| | | 297/8 | Aufstand in Ägypten | Römische Armee aus Nubien abgezogen |
| | Konstantin (306–37) | 312 | Bürgerkrieg zwischen Konstantin und Maxentius | Schlacht an der Milvischen Brücke (312) |
| | | 322–23 | Die Sarmaten werden aus Pannonien und die Goten aus Thrakien vertrieben | |
| | | 357 | Krieg gegen die Alamannen | Argentoratum (Straßburg) (357) |
| | Julian (360–363) | 359–63 | Persische Invasion von Mesopotamia; Julians Invasion des Persischen Reichs | Belagerung von Amida (359) |
| | Valentinian I (364–75) | 367 | Britannien wird von Sachsen, Pikten und Schotten angegriffen | |
| | Theodosius (378–95) | 395 | | |
| | Honorius (395–434) | 409 | Aufstand von Alarich und den Westgoten | |
| | | 429 | Invasion der Vandalen, Alanen u. Sueben in Spanien | Plünderung Roms (410) |
| | | 476 | Vandalen überrennen Afrika | |
| | | | Romulus Augustulus, letzter weströmischer Kaiser, von Odoaker abgesetzt | |

# Glossar

***acies*** Schlachtreihe. Legionen kämpften üblicherweise in drei (*triplex acies*) oder zwei Reihen (*duplex acies*), die wiederum aus Untereinheiten bestanden (in der mittleren Republik Manipel, in der späten Republik und Kaiserzeit Kohorten).

***ala*** (Plur. *alae*) Wörtlich: „Flügel", die Flanke einer Armee oder darin aufgestellter Truppen. Da diese oft aus Kavalleristen bestand, verwendete man den Begriff in der Kaiserzeit zur Bezeichnung regulärer Auxiliar-Kavallerietruppen von ca. 300 bis 1000 Mann, vergleichbar mit einer Infanteriekohorte.

***aquila*** Eine Adlerstandarte, getragen vom *aquilifer* (Adlerstandartenträger) einer Legion.

***auxilia*** Sammelbegriff für Hilfstruppen aus Infanterie und Kavallerie, die die Legionen unterstützten und in der Regel von niederem Status waren. In der Zeit der Republik wurden sie weitgehend nach Bedarf zur Verfügung gestellt und bestanden aus Verbündeten, Unterworfenen und Söldnern.
In der Kaiserzeit rekrutierte man reguläre Infanteriekohorten und Kavallerie (*alae*) unter freien Einwohnern des Imperiums ohne Bürgerrecht (*peregrini*).

***beneficiarius*** Soldat, der von bestimmten Aufgaben entbunden war und zusätzlichen Sold erhielt, um einem ranghohen Offizier oder Beamten, z. B. einem Provinzstatthalter, zu dienen.

***canabae*** Zivile Siedlung, die sich neben einem Legionslager entwickelte, bevölkert u. a. von Händlern sowie Familienangehörigen der Soldaten.

***castris*** „Aus dem Lager", von lat. *castra*, „Lager". Ein Begriff für die Herkunft eines Rekruten, der als Mitglied einer Soldatenfamilie in einer Siedlung nahe eines Militärlagers (wie den *canabae*) geboren wurde. Der Anteil der Legionäre *castris* erhöhte sich in der Kaiserzeit.

***colonia*** (Plur. *coloniae*) Kolonie. In der späten Republik und frühen Kaiserzeit war dies i. d.R. eine Stadt (mit Hinterland), die von Legionärsveteranen gegründet oder neu besiedelt wurde. Im späten 2. Jh. n. Chr. war der Titel ein Zeichen von Status und politischen Rechten, die einer bestehenden Stadt verliehen wurden (oft einer, die mit römischer Armee und Staat in Verbindung stand), nicht mehr nur eine Ansammlung von Veteranen.

***comes*** (Plur. *comites*) Wörtlich: „Begleiter" (des Kaisers). Ein Titel hochrangiger Beamter einschließlich bestimmter Provinzstatthalter und Militärbefehlshaber in der Spätantike. Oft mit „Graf" übersetzt.

**Konsul** In der Republik fungierten zwei Konsuln, jährlich vom Senatorenstand gewählt, als höchste Magistrate des römischen Staats. Zusammen mit den Prätoren verfügten sie über *imperium*, die Macht Armeen auszuheben und zu befehligen, Letzteres mitunter sogar auf dem Schlachtfeld. In der Kaiserzeit gaben die Konsuln den Großteil ihrer exekutiven Befugnisse an den Kaiser ab. Doch blieb das Amt bestehen (oft mit mehr als zwei Männern pro Jahr besetzt), wenn auch nur als Statussymbol. In der Kaiserzeit wurden Provinzen mit mehr als einer Legion von *consulares* regiert, Männern, die im Laufe ihrer Karriere Konsul gewesen waren.

***contubernium*** (Plur. *contubernia*) Die kleinste Untereinheit einer Legion, bestehend aus acht Mann (*contubernales*), die sich auf dem Feldzug ein Zelt teilten.

***damnatio memoriae*** Der Versuch (manchmal aufgrund eines formalen Senatsbeschlusses), die Erinnerung an einen Kaiser oder hohen Beamten aus der Historie zu tilgen, indem sein Name aus Inschriften entfernt und alle Bildnisse von ihm zerstört wurden.

**Dezimierung** Bestrafung einer Einheit wegen kollektiver Feigheit o. Ä. durch Hinrichtung jedes zehnten Mitglieds, oft von den Soldaten der Einheit selbst ausgeführt.

***denarius*** (Plur. *denarii*, „Denar") Silbermünze des westlichen und mittleren Römischen Reichs (spätes 3. Jh. v. Chr. bis Mitte 3. Jhs. n. Chr.). In der Kaiserzeit entsprach der Wert eines *denarius* 100 bronzenen *sestertii* oder 400 kupfernen *asses*, 25 *denarii* entsprachen einem goldenen *aureus*. Ein gewöhnlicher Legionär erhielt unter Augustus einen Jahressold von 225 *denarii*.

***dona militaria*** Militärische Auszeichnungen für besondere Verdienste in der Schlacht oder (für Offiziere) allgemein für den Dienst oder die Teilnahme an einem Feldzug. In der Kaiserzeit wurden sie nach Rang vergeben (s. S. 40, 77, 86, 153 und 199).

***dux*** Wörtlich: „Führer", spezifische technische Bezeichnung für einen militärischen Befehlshaber in einer Provinz in der Spätantike, als militärische und zivile Kommandostrukturen getrennt worden waren.

**Entsatz** Operation zur Befreiung eingeschlossener oder belagerter Truppen oder zur Zusammenführung von Heeresteilen, die durch feindliche Aktionen getrennt worden sind.

***equites*** (Sing. *eques*) Wörtlich: „Reiter". Bezeichnete in der römischen Welt generell die Kavallerie. Da die Kavallerie in der römischen Frühzeit jedoch aus begüterten Privatpersonen bestand, die sich ein Pferd leisten konnten, bezeichnete der Begriff *equites* („Ritterstand") in der gesamten römischen Geschichte eine Gruppe vermögender Privatpersonen, die im politischen System des alten Rom gleich unterhalb des Senatorenstands rangierte. In der frühen bis mittleren Kaiserzeit konnte der Ritterstand Legionärstribunen oder Kommandeure von Auxiliareinheiten stellen, doch nur in besonderen Provinzen konnten Ritter als Statthalter fungieren (so Ägypten und Mesopotamien). Ab dem späten 2. Jh. n. Chr. hatten militärisch erfahrene *equites* jedoch immer höhere Positionen in der Rangordnung inne, und ab Kaiser Gallienus (253–68) entstammten alle Befehlshaber von Legionen dem Ritterstand.

**Hoplit** Soldat der griechischen schweren Infanterie, Kern der archaischen und klassischen griechischen Armeen (ca. 7.–4. Jh. v. Chr., auch in griechisch beeinflussten Städten wie dem frühen Rom). Sie trugen i. d.R. Rüstung und Helm aus Bronze, einen großen runden Bronzeschild und einen einhändig verwendeten Speer. Sie kämpften in der Phalanxformation.

***immunes*** (Sing. *immunis*) Legionäre, die befreit waren („immun") von schwerer Arbeit, weil sie spezielle Aufgaben ausführten. Die meisten waren Spezialisten wie Vermesser, Schreiber, Handwerker und Sanitäter.

***imperium*** Rechtliche Amtsbefugnis im römischen Staat, Armeen auszuheben und zu befehligen. In der Zeit der Republik besaßen hochrangige Beamte, die Konsuln und Prätoren, sowie ehemalige Magistrate mit dem Titel Prokonsul oder Proprätor, die Provinzen und Armeen an den Grenzen des Reichs befehligten, *imperium*. In der Kaiserzeit war der Kaiser Oberbefehlshaber der Armeen; er hatte das *imperium maius* inne, welches das *imperium* aller anderen übertraf; die meisten Kommandanten befehligten ihre Truppen nicht in ihrem eigenen Namen, sondern nur aufgrund der Verleihung eines delegierten *imperium* durch den Kaiser.

***legatus*** („Legat") In der römischen Welt oft verwendet, um jemanden zu bezeichnen, dem irgendeine Art Amtsbefugnis übertragen wurde (Recht, Verwaltung, Militär). Die wichtigsten Arten von Legaten in Bezug auf die Legionen waren (1) der *legatus Augusti pro praetore* („Legat des Kaisers mit Befugnissen gleich denen eines Prätors" oder einfach „kaiserlicher Legat"), ein hochgestellter Senator, der eine Provinz regierte und alle Truppen dort befehligte, mittels Übertragung der Befugnisse des Kaisers, der ihn auswählte; (2) der *legatus legionis* („Legat einer Legion"), ein Senator, der eine Legion befehligte.

***magister equitum/militum/peditum*** „Meister der Pferde" (Kavallerie)/„der Soldaten"/„der Infanterie" – ranghoher Militär der Spätantike mit Befehl über eine regionale Armee (wie der des *Oriens*, des Ostens) oder Feldarmee des Kaisers.

**Manipel** (*manipulus*) Wörtlich: „eine Hand voll", wichtigste Untereinheit der Manipel-Legion des 4. bis späten 2. Jhs. v. Chr. aus 60 oder 120 Mann, später von der größeren Kohorte abgelöst.

***municipium*** (Plur. *municipia*) Stadt im Römischen Reich mit hohem Status, in Bedeutung an zweiter Stelle nach den *coloniae*; regiert gemäß einer juristisch formalisierten Verfassung, die i. d.R. als Inschrift veröffentlicht wurde.

***oppidum*** Siedlung, in der Regel ohne die Annehmlichkeiten einer römischen Stadt wie Bäder und Theater. Mit diesem Begriff bezeichnet Caesar (wie auch die Forschung) die präurbanen Siedlungen, die er und spätere Invasoren in Gallien und Britannien vorfanden.

***optio*** (Plur. *optiones*) Nachwuchsoffizier, der als stellvertretender Kommandant eine Zenturie befehligte und einem Zenturio unterstand.

***peregrinus*** (Plur. *peregrini*) Ein freier Bewohner (d. h. kein Sklave) des römischen Reichs, der kein römischer Bürger war und damit gewisser Rechte und Privilegien entbehrte. *Peregrini* waren i. d.R. Bewohner der Provinzen und verfügten über Rechte der dortigen Bürgerschaft. Für die Auxiliartruppen der kaiserlichen Armee wurden v. a. *peregrini* rekrutiert, die Legionen bestanden aus römischen Bürgern. Allerdings wurden in der frühen Kaiserzeit z. T. auch *peregrini* für die Legionen rekrutiert, v. a. im Osten, wo es wenige römische Bürger gab; und umgekehrt waren ab dem 2. Jh. n. Chr. viele Auxiliarrekruten römische Bürger.

**Phalanx** Griechisches Wort, das eine geschlossene Formation der schweren Infanterie bezeichnet. In dieser Formation kämpften die Hopliten und eventuell auch frühe römische Armeen (ca. 6. Jh. v. Chr.). Die Makedonen und ihre Nachfolger (Ende 4. bis 2. Jh. v. Chr.) entwickelten eine noch kompaktere Form der Phalanx, bei der die Soldaten mit beiden Händen eine längere Lanze (Sarissa) führten. Römische Manipelarmeen der mittleren Republik (3.–2. Jh. v. Chr.) kämpften oft gegen solche mit Sarissen ausgestatteten Phalangen.

**Plänkler** Soldaten, deren Aufgabe es ist, den Gegner durch Dauerbeschuss oder -angriffe zu schwächen; im Allgemeinen Angehörige der leichten Infanterie.

***praepositus*** Wörtlich: „Vorgesetzter", jemand, dem ein Kommando übertragen wurde; weit verbreitete Bezeichnung im Verwaltungs- und militärischen Kontext. So nannte man z. B. den Kommandanten einer Vexillation oder Garnison.

***praetor*** In der republikanischen Verfassung waren Prätoren neben den Konsuln die zweithöchsten Magistrate und wurden ebenfalls jährlich gewählt. Viele ihrer Aufgaben waren juristischer Natur, aber Prätoren besaßen, wie Konsuln, *imperium* und konnten Armeen ausheben und befehligen. Auch in der Kaiserzeit wurden Prätoren gewählt, und obgleich sie ein Großteil ihrer Macht an den Kaiser abtraten, wurden Provinzen mit einer einzigen Legion i. d.R. von Einzelpersonen regiert, die in Rom eine Prätur innegehabt hatten.

**Prätorianerkohorte/-garde** In der republikanischen Zeit verfügten Magistrate und Statthalter auf Feldzügen über eine Leibgarde ausgewählter Legionäre, die diese Rolle temporär innehatten. 27 v. Chr. schuf Augustus eine ständige kaiserliche Garde, die wir i. d.R. „Prätorianergarde" nennen, auch wenn die Römer sie „Prätorianerkohorten" nannten. Zahl und Größe der Kohorten (500 oder 1000 Mann) veränderten sich im Laufe der Kaiserzeit, ab dem 2. Jh. n. Chr. gab es zehn mit je 1000 Mann. Die Garde hatte bessere Arbeitsbedingungen als die normalen Legionäre und wurde normalerweise direkt aus italischen Gemeinden rekrutiert; ab Septimius Severus bestand sie aus erfahrenen Legionären der Grenzprovinzen (meist vom Balkan). Die Prätorianer hatten ein Basislager in Rom, kämpften aber auch mit dem Kaiser auf Feldzügen. Die gesamte Garde wurde von einem oder zwei Prätorianern aus dem Ritterstand (*equites*) befehligt, die der Kaiser ernannte. Aufgrund ihrer Nähe zum Kaiser griffen die Kohorten und ihre Offiziere oft in die Reichspolitik ein.

***praefectus*** („Präfekt") Jemand, der in Verwaltungs- oder militärischen Angelegenheiten „an die Spitze gestellt" ist. Dem Ritterstand angehörende Statthalter ausgewählter Provinzen wie Ägypten nannte man Präfekt, ebenso die Kommandanten der Legionen, die unter ihnen dienten (auch aus dem Ritterstand), und oft auch die Kommandanten der Auxiliartruppen.

***primi ordines*** „Männer ersten Ranges", ein Kollektivbegriff, der erfahrene und hochrangige Zenturionen der ersten Kohorte einer Legion beschreibt.

***principales*** Soldaten im Rang zwischen Zenturionen und gewöhnlichen Legionären, die (anders als *immunes*) höheren Sold erhielten (i. d.R. das Eineinhalb- bis Zweifache), aufgrund ihres Status und besonderer Pflichten. Dazu gehörten *optiones*, *tesserarii* (Parolenträger) und Standartenträger.

**Prinzipat** Die frühe und mittlere Kaiserzeit, von Augustus (31 v. Chr.) bis zum 3. Jh. n. Chr. (vielleicht ca. 235 n. Chr., dem Ende der Severerdynastie, oder 284 n. Chr., der Thronbesteigung Diokletians), vom Begriff *princeps* („erster Bürger") abgeleitet, der üblichen Bezeichnung des Kaisers.

***principia*** Das Hauptquartier eines römischen Heerlagers oder eines Kastells, wo sich die Lagerstraßen kreuzten; in der Regel mit einem offenen Exerzierplatz und einem Gebäude mit *sacellum*, der Kapelle für die Standarten der Legion.

**Prokonsul** Beamter mit der Amtsgewalt eines Konsuls, normalerweise Provinzstatthalter. In der republikanischen Zeit wurde ihm u.U. ein Grenzgebiet zugewiesen, das unter Verwendung erheblicher und weitgehend unabhängiger militärischer Gewalt regiert werden konnte, wie Julius Caesar in Gallien. In der Kaiserzeit wurden militärisch aktive Teile des Reichs stattdessen durch vom Kaiser eingesetzte Legaten regiert. Vom Senat ernannte Prokonsuln der Kaiserzeit regierten i. d.R. befriedete Teile des Reichs und befehligten daher, mit Ausnahme des Prokonsuls von Afrika in den ersten Jahrzehnten des 1. Jhs. n. Chr., keine Legionen mehr.

**Proprätor** Beamter mit der Amtsgewalt eines Prätors, ähnlich dem Prokonsul. In der Republik war er meist Provinzstatthalter, u.U. auch Befehlshaber einer Armee. In der Kaiserzeit ernannte der Senat Proprätoren, die dann befriedete Provinzen regierten. Doch auch die kaiserlichen Legaten, die Provinzen regieren sollten, die sich im Krieg befanden, trugen den Titel *legatus Augusti pro praetore*, („Legat des Kaisers mit Befugnissen gleich denen eines Prätors").

***sestertius*** (Plur. *sestertii*, „Sesterz", Sesterzen") Bronzemünze des westlichen und mittleren Römischen Reichs. Der Wert von 100 Sesterzen entsprach einem *denarius*.

***signum*** Standarte, getragen vom *signifer* (Standartenträger).

***vigiles*** Die Feuerwehrmänner oder Nachtwächter Roms, von Augustus 6 n. Chr. als paramilitärische Einheit organisiert, Freigelassene in sieben Kohorten, weiter unterteilt in Zenturien. Augustus schuf auch drei städtische Kohorten, eine Art paramilitärischer Polizeitruppe für die Stadt Rom.

# Bibliographie


## Referenzwerke und Allgemeines

Bishop, M. C. und J. C. Coulston, *Roman Military Equipment from the Punic Wars to the Fall of Rome* (Oxford: Oxbow Books, 2005; Oakville, CT: David Brown Book Co., 2006).

Brewer, Richard J. (Hrsg.), *Roman Fortresses and their Legions* (London: Occasional Papers of the Research Committee of the Society of Antiquaries of London, 2000) (= *Roman Fortresses*).

Brock, T. und A. Homann, *Schlachtfeldarchäologie. Auf den Spuren des Krieges* (Stuttgart: Theiss, 2011).

Burrer, F. und H. Müller (Hrsg.), *Kriegskosten und Kriegsfinanzierung in der Antike* (Darmstadt: WBG, 2008).

Campbell, B., *The Roman Army, 31 BC– AD 337: A Sourcebook* (London/New York: Routledge, 1994).

Elton, H., *Frontiers of the Roman Empire* (London: Batsford, 1996; Bloomington: Indiana University Press, 1996).

Erdkamp, P. (Hrsg.), *A Companion to the Roman Army* (Oxford: Blackwell, 2007; Malden, M A: Wiley-Blackwell, 2011).

Feugere, M., *The Weapons of the Romans* (Stroud: Tempus Publishing, 2002).

Ganschow, T., *Krieg in der Antike* (Darmstadt: WBG, 2007).

Goldsworthy, A., *Die Legionen Roms* (Frankfurt a.M.: Zweitausendundeins, 2004). Junkelmann, M. und H. Born, *Römische Kampf- und Turnierrüstungen* (Mainz: Zabern, 1997).

Junkelmann, M., *Die Reiter Roms*, 3 Bd. (2. Aufl., Mainz: Zabern, 2008).

Keppie, L. J. F., *Legions and Veterans. Roman Army Papers 1971–2000* (Stuttgart: Franz Steiner Verlag, 2000) (= *Legions and Veterans*).

Keppie, L., *The Making of the Roman Army* (London: Routledge, 1998; Norman: University of Oklahoma Press, 1998).

Le Bohec, Y. (Hrsg.), *Les légions de Rome sous le Haut-Empire. Actes du Congès de Lyon (17–19 Septembre 1998)*. Collection du Centre d'Études Romaines et Gallo-Romaines, N.S., Bd. 20 (Lyon: De Boccard, 2000) (= *Les légions de Rome*).

Le Bohec, Y., *The Imperial Roman Army* (London: Routledge, 2000).

Lendon, J. E., *Soldiers and Ghosts. A History of Battle in Classical Antiquity* (New Haven: Yale University Press, 2005).

Parker, H. M. D., *The Roman Legions* (Oxford: Oxford University Press, 1928; Nachdruck 1958 und 1971).

Rihll, T., *The Catapult: A History* (Yardley: Westholme, 2007).

Ritterling, E., „Legio", *Paulys Realencyclopädie der classischen Altertumswissenschaft*, 12,1 (1925) 1186–1838.

Sabin, P., H. van Wees und M. Whitby (Hrsg.), *The Cambridge History of Greek and Roman Warfare* (2 Bände) (Cambridge: Cambridge University Press, 2007).

Sage, M. M., *The Republican Roman Army: A Sourcebook* (London/New York: Routledge, 2008).

Whittaker, C. R., *Frontiers of the Roman Empire: A Social and Economic Study* (Baltimore/London: Johns Hopkins, 1994).

Antike Quellen online:

*Lacus Curtius*, http://penelope.uchicago.edu/Thayer/E/Roman/home.html.

*Perseus Project*, http://www.perseus.tufts.edu/hopper.

Epigraphik-Datenbank von Clauss/Slaby unter http://oracle-vm.ku-eichstaett.de:8888/epigr/epigraphikbeleg_en.

Papyrus-Slg.: http://www.papyri.info.

## Teil I: Die Legionen in der Zeit der Republik

Bell, M. J. V., „Tactical reform in the Roman Republican army", *Historia* 14 (1965), 404–22.

Blois, L. de, *The Roman Army and Politics in the First Century before Christ* (Amsterdam: Gieben, 1987).

Daly, G. Cannae, *The Experience of Battle in the Second Punic War* (London/New York: Routledge, 2002).

Forsythe, G., „The army and centuriate organization in early Rome", in Erdkamp, P. (Hrsg.), *A Companion to the Roman Army* (Oxford: Blackwell, 2007; Malden: Wiley-Blackwell, 2011), 24–41.

Goldsworthy, A., *The Roman Army at War, 100 BC– AD 200* (Oxford: Clarendon Press, 1998; New York: Clarendon Press, 1996).

Keppie, L. J. F., *Colonisation and Veteran Settlement in Italy, 47–14 BC* (London: British School at Rome, 1983).

Keppie, L. F. J., „Mark Antony's Legions", in *Legions and Veterans*, 75–96.

Potter, D., „The Roman Army and Navy", in Flower, H. J. (Hrsg.), *The Cambridge Companion to the Roman Republic* (Cambridge/New York: Cambridge University Press, 2004), 66–88.

Rawlings, L., „Army and battle during the conquest of Italy", in Erdkamp, P. (Hrsg.), *A Companion to the Roman Army* (Oxford: Blackwell, 2007; Malden: Wiley-Blackwell, 2011), 45–62.

Rich, J., „Warfare and the army in early Rome", in Erdkamp, P. (Hrsg.), *A Companion to the Roman Army* (Oxford: Blackwell, 2007; Malden: Wiley-Blackwell, 2011), 7–23.

Sabin, P., „The face of Roman battle", *Journal of Roman Studies* 90 (2000), 1–17.

Sabin, P., „The mechanics of battle in the Second Punic War", in Cornell, T., B. Rankov und P. Sabin (Hrsg.), *The Second Punic War: A Reappraisal* (London: Institute of Classical Studies, 1996), 59–79.

Sage, M. M., *The Republican Roman Army: A Sourcebook* (London: Routledge, 2008; New York: Routledge, 2008).

## Teil II: Die Legionen in der Kaiserzeit

Campbell, B., *The Emperor and the Roman Army: 31 BC– AD 235* (Oxford/New York: Oxford University Press, 1984).

Campbell, B., „The army", in Bowman, A., P. Garnsey und A. Cameron (Hrsg.), *The Cambridge Ancient History*, Bd. 11: *The High Empire* (2. Aufl., Cambridge/New York: Cambridge University Press, 2000), 110–30.

Gilbert, F., *Roms Hilfstruppen und Legionäre* (Augsburg: Motorbuch, 2008)

Hassall, M., „The army", in Bowman, A., P. Garnsey und D. Rathbone (Hrsg.), *The Cambridge Ancient History*, Bd. 12: *The Crisis of Empire, A.D. 193–337* (2. Aufl., Cambridge/New York: Cambridge University Press, 2005), 320–43.

Fischer, T., *Die Armee der Caesaren. Archäologie und Geschichte* (Regensburg: Pustet, 2012).

Forni, G., *Il reclutamento delle legion da Augusto a Diocleziano* (Mailand/Rom: Fratelli Bocca Editori, 1953).

Gilliver, C. M., *The Roman Art of War* (Stroud: Tempus, 1999).

Goldsworthy, A., *The Roman Army at War, 100 BC– AD 200* (Oxford: Clarendon Press, 1998; New York: Clarendon Press, 1996).

Junkelmann, M., *Die Legionen des Augustus. Der römische Soldat im archäologischen Experiment* (10. Aufl., Darmstadt: Zabern, 2012).

Keppie, L. J. F., „The army and the navy", in *The Cambridge Ancient History*, Bd. 10: *The Augustan Empire* (2. Aufl., Cambridge: Cambridge University Press, 1996; New York: Cambridge University Press, 2005), 371–96.

Keppie, L. J. F., *The Making of the Roman Army* (London: Routledge, 1998; Norman: University of Oklahoma Press, 1998).

Luttwak, E., *The Grand Strategy of the Roman Empire: from the First Century AD to the Third* (Baltimore: Johns Hopkins, 1976; London: Weidenfeld & Nicholson, 1999).

Mann, J. C., *Legionary Recruitment and Veteran Settlement during the Principate* (London: Institute of Archaeology Occasional Papers 7, 1983).

Mann, J. C., „The raising of new legions during the Principate", *Hermes* 91 (1963), 483–89.

Pollard, N. D., „The Roman Army", in Potter, D. S. (Hrsg.), *A Companion to the Roman Empire* (Oxford: Blackwell, 2006; Malden: Blackwell, 2006), 206–27.

Potter, D., *The Roman Empire at Bay AD 180–395* (London/New York: Routledge, 2004).

Syme, R., „Some Notes on the Legions under Augustus", *Journal of Roman Studies* 23 (1933), 14–33.

Syme, R., „Guard Prefects of Trajan and Hadrian", *Journal of Roman Studies* 70 (1980), 64–80.

Webster, G., *The Roman Imperial Army of the First and Second Centuries A.D.* (3. Aufl., Norman: Oklahoma University Press, 1985).

### Die Geschichte der einzelnen Legionen

#### Die Legionen der Rheingrenze und Galliens

Ausbüttel, F. M., Krebs, U. und G. Maier (Hrsg.): *Die Römer im Rhein-Main-Gebiet* (Stuttgart: Theiss, 2011).

Creighton, J. D. und R. J. A. Wilson (Hrsg.), *Roman Germany. Studies in Cultural Interaction. Journal of Roman Archaeology*, Supp. 32 (Portsmouth, RI, 1999).

Ferdière, A.: *Gallia Lugdunensis. Eine römische Provinz im Herzen Frankreichs* (Darmstadt: Zabern, 2011).

Wells, C. M., *The German Policy of Augustus. An Examination of the Archaeological Evidence* (Oxford: Oxford University Press, 1972).

Wells, C. M., „The German policy of Augustus: 25 Years on", in Gudea, N. (Hrsg.), *Roman Frontier Studies*. Proceedings of the XVIIth International Congress of Roman Frontier Studies (Zalau, 1999), 3–7.

#### Augustus' verlorene Legionen: *XVII; XVIII; XIX*

Keppie, L. J. F., „Legiones XVII, XVIII, XIX: Exercitus omnium fortissimus", in *Roman Frontier Studies. Proceedings of the XVIth International Congress of Roman Frontier Studies 1995* (Oxford: Oxbow, 1997). Nachdruck in *Legions and Veterans*, 161–65).

Martin, R.-P., *Die Varusschlacht. Rom und die Germanen* (Frankfurt a. M.: Fischer, 2010).

Murdoch, A., *Rome's Greatest Defeat. Massacre in the Teutoburg Forest* (Stroud: Sutton Publishing, 2006).

Museum und Park Kalkriese (Hrsg.), *Varusschlacht im Osnabrücker Land* (Mainz 2009).

Schlüter, W., „The Battle of the Teutoburg Forest: Archaeological Research at Kalkriese Near Osnabrück", in: Creighton, J. D. und Wilson, R. J. A. (Hrsg.), *Roman Germany. Studies in Cultural Interaction. Journal of Roman Archaeology*, Supplementary Series Nr. 32 (Portsmouth, RI, 1999) 125–59.

Schlüter, W. und R. Wiegels (Hrsg.), *Rom, Germanien und die Ausgrabungen von Kalkriese* (Osnabrück 1999).

Sommer, Michael, *Die Arminiusschlacht. Spurensuche im Teutoburger Wald* (Stuttgart 2009).

Wiegels, R., „Legiones XVII, XVIII, XIX", in *Les légions de Rome*, 75–78.

Wolters, R., *Die Schlacht im Teutoburger Wald: Arminius, Varus und das römische Germanien* (München: C. H. Beck, 2008).

#### Die Legionen beim Bataveraufstand: *I Germanica; IIII Macedonica; XV Primigenia; XVI Gallica*

##### *IIII Macedonica*

Gómez-Pantoja, J., „Legio IIII Macedonica", in *Les légions de Rome*, 105–17.

Morillo Cerdán, A., „La legio IIII Macedonica en la península Ibérica. El campamento de Herrera de Pisuerga (Palencia)", in *Les légions de Rome*, 609–24.

##### *XV Primigenia*

Le Bohec, Y., „Legio XV Primigenia", in *Les légions de Rome*, 69.

#### Der exercitus Germanae inferioris: *I Minervia; XXX Ulpia Victrix*

Ausbüttel, F. M., *Germanische Herrscher. Von Arminius bis Theoderich* (Darmstadt: WBG, 2007).

Bechert, T., *Germania Inferior. Eine Provinz an der Nordgrenze des römischen Reiches* (Mainz: Zabern, 2007).

Holder, P. A., „*Exercitus pius fidelis*: the army of Germania Inferior in AD 89", *ZPE* 128 (1999), 237–50.

Thiel, A.: *Die Römer in Deutschland* (Darmstadt: WBG, 2008).

##### *I Minervia*

Eck, W., „Die *legio I Minervia*. Militärische und zivile Aspekte ihrer Geschichte im 3. Jh. n. Chr", in *Les légions de Rome*, 87–93.

Le Bohec, Y., „Legio I Mineruia (Ier-IIe siècles)", in *Les légions de Rome*, 83–85.

##### *XXX Ulpia Victrix*

Le Bohec, Y., „Legio XXX Vlpia", in *Les légions de Rome*, 71–74.

#### Andere Legionen der Rheingrenze: *VIII Augusta; XXII Primigenia; V Alaudae; XXI Rapax*

##### *VIII Augusta*

Keppie, L. J. F., „Legio VIII Augusta and the Claudian Invasion", *Britannia* 2 (1971), 149–55. Nachdruck in *Legions and Veterans*, 166–72

Keppie, L. J. F., „Legio VIII in Britain: The beginning and the end", in *Roman Fortresses*, 83–100. Nachdruck in *Legions and Veterans*, 201–15.

Oldenstein-Pferdehirt, B., „Zur Geschichte der Legio VIII Augusta", *RGZM* 31 (1984), 397–431.

Reddé, M., „Le camp de Mirebeau et l'histoire de la VIIIe légion Auguste sous le Flaviens", in Goguey, R. und Reddé, M. (Hrsg.) *Le camp légionnaire de Mirebeau* (Mainz: RGZM, 1995).

Reddé, M., „Legio VIII Augusta", in *Les légions de Rome*, 119–26.

##### *XXII Primigenia*

Franke, T., „Legio XXII Primigenia", in *Les légions de Rome*, 95–104.

Piso, I., „Les légions dans la province de Dacie", in *Les légions de Rome*, 205–25.

##### *V Alaudae*

Franke, T., „Legio V Alaudae", in Les légions de Rome, 39–48.

Strobel, K., „Die Legio V Alaudae in Moesien". Historia 37 (1988), 504–8.

##### *XXI Rapax*

Berard, F., „La légion XXIe Rapax", in Les légions de Rome, 49–67.

Rossi, L., „Legio XXI Rapax ... atque Infidelis?", in Les légions de Rome, 491–98.

#### Die Legionen des römischen Britannien: *II Augusta; VI Victrix; IX Hispana; XX Valeria Victrix*

Birley, A., *Fasti of Roman Britain* (Oxford: Clarendon Press, 1981).

Birley, E., *Roman Britain and the Roman Army: Collected Papers* (Kendal: Titus Wilson, 1976).

Hassall, M., „Legionary fortresses in Britain", in Les légions de Rome, 441–57.

Hobbs, R. und R. Jackson, *Das Römische Britannien* (Stuttgart: Theiss, 2011).

Holder, P.A., *The Roman Army in Britain* (London: Batsford 1981; New York: St. Martin's Press, 1982).

##### *II Augusta*

Keppie, L. J. F., *The Origins and Early History of the Second Augustan Legion (Sixth Annual Caerleon Lecture)* (Cardiff: National Museums and Galleries of Wales, 1993). Nachdruck in *Legions and Veterans*, 123–59.

Keppie, L. J. F., „Legiones II Augusta, VI Victrix, IX Hispana, XX Valeria Victrix", in Les légions de Rome, 25–37.

Jarrett, M. R., „Legio II Augusta in Britain", in Archaeologia Cambrensis 113 (1964), 47–63.

##### *VI Victrix*

Birley,A., „VI Victrix in Britain", in Butler, R. M. (Hrsg.), *Soldier and Civilian in Roman Yorkshire* (Leicester: Leicester University Press, 1971), 81–96.

Keppie, L. J. F., „Legiones II Augusta, VI Victrix, IX Hispana, XX Valeria Victrix", in Les légions de Rome, 25–37.

Morillo Cerdán, A. und V. Garcia Marcos, „Nuevos testimonios acerca de las legiones VIVictrix y X Gemina en la region septentrional de la península Ibérica", in Les légions de Rome, 589–607.

##### *IX Hispana*

Birley, E., „The fate of the Ninth Legion", in Butler, R. M. (Hrsg.), Soldier and Civilian in Roman Yorkshire (Leicester, 1971), 71–80.

Eck, W., „Zum Ende der legio IX Hispana". *Chiron* 2 (1972), 459–62.

Keppie, L. J. F., „The fate of the Ninth Legion – a problem for the eastern provinces?", in French, D. H. und Lightfoot, C. S. (Hrsg.), *The Eastern Frontier of the Roman Empire*

(Oxford: British Archaeological Reports International Series, 553, 1989), 247–55. Nachdruck in *Legions and Veterans*, 173–81.

Keppie, L. J. F., „Legiones II Augusta, VI Victrix, IX Hispana, XX Valeria Victrix", in *Les légions de Rome*, 25–37.

### XX Valeria Victrix

Jarrett, M. G., „Legio XX Valeria Victrix in Britain", *Archaeologia Cambrensis* 117 (1968), 77–91.

Keppie, L. J. F., „Legiones II Augusta, VI Victrix, IX Hispana, XX Valeria Victrix", in *Les légions de Rome*, 25–37.

Malone, S. J., *Legio XX Valeria Victrix. Prosopography, archaeology and history*. B AR International Series 1491 (Oxford: Archeopress, 2006).

Manning, W., „The fortresses of legio XX", in Brewer R. (Hrsg.) *Roman Fortresses*, 69–81.

Perea Yébenes, S., „Hispania y la legio XX", in Les légions de Rome, 581–87.

## Die Legionen des römischen Spanien: *VII Gemina*

Jones, R. F. J., „The Roman Military Occupation of North-West Spain", *Journal of Roman Studies* 66 (1976), 45–66.

Le Roux, P., *L'armée romaine et l'organisation des provinces ibériques d'Auguste à l'invasion de 409* (Paris: Publications du Centre Pierre Paris 8, 1982).

### VII Gemina

*Legio VII Gemina* (León: Cátedra de San Isidoro. Instituto Leonés de Estudios Romano-Visigóticos, 1970).

Le Roux, P., „Legio VII Gemina (pia) felix", in *Les légions de Rome*, 383–96.

Morillo, A. und V. Garcia-Marcos, „Legio VII Gemina and its Flavian Fortress at León", *Journal of Roman Archaeology* 16 (2003), 275–87.

Piso, I., „Les légions dans la province de Dacie", in *Les légions de Rome*, 205–25.

## Die Legionen des römischen Afrika: *III Augusta; I Macriana Liberatrix*

Baratte, F.: *Die Römer in Tunesien und Libyen. Nordafrika in römischer Zeit* (Darmstadt: Zabern, 2012).

Cagnat, R., *L'armée romaine d'Afrique et l'occupation militaire de l'Afrique sous les empereurs* (Paris: Leroux, 1913).

Mattingly, D. J., *Tripolitania* (Ann Arbor: University of Michigan Press, 1994).

Speidel, M. P., „The Roman Army in North Africa", *Journal of Roman Archaeology* 5 (1992), 401–7.

Speidel, M. P., *Emperor Hadrian's Speeches to the African Army: A New Text* (Mainz: Verlag des Römisch-Germanischen Zentralmuseums, 2006).

### III Augusta

Le Bohec, Y., *La Troisième Légion Auguste* (Paris: CNRS, 1989).

Le Bohec, Y., „Legio III Augusta", in *Les legions de Rome*, 373–81.

### I Macriana Liberatrix

Chausa, A., „Legio I Macriana", in *Les légions de Rome*, 369–71.

## Die Legionen Ägyptens: *XXII Deiotariana; II Traiana fortis*

Alston, R., *Soldier and Society in Roman Egypt: a Social History* (London/New York: Routledge, 1995).

Lehmann, C. M. und K. G. Holum, *The Greek and Latin Inscriptions of Caesarea Maritima* (Boston: American Schools of Oriental Research 2000), 71–77.

Palme, B., *Die Legionäre des Kaisers. Soldatenleben im römischen Ägypten* (Wien: Phoibos, 2011).

Sheehan, P., *Babylon of Egypt: The Archaeology of Old Cairo and the Origins of the City* (Cairo: The American University in Cairo Press, 2010).

Speidel, M., „Augustus' Deployment of the Legions in Egypt", *Chronique d'Égypte* 57. 113 (1982), 120–24.

Speidel, M. P., „Rome's Nubian garrison", in *Aufstieg und Niedergang der römischen Welt* II. 10. 1 (1988), 767–79.

### XXII Deiotariana

Daris, S., „Legio XXII Deiotariana", in *Les légions de Rome*, 365–67.

Keppie, L. J. F., „The history and disappearance of the legion XXII Deiotariana", in *Legions and Veterans*, 225–32.

Isaac, B und I. Roll, „Iudaea in the Early Years of Hadrian's Reign", *Latomus* 38 (1979), 54–66.

Mor, M., „Two legions – same fate? (The disappearance of the Legions IX Hispana and XXII Deiotariana)". *Zeitschrift für Papyrologie und Epigraphik* 62 (1986), 267–78.

### II Traiana fortis

Daris, S., „Legio II Traiana Fortis", in *Les légions de Rome*, 359–63.

Isaac, B. und I. Roll, „Legio II Traiana in Iudaea", *Zeitschrift für Papyrologie und Epigraphik* 33 (1979), 149–56.

Isaac, B. und I. Roll, „Legio II Traiana in Iudaea – A Reply", *Zeitschrift für Papyrologie und Epigraphik* 47 (1982), 131–32.

Rea, J., „Legio II Traiana in Iudaea", *Zeitschrift für Papyrologie und Epigraphik* 38 (1980), 220–21.

Villeneuve, F., „L'armée romaine en mer Rouge et autour de la mer Rouge aux IIème et IIIème siècles apr. J. C.: à propos de deux inscriptions latines découvertes sur l'archipel Farasan", in Lewin, A. S. und Pellegrini, P. (Hrsg.) *The Late Roman Army in the Near East from Diocletian to the Arab Conquest* (Oxford: B AR International Series 1717, 2007), 13–27.

## Die Legionen der Ostgrenze

Dodgeon, M. H. und S. N. C. Lieu, *The Roman Eastern Frontier and the Persian Wars (AD 226–363): A Documentary History* (New York/London: Routledge, 1991).

Isaac, B. *The Limits of Empire. The Roman Army in the East* (durchges. Aufl., Oxford: Oxford University Press, 1993).

Kennedy, D. (Hrsg.), *The Roman Army in the East* (Ann Arbor: Journal of Roman Archaeology Supp. 18, 1996).

Kennedy, D. und D. Riley, *Rome's Desert Frontier from the Air* (London: Batsford, 1990).

Keppie, L. J. F., „Legions in the East from Augustus to Trajan", in Freeman, P. und D. Kennedy (Hrsg.), *The Defence of the Roman and Byzantine East* (Oxford: B AR International Series, 297[i], 1986), 411–29. Nachdruck in *Legions and Veterans*, 182–200.

Millar, F., *The Roman Near East 31 BC– AD 337* (Cambridge, M A: Harvard University Press, 1993).

## Syria: *III Gallica; IIII Scythica; XVI Flavia firma*

Kennedy, D. L., *The Roman Army in Jordan* (2. Aufl., London: Council for British Research in the Levant, 2004).

Pollard, N. D., The Roman army as „Total Institution" in the Near East?, in Kennedy, D. (Hrsg.), *The Roman Army in the East* (Ann Arbor, Journal of Roman Archaeology Supplement 18, 1996), 211–27.

Pollard, N. D., *Soldiers, Cities and Civilians in Roman Syria* (Ann Arbor: University of Michigan Press, 2000).

Wheeler, E. L., „The laxity of the Syrian legions", in Kennedy, D. (Hrsg.), *The Roman Army in the East* (Ann Arbor, Journal of Roman Archaeology Supplement 18, 1996), 229–76.

### III Gallica

Dabrowa, E., „Legio III Gallica", in *Les légions de Rome*, 309–15.

French, D., „Legio III Gallica", in Dabrowa, E. (Hrsg.) *The Roman and Byzantine army in the East*. Proceedings of a colloqium (sic) held at the Jagiellonian University, Kraków in September 1992 (Kraków: Drukarnia Uniwersytetu Jagiello´nskiego, 1994), 19–27.

Piso, I., „Les légions dans la province de Dacie", in *Les légions de Rome*, 205–25.

### IIII Scythica

Kennedy, D. (Hrsg.), *The Twin Towns of Zeugma on the Euphrates: Rescue Work and Historical Studies* (Portsmouth RI: Journal of Roman Archaeology Supp. 27, 1998).

Speidel, M. A., „Legio IIII Scythica, its movements and men", in Kennedy, D. (Hrsg.), *The Twin Towns of Zeugma on the Euphrates: Rescue Work and Historical Studies* (Portsmouth RI: Journal of Roman Archaeology Supp. 27, 1998), 163–203.

Speidel, M. A., „Legio IV Scythica", in *Les légions de Rome*, 327–37.

Wagner, J., *Seleukeia am Euphrat Zeugma* (Wiesbaden: Reichert, 1976).

Wagner, J., „Legio IIII Scythica in Zeugma am Euphrat", *Studien zu den Militärgrenzen Roms* 2 (Cologne-Bonn: Rheinland-Verlag, 1977), 517–39.

### Iudaea: *X Fretensis; VI Ferrata*

Eck, W., „The Bar Kokhba revolt: the Roman point of view", *Journal of Roman Studies* 89 (1999), 76–89.

Keppie, L. J. F., „The legionary garrison of Iudaea under Hadrian", in *Legions and Veterans*, 219–24.

Lehmann, C. M. und K. G. Holum, *The Greek and Latin Inscriptions of Caesarea Maritima* (Boston: American Schools of Oriental Research, 2000), 71–77.

Mor, M., „The Roman Army in Eretz-Israel in the Years AD 70–132", in Freeman, P. und Kennedy, D. (Hrsg.) *The Defence of the Roman and Byzantine East* (Oxford: B AR International Series, 297[ii], 1986), 575–602.

Schurer, E. (durchgesehen von Millar, F.; Vermes, G.; Goodman, M.), *The History of the Jewish People in the Age of Jesus Christ* (Edinburgh: T & T Clark, 1987).

#### *X Fretensis*

Arubas, B. und H. Goldfus, „The kilnworks of the Tenth Legion Fretensis", in Humphries, J. (Hrsg.) *The Roman and Byzantine Near East: Some Recent Archaeological Research* (Ann Arbor: Journal of Roman Archaeology, Supplement 14, 1995), 95–107.

Dabrowa, E., „Legio X Fretensis", in *Les légions de Rome*, 317–25.

Geva, H., „The Camp of the Tenth Legion in Jerusalem: An Archaeological Reconsideration", *Israel Exploration Journal* 34 (1984), 239–54.

Gichon, M., „The siege of Masada", in *Les légions de Rome*, 541–54.

Meshorer, Y., „Two Finds from the Roman Tenth Legion", *Israel Museum Journal* 3 (1984), 41–45.

Yadin, Yigael, *Masada: Herod's Fortress and the Zealots' Last Stand* (London: Weidenfeld and Nicholson, 1966).

#### *VI Ferrata*

Cotton, H., „The Legio VI Ferrata", in *Les légions de Rome*, 351–57.

Kennedy, D. L., „Legio VI Ferrata. The annexation and early garrison of Arabia", *Harvard Studies in Classical Philology* 84 (1980), 283–309.

Piso, I., „Les légions dans la province de Dacie", in *Les légions de Rome*, 205–25.

Tepper, Y., „The Roman legionary camp at Legio, Israel", in Lewin, A. S. und Pellegrini, P. (Hrsg.) *The Late Roman Army in the Near East from Diocletian to the Arab Conquest* (Oxford: B AR International Series 1717, 2007), 57–71.

Villeneuve, F., „L'armée romaine en mer Rouge et autour de la mer Rouge aux IIème et IIIème siècles apr. J. C.: à propos de deux inscriptions latines découvertes sur l'archipel Farasan", in Lewin, A. S. und Pellegrini, P. (Hrsg.) *The Late Roman Army in the Near East from Diocletian to the Arab Conquest* (Oxford: B AR International Series 1717, 2007), 13–27.

Yadin, Yigael, *Bar-Kokhba: The Rediscovery of the Legendary Hero of the Last Jewish Revolt against Imperial Rome* (London: Weidenfeld and Nicholson 1971).

### Arabia: *III Cyrenaica*

Bowersock, G. W., *Roman Arabia* (Cambridge, MA: Harvard University Press, 1983).

Speidel, M. P., „The Roman Army in Arabia", in Roman Army Studies 1, (Amsterdam1984), 229–72.

#### *III Cyrenaica*

Gatier, P-L., „La Legio III Cyrenaica et l'Arabie", in *Les légions de Rome*, 341–49.

Wolff, C., „La legio III Cyrenaica au Ier siècle", in *Les légions de Rome*, 339–40.

### Cappadocia: *XII Fulminata; XV Apollinaris*

Humer, F. (Hrsg.): *Legionsadler und Druidenstab. Vom Legionslager zur Donaumetropole* (St. Pölten: Phoibos, 2006).

#### *XII Fulminata*

Bertrandy, G. und B. Rémy, „Legio XII Fulminata", in *Les légions de Rome*, 253–57.

#### *XV Apollinaris*

Wheeler, E., „Legio XV Apollinaris: From Carnuntum to Satala – and beyond", in *Les légions de Rome*, 259–308.

### Mesopotamia: *I Parthica; III Parthica*

Birley, E., „Septimius Severus and the Roman Army", *Epigraphische Studien* 8 (1969), 63–82.

Kennedy, D. L., „The garrisoning of Mesopotamia in the late Antonine and early Severan period", *Antichthon* 21 (1987), 57–66.

Mann, J. C., „The raising of new legions during the Principate", *Hermes* 91 (1963), 483–89.

#### *I Parthica*

Speidel, M. und J. Reynolds, „A veteran of Legio I Parthica from Carian Aphrodisias", *Epigraphica Anatolica* 5 (1985), 31–35.

Wolff, C., „Legio I Parthica", in *Les légions de Rome*, 247–49.

#### *III Parthica*

Wolff, C., „Legio III Parthica", in *Les légions de Rome*, 251–52.

## Die Legionen der Balkanprovinzen

### Moesia: *VII Claudia; XI Claudia; I Italica; IIII Flavia Felix*

Filov, B., *Die Legionen der Provinz Moesia. Von Augustus bis auf Diokletian* (Charleston: Nabu Press, 2010).

#### *VII Claudia*

Fellman, R., „Die 11. Legion Claudia Pia Fidelis", in *Les légions de Rome*, 127–31.

Laporte, J-P., „La *legio VIIa* et la déduction des colonies augustéenenes de Césarienne", in *Les légions de Rome*, 555–79.

Piso, I., „Les légions dans la province de Dacie", in *Les légions de Rome*, 205–25.

Strobel, K., „Zur Geschichte der Legiones V (Macedonica) und VII (Claudia pia fidelis) in der frühen Kaiserzeit und zur Stellung der Provinz Galatia in der augusteischen Heeresgeschichte", in *Les légions de Rome*, 515–28.

Le Bohec, Y. und C. Wolff, „Legiones Moesiae Superioris", in *Les légions de Rome*, 239–45.

#### *XI Claudia*

Fellmann, R., „Die 11. Legion Claudia Pia Fidelis", in *Les légions de Rome*, 127–31.

#### *I Italica*

Absil, M., „Legio I Italica", in *Les légions de Rome*, 228–38.

#### *IV Flavia Felix*

Le Bohec, Y. und C. Wolff, „Legiones Moesiae Superioris", in *Les légions de Rome*, 239–45.

Piso, I., „Les légions dans la province de Dacie", in *Les légions de Rome*, 205–25.

### Pannonia: *X Gemina; XIV Gemina; I Adiutrix; II Adiutrix*

#### *X Gemina*

Gómez-Pantoja, J., „Legio X Gemina", in *Les légions de Rome*, 169–90.

Morillo Cerdán, A. und V. Garcia Marcos, „Nuevos testimonios acerca de las legiones VIVictrix y X Gemina en la region septentrional de la península Ibérica", in *Les légions de Rome*, 589–607.

Piso, I., „Les légions dans la province de Dacie", in *Les légions de Rome*, 205–25.

#### *XIV Gemina*

Franke, T., „Legio XIV Gemina", in *Les légions de Rome*, 191–202.

Piso, I., „Les légions dans la province de Dacie", in *Les légions de Rome*, 205–25.

#### *I Adiutrix*

Lörincz, B., „Legio I Adiutrix", in *Les légions de Rome*, 151–58.

Piso, I., „Les légions dans la province de Dacie", in *Les légions de Rome*, 205–25.

***II Adiutrix***

Lörincz, B., „Legio II Adiutrix", in *Les légions de Rome*, 159–168.

Piso, I., „Les légions dans la province de Dacie", in *Les légions de Rome*, 205–25.

### Noricum: *II Italica*

Lörincz, B., „Legio II Italica", in *Les légions de Rome*, 145–49.

Winkler, G., „Legio II Italica. Geschichte und Denkmäler", *Jahrbuch des Oberösterreichischen Musealvereines* 116 (1971), 85–138.

### Raetia: *III Italica*

Dietz, K., „Legio III Italica", in *Les légions de Rome*, 133–43.

### Dacia: *V Macedonica, XIII Gemina*

Piso, I., „Les légions dans la province de Dacie", in *Les légions de Rome*, 205–25.

***V Macedonica***

Piso, I., „Les légions dans la province de Dacie", in *Les légions de Rome*, 205–25.

Strobel, K., „Zur Geschichte der legiones V (Macedonica) und VII (Claudia pia fidelis) in der frühen Kaiserzeit und zur Stellung der Provinz Galatia in der augusteischen Heeresgeschichte", in *Les légions de Rome*, 515–28.

***XIII Gemina***

Piso, I., „Les légions dans la province de Dacie", in *Les légions de Rome*, 205–25.

Wolff, C., „La *legio XIII Gemina* au Ier siècle", in *Les légions de Rome*, 203–4.

### Eine Legion in Italien: *II Parthica*

Balty, J. C., „Apamea in Syria in the second and third centuries AD", *Journal of Roman Studies* 78 (1988), 91–94.

Balty, J. C., *Apamea in Syria: the Winter Quarters of Legio II Parthica: Roman Gravestones from the Military Cemetery* (Brüssel: VUB Press, 1993).

Birley, Anthony, *Septimius Severus: The African Emperor* (London/New York: Routledge, 1999).

Ricci, C., „*Legio II Parthica*. Una messa a punto", in *Les légions de Rome*, 397–410.

Van Rengen, W., „La IIe Légion Parthique à Apamée", in *Les légions de Rome*, 407–10.

### Teil III: Die Legionen der Spätantike

Bowman, A. K., „The military occupation of Upper Egypt in the reign of Diocletian", *Bulletin of the American Society of Papyrologists* 15 (1978), 25–38.

Campbell, B., „The army", in Bowman, A., P. Garnsey und A. Cameron (Hrsg.), *The Cambridge Ancient History*, Bd. 12: *The Crisis of Empire, A.D. 193–337* (2. Aufl., Cambridge: Cambridge University Press, 2005), 110–30.

Dodgeon, M. H. und S. N. C. Lieu, *The Roman Eastern Frontier and the Persian Wars AD 226–363* (London/New York: Routledge, 1991).

Duncan-Jones, R. P., *Structure and Scale in the Roman Economy* (Cambridge/New York: Cambridge University Press, 1990), 105–17; 214–21.

Elton, H., *Warfare in Roman Europe AD 350–425* (Oxford: Oxford University Press, 1997; New York: Clarendon Press, 1996).

Ferrill, A., *The Fall of the Roman Empire: The Military Explanation* (London/New York: Thames & Hudson, 1986).

Greatrex, G. und S. N. C. Lieu, *The Roman Eastern Frontier and the Persian Wars. Part II AD 363–630* (London: Routledge, 2002; New York: Routledge, 1991).

Johnson, S., *Late Roman Fortifications* (London: Batsford, 1983; Totowa, NJ: Barnes & Noble Books, 1983).

König, I., *Die Spätantike* (Darmstadt: WBG, 2007).

Kulikowski, M., „The *Notitia Dignitatum* as a historical source", *Historia* 49 (2000), 358–77.

Lee, A. D., „The army", in Cameron, A. und P. Garnsey, *Cambridge Ancient History*, Bd. 13: *The Late Empire AD 337–425* (2. Aufl.) (Cambridge: Cambridge University Press 1998), 211–37.

Pollard, N. D., *Soldiers, Cities and Civilians in Roman Syria* (Ann Arbor: University of Michigan Press, 2000).

Potter, D., *The Roman Empire at Bay AD 180–395* (London/New York: Routledge, 2004).

Scharf, R., *Der Dux Mogontiacensis und die Notitia Dignitatum. Eine Studie zur spätantiken Grenzverteidigung* (Berlin/New York: de Gruyter, 2005).

Siebenmorgen, H. u. a. (Hrsg.): *Imperium Romanum. Römer, Christen, Alamannen. Die Spätantike am Oberrhein* (Stuttgart: Theiss, 2005).

Southern P. und K. R. Dixon, *The Late Roman Army* (New Haven: Yale University Press, 1996; London: Batsford, 1996).


# Abkürzungen in Quellenangaben

Zitate aus antiken Quellen sind von Nigel Pollard und Cornelius Hartz aus dem Lateinischen und Griechischen übersetzt worden.

AE L'Année épigraphique.

Atiquot Journal of the Israel Department of Antiquities.

*BGU* Berliner griechische Papyrus-Urkunden.

BHL Bibliotheca Hagiographica Latina Antiquae et Mediae Aetatis (Subsidia Hagiographica 6: Brüssel, 1898–1901).

CBI E. Schallmayer, K. Eibl, J. Ott, G. Preuss und E. Wittkopf, Der römische Weihebezirk von Osterburken I: Corpus der griechischen und lateinischen Beneficiarier-Inschriften des Römischen Reiches (Stuttgart, 1990).

CIL Corpus inscriptionum Latinarum.

CIRPZamora Á. Alonso Ávila und S. Crespo Ortiz de Zárate, Corpus de inscripciones romanas de la provincia de Zamora (Valladolid, 2000).

CJ Codex Iustinianus.

CTh Codex Theodosianus.

*EJ* V. Ehrenberg und A. H. M. Jones, *Documents illustrating the Reigns of Augustus and Tiberius* (2. Aufl., Oxford University Press, Oxford, 1955).

IBR F. Vollmer, Inscriptiones Baivariae Romanae, sive inscriptiones provinciae Raetiae adiectis Noricis Italicisve (München, 1915).

IDR Inscriptiones Daciae Romanae, Bukarest seit 1975.

IGLS Inscriptions grecques et latines de la Syrie.

IGR Inscriptiones Graecae ad res Romanas pertinentes.

ILS H. Dessau (Hrsg.), Inscriptiones latinae selectae (1892–1916).

*IMS* Inscriptions de la Mésie Supérieure, Belgrad seit 1976.

IRP Palencia L. Hernandez Guerra, Inscripciones romanas en la provincia de Palencia (Valladolid, 1994).

*P. Mich.* Michigan Papyrus.

RIB Roman Inscriptions of Britain.

SB Sammelbuch griechischer Urkunden aus Ägypten.

SEG Supplementum epigraphicum Graecum.

SHA Scriptores historiae Augustae.

Smallwood E. M. Smallwood, *Documents illustrating the Principates of Nerva Trajan and Hadrian* (Cambridge: Cambridge University Press, 1966).

ZPE Zeitschrift für Papyrologie und Epigraphik.

# Antike Texte

Englische Übersetzungen der meisten dieser antiken Werke (s. Tabelle rechts) sind online abrufbar, insbesondere auf den Websites *Lacus Curtius* (http://penelope.uchicago.edu/Thayer/E/Roman/Texts/home.html) und *Perseus Project* (http://www.perseus.tufts.edu/hopper/collection?collection=Perseus:collection:Greco-Roman).

Alternativ dazu finden sich viele in den Reihen *Penguin Classics* und *Loeb Classical Library*, deutsche Übersetzungen in *Reclams Universalbibliothek*. Relevante übersetzte Auszüge aus antiken Werken finden sich auch in Quellensammlungen wie den von Michael Sage und Brian Campbell herausgegebenen (s. Bibliographie).

### Anmerkungen zur Tabelle

Die Werke *Alexandrinischer Krieg* und *Afrikanischer Krieg*, traditionell Julius Caesar als Fortsetzung des *Bürgerkriegs* zugeschrieben (deshalb „[Caesar]"), wurden wohl von einem anderen Fast-Zeitgenossen verfasst, vielleicht von Caesars Legat Hirtius, der als Konsul im Kampf gegen Marcus Antonius bei Mutina starb. Das Werk *Über die Befestigung eines Lagers* wird traditionell einem technischen Schriftsteller des frühen 2. Jhs. n. Chr. zugeschrieben, ist aber vermutlich ein späteres Werk eines unbekannten Autors, deshalb „Pseudo-Hyginus".

Als *scriptores historiae Augustae* („Schreiber der kaiserlichen Geschichte", abgekürzt *hist. Aug.*) bezeichnet man üblicherweise den/die Urheber einer Reihe von Kaiserbiographien, die mit Hadrian beginnen. Die Texte selbst geben vor, von mehreren Personen Ende des 3. Jhs. n. Chr. geschrieben zu sein, aber eine detaillierte Analyse hat ergeben, dass sie eher von einem einzigen Autor Ende des 4. Jhs. verfasst wurden.

### Sammlungen, *corpora* mehrerer Autoren

*Codex* des Justinian, ca. 530 n. Chr.
*Digesten*, ca. 530 n. Chr.
*Notitia dignitatum*, *Oriens* (*Or.*), ca. 395 n. Chr. (für *Oriens*, die östliche Hälfte der *Notitia dignitatum*)
*Notitia dignitatum*, *Occidens* (*Oc.*), ca. 420 n. Chr. (für *Occidens*, die westliche Hälfte der *Notitia dignitatum*)
*Codex Theodosianus*, 428–39 n. Chr.

| Autor | Titel des Werks | Zeit der Abfassung (etwa) |
|---|---|---|
| Ammianus Marcellinus | *Historien* | *(Ende 4. Jh. n.Chr.)* |
| Appian | *Bürgerkrieg* | *(Mitte 2. Jh. n.Chr.)* |
| Arrian | *Kampfformation gegen die Alanen* | *(Erste Hälfte 2. Jh. n.Chr.)* |
| Augustus | *Res gestae divi Augusti (Taten des göttlichen Augustus)* | *(ca. 14 n.Chr.)* |
| Julius Caesar | *Gallischer Krieg* | *(Mitte 1. Jh. v.Chr.)* |
| | *Bürgerkrieg* | *(Mitte 1. Jh. v.Chr.)* |
| [Caesar] | *Afrikanischer Krieg* | *(Mitte 1. Jh. v.Chr.)* |
| | *Alexandrinischer Krieg* | *(Mitte 1. Jh. v.Chr.)* |
| Cicero | *Briefe an seine Freunde* | *(Mitte 1. Jh. v.Chr.)* |
| Cassius Dio | *Römische Geschichte* | *(Ende 2. bis Anfang 3. Jh. n.Chr.)* |
| Dionysios Halikarnassos | *Römische Altertümer* | *(Ende 1. Jh. v.Chr.)* |
| Herodian | *Römische Geschichte* | *(Erste Hälfte 3. Jh. n.Chr.)* |
| Hygin/„Pseudo-Hyginus" | *Über die Befestigung eines Lagers* | *(3. Jh. n.Chr.?)* |
| Flavius Josephus | *Der Jüdische Krieg* | *(Spätes 1. Jh. n.Chr.)* |
| Julian | *Reden* | *(Mitte 4. Jh. n.Chr.)* |
| Libanius | *Reden* | *(Zweite Hälfte 4. Jh. n.Chr.)* |
| Livius | *Geschichte Roms ab der Gründung der Stadt* | *(Ende 1. Jh. v.Chr. bis Anfang 1. Jh. n.Chr.)* |
| Plinius d.Ä. | *Naturgeschichte* | *(Mitte 1. Jh. n.Chr.)* |
| Plinius d.J. | *Briefe* | *(Anfang 2. Jh. n.Chr.)* |
| Plutarch | *Leben des Marcus Antonius* | *(Anfang 2. Jh. n.Chr.)* |
| | *Leben des Gaius Gracchus* | |
| | *Leben des Romulus* | |
| Polybios | *Historien* | *(Mitte 2. Jh. v.Chr.)* |
| Prokop | *Gebäude* | *(Mitte 6. Jh. v.Chr.)* |
| Sallust | *Jugurthinischer Krieg* | *(Drittes Viertel 1. Jh. v.Chr.)* |
| Scriptores historiae Augustae (hist. Aug.) | *Aurelian* | *(Ende 4. Jh. n.Chr.)* |
| | *Caracalla* | *(Ende 4. Jh. n.Chr.)* |
| | *Probus* | *(Ende 4. Jh. n.Chr.)* |
| | *(Septimius) Severus* | *(Ende 4. Jh. n.Chr.)* |
| | *Severus Alexander* | |
| Strabo | *Geographie* | *(Mitte 2. Jh. n.Chr.)* |
| Sueton | *Augustus* | *(Anfang 2. Jh. n.Chr.)* |
| | *Caesar* | |
| | *Vespasian* | |
| Tacitus | *Agricola* | *(Ende 1. bis Anfang 2. Jh. n.Chr.)* |
| | *Annalen* | |
| | *Historien* | |
| Theophylakt | *Geschichte* | *(1. Hälfte 7. Jh. n.Chr.)* |
| Vegetius | *Militärwesen* | *(Ende 4. bis Anfang 5. Jh. n.Chr.)* |
| Zosimos | *Neue Geschichte* | *(Anfang 6. Jh. n.Chr.)* |

# Danksagungen

Wir möchten Lawrence Keppie und Philip Matyszak dafür danken, dass sie frühe Fassungen des Manuskripts gelesen und hilfreiche Kommentare beigesteuert haben. Wir sind David Mattingly, Roger Wilson und Mike Bishop sehr dankbar dafür, dass sie uns die im Buch verwendeten Fotos zur Verfügung gestellt haben. Greg Schwendner war sehr hilfreich dabei, ein bestimmtes Ostrakon zu finden. Wir danken zudem Colin Ridler, Alice Reid, Sally Nicholls, Rowena Alsey und Celia Falconer bei Thames & Hudson für ihre Geduld, Unterstützung und harte Arbeit.

# Abbildungsnachweis

o=oben, u=unten, l=links, r=rechts

Karten und Diagramme auf den Seiten **10–11, 16, 22, 37, 49, 51, 54, 84, 108, 113, 122, 132, 174, 214** von ML Design, © Thames & Hudson Ltd, London

**1** akg-images/Erich Lessing; **2** akg-images/Erich Lessing; **3** akg-images/De Agostini Picture Library; **4** British Museum, London; **6** The Art Archive/Alamy; **8** akg-images/Erich Lessing; **9** Mauritius Images GmbH/Alamy; **12–13** E. und S. Ginsberg/Alamy; **15** Photo Scala, Florenz; **17** The Art Archive/Museo di Villa Giulia, Rom/Collection Dagli Orti; **18o** Antikensammlungen, Staatliche Museen zu Berlin; **18ul** Museo Archaeologico Nazionale, Neapel; **18ur** Photo Scala, Florenz; **19** Museo Archaeologico Nazionale, Chieti; **20o** British Museum, London; **20u** und **21u** © RMN/Hervé Lewandowski; **22o** British Museum, London; **23** British Museum, London; **24** akg-images; **27o** akg-images/Peter Connolly; **27u** Ny Carlsbergy Glyptotek, Kopenhagen; **28** British Museum, London; **29** Bankes Collection, Kingston Lacey; **31** British Museum, London; **32–33** Vittoriano Rastelli/Corbis; **34** akg-images/De Agostini Picture Library; **35** Alan Crawford/istockphoto.com; **38** Giovanni Lattanzi; **40** Landesmuseum Mainz; **41** Ermine Street Guard; **42o** Landesmuseum Mainz; **42u, 43, 44u** Cristian Chirita; **44o** Francis G. Mayer; **44ul** Ermine Street Guard; **45** Landschaftsverband Rheinland/Archäologischer Park/Regionalmuseum Xanten; **47** Dr. D. J. Woolliscroft, The Roman Gask Project, The University of Liverpool; **48** Independent Picture Service/Alamy; **52–53** akg-images/Bildarchiv Steffens; **56o** Rheinisches Landesmuseum, Bonn; **56u** British Museum, London; **58o** Museum Kalkriese; **58u** Roger Wilson; **59** akg-images/Museum Kalkriese; **60** Museo Archaeologico, Venedig; **61 l** www.romancoins.org; **61r** Rheinisches Landesmuseum, Bonn; **62** mit freundlicher Genehmigung von Prof. Lawrence Keppie; **63** Jona Lendering; **64** Araldo de Luca/Corbis; **66, 67** Jona Lendering; **68, 69** Roger Wilson; **70** akg-images/Bildarchiv Steffens; **71** mit freundlicher Genehmigung von David Blain; **73** Saalburg-Museum; **74o** Roger Wilson; **74ul** Saalburg-Museum; **74ur** Roger Wilson; **75o** www.romancoins.org; **75u** British Museum, London; **76** Roger Wilson; **77o, 77u** Landesmuseum Mainz; **78o, 78u** British Museum, London; **79** Roger Wilson; **81** Jona Lendering; **82–83** Adam Woolfitt/Corbis; **85** British Museum, London; **87o, 87u** Exeter Archaeology; **88** Skyscan/Corbis; **90o** Hunterian Museum & Art Gallery, Glasgow; **90u** Mike Bishop; **91o** Alan Crawford/istockphoto.com; **91u** Corpus Inscriptionum Latinarum (CIL), Berlin-Brandenburgische Akademie der Wissenschaften; **92** Hunterian Museum & Art Gallery, Glasgow; **93** Statens Historiska Museum, Stockholm; **94** Hunterian Museum & Art Gallery, Glasgow; **96o, 96u** Roger Wilson; **97** Anthony Baggett/istockphoto.com; **98, 99** British Museum, London; **100** The Virtual Experience Company; **101** Castle Museum, Colchester; **104–5** Grosvenor Museum, Chester; **104u** Roger Wilson; **105u** Hunterian Museum & Art Gallery; **106–7** De Agostini Picture Library/Scala, Florenz; **109** Caligatus; **110** Håkan Svensson; **111** Alfredo Dagli Orti/Art Archive/Corbis; **112–13** akg-images/Gilles Mermet; **114** Corpus Inscriptionum Latinarum (*CIL*), Berlin-Brandenburgische Akademie der Wissenschaften; **115** Roger Wilson; **116** Hemis/Alamy; **117o** British Museum, London; **117u** Jona Lendering; **118** Corbis; **119** Roger Wilson; **120–21** Terry Lawrence/istockphoto. com; **125** Mike P. Shepherd/Alamy; **126, 127** Photo Scala Florenz; **128o, 128u** British Museum, London; **129** Nigel Pollard; **130–31** Michele Falzone/JAI/Corbis; **133o, 133u** British Museum, London; **135** Staatliches Museum Eremitage, St. Petersburg; **136** Michael Major/istockphoto.com; **137** Museo Capitolino, Rom; **139** Nigel Pollard; **140** Stéphane Compoint; **141o** Yale University Art Gallery; **141u** Nigel Pollard; **142** akg-images; **143** Bernard Gagnon; **144o** David Mattingly; **144u** Lonely Planet Images/Alamy; **145** akg-images/Erich Lessing; **147** akg-images/Peter Connolly; **148** akg-images/Israelimages; **149** Avishai Teicher; **150o** akg-images/Bildarchiv Steffens; **150u** Israel Antiquities Authority; **153** imagebroker/Alamy; **154** Aivolie/istockphoto.com; **155** Aerial Photographic Archive of Archaeology in the Middle East (APAAME), www.humanities.uwa.edu.au/research/cah/aerial-archaeology; **157** Witold Ryka/istockphoto.com; **158** British Museum, London; **159** Yahya Arhab/epa/Corbis; **161** Aerial Photographic Archive of Archaeology in the Middle East (APAAME), www.humanities.uwa.edu.au/research/cah/aerial-archaeology; **160** Sally Nicholls; **163** The Art Archive/Alamy; **164** Israel Antiquities Authority; **165o** Norma Joseph/Alamy; **165u** Grandmaster; **167o** imagebroker/Alamy; **167u** Matthias Kabel; **168** Jona Lendering; **169** Krzystof Slusarczyk/istockphoto. com; **171** Charles und Josette Lenars/Corbis; **172–3** De Agostini Picture Library/akg-images; **174** www.romancoins.info; **175** Ante Perkovic; **176** akg-images; **177** Peter Connolly/akg-images; **178** Mike Bishop; **179o** mit freundlicher Genehmigung von Ilian Boyanov; **179u** Svilen Enev; **180** Roger Wilson; **182o, 182u, 183** Warschauer Institut für Archäologie; **184** www.romancoins.info; **185** Peter Erik Forsberg/Alamy; **186** Stephane Gautier/Sagaphoto.com/Alamy; **188** Roger Wilson; **189o** Wienmuseum, Wien; **189u** Roger Wilson; **191** Photo Scala Florenz; **192** Terra Sigillata-Museum Rheinzabern; **193o** www.romancoins.info; **193u** Jona Lendering; **194** Roger Wilson; **195or, 195u** Civertan; **195ol** Mike Bishop; **196 l** The Art Archive/Museo della Civilta Romana, Rom/Gianni Dagli Orti; **196r** Photo Scala, Florenz; **197o** www.romancoins.info; **197u** Rossignol Benoit; **198** Sandro Vannini/Corbis; **199** Roger Wilson; **200** Cristian Chirita; **202** Roger Wilson; **203** Apulum-Archäologie, Rumänien; **204–5** Superstock/Alamy; **206** Araldo da Luca/Corbis; **207** Deblu68; **208** www.romancoins.info; **209** Nigel Pollard; **210–11** Giovanni Lattanzi; **212** Erich Lessing/akg-images; **213** Aerial Photographic Archive of Archaeology in the Middle East (APAAME), www.humanities.uwa.edu.au/research/cah/aerial-archaeology; **215** Bayerische Staatsbibliothek, München; **218** dbimages/Alamy; **222** Museum von Vojvodina, Novi Sad, autonome Provinz Vojvodina; **223** Erich Lessing/akg-images

# Register

Römische Personen sind i. d.R. unter ihrem Beinamen (*cognomen*) aufgeführt, es sei denn, sie sind eher bekannt durch ein anderes Element ihres Namens – z. B. Kaiser und antike Autoren. Im alten Rom gab es nur wenige und formelhafte Vornamen (*praenomina*), die oft abgekürzt wurden. Dazu gehören: Aulus (abgekürzt A.), Gaius (C.), Gnaeus (Cn.), Lucius (L.), Marcus (M.), Publius (P.), Quintus (Q.), Sextus (S.) und Titus (T.).

*Kursive* Seitenzahlen beziehen sich auf Illustrationen, **fettgedruckte** auf Karten.